REVISTA TRIMESTRAL DE

DIREITO PÚBLICO

55

MALHEIROS EDITORES

INSTITUTO DE DIREITO ADMINISTRATIVO PAULISTA
IDAP

Revista Trimestral de Direito Público

Órgão do

INSTITUTO DE DIREITO ADMINISTRATIVO PAULISTA
IDAP

• As colaborações devem ser encaminhadas à Comissão Editorial, para o endereço *rtdp@idap.org.br*

RTDP
Publicação trimestral de
MALHEIROS EDITORES LTDA.
Rua Paes de Araújo, 29, cj. 171
CEP 04531-940 - São Paulo, SP - Brasil
Tel.: (011) 3078-7205 - Fax.: (011) 3168-5495
Diretor responsável: Álvaro Malheiros
Diretora: Suzana Fleury Malheiros

Assinaturas e comercialização:
CATAVENTO DISTRIBUIDORA DE LIVROS S.A.
Rua Conselheiro Ramalho, 928
CEP 01325-000 - São Paulo, SP - Brasil
Tel.: (011) 3289-0811 - Fax.: (011) 3251-3756
Supervisão Gráfica: Vânia Lúcia Amato
Editoração Eletrônica: Letra por Letra Studio

SUMÁRIO

DOUTRINA

LOS DERECHOS HUMANOS Y LA EMERGENCIA 5
– PABLO O. GALLEGOS FEDRIANI

SEGURIDAD JURÍDICA 13
– FERNANDO SAINZ MORENO

EL DERECHO ADMINISTRATIVO Y EL FENÓMENO DE LA INTERCONEXIÓN DE LOS SISTEMAS JURÍDICOS 28
– PABLO ANGEL GUTIÉRREZ COLANTUONO

CONSTITUIÇÃO, DEMOCRACIA E SUPREMACIA JUDICIAL: DIREITO E POLÍTICA NO BRASIL CONTEMPORÂNEO 39
– LUÍS ROBERTO BARROSO

ATIVISMO JUDICIAL: POSSIBILIDADE E LIMITES 77
– EDÍLSON PEREIRA NOBRE JR.

O ABUSIVO CONTROLE ADMINISTRATIVO DE DECISÕES JUDICIAIS PELO CONSELHO DA JUSTIÇA FEDERAL – GRAVE ATENTADO À SEGURANÇA JURÍDICA DO ESTADO DEMOCRÁTICO DE DIREITO 99
– ANTONIO SOUZA PRUDENTE

ATIVIDADE ADMINISTRATIVA DE ORDENAÇÃO DA PROPRIEDADE PRIVADA E TOMBAMENTO: NATUREZA JURÍDICA E INDENIZABILIDADE 104
– JOSÉ ROBERTO PIMENTA OLIVEIRA

SEGURANÇA JURÍDICA POSITIVADA: INTERPRETAÇÃO, DECADÊNCIA E PRESCRITIBILIDADE 119
– LUCIANO FERRAZ

REGIME ESTATUTÁRIO E ESTADO DE DIREITO 139
– RICARDO MARCONDES MARTINS

PARECERES

VENCIMENTOS – AGENTE FISCAL DE RENDAS DO ESTADO DE SÃO PAULO (AFR) – IMPOSSIBILIDADE DE REDUÇÃO DOS SEUS VENCIMENTOS POR ATO ESTATAL SUPERVENIENTE À POSSE – NASCIMENTO DO DIREITO SUBJETIVO À PERCEPÇÃO DE VALORES DEVIDOS AOS AFRS – NATUREZA JURÍDICA DE VALORES DEVIDOS A TÍTULO DE "PRÓ LABORE" E PRÊMIO DE PRODUTIVIDADE 157
– Maurício Zockun

ASSOCIAÇÃO COM EMPRESA PRIVADA SEM LICITAÇÃO PARA CONSTITUÍREM SOCIEDADE DE PROPÓSITOS ESPECÍFICOS QUE DISPUTARÁ LICITAÇÃO DE CONCESSÃO DE SERVIÇO PÚBLICO: INVALIDADE. INCONSTITUCIONALIDADE DO ART. 32 E §§ DA LEI 9.074/1995 165
– Celso Antônio Bandeira de Mello

ESTUDOS E COMENTÁRIOS

DEVIDO PROCESSO LEGAL SUBSTANTIVO: ENTRE O PASSADO E O FUTURO 183
– Angelo Augusto Costa

DISCRICIONARIEDADE ADMINISTRATIVA: CONTROLE DE EXERCÍCIO E CONTROLE DE ATRIBUIÇÃO 207
– Rafael Maffini

SISTEMA DE REGISTRO DE PREÇOS: CABIMENTO NA HIPÓTESE DE RESTRIÇÃO ORÇAMENTÁRIA E NA CONTRATAÇÃO DE SERVIÇOS CONTINUADOS 219
– Viviane Vieira da Silva

DA ESCOLHA DE LEILOEIROS OFICIAIS PELA ADMINISTRAÇÃO PÚBLICA PARA A ATUAÇÃO NAS EXECUÇÕES FISCAIS 236
– Carolina Zancaner Zockun

ASSÉDIO MORAL NO SERVIÇO PÚBLICO 243
– Raquel Dias da Silveira

DOUTRINA

LOS DERECHOS HUMANOS Y LA EMERGENCIA

PABLO O. GALLEGOS FEDRIANI
Professor da Universidade de Buenos Aires

1. Emergencia, pautas generales. 2. La emergencia y el estado de sitio. 3. La emergencia y los decretos de necesidad y urgencia. 4. La prueba de la emergencia. 5. La emergencia y su transitoriedad. 6. La emergencia y la razonabilidad. 7. La emergencia y el límite de las garantías constitucionales. 8. La emergencia y la revisión judicial. 9. La emergencia desde un punto de vista axiológico. Conclusión.

1. Emergencia, pautas generales

Recurrir a la emergencia no es una novedad en la Argentina; desde principios de siglo, el Estado hizo un amplio uso del llamado poder de policía.[1]

En efecto, decidió así la suspensión de la conversión del papel moneda en oro sellado, limitó la libertad de contratar mediante moratorias hipotecarias, prorrogó

1. Cf. Osvaldo M. Bezzi y otros, *La ejecución de sentencias condenatorias al Estado y la emergencia económica*, LL 1993-B-997; Alberto Bianchi, *La Corte Suprema ha establecido su tesis oficial sobre la emergencia económica*, LL 1991-C-145; Sergio Dugo, "Invocación del estado de emergencia: sus consecuencias en la legislación", *Revista del Colegio Público de Abogados de Buenos Aires*, t. 52, n. 1 pp. 39 y 46; José L. Lazzarini, *La emergencia en la doctrina de la Corte Suprema de Justicia de la Nación*, LL 1991-E-1467 y ss.; María C. Álvarez Magliano, De "Nordesthol" a "Soengas", *La jurisprudencia de la Corte Suprema de Justicia de la Nación frente a la situación de emergencia*, DTLIA-1991, p. 339, el Fallo "Nordesthol c/ Subterráneos de Buenos Aires", del 2.4.1985, ED 113-301, con nota de Bidart Campos; la sentencia recaída *in re* "Soengas", del 7.8.1990; Alfredo M. Vítolo, *Eventual nulidad de las disposiciones impositivas de la ley de emer-*

las locaciones urbanas, reprimió el agio y la especulación, dictó disposiciones sobre abastecimiento y emergencias agropecuarias, entre muchas otras.

También se recurrió a la emergencia para paralizar los juicios previsionales, para crear impuestos transitorios, para suspender la vigencia de las convenciones colectivas de trabajo.

Frente a esta amplitud y diversidad se ha dicho: "Sin lugar a dudas una de las nociones más devaluadas y desgastadas entre nosotros es la de emergencia; la emergencia previsional. La emergencia social, sanitaria y alimentaria, la emergencia económica, etc. El uso recurrente de los estados emergenciales en tal o cual área ha generado una suerte de erosión conceptual, a punto tal de convertir a la emergencia en una de las principales categorías jurídicas indeterminadas en nuestro ordenamiento, en una idea en sí misma en crisis".[2] Como enseña Sagües: "Las relaciones entre el derecho constitucional y el derecho de emergencia no ha sido ni claras ni pacíficas. En rigor de verdad, todavía se discute cuáles son las fronteras de la emergencia y si está comprendida, de modo completo, por la Constitución; el análisis de las relaciones de modo completo, por la Constitución; el análisis de las relaciones entre el derecho constitucional y el derecho de emergencia es muy grave y complejo. El jurista debe reconocer que detrás de esta problemática existe otra, propia de la filosofía política, en torno a la ética de la necesidad".[3]

Por ello es que se ha dicho que "el tiempo, sólo el tiempo, dirá si este nuevo derecho excepcional se funda en el abuso o en la necesidad".[4]

Según la Corte Suprema de Justicia de la Nación, la emergencia abarca un "hecho cuyo ámbito temporal difiere según circunstancias modales de época y sitios. Se trata de una situación extraordinaria que gravita sobre el orden económico-social; con su carga de perturbación acumulada, en variable escasez, pobreza, penuria e indigencia, origina un estado de necesidad al que hay que poner fin" (CSJN), Fallos 173-65, *in re*: "Peralta", del 27.10.1990, cons. 43, LL 1991-C-158.

"La emergencia económica es, entonces, un hecho externo, temporalmente limitado que afecta aspectos esenciales de la organización del Estado creando una situación de peligro colectivo que autoriza la adopción de medidas que afectan garantías individuales."[5]

La Corte Suprema de Justicia de la Nación ha admitido, desde hace muchos años la posibilidad de que el Estado, en situación de emergencia económica, ejerza un poder de policía de cuya aplicación se siga en una restricción de derechos constitucionales que no sería admisible en circunstancias ordinarias.[6]

gencia económica, LL 1989-E-989, Benito Nazar Anchorena, *Suspensión de acciones dispuestas por el Decreto 2.186/86, su inconstitucionalidad*, Doctrina Judicial 1987-I-769; Julio César Crivelli, *La emergencia económica permanente. Comentario al Derecho Argentino de la Emergencia: Ley 25.334. Legislación y Jurisprudencia*, Editorial Ábaco de Rodolfo Depalma, 2001.

2. Carnotta Walter, *Defensa constitucional o contrato social de constitucionalidad*, ED 141-369.

3. Néstor Pablo Sagües, *Derecho constitucional y derecho de emergencia*, LL 1990-D-1036.

4. C. Grecco y G. Muñoz, citados por O. M. Bezzi y otros, *La ejecución de sentencias condenatorias al Estado y la emergencia económica*, LL 1993-B-997.

5. Ricardo Lorenzetti, "Los contratos ante la emergencia económica", LL, *Boletín* del 5.7.1993.

6. José L. Amadeo, *Emergencia y derechos adquiridos*, JA 1989-IV-969; Carlos E. Colautti,

En efecto, si bien la emergencia no crea el poder, depara la razón y con ello, la ocasión para su ejercicio (Fallos 172-21, 243-464, y otros). Aunque la emergencia no crea un poder que nunca existió, ella puede proporcionar una razón para el ejercicio de poderes existentes y ya gozados (CSJN, "Perón Juan D.", 21.6.1975).

Esta jurisprudencia está tan enraizada en la práctica constitucional que la Corte Suprema ha dicho: "Hallase en juego, pues, una tradición hondamente arraigada revestida de la autoridad institucional que es inherente a la jurisprudencia de esta Corte y que constituye un importante factor de seguridad y de previsibilidad jurídicas" (CSJN, "Videla Cuello Marcelo, suc. c/ Gobierno de la Rioja s/ daños y perjuicios", ED 142-119).

"En Argentina, bien puede reputarse que hay un derecho constitucional consuetudinario a la validez constitucional del derecho de emergencia, satisfechas ciertas condiciones: realidad de la emergencia, legitimidad intrínseca de la norma de emergencia, transitoriedad de ella."[7]

La Corte Suprema de Justicia de la Nación ha fundado la validez constitucional de la emergencia en una serie de principios y disposiciones constitucionales tales son, entre otros:

a) *La defensa del sistema*

Cuando se configura una situación de grave perturbación económica, social o política que representa máximo peligro para el país, el Estado democrático tiene la potestad, y aun el imperioso deber, de poner en vigencia un derecho excepcional (Fallos 246-23, cons. 6); o sea, un conjunto de remedios extraordinarios (Fallos 238-76) destinados a asegurar la autodefensa de la comunidad y el restablecimiento de la normalidad social que el sistema político de la Constitución requiere.[8]

b) *El art. 75 inc. 18 de la Constitución Nacional*

El poder de policía económico no sólo atribuye al Estado la defensa de los intereses económicos, sino también su promoción: el Poder Legislativo debe, entonces, promover el bienestar general interviniendo en la economía con sentido decisivamente planificador (v. Fallos 237-38, 247-121, 269-393, 277-147).

Sin embargo, resulta propio distinguir una evolución en el concepto. En efecto, hasta la década de 1960, el Estado intervenía cuando se enfrentaban intereses particulares (locadores y locatarios, prestamistas y deudores), pero el 15 de diciembre de 1967, en Fallos 269-416, la Corte declaró inconstitucional la Ley que suspendió las ejecuciones contra la Caja del Estado por haberes jubilatorios no actualizados, enfrentado al particular contra el Estado.

Paradójicamente, hoy el Estado no interviene para defender una parte débil de la sociedad frente a otra que juzga poderosa (p. ej., para compensar la pobreza de los locatarios con la supuesta riqueza de los locadores), sino que es el propio Estado quien se autoconsidera débil frente a la sociedad.[9]

Los derechos patrimoniales durante la emergencia, LL 1991-E-1359.

7. Néstor Pablo Sagües, *Derecho Constitucional y derecho de emergencia*, LL 1990-D-1056.

8. CSJN, *in re* "Videla Cuello", con nota de Bidart Campos, *Emergencia, honorarios profesionales y suspensión legal de su cobro*, ED 142-123.

9. Sergio Dugo, "Invocación del estado de emergencia: sus consecuencias en la legislación", *Revista del Colegio Público de Abogados de Buenos Aires*, t. 52, n. 1, p. 54.

c) *La emergencia y el estado de necesidad*

Hay consenso en considerar al estado de emergencia como un tipo o especie del género estado de necesidad.

Se discute si la necesidad importa un fenómeno fáctico, extra o a-jurídico, incluso antijurídico, o si forma parte del mundo del derecho.

A la primera posición parece adherirse el adagio romano "Necessitas not habet legem"; para la segunda en cambio: "Necessitas jus constituit", la necesidad genera derecho (el derecho de necesidad, *jus necessitatis*), que, por supuesto, está captado por el mundo jurídico.[10]

Sin embargo, resulta propio advertir que los recaudos de la llamada emergencia económica son menos exigentes que los del estado de necesidad; tal es lo que ocurre con la imprevisibilidad. Las situaciones de emergencia no se gestan repentinamente; el problema de la vivienda, la falta de recursos del Estado para pagar beneficios previsionales, la inflación, entre otros, se elaboran y soportan en procesos dilatados; son justamente situaciones de largo arrastre y, en buena medida, es su misma prolongación la que origina la situación de emergencia de mayor trascendencia.[11]

La regla de la constitucionalidad, sin embargo, sólo rige si aparecen satisfechas ciertas condiciones, pues cualquiera que sea la gravedad de la situación originaria de esas leyes, las garantías constitucionales, a diferencia de lo que acontece durante el estado de sitio, no se hallan suspendidas.

En efecto, la utilización de la policía no aleja, sino que acentúa el control de la constitucionalidad.[12]

Los requisitos genéricos son: la existencia de un peligro excepcional; que exista proporcionalidad, pues las medidas deben estar limitadas a las exigencias de la situación; la temporalidad, la no discriminación y la intangibilidad de ciertos derechos fundamentales.[13]

2. La emergencia y el estado de sitio

Del mismo modo que ante las emergencias políticas se puede declarar el estado de sitio, ante las emergencias económicas cabe establecer lícitamente restricciones den el campo económico. Esta similitud ha llevado a algunos autores a hablar de un "estado de sitio económico",[14] y a otros a afirmar que el único medio de constitucionalizar las medidas drásticas

10. Néstor Pablo Sagües, *Derecho Constitucional y derecho de emergencia*, LL 1990-D-1056; Rafael Bielsa, *El Estado de Necesidad en el Derecho Constitucional y Administrativo*, 2ª ed., Bs. As., Depalma, 1957, p. 71; ambos autores se suman a la segunda posición, debiéndose aclara que Bielsa no se refiere a la consolidación de deudas ni a medidas similares.

11. Horacio García Belsunce, "Las emergencias en la Constitución Nacional", *Boletín* ED 1.10.1993.

12. V. votos de los Dres. Orgez, Oyhanarte y Aráoz de Lamadrid, *in re* "Russo c/ Delle donne", Fallos 243-267; Miguel Padilla, "Los estados de emergencia ante la Constitución", en *Rev. Jur. de Bs. As.*, t. III, 1998, p. 115, nota 15; Sergio Dugo, "Invocación del estado de emergencia: sus consecuencias en la legislación", *Revista del Colegio Público de Abogados de Buenos Aires*, t. 52, n. 1, p. 46.

13. Susana Frainderaij, *La protección de los derechos económicos y sociales en situaciones de emergencia*, ED 146-748; German Bidart Campos, *Estamos enfermos de emergencias*, ED 140-155.

14. Alberto Bianchi, *La Corte Suprema ha establecido su tesis oficial sobre la emergencia*

exigidas por la emergencia requiere la previa declaración del estado de sitio.[15]

3. *La emergencia y los decretos de necesidad y urgencia*

La facultad por parte del Poder Ejecutivo nacional de dictar decretos de necesidad y urgencia basados en razones de emergencia económica ha sido reconocida por la Corte Suprema de Justicia de la Nación en el conocido Fallo "Peralta Luis c/ Estado Nacional s/ Amparo", fallado el 27.10.1990, a cuyos extensos fundamentos cabe remitirnos.[16]

4. *La prueba de la emergencia*

Ha dicho nuestro más Alto Tribunal que la veracidad del aserto no requiere prueba *stricto sensu*, bastando las exposiciones hechas en el debate parlamentario, los datos provenientes del Poder Ejecutivo y, fundamentalmente, los hechos de público conocimiento; así, por ejemplo, para tener por acreditada la crisis de la vivienda bastó decir que ella era de inmediata evidencia (conf. Fallos 172-221; 243-449).

"El estado de las cosas invocado por el legislador forma parte de la realidad vital del país que todos sus habitantes tienen ante sí y que integra la verdad jurídica objetiva, a cuya ponderación los jueces no pueden renunciar conscientemente."[17]

5. *La emergencia y su transitoriedad*

"La temporalidad que caracteriza a la emergencia, como que resulta de las circunstancias mismas, no puede ser fijado de antemano en un número preciso de años o de meses. Todo lo que cabe afirmar razonablemente es que la emergencia dura todo el tiempo que duran las causas que la han originado" (conf. voto del Dr. Orgaz en Fallos 243-449).

En los hechos, este criterio ha sido deformado y la razonabilidad, la transitoriedad y las demás limitaciones que deben rodear a las medidas de emergencia para que aprueben el texto constitucional vienen, las más de las veces, a quedar desvirtuadas.[18]

En opinión de numerosa doctrina nacional, el plazo de dieciséis años previsto para el pago de las deudas consolidadas por la Ley 23.982 excede razonablemente pautas temporales y, consecuentemente, viola la finalidad tenida en miras por la Ley.[19] En tal sentido se ha dicho: "Empleando las propias pautas fijadas en el caso 'Videla Cuello', se puede sostener que un plazo tan desmesurado, como el establecido en las leyes de consolidación, genera absoluta incertidumbre en las posibilidades del efectivo cumplimiento, entrando en juego las contingencias de la vida humana cuyo alongamiento presupone *a priori*".[20]

económica, LL 1991-C-141; y *Control de Constitucionalidad*, Bs. As., Ábaco, 1992, p. 453.

15. Miguel A. Ekmekdjian, *El instituto de la emergencia y la delegación de poderes en las leyes de Reforma del Estado y de Emergencia Económica*, LL 1990-A-1125.

16. Jorge Barbagelata, *Emergencia y consolidación de deudas del Estado*, LL 1992-B1288.

17. CSJN, *in re* "Videla Cuello", con nota de Bidart Campos, *Emergencia, honorarios profesionales y suspensión legal de su cobro*, ED 142-123.

18. Germán Bidart Campos, *Las emergencias y la teoría del acto propio*, ED 152-257.

19. Roberto Repetto, *La Constitución, la emergencia y las deudas del Estado*, ED 146-805; Jorge Barbagelata, *Emergencia y consolidación de deudas del Estado*, LL 1992-B-1288.

20. Osvaldo M. Bezzi y otros, *La ejecución de sentencias condenatorias al Estado y la emergencia económica*, LL 1993-B-997; Rodolfo

Mas cabe advertir que la Corte Suprema de Justicia en ninguna de las sentencias en que ha resuelto sobre la Ley 23.982, ha puesto en duda la razonabilidad constitucional del plazo de dieciséis años.

Sin perjuicio de lo cual, cabe apuntar que tal término fue una de las principales objeciones vertidas por el diputado de la oposición Ortíz Pellegrini durante el debate parlamentario de la Ley 23.928: "Es necesario que la emergencia sea transitoria, y no es posible considerar en la Argentina de hoy que un lapso de 16 años es transitorio. Esto es legislar con permanencia, con estabilidad en el tiempo. Un período de 16 años no puede ser considerado transitorio en ninguna parte del mundo; es una generación, como decía Ortega y Gasset".[21]

6. La emergencia y la razonabilidad

La consolidación de los pasivos parece una medida que guarda razonabilidad con la gravedad de la crisis económica del país al momento de la sanción de la Ley, aunque es exacto, como dice Cassagne refiriéndose a los decretos que paralizaron temporalmente los juicios contra el Estado, que lo verdaderamente razonable hubiera sido la consagración de un sistema, con base legal, por el cual el Estado establezca cómo pagará sus deudas en el futuro; ésta es la conducta legal y honesta que cabe esperar del Estado, pues todos sabemos que por ley se puede, de alguna manera, limitar los derechos individuales, respetando las garantías constitucionales.[22]

7. La emergencia y el límite de las garantías constitucionales

La emergencia no crea potestades ajenas a la Constitución, pero sí permite ejercer con mayor hondura y vigor las que ésta contempla, llevándolas más allá de los límites que son propios de los tiempos de tranquilidad y sosiego.[23]

Las leyes de emergencia reglamentan los derechos constitucionales del mismo modo que las leyes ordinarias, o sea, en función del art. 14 de la Constitución Nacional. En tal quehacer regulatorio la ley de emergencia no podrá frustrar un derecho constitucional, pero sí podría suspender su goce de modo razonable. La suspensión no importa desnaturalización del derecho constitucional regulado.[24]

8. La emergencia y la revisión judicial

Cabe preguntarnos, en términos genéricos, si es revisable la declaración de emergencia.

R. Spisso, *Ley de Consolidación de Deudas del Estado*, Bs. As., Depalma, pp. 89 y ss.; José R. Chirico, en prólogo al libro de Juan Carlos Faierstein, *El Incumplimiento de las Sentencias y la Responsabilidad del Estado, Ley 23.982*, Bs. As., Ed. Ad Hoc., 1991, p. 17.

21. Julio C. Crivelli, *Consolidación de Pasivos del Estado*, Bs. As., Ed. Ábaco, 1992, p. 51.

22. Juan Carlos Cassagne, transcripción de su intervención en la mesa redonda del 9.4.1991, *Revista del Colegio de Abogados de Bs. As.*, t. 51, n. 1, mayo de 1991, pp. 38 y ss.

23. Orgaz, Boffi Boggero, Oyhanarte y Aráoz de Lamadrid, *in re* "Nadsur, Amar c/ Borelli", JA 1959-III-459, con nota de Germán Bidart Campos, *La actual legislación de emergencia en materia de locaciones*; el concepto se reiteró *in re* "Videla Cuello Marcelo, suc. c/ Gob. de La Rioja s/ daños y perjuicios", ED 142-123, con nota de Bidart Campos, *Emergencia, honorarios profesionales y suspensión legal de su cobro*.

24. Voto del Dr. Boffi Boggero, Fallos 200-450.

Cabría decir que del mismo modo que el juez no puede revisar la declaración del estado de sitio, aunque sí su aplicación a los casos particulares,[25] tampoco puede negar la emergencia declarada por el legislador. O sea, así como el juez no tiene competencia para examinar todos los datos de la realidad que lo rodean y decidir luego si existe o no conmoción interior en grado suficiente para justificar el estado de sitio, pues una inevitable disparidad de criterios y juicios de valor llevaría al dictado de sentencias opuestas, con la consiguiente confusión y duda entre los particulares, tampoco puede controlar si se da o no la situación de crisis económica que justifique el dictado de una ley de emergencia.[26]

En otros términos, el medio más apto para prevenir las arbitrariedades del Poder Legislativo o del Ejecutivo radicaría en acentuar las posibilidades de control del Poder Judicial sobre los actos y las medidas cumplidas con motivo del estado de sitio o la emergencia.[27]

Sin embargo, en el *leading case*, del 15.5.1959, "Russo Ángel y otra c/ Delle Donne", la Corte dijo que el control jurisdiccional puede referirse a cualquiera de los requisitos de los cuales depende la validez de las leyes de emergencia (Fallos 243-470), es decir, la situación de emergencia definida por el Congreso, la transitoriedad de la regulación y la razonabilidad del medio elegido. "Fuera de ello – se lee en el voto de los Dres. Oyhanarte y Aráoz de Lamadrid – cesa la competencia autorizada del control jurisdiccional. Si pretendieran fundar un pronunciamiento de inconstitucionalidad en razones ajenas a los cuatro requisitos antedichos, penetrarían en un terreno del que han sido excluidos por obvias razones vinculadas a la forma de Gobierno que la Constitución adopta".

Esta doctrina judicial se reiteró en el caso "Videla Cuello", antes citado, cuando la Corte afirmó: "Estos poderes, desde luego, no son ilimitados y han de ser utilizados siempre, dentro del marco del art. 28 de la Constitución Nacional y bajo el control de jueces independientes, quienes, ante el riesgo menos teórico de extralimitación de los órganos políticos del gobierno, tiene que desempeñar su función de custodios de la libertad de las personas".

9. La emergencia desde un punto de vista axiológico

La emergencia es un accidente grave de la sociedad; pero es menos grave si se mantiene la referencia al Estado de Derecho y, con él, a la Constitución y a la democracia representativa,[28] pues la fortaleza de un gobierno democrático reside no sólo en superar una situación de crisis, sino en hacerlo sin una absoluta derogación del sistema constitucional.[29]

25. Para la evolución jurisprudencial de la revisabilidad de los actos fundados en el estado de sitio, Alberto Bianchi, *La Corte Suprema ha establecido su tesis oficial sobre la emergencia económica*, LL 1991-C-167 y ss.

26. Miguel Marienhoff, *Tratado de Derecho Administrativo*, t. 1, Bs. As., Abeledo-Perrot, 1965, n. 70, p. 255.

27. Miguel Padilla, "Los estados de emergencia ante la Constitución", en *Rev. Jur. de Bs. As.*, t. III, 1998, pp. 112 y ss.; Carlos I. Salvadores de Arzuaga, *Apuntes sobre la emergencia y la suspensión de juicios contra el Estado*, JA 1991-II-901.

28. Pedro J. Frías, "Entre la emergencia y el Estado de Derecho", LL Actualidad, *Boletín* del 28.11.1991.

29. Gabriel Negretto, "Emergencia y crisis constitucional en la Argentina", ED, *Boletín* del 1.10.1993.

Conclusión

De lo hasta aquí expuesto resulta evidente que los derechos humanos en su más amplio sentido pueden sentirse afectados por una situación institucional y jurídica de emergencia.

Ya sea que las normas dictadas restrinjan esos derechos o directamente los desconozcan.

En el primero de los casos se puede admitir – dentro de ciertos límites – la restricción temporaria y excepcional a los derechos humanos en la medida en que – como lo afirma la Constitución – ningún derecho es absoluto y todos son conforme a las leyes que reglamentan su ejercicio.

Si tal restricción supera un límite tolerable equivaldrá entonces a un desconocimiento del derecho y tal norma no podrá ser sino inconstitucional; contraria a los tratados y a las garantías reconocidas universalmente.

En tal hipótesis el derecho humano así consagrado deberá sobreponerse a la emergencia y ella deberá dejar el campo libre para el ejercicio de un derecho superior, como es el derecho humano por excelencia.

Resulta claro que igual solución es aplicable al caso de cualquier norma sea esta de emergencia o no que desconozca la validez de los derechos humanos.

DOUTRINA

SEGURIDAD JURÍDICA

Fernando Sainz Moreno
Catedrático de Direito Administrativo
da Faculdade de Direito da Universidade Complutense de Madrid

I – Concepto. II – Seguridad y ordenamiento jurídico. III – Seguridad jurídica y ejercicio del poder público. IV – Derechos de la persona fundados en el principio de seguridad jurídica.

I – Concepto

1. "Seguridad es la cualidad de seguro: cierto, indudable, de alguna manera infalible"; "firme, constante, que no esta en peligro de faltar o caerse" (*Diccionario de la Real Academia Española*).

La seguridad jurídica no responde a esa definición pero, en cuanto principio esencial del ordenamiento jurídico, pretende aproximarse a ella. Seguridad jurídica es la cualidad del ordenamiento que produce certeza y confianza en el ciudadano sobre lo que es derecho en cada momento y sobre lo que previsiblemente lo será en el futuro. Es, pues, la cualidad del ordenamiento que permite a cada cual orientar su vida en el mundo jurídico en base al conocimiento de la calificación jurídica que cada supuesto de hecho, real o imaginado, va a recibir, previsiblemente, del mismo.

2. Así lo ha entendido la Constitución, cuando garantiza la "seguridad jurídica" (art. 9.3) como algo distinto de otras seguridades a las que también otorga su amparo, por ejemplo, la "seguridad personal" (art. 17); la "seguridad de los consumidores y usuarios" (art. 51); "la seguridad del Estado" (arts. 12 y 105.b); la seguridad pública" (arts. 149.1.29-28; 70; 104); la "seguridad social" (arts. 41; 149.1.17). El Tribunal Constitucional ha dejado claro que la "seguridad" mencionada en esos preceptos no es la "seguridad jurídica" a la que se refiere el art. 9.3 de la Constitución (por ejemplo, SSTC 109/1987; 126/1987; 188/1988; 100/1989; 61/1990; 167/1990, entre otras).

3. Sin embargo, el Tribunal Constitucional no ha querido o no ha podido dar una definición de lo que entiende por seguridad jurídica. Lo mas que ha hecho ha sido exponer una noción muy restrictiva de la seguridad jurídica, referida solo a las cualidades del ordenamiento vigente y no a la legítima confianza del ciudadano en que el contenido de ese ordenamiento no sufrirá modificaciones que alteren sus proyectos vitales, salvo cuando existan razones graves y suficientemente fundadas que lo justifiquen.

El Tribunal Constitucional ha enunciado algunas notas que concurren en la seguridad jurídica (e... es suma de certeza y legalidad, jerarquía y publicidad normativa, irretroactividad de lo no favorable, interdicción de la arbitrariedad...) y, saliendo al paso de que entonces la noción de seguridad jurídica seria superflua, añade que no se trata de una simple adición de esos principios sino que "la seguridad jurídica es la suma de esos principios, equilibrada de tal suerte que permita promover en el orden jurídico, la justicia y la igualdad en libertad" (SSTC 27/1981, de 20 de julio; 97/1987, de 11 de junio; 227/1988, de 29 de noviembre; 150/1990, de 4 de octubre; 174/1998; 203/1998; 225/1998).

En el ámbito de los derechos fundamentales y libertades públicas, la reserva de ley es el único modo de garantizar las exigencias de la seguridad jurídica (SSTC 37/1989; 150/1989; 85/1994; 49/1996; 54/1996; 49/1999).

En el ámbito sancionador, la seguridad jurídica exige que la descripción del tipo penal o de la infracción permita predecir con un grado suficiente de certeza las conductas sancionadas y el grado de la sanción (STC 194/2000).

Ahora bien, a esta interpretación tan estricta y formal de la noción de seguridad jurídica cabe oponer otra que reconoce en ella un valor de cierta estabilidad material y de confianza en los compromisos asumidos por el Estado. Así, el magistrado Francisco Rubio Llorente, en un voto particular a la Sentencia del Tribunal Constitucional 208/1988, de 10 de noviembre, critica el sentido extremadamente restrictivo que la Sentencia 27/1981, antes citada, inicio en torno al principio de seguridad jurídica ("En un Estado social y democrático de derecho la seguridad jurídica implica también, a mi juicio, la necesidad de que el Estado no pueda abrogar libremente aquellas normas que... están precisamente destinadas a dotar de una mínima garantía a determinados grupos sociales. La seguridad jurídica no exige, ciertamente, la petrificación del ordenamiento, pero si, creo, el respeto a las garantías enunciadas explícitamente como tales. Por esa misma razón no podrá basarse la decisión de la que discrepó, en nuestra anterior STC 65/1987, pues en ella la clave de la argumentación esta precisamente en la afirmación – Fundamento jurídico 14 – de que no se habían quebrantado ni desconocido dos compromisos asumidos por el Estado").

4. De esta manera queda formulada la contraposición entre dos concepciones de la seguridad jurídica. Una, estrictamente formal que solo exige claridad y precisión de las normas y del ordenamiento jurídico en su conjunto ("... el legislador debe perseguir la claridad y no la confusión normativa, debe procurar que acerca de la materia sobre la que se legisla sepan los operadores jurídicos y los ciudadanos a que atenerse y debe huir de provocar situaciones objetivamente confusas..." – STC 49/1990); y otra que, además de esa exigencia, añade la del valor material de la confianza, la estabilidad y, en definitiva, la paz social.

Esta segunda concepción, apuntada en el voto particular del magistrado Rubio Llorente, es la que cuenta con mayor tradición en nuestra doctrina. Luís Legaz Lacambra destaco la "función de seguridad como legitimación de legalidad". El Derecho no ha nacido para rendir culto a la justicia sino para colmar la exigencia de seguridad, de certeza en la vida social... para hacer posible la vida humana, la vida con los demás". "La justicia es un valor mas alto que la seguridad y el orden y condicionante de estos valores, pero, al mismo tiempo, el orden y la seguridad son valores mas consistentes y antológica y onticamente condicionantes de la justicia". "Solo sobre la base de un orden se puede hablar de justicia o injusticia en la sociedad; sin ese orden se puede hablar de ideas o ideales de justicia, pero no de justicia existente" (*Filosofía del Derecho*, 2ª ed., 1961, pp. 583 y ss.). También para Jaime Guasp el primero de los dos grandes principios fundamentadores de todo lo jurídico es aquel que recoge "el impulso o impulsos de una sociedad ya constituida como tal hacia su normal conservación". "La paz puede definirse como aquel principio que explica la persecución por una sociedad de su propio mantenimiento". "La paz en cuanto fundamento del Derecho da lugar a la seguridad como fundamento del Derecho también". "La faceta subjetiva de la paz jurídica es la seguridad; la faceta objetiva de la paz jurídica es la certeza. Seguridad y certeza jurídica se complementan. La exigencia básica de la paz forzosamente ha de estar integrada por un ingrediente de paz subjetiva que es la seguridad humana en el Derecho y por un ingrediente de paz objetiva, que es la certeza impersonal que a ese mismo Derecho cabe atribuir" (*Derecho*, 1971, pp. 313 y ss.). Y Perez Luno dedica su estudio sobre "la seguridad jurídica" a demostrar que esta sirve para "establecer ese clima cívico de confianza en el orden jurídico, fundada en pautas razonables de previsibilidad, que es presupuesto y función de los Estados de Derecho" (1991, p. 107).

Esta claro, sin duda, que la seguridad jurídica no es una cuestión que solo concierne a la técnica normativa. La buena construcción del ordenamiento jurídico como un sistema capaz de dar respuesta precisa a los conflictos susceptibles de ser resueltos por el Derecho, es una condición esencial para la existencia de seguridad jurídica, pero no es condición suficiente. Y ello porque, como ha dicho el Consejo de Estado, la seguridad jurídica que la Constitución garantiza (art. 9.3) significa "que todos, tanto los poderes públicos como los ciudadanos sepan a que atenerse; lo cual supone, por un lado, un conocimiento cierto de las leyes vigentes y; por otro, una cierta estabilidad de las normas y de las situaciones que en ellas se definen. Estas dos circunstancias – certeza y estabilidad – deben coexistir en un Estado de Derecho donde no cabe la posibilidad dialéctica de que se viva *sine lege certa, sine iure certo*" (*Memoria*, 1992, p. 99). La inseguridad jurídica no solo nace de la mala técnica normativa sino de la inestabilidad injustificada de las normas.

5. Examinamos ahora las condiciones que el ordenamiento jurídico ha de cumplir para satisfacer el principio de seguridad jurídica. Después se expone la vinculación de los poderes públicos al ordenamiento como requisito de seguridad jurídica. Finalmente, se trata de la seguridad jurídica como derecho público subjetivo. La concepción de la seguridad jurídica que se sigue en esta exposición es la que mas se ajusta a la noción estricta que de la misma sigue, hasta ahora, la jurisprudencia del Tribunal Constitucional, sin que ello suponga su aceptación plena. Por las razones expuestas, la seguridad jurídica implica, también, la realización del valor de la legítima confianza en que la estabilidad del ordenamiento solo se va a alterar por causas importantes, suficientemente valoradas. Es posible que el Tribunal Constitucional acierte algún día a dar a la seguridad jurídica la plenitud de su alcance constitucional.

II – Seguridad y ordenamiento jurídico

La existencia misma de un ordenamiento jurídico genera cierta orden en la convivencia social y una pacificación de las relaciones sociales, siempre que tal ordenamiento cumpla unas condiciones mínimas que permitan conocerlo, entenderlo y aplicarlo como un sistema. El ordenamiento para ser tal y no un simple agregado de normas, necesita estar construido como un sistema. No basta la proclamación bien intencionada de unos principios de justicia, aceptados por la comunidad, y de unas normas democráticamente formuladas; es necesario articular esos principios y normas en un sistema armónico mediante una técnica adecuada. La sistematización del ordenamiento es una exigencia de la seguridad jurídica para hacer posible el hallazgo de una respuesta previsible a los problemas que exigen un pronunciamiento sujeto a Derecho. Pero la construcción sistemática del ordenamiento es hoy una tarea mas compleja que nunca lo ha sido y todo parece indicar que en un futuro inmediato la complejidad seguirá creciendo hasta que llegue el momento, todavía lejano, de la gran simplificación.

1. La seguridad jurídica exige un ordenamiento bien construido en sus principios, estructura, calidad de las normas que lo integran, publicidad y viabilidad. Si no cumple estos requisitos, no es un ordenamiento porque no es fuente de orden y de seguridad sino causa de desorden e inseguridad. La realización de los valores del ordenamiento, la libertad, la justicia, la igualdad y el pluralismo político (art. 1.1 CE) exige tanto preceptos materiales que los incorporen, como requisitos formales que hagan lo mas segura posible su interpretación y aplicación. La seguridad jurídica que la Constitución garantiza (art. 9.3 CE) es un valor que debería figurar también en el articulo 1.1 de la Constitución (Peces-Barba).

Las características actuales del ordenamiento jurídico español, ordenamiento abierto a múltiples fuentes (tanto del interior como consecuencia de la autonomía normativa ampliamente reconocida, como del exterior, como consecuencia de la incorporación, a la Comunidad Europea y al orden internacional) y ordenamiento extraordinariamente móvil (por la incesante formulación y reformulación de principios y normas) obligan a cuidar cada vez mas las técnicas que permiten mantener su unidad, y su continuidad en el tiempo. De ahí la importancia creciente de la técnica normativa y su concreción en directrices para la elaboración de las normas cuyo sentido no es otro que el de realizar el principio de la seguridad jurídica.

2. La plenitud y efectividad global del ordenamiento jurídico español (arts. 1.1 y 9.1 CE; 5 LOPJ y 1 CC) debe hacer posible la obligación de resolver de acuerdo con el sistema de fuentes establecido que vincula tanto a jueces y magistrados (arts. 1.7 CC; 361 LEC; 357 CP) como a la Administración (art. 89.4 LRJPA). La prohibición de *non liquet* solo esta justificada si el ordenamiento jurídico ofrece seguridad suficiente de que las decisiones pueden entenderse fundadas en el mismo y no en el arbitrio de quien decide.

Los requisitos que la seguridad jurídica exige del ordenamiento (unidad estructural y continuidad en el tiempo) y de las normas que lo integran (calidad, publicidad, viabilidad) se examinan en la voz técnica normativa.

III – Seguridad jurídica y ejercicio del poder público

La existencia de un ordenamiento que reúna las características mencionadas es el presupuesto de la seguridad jurídica, siempre que, claro es, tal ordenamiento sea efectivo. La sujeción de los ciudadanos y de los poderes públicos a la Constitución y al resto del ordenamiento hace que el ejercicio del poder, tanto público como privado, sea previsible y, por tanto, seguro. Seguridad relativa, ciertamente, pero la mayor posible en las relaciones humanas, por naturaleza tan variables. Se trata de la seguridad de que el ejercicio del poder público va a ser ejercido por sus titulares legítimos, de acuerdo con los principios y normas del ordenamiento jurídico; y seguridad de que el poder privado va a quedar sometido a las reglas que impiden el abuso del derecho o el ejercicio antisocial del mismo. Este último aspecto es, cada vez, más importante. La privatización de grandes sectores públicos exige una nueva formulación del control del poder y de la seguridad jurídica, cuestiones que todavía no es posible valorar en toda su amplitud.

Ahora examinamos, en primer lugar, las condiciones que la seguridad jurídica impone al ejercicio del poder público.

1. Reglas generales. La seguridad que crea la efectiva sujeción del poder público al ordenamiento, presupone que:

• el poder se va a ejercer por órganos que tienen predeterminada su competencia;

• la elección o la selección de los titulares del poder se ajusta a reglas que aseguran la legitimidad del acceso a las funciones y cargos públicos, de acuerdo con el principio democrático o, en su caso, de legalidad funcionarial (arts. 1, 23 y 103, CE);

• el ejercicio del poder esta sometido a un procedimiento configurado para facilitar el acierto y la legalidad de las decisiones;

• la publicidad y la transparencia impiden la eficacia externa de decisiones secretas o la motivación oculta de las mismas;

• el ejercicio del poder esta sometido a un control que elimina las decisiones ilegales, arbitrarias, y obliga a reparar los danos causados.

Las reglas mencionadas se incorporan a las normas que regulan el ejercicio del poder político, legislativo, ejecutivo y judicial.

2. El ejercicio del poder político y legislativo. En un Estado Democrático de Derecho, cuya forma política es la monarquía parlamentaria (art. 1 CE), el ejercicio del poder político y del poder legislativo están interrelacionados de tal manera que las reglas de composición y de actuación de uno y otro se condicionan recíprocamente. Por lo que a la seguridad jurídica concierne, los órganos colegiados que representan a los ciudadanos y los órganos de gobierno que gozan de su confianza deben integrarse y actuar de acuerdo con reglas preestablecidas que permitan prever el marco general de su actuación.

A) En relación a las asambleas legislativas, la Constitución garantiza la existencia de una norma con naturaleza de ley orgánica que regule el "régimen electoral general" (art. 81.1 CE, y LO 5/1985 aplicable a las elecciones de Diputados y Senadores a las Cortes Generales, a las elecciones de miembros de las Corporaciones Locales, a las de Diputados del Parlamento Europeo y, en parte a las de miembros de las Asambleas de las Comunidades Autónomas). Sin embargo, la seguridad jurídica no llega a exigir que aquellos que han sido elegidos en consideración al programa de actuación política que han defendido durante la campana electoral queden vinculados por ese programa. Tampoco existe una norma que obligue a los partidos a cumplir sus programas sancionando jurídicamente su incumplimiento. Mas bien, por el contrario, lo que la Constitución garantiza es la independencia de los miembros de las

Cámaras estableciendo para ello, además de la prohibición del mandato imperativo (art. 67.2 CE), la previsión de que la ley electoral determine las causas de inelegibilidad e incompatibilidad de Diputados y Senadores (art. 70.1 CE), la inviolabilidad e inmunidad parlamentarias y la previa autorización para su inculpación o procesamiento (art. 71). Todo ello contribuye a fortalecer la posición individual de los parlamentarios (al menos en teoría, ya que en la practica existe una férrea disciplina en los grupos parlamentarios que anula, hacia el exterior, la libertad de sus miembros), pero no asegura a los ciudadanos que estos vayan a ajustarse a las promesas realizadas durante la campana electoral. En cambio, el sometimiento de las decisiones de las Cámaras, tengan o no valor de ley, a un procedimiento preestablecido que garantice la participación en ellas de las minorías y la publicidad de los debates, salvo excepciones tasadas, contribuye a la seguridad jurídica en la medida en que puede permitir conocer con antelación tales decisiones así como la voluntad del legislador. El control de la actividad de las Cámaras por el Tribunal Constitucional, o por la jurisdicción contencioso–administrativa cuando se trata de actos de la Administración parlamentaria, contribuye a asegurar que esta se va a producir dentro de los límites trazados por el Estado de Derecho.

B) En relación a los órganos de gobierno, el principio de seguridad jurídica exige que sus titulares sean nombrados a través de los procedimientos establecidos por la Constitución, los Estatutos de Autonomía o la legislación local, pero una vez efectuado su legítimo nombramiento, no determina que su actuación deba limitarse a la mera ejecución de las leyes, sino que les reconoce un amplio campo de actuación política. Ese campo de actuación es compatible con la seguridad jurídica si se delimita externamente por los preceptos del Derecho positivo e, internamente, por la interdicción de la arbitrariedad de los poderes públicos. El Estado de Derecho es compatible con los actos políticos de gobierno, reconocidos por la Constitución (arts. 97; 148.1.1º y 140 CE) porque tales actos solo pueden producirse de acuerdo con la Constitución. Los actor del Gobierno son impugnables ante la jurisdicción contencioso–administrativa (art. 26.3 Ley 50/1997) a la cual corresponde examinar si respetan los derechos fundamentales, se ajustan a sus elementos reglados o causan danos indemnizables (art. 2.a) Ley 29/1998). La Ley de Régimen Jurídico de las Administraciones Públicas y del Procedimiento Administrativo Común, al establecer los principios que inspiran una de las manifestaciones del poder político, la relación entre el Gobierno y la Administración, deja claro que la dirección política de las Administraciones públicas "se desarrolla para alcanzar los objetivos que establecen las leyes y el resto del ordenamiento jurídico" (art. 3.3 LRJPA 30/1992). Se asegura, por tanto, que el margen de apreciación propio de la actividad política solo es legítimo si persigue los objetivos fijados por las leyes.

3. Ejercicio del poder ejecutivo. La seguridad jurídica, como principio configurador del ejercicio del poder ejecutivo, se concreta en aquellas normas que vinculan a la Administración positiva (obligación de actuar) y negativamente (prohibición de hacerlo más allá de los límites trazados por el legislador). Cada Administración debe realizar las tareas que tiene encomendadas y debe hacerlo con sometimiento pleno a la ley y al Derecho. Debe proporcionar a los ciudadanos y a las demás Administraciones la seguridad jurídica de que va a servir con objetividad los intereses generales (art. 103.1 CE). La objetividad proscribe la actuación parcial pero no exige la neutralidad política. La objetividad de la Administración es su cualidad de actuar con adecuación a su objeto, esto es, su capacidad de realizar las tareas que tiene encomendadas, bajo la dirección de su órgano de gobierno (art. 3 LRJPA). La Administración no puede ser, en un Estado Social y Democrático de Derecho, un aparato que funciona con "neutralidad indiferente". Todo lo contrario, debe ser una organización que sirve activamente, incluso apasionadamente, su tarea fundamental: "promover las condiciones para que la libertad y la igualdad del individuo y de los grupos en que se integra sean reales y efectivas" (art. 9.2 CE). Ello no implica, sin embargo, que la "efectividad" de que habla el precepto citado, la "eficacia" a que se refiere el articulo 31.1 y la "eficacia" mencionada en el articulo 103 de la Constitución legitimen cualquier actuación de la Administración con infracción del ordenamiento jurídico. La eficacia es un principio jurídico y como tal "opera en el Derecho, no contra el Derecho, para lograr una Administración subjetiva", una "buena Administración", cuya actuación, sin lesionar los derechos de los ciudadanos alcance los fines para los que se ha creado. Para ello, la organización y la actuación de la Administración se rigen por estos principios:

A) La organización administrativa se estructura en órganos a los que se atribuye formalmente, y con carácter irrenunciable, el ejercicio de una competencia. Cada órgano puede y debe ejercer su competencia, pero nada más que esa competencia, siendo nulo o anulable lo que realice fuera de ella. Los titulares de cada órgano son designados por un procedimiento preestablecido para asegurar su capacidad y la igualdad en el acceso a las funciones y cargos públicos (art. 23 CE), quedando sometidos a un régimen estatutario que regule un "sistema de incompatibilidades y las garantías para la imparcialidad en el ejercicio de sus funciones" (art. 103.3 CE). La clara delimitación de competencias, y el establecimiento de reglas sobre la alteración de su titularidad o ejercicio (delegación, avocación, suplencia, sustitución, encomienda de gestión) proporcionan la seguridad jurídica de poder conocer que órgano y que persona titular del órgano detenta el ejercicio del poder (derecho a identificar a las autoridades y al personal al servicio de las Administraciones Públicas bajo cuya responsabilidad se tramiten los procedimientos – art. 35.b) LRJPA).

B) La actuación administrativa esta sometida a un procedimiento (art. 105.c) CE y art. 53 LRJPA) cuyos tramites deben servir para que la decisión que se adopte sea la mas adecuada al objetivo que se pretende alcanzar de acuerdo con el ordenamiento jurídico.

a) Tal procedimiento debe proporcionar a los ciudadanos y a los demás poderes públicos la "seguridad jurídica" de que si son interesados van a ser oídos, de que la decisión se va a adoptar con conocimiento de los hechos y de que la Administración va a adoptar una resolución expresa, motivada, ajustada a Derecho y firme. a) El carácter contradictorio del procedimiento, en todas sus fases, asegura la posible defensa de los derechos del afectado (principio de audiencia en sentido estricto) y también la presencia de otros intereses legítimos, individuales y colectivos. b) El principio de prueba plena exige que los hechos en virtud de los cuales debe pronunciarse la resolución hayan sido previamente determinados y comprobados de oficio por la Administración (art. 78.1 LRJPA) mediante cualquier medio de prueba admisible (art. 80.1 LRJPA), sin perjuicio del derecho de los interesados a proponer actuaciones con ese fin, a participar en su practica (art. 81 LRJPA) y, si se trata de procedimientos sancionadores, a ampararse en la presunción de inocencia (art. 137 LRJPA). c) La exigencia de resolución expresa (art. 42 LRJPA) que decida todas las cuestiones planteadas por los interesados se complementa con la técnica del silencio administrativo cuya existencia puede ser acreditada por cualquier medio de prueba admitido en derecho, incluido el certificado de silencio (art. 43.5, LRJPA modificado por Ley 4/1999). La seguridad jurídica exige que la resolución de un procedimiento iniciado a petición de interesado no se extienda a cuestiones conexas no planteadas por el mismo a no ser que el órgano competente para resolver, las ponga antes de manifiesto para que el interesado pueda formular alegaciones y aportar, en su caso, medios de prueba (art. 89.1, LRJPA). La congruencia de la resolución con las peticiones formuladas es una exigencia de la seguridad jurídica que no impide, sin embargo, que la Administración incoe de oficio un nuevo procedimiento, si procede (art. 89.2, LRJPA). En todo caso, la Administración debe resolver conforme a Derecho sin que pueda abstenerse de hacerlo so pretexto de silencio, oscuridad o insuficiencia de los preceptos legales aplicables al caso, aunque puede resolver la inadmisión de solicitudes de reconocimiento de derechos no previstos en el ordenamiento jurídico o manifiestamente carentes de fundamento (art. 89.4, LRJPA).

b) La interpretación y aplicación de las normas por la Administración esta sometida a las reglas generales sin que en ello tenga privilegio alguno, ni siquiera cuando se trata de normas reglamentarias procedentes de la propia Administración (las cuales vinculan a todas las Administraciones – art. 18.2, LRJPA –, y no pueden derogarse en casos singulares (art. 52.2 LRJPA). La seguridad jurídica no llega, sin embargo, a exigir que la Administración quede vinculada por el criterio seguido en sus actuaciones precedentes, pero si a obligar a que motive las razones por las que se separa de ese criterio (art. 54.1.c) LRJPA) y, en general, a que motive todas las resoluciones de especial relevancia, singularmente las discrecionales (art. 54, LRJPA). Para facilitar el conocimiento de los criterios que la Administración sigue al interpretar y aplicar el Derecho, debe publicar de forma regular las instrucciones y respuestas a consultas planteadas por los particulares u otros órganos administrativos (art. 37.10, LRJPA).

c) La seguridad jurídica impide que las resoluciones administrativas tengan eficacia retroactiva salvo cuando se dictan en sustitución de actos anulados o cuando produzcan efectos favorables al interesado, siempre que los supuestos de hecho necesarios existieran ya en la fecha a que se retrotrae la eficacia del acto y esta no lesione derechos o intereses legítimos de otras personas (art. 57.3, LRJPA). También impide que la Administración revoque sus propios actos, salvo en los casos y con las garantías previstas para la revisión de los actos nulos y de los actos anulables (arts. 102, 103 y 105, LRJPA).

d) En general, la seguridad jurídica debe presidir las relaciones entre la Administración y los ciudadanos de modo que ni estos deban temer que la falta de información sobre la actividad administrativa les perjudique, ni los intereses generales a los que esta sirve puedan resultar lesionados por la actuación desleal de los ciudadanos. Para facilitar la seguridad de las relaciones jurídicas entre la Administración y los ciudadanos se establece que estos tienen derecho "a obtener información y orientación acerca de los requisitos jurídicos o técnicos que las disposiciones vigentes impongan a los proyectos, actuaciones o solicitudes que se propongan realizar" (art. 35.g) LRJPA) sin perjuicio de que puedan actuar asistidos de asesor (art.

85.2, LRJPA). Además, si solicitan de forma errónea o incompleta la iniciación de un procedimiento tienen un plazo de diez días para su subsanación o, en su caso, pueden mejorar o modificar su solicitud por indicación de la Administración (art. 71, LRJPA); y si el procedimiento, una vez iniciado, se paraliza, la Administración debe advertir al interesado de que si en el plazo de tres meses no realiza las actuaciones necesarias para reanudar su tramitación – el procedimiento caducara (art. 92.1, LRJPA). A ello hay que añadir que la Administración debe notificar o, excepcionalmente, publicar sus actuaciones, cumpliendo los requisitos de tiempo y forma que impidan la indefensión de los interesados (especialmente, arts. 58 a 61, LRJPA), y debe facilitar que los ciudadanos tengan acceso a los Archivos y Registros administrativos para conocer los datos que les afecten, y exigir, en su caso, la rectificación de los que figuren incompletos o inexactos (art. 37, LRJPA).

e) La prescripción de las acciones, infracciones y sanciones administrativas es una exigencia de la seguridad jurídica (SSTC 147/1986; 215/1989; 157/1990).

C) Finalmente, una aplicación importante: el principio de seguridad jurídica entendido en el sentido de protección de la confianza se encuentra en los límites de las facultades de revisión, las cuales no podrán ser ejercitadas cuando por prescripción de acciones, por el tiempo transcurrido y por otras circunstancias su ejercicio resulte contrario a la equidad, a la buena fe, al derecho de los particulares o a las leyes (art. 106, LRJPA).

4. *Ejercicio del poder judicial.* El derecho fundamental que toda persona tiene a obtener "la tutela efectiva de los jueces y tribunales en el ejercicio de sus derechos e intereses legítimos, sin que, en ningún caso, pueda producirse indefensión" (art. 24, CE) implica que esa tutela se va a ejercer de acuerdo con el principio de la seguridad jurídica. Esto es, con la seguridad de que se va a ejercer exclusivamente por jueces y magistrados predeterminados por la ley (art. 24.1, CE) independientes, inamovibles, responsables y sometidos únicamente al imperio de la ley, según normas de competencia y de procedimiento que no van a causar indefensión, y cuyas resoluciones, debidamente motivadas, van a tener plena eficacia frente a todos, incluso frente a los propios jueces y Tribunales (arts. 117 y ss., CE).

La seguridad que puede exigirse al ejercicio del poder judicial (la realización efectiva de la tutela judicial) es, como toda seguridad jurídica, relativa. Lo único que puede hacer el Derecho positivo es establecer unas reglas que razonablemente permitan suponer que las resoluciones judiciales adoptadas conforme a ellas se van a ajustar lo más posible al Derecho vigente y que, por tanto, van a concretar en cada caso la solución que resulta del ordenamiento. A ello hay que añadir que la aplicación del derecho a cada caso acumula a la inseguridad del imperio de la ley la inseguridad que genera la voluntad personal de quien en último término decide. No obstante, el Estado de Derecho se caracteriza por las reglas que intentan reducir al mínimo ambas inseguridades. Con esas reglas se pretende que quien decide retina condiciones personales y estatutarias que permitan suponer que su decisión va a estar fundada en Derecho; se pretende que el procedimiento que necesariamente debe preceder a su decisión asegure que los afectados por ella no van a sufrir indefensión; y se pretende que la resolución misma va a estar motivada en derecho y va a poner fin al conflicto. Ciertamente, las resoluciones judiciales firmes nunca serán la última palabra porque ellas mismas necesitan ser interpretadas, pero el principio de intangibilidad de los fallos judiciales crea, al menos, la seguridad de que la decisión adoptada no va a ser revisada nada más que en los supuestos extraordinarios previstos por el legislador.

A) La predeterminación por la ley del juez competente para juzgar y ejecutar lo juzgado en todo tipo de procesos, es una exigencia de la seguridad jurídica garantizada por la Constitución (arts. 24.2 y 117.3).

También lo es que los jueces y magistrados tengan garantizado un estatuto que les permita ejercer su función de forma personalmente responsable, sometidos únicamente al "imperio de la ley". Para ello se garantiza su independencia, tanto externa, frente a injerencias de otros poderes públicos o privados, como interna, frente a la propia organización del Poder Judicial (solo pueden ser separados, suspendidos, trasladados o jubilados por alguna de las causas y con las garantías previstas en la ley – art. 117.2, CE; y, además, "en el ejercicio de la potestad jurisdiccional, los Jueces y Magistrados son independientes respecto a todos los órganos judiciales y de gobierno del Poder Judicial"; de modo que "no podrán los jueces y Tribunales corregir la aplicación o interpretación del ordenamiento jurídico hecha por sus inferiores en el orden jerárquico judicial sino cuando administren justicia en virtud de los recursos que las leyes establezcan; tampoco podrán los jueces y Tribunales, órganos de gobierno de los mismos o el Consejo General del Poder Judicial dictar instrucciones de carácter general o particular, dirigidas a sus inferiores sobre la aplicación e interpretación del ordenamiento jurídico que lleven a cabo en el ejercicio de su función jurisdiccional" – art. 12, LOPJ. La garantía de esta doble independencia tiene por finalidad primar la posición personal de cada juez en la interpretación y aplicación del Derecho y presupone, por tanto, la creencia de que la seguridad jurídica que proporciona el ordenamiento se realiza mejor cuanto mayor sea el compromiso "personal" de cada juez con la decisión que adopta según su intima convicción, libre de interferencias ajenas. Por ello, la sentencia no es anónima (art. 248, LOPJ), sino que, por el contrario, debe figurar en ella el nombre del juez que la dicta y, caso de tratarse de un Tribunal, el nombre de los miembros de la Sala o de la Sección y, en especial, del magistrado ponente que la redacta. El compromiso "personal" que el magistrado tiene sobre el contenido de la sentencia se pone de manifiesto en la posibilidad de que el ponente decline la redacción de la resolución cuando no se conforme con el criterio de la mayoría, formulando motivadamente su voto particular (art. 206, LOPJ).

B) La seguridad jurídica exige que la resolución judicial se adopte seguido un procedimiento, predeterminado por la ley (art. 117.3, CE), público (art. 24.2, CE) y predominantemente oral (art. 120.2, CE), que proporcione a todos la seguridad de que se va a tramitar sin dilaciones indebidas, y con las garantías de audiencia, defensa y prueba plena. Además, la seguridad jurídica impide que se pronuncien resoluciones judiciales que afecten a personas que no han sido demandadas (litisconsorcio pasivo necesario) o no han sido emplazadas en forma (SSTC 103/1993) o no han sido informadas de su condición de inculpados (SSTC 128/1993 y 129/1993). Los órganos judiciales deben decidir conforme a lo alegado por las partes, oídas contradictoriamente, sin que pueda justificarse la resolución judicial *inaudita parte* más que en caso de incomparecencia por voluntad expresa o tácita o por negligencia imputable a la parte interesada (SSTC 112/1987; 151/1987; 66/1988; 74/1993).

C) La seguridad jurídica exige que las sentencias sean siempre motivadas y sus pronunciamientos pongan fin a los conflictos que dirimen.

a) La motivación de las sentencias (arts. 24, CE, y 248.3, LOPJ) y también de los autos (art. 248.2, LOPJ) debe proporcionar un conocimiento suficiente de los fundamentos del fallo y del alcance de este, de manera que las panes y todos los afectados puedan conocer con certeza suficiente que es lo que se ha decidido y por que se ha decidido (SSTC 30/1987 y 200/1989). Las sentencias deben ser "claras, precisas y congruentes", formuladas expresando en párrafos separados y numerados los antecedentes de hecho, los hechos probados, los fundamentos de Derecho y, por último, el fallo (arts. 248, LOPJ; 218, LEC; 142, LECr.). En el caso de autos o sentencias de Tribunales, los acuerdos se adoptan por mayoría absoluta de votos, salvo que expresamente la ley señale una mayor proporción (art. 255, LOPJ). Al no exigirse unanimidad, es posible que algunos de los magistrados de la minoría quieran dejar constancia pública de las razones de su desacuerdo, a lo que se ha opuesto, durante mucho tiempo, el argumento de que ello debilita la fuerza de convicción de la resolución judicial. Hoy, sin embargo, prevalece la opinión de que los ciudadanos tienen derecho a conocer integralmente el proceso de formación de la voluntad judicial (salvo las deliberaciones que son secretas) aunque ello pueda romper la apariencia de seguridad de la resolución judicial. Se pueden, pues, formular y publicar votos particulares, pero siempre, claro es, que su contenido haya sido defendido durante la deliberación del fallo (art. 260, LOPJ; art. 90.2, LOTC) lo que, en cierto modo, contribuye también a la seguridad jurídica pues ayuda a interpretar la resolución judicial al dar publicidad a los argumentos que se han rechazado.

La obligación de motivar las sentencias exponiendo con claridad y precisión sus fundamentos jurídicos contribuye a hacer previsibles los pronunciamientos judiciales y, por tanto, a hacer real la seguridad jurídica. No obstante, esa seguridad no exige que los órganos judiciales queden vinculados indefinidamente por su interpretación anterior del Derecho, pero si obliga, a que se justifiquen las razones del cambio de doctrina (SSTC 161/1989 y 91/1990).

b) La autoridad de cosa juzgada propia de las sentencias firmes (arts. 118, CE; 245.3, LOPJ; 222, LEC; 141, LECr.; 1.251 y 1.252, CC) es una exigencia de la seguridad jurídica, que solo cede en los casos extraordinarios de los recursos de revisión (STC 53/2000). Por tanto, frente al planteamiento de una cuestión ya resuelta por sentencia firme cabe oponer la excepción de cosa juzgada (excepción perentoria, art. 421, LEC; artículo de previo pronunciamiento, art. 666.2º, LECr.). Puede ocurrir, sin embargo, que dos órganos jurisdiccionales distintos aprecien unos mismos hechos de forma contradictoria. El Tribunal Constitucional ha declarado que ello infringe la seguridad jurídica: "Si el respeto a la independencia de cada órgano judicial es principio básico de nuestro ordenamiento jurídico, no es menos cierto que unos mismos hechos no pueden existir y dejar de existir para los órganos del Estado (STC 77/1983), de modo que sea los más elementales criterios de la razón jurídica repugna aceptar la firmeza de distintas resoluciones judiciales en virtud de las cuales resulte que unos mismos hechos ocurrieron y no ocurrieron, o que una misma persona fue su autor y no lo fue". Ello vulneraria la seguridad jurídica – art. 9.3 CE – y la tutela judicial efectiva – art. 24 CE (STC 62/1984). La vía para resolver las contradicciones entre resoluciones judiciales es difícil de articular. El Tribunal Constitucional ha pedido al legislador que establezca un mecanismo para su solución dentro de la justicia ordinaria, pero mientras esto no ocurre, el Tribunal deja abierta la vía del amparo (STC 158/1985). En todo caso, los hechos declarados probados por sentencia firme tienen que ser aceptados como tales por la Administración (así, el art. 137.2, LRJPA dispone que "los hechos declarados probados por resoluciones judiciales penales firmes vincularán a las Administraciones Públicas respecto de los procedimientos sancionadores que substancien").

La determinación de aquella parte de la sentencia que integra la cosa juzgada puede plantear cierta inseguridad debido a que no todos los pronunciamientos de la sentencia tienen igual valor. La cosa juzgada esta integrada por el fallo y su fundamento determinante (*ratio decidendi*); lo demás (*obiter dictum*) no forma parte de la cosa juzgada, aunque tenga también valor de antecedente dotado de autoridad (STC 9/1991). Por ello la seguridad jurídica exige que la sentencia se redacte precisando con claridad lo que constituye cosa juzgada y omitiendo todo aquello que no sea necesario para fundamentar el fallo.

El principio de intangibilidad de las resoluciones judiciales afecta a los propios jueces y Tribunales que la dictaron, de modo que una vez firmadas no pueden variar su contenido, pero si "aclarar cualquier concepto oscuro o suplir cualquier omisión que contengan" (arts. 267, LOPJ; 214, LEC; 161, LECr.) sin que ello pueda implicar alteración del contenido de la sentencia misma (STC 142/1992). Se trata, pues, de una manifestación formal de la seguridad jurídica que impide al juzgador reconsiderar sus resoluciones. La irrevisibilidad de una resolución anterior por comparación con una resolución posterior se basa en la seguridad jurídica (STC 132/1997, 29/1998). El mismo principio de seguridad jurídica justifica que los precedentes deban referirse al momento de la resolución de admisión a tramite del recurso (acto judicial que resulta de una fiscalización de los requisitos procesales) STC 62/1999.

El ejercicio del derecho de gracia y la amnistía afectan a la seguridad jurídica que deriva de las situaciones consolidadas por sentencias firmes pero constituye uno "de los límites que han sido impuestos a la seguridad jurídica en aras de la prevalencia de la justicia material" (STC 147/1986).

IV – Derechos de la persona fundados en el principio de seguridad jurídica

1. Para cada persona, la seguridad jurídica, que proclama la Constitución (art. 9.2) se concreta en aquellos derechos públicos subjetivos que garantizan que su situación jurídica, personal y patrimonial, actual y futura, pueda ser suficientemente conocida por ella misma y respetada por los demás (poderes públicos y personas privadas) de acuerdo con el ordenamiento jurídico.

Así entendida, la "seguridad jurídica" opera en el ámbito del Derecho y se distingue, tal como antes se expuso, de otras garantías que la Constitución establece utilizando también el nombre de "seguridad", pero referidas a otros bienes materiales (seguridad física personal, art. 17; seguridad pública, art. 149.1.17; seguridad de consumidores y usuarios, art. 51).

Ceñida al significado que la seguridad jurídica tiene en el artículo 9.3 de la Constitución, aquella debe proporcionar a cada persona (física o jurídica, privada o pública) la posibilidad de realizar su vida en el mundo jurídico, en base al conocimiento de la valoración que su situación actual y sus proyectos de acción futura reciben del ordenamiento vigente. La seguridad jurídica no garantiza, en cambio, que el ordenamiento permanezca invariable en el futuro (STC 227/1988), pero si que los cambios se produzcan por los cauces y dentro de los límites que la Constitución traza: el respeto de los valores y derechos fundamentales y, especialmente, el principio de irretroactividad de las disposiciones sancionadoras no favorables o restrictivas de derechos individuales (art. 9.2 CE) y la prohibición de la confiscación de los derechos adquiridos (art. 33, CE).

2. El principio de seguridad jurídica tiene para cada ciudadano, entre otras, las siguientes manifestaciones:

A) El derecho a conocer el ordenamiento jurídico a través de la publicidad de las fuentes del Derecho.

B) El derecho a recibir información y asesoramiento jurídico en su sentido más amplio. Así, el derecho de cada persona detenida a ser informada en forma inmediata y de modo que le sea comprensible de sus derechos y de las razones de su detención, así como a recibir asistencia de abogado en las diligencias policiales y judiciales (art. 17.3, CE); el derecho a la asistencia de letrado en los procesos judiciales (arts. 24, CE; 436 y ss., LOPJ); asistencia que en algunos procesos es obligada para garantía de la seguridad jurídica (arts. 23 y 31, LEC; 118, LECr.; 23, LJCA); el derecho a actuar asistido de asesor en los procedimientos administrativos (art. 85.2, LRJPA); el derecho a obtener de la Administración información y orientación acerca de los requisitos jurídicos o técnicos que las disposiciones vigentes imponen a los proyectos, actuaciones o solicitudes que los ciudadanos se propongan realizar (art. 35.g) LRJPA); el derecho a que la Administración advierta al ciudadano de la necesidad de subsanar sus solicitudes defectuosas o de mejorar aquellas que puedan ser mejor formuladas (art. 71, LRJPA).

C) El derecho a utilizar los registros e instrumentos públicos creados para proporcionar certeza a las situaciones y relaciones jurídicas (art. 149.1.8º, CE). El acceso a los registros y la regulación de la eficacia jurídica de lo inscrito o anotado en los mismos es una garantía de certeza esencial para la seguridad jurídica. También lo es la ordenación de la fe pública, especialmente la fe pública notarial. Los registros y los instrumentos públicos son medios de prueba para la defensa de los derechos (art. 24.2, CE) aunque, realmente, su función esencial no es tanto preconstituir medios de prueba para un proceso, como evitar que ese proceso se produzca.

D) El derecho a que la transparencia del poder público se configure de modo que sea una fuente de seguridad y no de inseguridad para el ciudadano. Para ello, la regulación del acceso a la información que el poder público posee, debe configurarse entre el límite positivo de facilitar su conocimiento y el límite negativo de evitar que ese conocimiento lesione intereses y derechos que deben ser protegidos. La norma constitucional que reserva a la ley la regulación del acceso de los ciudadanos a los archivos y registros administrativos, fija como límites aquello que afecta a la seguridad y defensa del Estado, la averiguación de los delitos y la intimidad de las personas (art. 105.b)). Por tanto, el derecho de los ciudadanos al acceso a los registros y archivos de las Administraciones Públicas (art. 35.h) LRJPA) tiene como límite no solo la defensa de los intereses públicos sino también la protección de la seguridad de los ciudadanos de que los datos que afectan a su intimidad o a sus intereses personales y patrimoniales no van a ser difundidos por la Administración (art. 37.4, LRJPA).

a) El derecho a que los datos personales que constan en los archivos y registros administrativos no sean fuente de inseguridad para los interesados, bien porque la Administración no esté habilitada para obtenerlos o conservarlos, bien porque sean incompletos o inexactos, pudiendo exigir en estos casos que sean anulados, rectificados o completados (art. 37.2, LRJPA).

b) El derecho a que los datos de carácter personal incorporados a ficheros, automatizados de los sectores públicos o privados, no van a ser utilizados para fines distintos de aquellos para los que fueron legítimamente recogidos (art. 18.4, CE y LO 5/1992, de 29 de octubre).

E) El derecho a guardar secreto por razón de interés privado protegido como derecho fundamental. Así, derecho a no declarar por razón de parentesco, el secreto profesional (art. 24.3, CE), el secreto de las comunicaciones (art. 18.3, CE), el secreto que garantiza la inviolabilidad del domicilio (art. 18.2, CE; Acuerdo entre el Estado Español y la Santa Sede de 3 de enero de 1979 sobre Asuntos Jurídicos, y los Acuerdos de Cooperación del Estado con la Federación de Entidades Religiosas Evangélicas de España – Ley 24/1992 –, con la Federación de Comunidades Israelitas de España – Ley 25/1992 – y con la Comisión Islámica de España – Ley 26/1992).

F) El derecho a que los poderes públicos no van a realizar actuaciones que perjudiquen intereses o derechos de un ciudadano sin que se le haya notificado el procedimiento y la decisión adoptada. La seguridad jurídica prohíbe la indefensión que deriva de procedimientos administrativos o de procesos judiciales tramitados con desconocimiento del afectado (arts. 24.1 y 105.a) y b) CE) así como la eficacia de las resoluciones que no son notificadas o publicadas. La seguridad jurídica exige que las notificaciones judiciales (arts. 270 y ss., LOPJ) y administrativas (arts. 58 y ss., LRJPA) se regulen de modo que el ciudadano tenga la seguridad de conocer aquello que se le notifica, pero sin que esa seguridad llegue al extremo de paralizar la acción del poder público cuando la notificación personal no es posible por eludirla el destinatario o por no conocerse su paradero (vid. sobre notificación edictal una abundante jurisprudencia: SSTC 1/2000; 7/2000; 12/2000; 39/2000; 41/2000; 62/2000; 65/2000, etc.).

G) El derecho a ampararse en los plazos de la caducidad y de la prescripción. Tanto la prescripción adquisitiva como la prescripción extintiva de acciones, de infracciones y de sanciones eliminan la incertidumbre de las situaciones pendientes. "La existencia de plazos obedece a exigencias del principio de seguridad jurídica aun en detrimento de la justicia material" (STS – 3.a – de 24 de julio de 1992, Ar. 6.175). "La prescripción de las sanciones es una exigencia de la seguridad jurídica que rige incluso en aquellos supuestos en los que no esta prevista por la norma" (STS – 3.a – de 5 de enero de 1992, Ar. 711).

H) El derecho a ampararse en las presunciones contribuye a la seguridad jurídica, al invertir la carga de la prueba en favor del mantenimiento del estado actual de las actuaciones. Así, la presunción de inocencia (art. 24.2, CE), la presunción de filiación derivada de la posesión de estado (arts. 113, 131 y 140, CE), las presunciones posesorias (arts. 448 a 450, 459 y 466, CC) y la presunción de buena fe (art. 434, CC).

3. El principio de la seguridad jurídica proclamado en el artículo 9.3 CE, al no encontrarse dentro del ámbito de aplicación del recurso de amparo (art. 53.2, CE), no puede invocarse como precepto infringido que fundamenta ese recurso, pero siendo "un valor que ha de informar el ordenamiento jurídico y presidir la conducta de los poderes públicos" guarda conexión con otros derechos fundamentales y puede ser invocado conjuntamente con ellos. Así lo ha declarado el Tribunal Constitucional en reiterada jurisprudencia (SSTC 119/1988; 12/1989; 133/1989; 196/1991).

Bibliografía

CONSEJO DE ESTADO. *Memoria* 1992. Madrid, 1993.

GARCÍA DE ENTERRÍA, E. *Justicia y Seguridad Jurídica en un Mundo de Leyes Desbocadas*. 1999.

GUASP, J. *Derecho*. Madrid, 1971.

LAVILLA ALSINA, L. *Seguridad Jurídica y Función del Derecho*. Discurso de recepción en la RA de Jurisprudencia y Legislación, 1999.

LEGAZ LACAMBRA, L. *La Función de Seguridad como Legitimación de Legalidad, en Filosofía del Derecho*. 2ª ed. 1961.

PALMA FERNÁNDEZ, J. L. *La Seguridad Jurídica ante la Abundancia de Normas*. 1997.

PECES–BARBA, G. "La seguridad jurídica desde la filosofía del derecho", *ADHu* 6, 1990.

PEREZ LUÑO, A. E. *La Seguridad Jurídica*. 1991.

SERRANO TRIANA, A. "La función de la seguridad jurídica en la doctrina del Tribunal Constitucional", *Libro Homenaje a J. L. Villar Palasi*. 1989.

EL DERECHO ADMINISTRATIVO Y EL FENÓMENO DE LA INTERCONEXIÓN DE LOS SISTEMAS JURÍDICOS

Pablo Angel Gutiérrez Colantuono[1]

Profesor y Director de la Especialización en Derecho Administrativo de la Universidad Nacional del Comahue/Argentina.
Integrante del Comité Ejecutivo de la Asociación Argentina de Derecho Administrativo

1. Nuevos contextos normativos. 2. La articulación de los sistemas en la Argentina. 3. Derecho administrativo y derechos humanos. 4. La protección trasnacional del ambiente. 5. Reflexiones finales.

1. Nuevos contextos normativos

El escenario constitucional se ha visto, en los últimos tiempos, atravesado por distintos fenómenos. Se debate intensamente acerca de la fuerza vinculante de los textos constitucionales, la interpretación conforme a ellos de la aplicación de la ley por parte de los jueces, de la vigencia de determinados principios y valores comunes al constitucionalismo actual con independencia de su previsión expresa positiva en cada sistema, entre otros temas posibles.[2]

En estos tiempos constitucionales uno de los fenómenos de por mas interesante de ser analizados quizás lo constituya la creciente interdependencia o intensidades de "sujeción" de los ordenamientos domésticos – internos – con los internacionales. El tráfico de las construcciones de interpretaciones internacionales-internas

1. Dirección de email: *drpablogutierrez@gmail.com.*

2. Ver por todos, Miguel Carbonell y Leonardo García Jaramillo, Editores, *El Canon Neoconstitucional*, Bogota, Universidad Externado de Colombia, 2010; Peter Häberle, *El Estado Constitucional*, Bs. As., Astrea, 2007.

moldea tanto la tarea del legislador doméstico, de las administraciones e inclusive de la propia labor del juez como intérprete último del ordenamiento jurídico.

La interconexión de los ordenamientos jurídicos se produce en parte por la apertura de las *fronteras* jurídicas internas a la alta receptividad de las normas internacionales que impactan fuertemente en la estructura jurídica interna: las normas externas modifican las internas, los jueces las aplican directa y preferentemente desaplicando la norma interna, las opiniones y resoluciones emanadas de los organismos internacionales se integran en ese *ordenamiento jurídico*[3] al tiempo que los jueces internos construyen a través de sus sentencias puentes de comunicación con sus pares internacionales.

Ello sucede en un derecho positivo que consagra expresamente determinados derechos y garantías unificados baja la idea de la dignidad del hombre y su libertad. Aparecen así los derechos humanos – derechos fundamentales[4] – en el escenario constitucional desde la propia regulación interna estatal o ya bien por la denominada constitucionalización de los tratados de derechos humanos incorporándolos en el sistema interno.

La fuerza expansiva de los derechos humanos irrumpe en el mundo jurídico atravesando integralmente todo el ordenamiento jurídico, provocando una *revolución* jurídica de las categorías tradicionalmente concebidas desde el derecho público y privado.[5] Las relaciones entre privados, sus vínculos contractuales – ente otros – aparecen ahora interrogándose sobre temas que hasta hace poco se pensaban exclusivos del derecho penal. Lo mismo sucede con nuestro derecho público no penal, especialmente el derecho administrativo, donde los vínculos entre el ciudadano y el Estado aparecen impregnados por la fuerza de los derechos humanos. Las relaciones jurídicas – públicas y privadas – de los ciudadanos hunden sus raíces en un constitucionalismo fuertemente marcado por la fuerza expansiva de los derechos fundamentales desde el centro mismo del ordenamiento jurídico.

Nos situamos así frente a un nuevo orden de cosas dentro del cual la dignidad del hombre y la libertad construyen un escenario central donde se desarrolla el estado democrático el cual es constitucional y social de derecho.

2. La articulación de los sistemas en la Argentina

El sistema interno argentino ha recibido un fuerte impacto luego de la reforma constitucional llevada a cabo en el año 1994. Ello es producto de la decisión de vincular intensa y fuertemente al ordenamiento jurídico interno con el internacional[6] y de adoptar expresamente

3. Ver Lorenzo M. Retortillo Baquer, *La Interconexión de los Ordenamientos Jurídicos y el Sistema de Fuentes del Derecho*, Madrid, Thomson, Civitas, 2004.

4. Adoptaremos a ambas expresiones como sinónimos.

5. Ver en este sentido Ricardo Luis Lorenzetti, *Teoría de la Decisión Judicial*, Santa Fe/ Argentina, Rubinzal-Culzoni, 2007 – se puede consultar la edición brasilera publicada en el año 2009, prologada por Claudia Lima Marques y Bruno Miragem.

6. Agustín Gordillo sostenía el carácter trasnacional del sistema americano de derechos humanos y su jerarquía supranacional del ordenamiento interno, en forma previa a la reforma constitucional (entre otras publicaciones del autor, *La Supranacionalidad Operativa de los Derechos Humanos en el Derecho Interno*, LL 1992-B, 1292 – LL 1993-A, 1115).

determinados derechos fundamentales con mandatos específicos en muchos casos para los poderes estatales y los ciudadanos.

Las diversas discusiones doctrinarias y jurisprudenciales que se habían suscitado entorno a la jerarquía constitucional de los tratados en general y de los de derechos humanos en particular fue cerrada – en gran parte – por la decisión expresa de brindarles jerarquía constitucional a los tratados de derechos humanos. Según indicaremos algunos de ellos asumen una jerarquía especial, mientras que una *cláusula abierta* permite al Congreso Federal Argentino por medio de un mecanismo de votación agravada elevar en el futuro a tal nivel constitucional otros tratados de derechos humanos. El resto de los tratados (entre los cuales bien podemos ubicar a los que promueven los procesos de integración en la región) poseen una ubicación inferior en relación a los tratados de derechos humanos pero superior respecto de las leyes.

Tal proceso denominado de *constitucionalización de los tratados de derechos humanos* implicó la incorporación al texto de la constitución federal de varios tratados de protección de los derechos humanos,[7] respecto de los cuales la constitución declara y afirma que en *condiciones de su vigencia tienen jerarquía constitucional, no derogan artículo alguno de la primera parte de esta Constitución y deben entenderse complementarios de los derechos y garantías por ella reconocidos*.[8]

La ampliación del bloque constitucional ha sido uno de los hitos más trascendentales de la última reforma constitucional, pues significó una sustancial ampliación del catálogo de derechos protegidos y el expreso sometimiento del Estado – por vía constitucional – al control de una serie de órganos – en especial la Comisión y la Corte Interamericanas de Derechos Humanos – en todo lo relativo al acatamiento de los pactos incorporados.[9]

Bajo tales parámetros, el constituyente argentino de 1994 efectuó el juicio de valor constitucional[10] pertinente e ingresó al sistema jurídico argentino el conjunto de derechos y garantías consagradas en los tratados constitucionalizados y que tienen por fin esencialmente la protección de los derechos fundamentales del hombre.[11]

7. Declaración Americana de los Derechos y Deberes del Hombre; Declaración Universal de Derechos Humanos; Convención Americana sobre Derechos Humanos; Pacto Internacional de Derechos Económicos, Sociales y Culturales; Pacto Internacional de Derechos Civiles y Políticos y su Protocolo Facultativo; Convención sobre la Prevención y la Sanción del Delito de Genocidio; Convención Internacional sobre la Eliminación de todas las Formas de Discriminación Racial; Convención sobre la Eliminación de Todas las Formas de Discriminación de la Mujer; Convención sobre los Derechos del Niño y Convención Contra la Tortura y otros Tratos o Penas Crueles, Inhumanos o Degradantes.

8. CN art. 75, inc. 22.

9. Ello se complementa con la introducción de un rasgo de "flexibilidad" en el modelo tradicionalmente rígido de modificación constitucional. Los demás tratados y convenciones sobre derechos humanos, luego de ser aprobados por el Congreso, requerirán del voto de las dos terceras partes de la totalidad de los miembros de cada Cámara para gozar de la jerarquía constitucional – art. 75, inc. 2.

10. El criterio conforme el cual *la armonía o concordancia entre los tratados y la Constitución es un juicio del constituyente... que los poderes constituidos no pueden desconocer o contradecir* fue sistemáticamente utilizado por la Corte Federal Argentina (causas "Monges", Fallos: 319:3148; "Chocobar", Fallos: 319:3241; "Petric", Fallos: 321:885; "Rozenblum", Fallos: 321:2314; "Mignone", Fallos: 325: 524; entre muchas otras).

11. Ekmekdjian al tiempo de clasificar los diversos instrumentos internacionales, expresa que los *tratados relativos al derecho de la integración*

Advertimos rápidamente, entonces, al menos dos niveles de vinculación con el sistema *externo*: (a) determinados tratados de derechos humanos constitucionalizados y (b) el resto de los instrumentos internacionales con jerarquía superior a las leyes.

Ello provocó un notable giro en la prelación de las fuentes del derecho interno caracterizado por la vigencia directa y de rango superior de diversos instrumentos y, fundamentalmente, por la interpretación y aplicación que de los mismos realizan los diversos órganos instituidos en el marco de los tratados para garantizar su respeto.

La prelación de las fuentes del sistema constitucional argentino impuesto en el sistema positivo ha generado un intenso tráfico de construcciones normativas e interpretativas entre los sistemas internos y externos. Es habitual encontrar en los diversos pronunciamientos de la Corte Federal Argentina – máximo órgano constitucional interno de protección de los derechos y garantías – como fundamento de sus decisiones la remisión a las decisiones y/u opiniones consultivas[12] de la Corte Interamericana de Derechos Humanos o a las recomendaciones efectuadas por la Comisión Interamericana, entre otras manifestaciones internacionales que las hace propias la Corte Federal Argentina.

El mayor nivel de vinculación entre el orden interno y el internacional de los derechos humanos quizás se haya puesto en evidencia en el precedente *Mazzeo*;[13] en él se avanza un grado mas en los niveles de intensidad no siendo ya la jurisprudencia de la Corte Interamericana una mera *guía* sino una *insoslayable pauta de interpretación para los poderes constituidos argentinos*.

3. Derecho administrativo y derechos humanos

Al constitucionalizar los tratados de derechos humanos estos se han convertido en fuente superior de nuestro derecho administrativo, tornando aplicable en su ámbito de validez todo el bloque de legalidad que emana del Pacto de San José de Costa Rica, entre otros tratados y convenciones de derechos humanos.

Cierto es que la vinculación del sistema americano al derecho administrativo es al menos desde la propia sistemática del Pacto un tema de reciente evolución. Es que su aplicación a *toda causa* sin distinción de contenidos ni por la materia ni por la persona que se encuentre involucrada en

humana – en palabras de la Corte Interamericana de Derechos Humanos (*Opinión Consultiva* 7/86, del 29 de agosto de 1986) – *no son tratados multilaterales del tipo tradicional, concluidos en función de un intercambio recíproco de derechos, para el beneficio mutuo de los Estados contratantes. Su objeto y fin son la protección de los derechos fundamentales de los seres humanos, independientemente de su nacionalidad, tanto frente a su propio Estado, como a los otros. Al aprobar estos tratados* (...), *los Estados se someten a un orden legal dentro del cual, por el bien común, asumen varias obligaciones, no en relación con otros Estados, sino hacia los individuos bajo su jurisdicción* (Miguel Ángel Ekmekdjian, *Tratado de Derecho Constitucional*, t. II, Buenos Aires, Depalma, 1994, p. 756).

12. Sobre el significado y alcance las opiniones consultivas la CIDH ha explicado que *la labor interpretativa que debe cumplir la Corte en ejercicio de su competencia consultiva busca no sólo desentrañar el sentido, propósito y razón de las normas internacionales sobre derechos humanos, sino, sobre todo, asesorar y ayudar a los Estados miembros y a los órganos de la OEA para que cumplan de manera cabal y efectiva sus obligaciones internacionales en la materia* (Corte IDH, OC-14/94, párr. 23).

13. CSJN, "Mazzeo, Julio Lilo", 13.7.2007.

la misma, es la regla que se ha interpretado finalmente desde las previsiones expresas del Pacto en su articulo 8vo.

En tal línea argumental el precedente de la Corte Interamericana *Baena*[14] vino a otorgar las certezas necesarias principalmente al tema, sin perjuicio del debate que sobre sus alcances pueda abrirse.

Allí la CIDH afirmó:

"124. Si bien el artículo 8 de la Convención Americana se titula 'Garantías Judiciales', su aplicación no se limita a los recursos judiciales en sentido estricto, 'sino [al] conjunto de requisitos que deben observarse en las instancias procesales' a efectos de que las personas estén en condiciones de defender adecuadamente sus derechos ante cualquier tipo de acto del Estado que pueda afectarlos. Es decir, cualquier actuación u omisión de los órganos estatales dentro de un proceso, sea administrativo sancionatorio o jurisdiccional, debe respetar el debido proceso legal.

"125. La Corte observa que el elenco de garantías mínimas establecido en el numeral 2 del artículo 8 de la Convención se aplica a los órdenes mencionados en el numeral 1 del mismo artículo, o sea, la determinación de derechos y obligaciones de orden 'civil, laboral, fiscal o de cualquier otro carácter'. Esto revela el amplio alcance del debido proceso; el individuo tiene el derecho al debido proceso entendido en los términos del artículo 8.1 y 8.2, tanto en materia penal como en todos estos otros órdenes.

"127. Es un derecho humano el obtener todas las garantías que permitan alcanzar decisiones justas, no estando la administración excluida de cumplir con este deber. Las garantías mínimas deben respetarse en el procedimiento administrativo y en cualquier otro procedimiento cuya decisión pueda afectar los derechos de las personas.

"129. La justicia, realizada a través del debido proceso legal, como verdadero valor jurídicamente protegido, se debe garantizar en todo proceso disciplinario, y los Estados no pueden sustraerse de esta obligación argumentando que no se aplican las debidas garantías del artículo 8 de la Convención Americana en el caso de sanciones disciplinarias y no penales. Permitirle a los Estados dicha interpretación equivaldría a dejar a su libre voluntad la aplicación o no del derecho de toda persona a un debido proceso."

Más aún en el caso Ximenez Lopez[15] en que Brasil fuera demandado, la CIDH avanza sobre el régimen de una institución típica del derecho administrativo como lo es el servicio público.[16]

Dijo en tal oportunidad:

"96. La prestación de servicios públicos implica la protección de bienes públicos, la cual es una de las finalidades de los Estados. Si bien los Estados pueden delegar su prestación, a través de la llamada tercerización, mantienen la titularidad de la obligación de proveer los servicios públicos y de proteger el bien público respectivo. La delegación a la iniciativa privada de proveer esos servicios, exige como elemento fundamental la responsabilidad de los Estados en fiscalizar su

14. CIDH, "Baena Ricardo y Otros v. Panamá", 2.2.2001.

15. CIDH, "Ximenes Lopez *vs.* Brasil", 4.7.2006.

16. Ver, entre otros, Agustín Gordillo, *Tratado de Derecho Administrativo*, t. 2, *La Defensa del Usuario y del Administrado*, 6ª ed., Buenos Aires, Fundación de Derecho Administrativo, 2003. Jorge Luis Salomoni, *Teoría General de los Servicios Públicos*, Bs. As., Ad-Hoc, 1999.

ejecución, para garantizar una efectiva protección de los derechos humanos de las personas bajo su jurisdicción y para que los servicios públicos sean provistos a la colectividad sin cualquier tipo de discriminación, y de la forma más efectiva posible.

"97. Los Estados están obligados a respetar los derechos reconocidos en la Convención y a organizar el poder público para garantizar a las personas bajo su jurisdicción el libre y pleno ejercicio de los derechos humanos, extendiéndose esa obligación a todos los niveles de la administración, así como a otras instituciones a las que los Estados delegan su autoridad.

"98. Los Estados deben, según el artículo 2 de la Convención Americana, crear un marco normativo adecuado para establecer los parámetros de tratamiento e internación a ser observados por las instituciones de atención de salud. Los Estados tienen la obligación de consagrar y adoptar en su ordenamiento jurídico interno todas las medidas necesarias para que lo establecido en la Convención sea cumplido y puesto en práctica, y que tal legislación no se transforme en una mera formalidad, distanciada de la realidad."

La discrecionalidad administrativa encuentra también expresos alcances desde la sistemática de derechos humanos, ya que la dignidad del hombre es un límite al ejercicio de tal facultad estatal.

La CIDH[17] ha sostenido sobre el particular: "26. En cualquier materia, inclusive en la laboral y la administrativa, la discrecionalidad de la administración tiene límites infranqueables, siendo uno de ellos el respeto de los derechos humanos. Es importante que la actuación de la administración se encuentre regulada, y ésta no puede invocar el orden público para reducir discrecionalmente las garantías de los administrados. Por ejemplo, no puede la administración dictar actos administrativos sancionatorios sin otorgar a los sancionados la garantía del debido proceso".

4. La protección trasnacional del ambiente

El derecho administrativo también recibe el impacto de esta suerte de *nuevo orden* desde la perspectiva ambiental. El ambiente queda atrapado como valor constitucional y de especial protección por parte de los principales sistemas de derechos humanos.

La administración pública recibe la influencia del nuevo valor constitucional debiendo rediseñar sus funciones a partir de los deberes de cuidado y preservación del medio ambiente en el escenario descrito.

En tal sentido la Corte Europea ha dotado de protección al medio ambiente como parte integrante de la vida privada y familiar del art. 8º de la Convención y – en menor grado – del derecho a la vida consagrado en el art. 2º. El punto de partida ha sido la necesidad de asegurar por parte del Estado un adecuado equilibrio entre los intereses del individuo y de la comunidad en su conjunto.[18]

El art. 8 reconoce el derecho al respeto de la vida privada y familiar bajo los siguientes apartados:

1. Toda persona tiene derecho al respeto de su vida privada y familiar, de su domicilio y de su correspondencia.

17. CIDH, *Baena* cit.

18. Caso "Powell and Rayner *vs*. The United Kingdom", del 21.2.1990.

2. No podrá haber intromisión de la autoridad pública en el ejercicio de este derecho sino en tanto en cuanto tal intromisión esté prevista por la ley y constituya una medida que, en una sociedad democrática, sea necesaria para la seguridad nacional, la seguridad pública, el bienestar económico del país, la defensa del orden y la prevención de las infracciones penales, la protección de la salud o de la moral, o la protección de los derechos y las libertades de los demás.

Es así que el Tribunal ha trasladado el ámbito de aplicación del art. 8º a la materia ambiental a partir de entender que la contaminación ambiental severa puede afectar el bienestar de las personas e impedirles el disfrutar de sus hogares de un modo tal que se afecte negativamente su vida privada y familiar sin poner en riesgo, sin embargo, su salud.[19]

Por otra parte, y teniendo en cuenta el alcance de las obligaciones establecidas en los apartados 1 y 2, el Tribunal ha destacado que, tanto cuando el asunto es analizado en términos de obligaciones positivas en cabeza del Estado de adoptar medidas razonables y apropiadas para asegurar el derecho a la vida privada y familiar en los términos del art. 8.1, como cuando se analiza la justificación de una interferencia por parte de la autoridad pública de acuerdo al art. 8.2, los principios son esencialmente similares, especialmente porque en ambos supuestos el estándar fundamental consiste en la necesidad de garantizar un adecuado equilibrio entre los intereses particulares y los de la comunidad, para lo cual el Estado detenta un cierto margen de apreciación.

El caso *Lopez Ostra*[20] presenta elementos de especial gravitación, pues refiere a una afectación sufrida por el presentante originado en los ruidos y olores molestos provocados por una planta de tratamiento de residuos sólidos y líquidos instalados en Lorca-Murcia, España. En tal caso el Tribunal afirmo que si bien la planta fue construida para solucionar un serio problema de contaminación, la misma causaba molestias y problemas de salud a varios vecinos. Especialmente se destacó que si bien las autoridades nacionales, y en especial la municipal, no eran teóricamente directas responsables de las emisiones contaminantes, el Municipio por su parte permitió la construcción de la planta en su ejido habiendo el Estado subsidiado dicho emprendimiento.

En virtud de ello la Corte sostuvo que a todo evento, aún suponiendo que el Municipio cumplió las funciones conferidas por el ordenamiento doméstico, lo relevante del caso consistía en determinar si las autoridades nacionales habían adoptado las medidas necesarias para proteger el derecho del afectado al respeto de su hogar y su vida privada y familiar de acuerdo al art. 8 del Convenio de Roma.

Si bien el enfoque dado al art. 8 por la Corte Europea denota inicialmente una gran amplitud, el Tribunal ha precisado que el elemento crucial a efectos de vincular la afectación del medio ambiente con la protección de dicha norma reside en determinar la presencia de un efecto nocivo de la contaminación en la esfera privada o familiar de la persona, no alcanzando a esos fines con acreditar el sólo deterioro del medio ambiente. En

19. Caso "Lopez Ostra *vs*. Spain", del 9.12.1994; caso "Guerra and others *vs*. Italy", del 19.2.1998; caso "Kyrtatos *vs*. Greece", del 22.05.2003; caso "Taskin and others *vs*. Turkey", del 10.11.2004; caso "Giacomelli *vs*. Italy", del 2.11.2006; caso "Powell and Rayner *vs*. The United Kindgdom", del 21.2.1990.

20. Caso "López Ostra *vs*. Spain", cit.

efecto, postula el Tribunal que ni el art. 8 ni ninguna otra norma de la Convención se encuentran específicamente previstos para proveer una protección general del medio ambiente como tal.[21]

En otras palabras, *el medio ambiente no tendría una protección convencional como tal*, como bien jurídico autónomo, sino que se activa su tutela cuando el deterioro de aquél se traduce en la lesión de otros derechos sí protegidos, tal el caso de la vida privada. Como ilustra la Corte no existe en la Convención un derecho explícito a un medio ambiente saludable, pero cuando un individuo es directa y seriamente afectado por el ruido u otra contaminación puede configurarse un caso bajo el art. 8.

Vale destacar que el plexo jurídico que se ha aplicado para la tutela del medio ambiente no es solo el art. 8º de la Convención, sino también el art. 2º que protege el derecho a la vida. Tiene dicho así la Corte que la protección de este derecho puede invocarse en relación al medio ambiente cuando los riesgos potenciales de la actividad en juego lo ameritan. De tal forma, rigen en materia de riesgo ambiental las obligaciones positivas del Estado tendientes a la adopción de medidas adecuadas para preservar las vidas de aquellos sujetos a su jurisdicción establecidas en el art. 2.[22]

En el sistema americano, la Corte Interamericana inserta al medio ambiente sano como un componente más del *corpus juris* internacional que se desprende del artículo 4º de la Convención, en relación con el deber general de garantía contenido en el artículo 1.1 y con el deber de desarrollo progresivo contenido en el artículo 26 de la misma, y de los artículos 10 (Derecho a la Salud); 11 (Derecho a un Medio Ambiente Sano); 12 (Derecho a la Alimentación); 13 (Derecho a la Educación) y 14 (Derecho a los Beneficios de la Cultura) del Protocolo de San Salvador.[23]

En ese orden, la Corte ha desarrollado con precisión cuales son las garantías exigibles frente a restricciones que pongan en riesgo el medio ambiente. Si bien estos criterios se han expuesto en torno de las comunidades indígenas podrían resultar de aplicación general a la temática ambiental siempre que nos encontremos frente a un colectivo afectado. Es por ello que los requisitos impuestos al Estado para la habilitación de actividades que repercuten en el ecosistema resultarían aplicables a supuestos diferentes de las comunidades indígenas, destacándose los siguientes:[24]

a) La *efectiva participación* de los grupos afectados, obligación que implica que el Estado debe aceptar y divulgar información, que las consultas deben ser de buena fe, por medio de procedimientos culturalmente adecuados y con el objetivo de alcanzar el consenso. Además, la consulta debe hacerse efectiva desde el primer momento de elaboración del proyecto y teniendo en cuenta los métodos propios de la comunidad para la toma de decisiones, especialmente en el tiempo que ellos puedan insumir. El gobierno también debe garantizar que la comunidad conozca fehacientemente los riesgos involucrados, tanto para la salud como el ambiente.

b) El Estado debe garantizar que ninguna concesión será otorgada en territorio de la comunidad a menos y hasta

21. Caso "Kytraos *vs*. Greece", cit.

22. Caso "Öneryildiz *vs*. Turkey", del 30.11.2004.

23. Caso "Comunidad indígena Yakye Axa *vs*. Paraguay", Sentencia de 17.6.2005 (Fondo, Reparaciones y Costas), párr. 66

24. Caso "The Saramaka People *vs*. Suriname", del 28.11.2007.

que entidades independientes e idóneas técnicamente, bajo la supervisión estatal, ejecuten un *estudio previo de impacto ambiental y social*.

En suma, en la línea desarrollada por la Corte Americana entendemos que los requisitos de participación y evaluación previa de impacto ambiental resultan exigibles de forma genérica por parte de todos los grupos afectados, aún cuando no sean comunidades indígenas.

La Comisión Interamericana por su parte ha expresado:[25]

"El ejercicio del derecho a la vida y a la seguridad e integridad física está necesariamente vinculado y, de diversas maneras, depende del entorno físico. Por esa razón, cuando la contaminación y la degradación del medio ambiente constituyen una amenaza persistente a la vida y la salud del ser humano, se comprometen dichos derechos.

"El derecho a la vida, consagrado en el artículo 4 de la Convención Americana es fundamental en el sentido de que no es derogable y constituye la base para el ejercicio de todos los demás derechos... El derecho a que se respete la vida individual no se limita, sin embargo, a la protección contra la muerte provocada de manera arbitraria. Los Estados partes deben tomar ciertas medidas positivas para salvaguardar la vida y la integridad física. La contaminación ambiental grave puede presentar una amenaza a la vida y la salud del ser humano, y en su debido caso puede dar lugar a la obligación del Estado de tomar medidas razonables para evitar dicho riesgo, o las medidas necesarias para responder cuando las personas han sido lesionadas.

"La Comisión reconoce que el derecho al desarrollo implica que cada Estado tiene la libertad de explotar sus recursos naturales, incluyendo la otorgación de concesiones y la apertura a inversiones internacionales. Sin embargo, la Comisión considera que la ausencia de regulación, la regulación inapropiada o la falta de supervisión en la aplicación de las normas vigentes, puede crear serios problemas al medio ambiente que se traduzcan en violaciones de derechos humanos protegidos por la Convención Americana.

"La Convención Americana sobre Derechos Humanos se sustenta en el principio de que los derechos son inherentes al individuo por el solo hecho de ser humano. El respeto a la dignidad inherente de la persona es el principio en el que se basan las protecciones fundamentales del derecho a la vida y a la preservación del bienestar físico. Las condiciones de grave contaminación ambiental, que pueden causar serias enfermedades físicas, discapacidades y sufrimientos a la población local, son incompatibles con el derecho a ser respetado como ser humano.

"El acceso a la información es un prerrequisito para la participación pública en la toma de decisiones y para que los individuos puedan seguir de cerca y responder a las acciones del sector público y el privado. Las personas tienen derecho a buscar, recibir y difundir informaciones e ideas de toda índole, de conformidad con lo que prescribe el artículo 13 de la Convención Americana. Las leyes nacionales disponen que las partes que soliciten autorización para llevar a cabo proyectos que puedan afectar el medio ambiente deben realizar, como condición previa, evaluaciones de las repercusiones ambientales y suministrar otra información específica.

25. Comisión IDH, *Informe sobre la Situación de los Derechos Humanos en Ecuador. La Situación de los Derechos Humanos de los Habitantes del Interior del Ecuador Afectados por las Actividades de Desarrollo* (OEA/Ser.L/V/II.96, Doc. 10 rev. 1, 24.4.1997).

"La participación pública en la toma de decisiones permite, a quienes tienen en juego sus intereses, expresar su opinión en los procesos que los afectan. La participación del público está vinculada al artículo 23 de la Convención Americana, donde se establece que todos los ciudadanos deben gozar del derecho de 'participar en la dirección de los asuntos públicos, directamente o por medio de representantes libremente elegidos', así como al derecho de recibir y difundir información... Sería menester informar a los individuos afectados y oír su opinión respecto a las decisiones que los afectan."

5. Reflexiones finales

Por estos tiempos, el derecho administrativo pareciera enfrentarse a un desafío trascendental consistente en lograr que sus instituciones armonicen correctamente dentro de los nuevos paradigmas constitucionales.

Entre ellos vemos que los modernos textos constitucionales generalmente contienen mandatos hacia los poderes constituidos de desplegar sus potestades públicas dentro del paradigma protectorio de los derechos fundamentales.

Las administraciones públicas son titulares del deber preventivo interno de garantizar la vigencia de los derechos fundamentales en la relación ciudadano – administración así como de remover todo obstáculo o barrera que implique la no vigencia de los mismos en el sistema interno.

Ellas son sujetos activos de las acciones positivas y deben en tal sentido emitir las medidas administrativas que consideren de mayor conveniencia a fin de nivelar aquellos sujetos que por su vulnerabilidad presentan *ab initio* desigualdades sustanciales – personas con discapacidad, mujeres embarazadas, niños, entre otros.

En tales supuestos el interés público en juego coincide con el del interés general constitucional de promover la vigencia de los derechos fundamentales, en una muestra más de la escisión que puede presentarse en determinados supuestos entre el interés público de aquel otro interés que persigue la administración en la actuación concreta. Interés público e interés de la administración no implican identidad de intereses, de forma tal que para sostener el obrar legítimo administrativo debemos controlar que tal interés de la administración responda al interés público constitucionalmente previsto.

Respecto del sistema argentino caber destacar que: (a) Los derechos económicos, sociales y culturales han sido correctamente incorporados en nuestro texto constitucional en forma simétrica e igualitaria a aquellos preexistentes en el tiempo como lo han sido los civiles y políticos;[26] (b) la reforma constitucional del año 1994 adicionó nuevos derechos al tiempo que vinculó intensamente el sistema interno con el internacional de los derechos humanos de forma tal de emplazar a nuestro Estado ante tribunales internacionales en caso de violación a los derechos humanos; (c) la prevención como mandato constitucional en materia ambiental impone a la administración un actuar diligente, oportuno y eficaz; su omisión en el cumplimiento de tal mandato acarrea la directa e inmediata injerencia del poder judicial en la adopción de medidas cautelares que activen la potestad preventiva;[27] (d) las cláusulas

26. Nótese que España en su constitución en el título tercero y cuarto claramente diferencia el tratamiento que le brinda a los derechos de orden económico y social del resto.

27. Citamos por todos el *leading case* de la Corte Federal Argentina Mendoza, *Beatriz c. Estado Nacional*, del 20.6.2006.

constitucionales tales como las referidas al ambiente y a los derechos fundamentales han generado una importante corriente jurisprudencial en materia de protección de los bienes constitucionalmente protegidos en una intensa búsqueda de su correcta armonización interpretativa y del diálogo fluido entre los sistemas internos y el internacional.

El constitucionalismo argentino ha logrado sin lugar a dudas afianzar los principios de legalidad o juridicidad.[28] En tal dirección la doctrina administrativista ha trabajado sistemáticamente hacia un derecho administrativo de mayor y mejor calidad constitucional conforme nuestro propio régimen jurídico. Creemos que ahora es tiempo de abandonar algunas instituciones del derecho administrativo o tal vez de rediseñarlas, siendo ello un imperativo propio del marco de derechos que nos viene dado desde la constitución nacional reformada en el año 1994.

Estamos frente al desafío de diseñar esquemas de resolución de conflictos superadores, de administraciones públicas cuyo diseño responda a las reales necesidades de nuestra gente en pleno respeto de la división de poderes en el ejercicio de las funciones administrativas.

28. Ver por todos, Juan Carlos Cassagne, *El Principio de Legalidad y el Control Judicial de la Discrecionalidad Administrativa*, Buenos Aires, Marcial Pons, 2009.

CONSTITUIÇÃO, DEMOCRACIA E SUPREMACIA JUDICIAL: DIREITO E POLÍTICA NO BRASIL CONTEMPORÂNEO[1]

LUÍS ROBERTO BARROSO

Professor Titular de Direito Constitucional da Universidade do Estado do Rio de Janeiro – UERJ. Professor Visitante da Universidade de Brasília – UnB e da Universidade de Wroclaw/Polônia. Mestre em Direito pela Universidade de Yale. Doutor e Livre-Docente pela UERJ

I. Introdução. Parte I – A ascensão institucional do Judiciário: I. A jurisdição constitucional; II. A judicialização da política e das relações sociais; III. O ativismo judicial; IV. Críticas à expansão da intervenção judicial na vida brasileira: 1. Crítica político-ideológica; 2. Crítica quanto à capacidade institucional; 3. Crítica quanto à limitação do debate. V. Importância e limites da jurisdição constitucional nas democracias contemporâneas. Parte II – Direito e política: a concepção tradicional: I. Notas sobre a distinção entre direito e política; II. Constituição e poderes constituídos; III. A pretensão de autonomia do Judiciário e do direito em relação à política: 1. Independência do Judiciário; 2. Vinculação ao direito posto e à dogmática jurídica; 3. Limites da separação entre direito e política. Parte III – Direito e política: o modelo real: I. Os laços inevitáveis: a lei e sua interpretação como atos de vontade; II. A interpretação jurídica e suas complexidades:

1. Parte da pesquisa para este trabalho foi realizada na Universidade de Harvard – na Faculdade de Direito e na Kennedy School of Government. Sou grato à instituição e, especialmente, ao Prof. Filipe Campante, pela acolhida que me deram como pesquisador visitante, nos meses de julho de 2009 e janeiro de 2010. E à Renata Campante e ao Paulo Barrozo, pela amizade, atenção e muitas dicas que tornaram a pesquisa e a vida mais fáceis. Sou grato, também, a Ana Paula de Barcellos e a Thiago Magalhães Pires, pela leitura atenta e comentários importantes. E a Daniel Sarmento por uma boa sugestão, que ficará para a próxima.

o encontro não marcado entre o direito e a política: 1. A linguagem aberta dos textos jurídicos; 2. Os desacordos morais razoáveis; 3. As colisões de normas constitucionais; 4. A interpretação constitucional e seus métodos; III. O juiz e suas circunstâncias: influências políticas em um julgamento: 1. Valores e ideologia do juiz; 2. Interação com outros atores políticos e institucionais: 2.1 Preservação ou expansão do poder da Corte; 2.2 Relações com outros Poderes, órgãos e entidades estatais; 3. Perspectiva de cumprimento efetivo da decisão; 4. Circunstâncias internas dos órgãos colegiados; 5. A opinião pública; IV. A autonomia relativa do direito em relação à política e a fatores extrajudiciais. CONCLUSÃO – *ENTRE A RAZÃO E A VONTADE.*

I – Introdução

O estudo que se segue está dividido em três partes. Na primeira, narra-se a ascensão institucional do Judiciário nos últimos anos, no Brasil e no mundo. São apresentados, assim, os fenômenos da jurisdição constitucional, da judicialização e do ativismo judicial, bem como as críticas à expansão do Judiciário na vida brasileira. O tópico se encerra com a demonstração da importância e dos limites da jurisdição constitucional nas democracias contemporâneas. A segunda parte é dedicada à concepção tradicional das relações entre direito e política, fundada na separação plena entre os dois domínios.[2] A Constituição faz a interface entre o universo político e o jurídico, instituindo o Estado de direito, os poderes constituídos e fazendo a distinção entre legislar, administrar e julgar. A atuação de juízes e tribunais é preservada do contágio político por meio da independência do Judiciário em relação aos demais Poderes e por sua vinculação ao direito, que constitui um mundo autônomo, tanto do ponto de vista normativo quanto doutrinário. Essa visão, inspirada pelo formalismo jurídico, apresenta inúmeras insuficiências teóricas e enfrenta boa quantidade de objeções, em uma era marcada pela complexidade da interpretação jurídica e por forte interação do Judiciário com outros atores políticos relevantes.

A terceira parte introduz uma questão relativamente nova no debate jurídico brasileiro: o modelo *real* das relações entre direito e política. Uma análise sobre o que de fato ocorre no exercício da prestação jurisdicional e na interpretação das normas jurídicas, e não um discurso convencional sobre como elas deveriam ser. Trata-se de uma especulação acerca dos elementos e circunstâncias que motivam e influenciam um juiz, para além da boa aplicação do direito. Com isso, procura-se superar a persistente negação com que os juristas tradicionalmente lidam com o tema, proclamando uma independência que não é desse mundo. Na construção do argumento, examinam-se algumas hipóteses que produzem os chamados *casos difíceis*, que exigem a atuação criativa de juízes e tribunais; e faz-

2. É da tradição da doutrina brasileira grafar a palavra direito com letra maiúscula, em certos contextos. Nesse trabalho, todavia, em que o termo é empregado em sua relação com a política, o uso da maiúscula poderia passar a impressão de uma hierarquização entre os dois domínios, o que não é minha intenção. Restaria a alternativa de grafar política com maiúscula. Mas também não me pareceu ser o caso.

-se, igualmente, uma reflexão acerca dos diferentes métodos de interpretação e sua utilização em função do resultado a que se quer chegar. Por fim, são identificados diversos fatores extrajurídicos relevantes, capazes de repercutir em maior ou menor medida sobre um julgamento, como os valores pessoais do juiz, as relações do Judiciário com outros atores políticos e a opinião pública, dentre outros.

Entre o ceticismo do realismo jurídico e da teoria crítica, que equiparam o direito ao voluntarismo e à política, e a visão idealizada do formalismo jurídico, com sua crença na existência de um muro divisório entre ambos, o presente estudo irá demonstrar o que já se afigurava intuitivo: no mundo real, não vigora nem a equiparação nem a separação plena. Na concretização das normas jurídicas, sobretudo as normas constitucionais, direito e política convivem e se influenciam reciprocamente, numa interação que tem complexidades, sutilezas e variações.[3] Em múltiplas hipóteses, não poderá o intérprete fundar-se em elementos de pura razão e objetividade, como é a ambição do direito. Nem por isso, recairá na discricionariedade e na subjetividade, presentes nas decisões políticas. Entre os dois extremos, existe um espaço em que a vontade é exercida dentro de parâmetros de razoabilidade e de legitimidade, que podem ser controlados pela comunidade jurídica e pela sociedade. Vale dizer: o que se *quer* é balizado pelo que se *pode* e pelo que se *deve* fazer.

3. O termo "política" é utilizado nesse trabalho em uma acepção ampla, que transcende uma conotação partidária ou de luta pelo poder. Na acepção aqui empregada, "política" abrange qualquer influência extrajurídica capaz de afetar o resultado de um julgamento.

Parte I – A ascensão institucional do Judiciário[4]

I. A jurisdição constitucional

O Estado constitucional de direito se consolida, na Europa continental, a partir do final da II Guerra Mundial. Até então, vigorava um modelo identificado, por vezes, como Estado legislativo de direito.[5] Nele, a Constituição era compreendida, essencialmente, como um documento político, cujas normas não eram aplicáveis diretamente, ficando na dependência de desenvolvimento pelo legislador ou pelo administrador. Tampouco existia o controle de constitucionalidade das leis pelo Judiciário – ou, onde existia, era tímido e pouco relevante. Nesse ambiente, vigorava a centralidade da lei e a supremacia do parlamento. No Estado constitucional de direito, a Constituição passa a valer como norma jurídica. A partir daí, ela não apenas disciplina o modo de produção das leis e atos normativos, como estabelece determinados limites para o seu conteúdo, além de impor deveres de atuação ao Estado. Nesse novo modelo, vigora a centralidade da Constituição e a supremacia judicial, como tal entendida a primazia de um tribunal constitucional ou suprema corte na interpretação final e vinculante das normas constitucionais.

4. A Parte I deste trabalho, especialmente os capítulos II e III, beneficia-se da pesquisa e de algumas passagens de texto anterior de minha autoria, "Judicialização, ativismo judicial e legitimidade democrática", publicado na *Revista de Direito do Estado* 13/71, 2009.

5. V. Luigi Ferrajoli, "Pasado y futuro del Estado de Derecho", in Miguel Carbonell (org.), *Neoconstitucionalismo(s)*, 2003, pp. 14-17; e Gustavo Zagrebelsky, *El Derecho Dúctil: Ley, Derechos, Justicia*, 2005, pp. 21-41.

A expressão jurisdição constitucional designa a interpretação e aplicação da Constituição por órgãos judiciais. No caso brasileiro, essa competência é exercida por todos os juízes e tribunais, situando-se o Supremo Tribunal Federal no topo do sistema. A jurisdição constitucional compreende duas atuações particulares. A primeira, de aplicação direta da Constituição às situações nela contempladas. Por exemplo, o reconhecimento de que determinada competência é do Estado, não da União; ou do direito do contribuinte a uma imunidade tributária; ou do direito à liberdade de expressão, sem censura ou licença prévia. A segunda atuação envolve a aplicação indireta da Constituição, que se dá quando o intérprete a utiliza como parâmetro para aferir a validade de uma norma infraconstitucional (controle de constitucionalidade) ou para atribuir a ela o melhor sentido, em meio a diferentes possibilidades (interpretação conforme a Constituição). Em suma: a jurisdição constitucional compreende o poder exercido por juízes e tribunais na aplicação direta da Constituição, no desempenho do controle de constitucionalidade das leis e dos atos do Poder Público em geral e na interpretação do ordenamento infraconstitucional conforme a Constituição.

II. A judicialização da política e das relações sociais[6]

Judicialização significa que questões relevantes do ponto de vista político, social ou moral estão sendo decididas, em caráter final, pelo Poder Judiciário. Trata-se, como intuitivo, de uma transferência de poder para as instituições judiciais, em detrimento das instâncias políticas tradicionais, que são o Legislativo e o Executivo. Essa expansão da jurisdição e do discurso jurídico constitui uma mudança drástica no modo de se pensar e de se praticar o direito no mundo romano-germânico.[7] Fruto da conjugação

6. Sobre o tema, v. o trabalho pioneiro de Luiz Werneck Vianna, Maria Alice Resende de Carvalho, Manuel Palacios Cunha Melo e Marcelo Baumann Burgos, *A Judicialização da Política e das Relações Sociais no Brasil*, 1999. V. tb., Giselle Cittadino, "Judicialização da política, constitucionalismo democrático e separação de Poderes", in Luiz Werneck Vianna (org.), *A Democracia e os Três Poderes no Brasil*, 2002. Vejam-se, ainda: Luiz Werneck Vianna, Marcelo Baumann Burgos e Paula Martins Salles, "Dezessete anos de judicialização da política", *Tempo Social* 19/39, 2007; Ernani Carvalho, "Judicialização da política no Brasil: controlo de constitucionalidade e racionalidade política", *Análise Social* 44/315, 2009, e "Em busca da judicialização da política no Brasil: apontamentos para uma nova abordagem", *Revista de Sociologia Política* 23/115, 2004; Rogério Bastos Arantes, "Judiciário: entre a justiça e a política", in *http://academico.direito-rio.fgv.br/ccmw/images/9/9d/Arantes.pdf*, e "Constitutionalism, the expansion of justice and the judicialization of politics in Brazil", in Rachel Sieder, Line Schjolden e Alan Angell, *The Judicialization of Politics in Latin America*, 2005, pp. 231-262; Martonio Mont'Alverne Barreto Lima, "Judicialização da política e Comissões Parlamentares de Inquérito – Um problema da teoria constitucional da democracia", *Revista Jurídica da FIC* 7/9, 2006; Luciano da Ros, "Tribunais como árbitros ou como instrumentos de oposição: uma tipologia a partir dos estudos recentes sobre judicialização da política com aplicação ao caso brasileiro contemporâneo", *Direito, Estado e Sociedade* 31/86, 2007; e Thais Florencio de Aguiar, "A judicialização da política ou o rearranjo da democracia liberal", *Ponto e Vírgula* 2/142, 2007.

7. V. Alec Stone Sweet, *Governing with Judges: Constitutional Politics in Europe*, 2000, pp. 35-36 e 130. A visão prevalecente nas democracias parlamentares tradicionais de ser necessário evitar um "governo de juízes", reservando ao Judiciário

de circunstâncias diversas,[8] o fenômeno é mundial, alcançando até mesmo países que tradicionalmente seguiram o modelo inglês – a chamada democracia ao estilo de Westminster –, com soberania parlamentar e ausência de controle de constitucionalidade.[9] Exemplos numerosos e inequívocos de judicialização ilustram a fluidez da fronteira entre política e justiça no mundo contemporâneo, documentando que nem sempre é nítida a linha que divide a criação e a interpretação do direito. Os precedentes podem ser encontrados em países diversos e distantes entre si, como Canadá,[10] Estados Unidos,[11] Israel,[12] Turquia,[13] Hungria[14] e Coreia,[15] dentre muitos outros. No início de 2010, uma decisão do Conselho Constitucional francês e outra da Suprema Corte americana produziram controvérsia e a reação política dos dois presidentes.[16] Na América Latina,[17] o caso da Colômbia é um dos mais significativos.[18]

Há causas de naturezas diversas para o fenômeno. A primeira delas é o reconhecimento da importância de um

apenas uma atuação como legislador negativo, já não corresponde à prática política atual. Tal compreensão da separação de Poderes encontra-se em "crise profunda" na Europa continental.

8. Para uma análise das condições para o surgimento e consolidação da judicialização, v. C. Neal Tate e Torbjörn Vallinder (eds.), *The Global Expansion of Judicial Power*, 1995, p. 117.

9. V. Ran Hirschl, "The new constitutionalism and the judicialization of pure politics worldwide", *Fordham Law Review* 75/721, 2006-2007, p. 721. A referência envolve países como Canadá, Israel, Nova Zelândia e o próprio Reino Unido.

10. Decisão da Suprema Corte sobre a constitucionalidade de os Estados Unidos fazerem testes com mísseis em solo canadense. Este exemplo e os seguintes vêm descritos em maior detalhe em Ran Hirschl, "The judicialization of politics", in Whittington, Kelemen e Caldeira (eds.), *The Oxford Handbook of Law and Politics*, 2008, pp. 124-125.

11. Decisão da Suprema Corte que definiu a eleição de 2000, em *Bush vs. Gore*.

12. Decisão da Suprema Corte sobre a compatibilidade, com a Constituição e com os atos internacionais, da construção de um muro na fronteira com o território palestino.

13. Decisões da Suprema Corte destinadas a preservar o Estado laico contra o avanço do fundamentalismo islâmico.

14. Decisão da Corte Constitucional sobre a validade de plano econômico de grande repercussão sobre a sociedade.

15. Decisão da Corte Constitucional restituindo o mandato de presidente destituído por *impeachment*.

16. Na França, foi anulado o imposto do carbono, que incidiria sobre o consumo e a emissão de gases poluentes, com forte reação do governo. V. *Le Monde*, 12.1.2010, *http://www.lemonde.fr/politique/article/2010/01/12/m-devedjian-je-souhaite-que-le-conseil-constitutionnel-soit-a-l-abri-des-soupcons_1290457_823448.html*. Nos Estados Unidos, a decisão em *Citizens United vs. Federal Election Commission*, invalidando os limites à participação financeira das empresas em campanhas eleitorais, foi duramente criticada pelo Presidente Barak Obama. V. *New York Times*, 24.1.2010, p. A-20.

17. Sobre o fenômeno na América Latina, v. Rachel Sieder, Line Schjolden e Alan Angell, *The Judicialization of Politics in Latin America*, 2005.

18. De acordo com Rodrigo Uprimny Yepes, "Judicialization of politics in Colombia", *International Journal on Human Rights* 6/49, 2007, p. 50, algumas das mais importantes hipóteses de judicialização da política na Colômbia envolveram: (a) luta contra a corrupção e para mudança das práticas políticas; (b) contenção do abuso das autoridades governamentais, especialmente em relação à declaração do estado de emergência ou estado de exceção; (c) proteção das minorias, assim como a autonomia individual; (d) proteção das populações estigmatizadas ou aqueles em situação de fraqueza política; e (e) interferência com políticas econômicas, em virtude da proteção judicial de direitos sociais.

Judiciário forte e independente, como elemento essencial para as democracias modernas. Como consequência, operou-se uma vertiginosa ascensão institucional de juízes e tribunais, assim na Europa como em países da América Latina, particularmente no Brasil. A segunda causa envolve certa desilusão com a política majoritária, em razão da crise de representatividade e de funcionalidade dos parlamentos em geral. Há uma terceira: atores políticos, muitas vezes, preferem que o Judiciário seja a instância decisória de certas questões polêmicas, em relação às quais exista desacordo moral razoável na sociedade. Com isso, evitam o próprio desgaste na deliberação de temas divisivos, como uniões homoafetivas, interrupção de gestação ou demarcação de terras indígenas.[19] No Brasil, o fenômeno assumiu proporção ainda maior, em razão da constitucionalização abrangente e analítica – constitucionalizar é, em última análise, retirar um tema do debate político e trazê-lo para o universo das pretensões judicializáveis – e do sistema de controle de constitucionalidade vigente entre nós, em que é amplo o acesso ao Supremo Tribunal Federal por via de ações diretas.

Como consequência, quase todas as questões de relevância política, social ou moral foram discutidas ou já estão postas em sede judicial, especialmente perante o Supremo Tribunal Federal. A enunciação que se segue, meramente exemplificativa, serve como boa ilustração dos temas judicializados: (i) instituição de contribuição dos inativos na Reforma da Previdência (ADI 3.105-DF); (ii) criação do Conselho Nacional de Justiça na Reforma do Judiciário (ADI 3.367); (iii) pesquisas com células-tronco embrionárias (ADI 3.510-DF); (iv) liberdade de expressão e racismo (HC 82.424-RS – caso Ellwanger); (v) interrupção da gestação de fetos anencefálicos (ADPF 54-DF); (vi) restrição ao uso de algemas (HC 91.952-SP e Súmula Vinculante n. 11); (vii) demarcação da reserva indígena Raposa Serra do Sol (Pet 3.388-RR); (viii) legitimidade de ações afirmativas e quotas sociais e raciais (ADI 3.330); (ix) vedação ao nepotismo (ADC 12-DF e Súmula n. 13); (x) não recepção da Lei de Imprensa (ADPF 130-DF). A lista poderia prosseguir indefinidamente, com a identificação de casos de grande visibilidade e repercussão, como a extradição do militante italiano Cesare Battisti (Ext 1.085-Itália e MS 27.875-DF), a questão da importação de pneus usados (ADPF 101/DF) ou da proibição do uso do amianto (ADI 3.937-SP). Merece destaque a realização de diversas audiências públicas, perante o STF, para debater a questão da judicialização de prestações de saúde, notadamente o fornecimento de medicamentos e de tratamentos fora das listas e dos protocolos do Sistema Único de Saúde (SUS).[20]

19. V. Rodrigo Uprimny Yepes, "Judicialization of politics in Colombia", *International Journal on Human Rights* 6/49, mimeografado, 2007, p. 57. V. tb. José Ribas Vieira, Margarida Maria Lacombe Camargo e Alexandre Garrido Silva, "O Supremo Tribunal Federal como arquiteto institucional: a judicialização da política e o ativismo judicial", in *Anais do I Fórum de Grupos de Pesquisa em Direito Constitucional e Teoria dos Direitos*, 2009, p. 44: "Em casos politicamente custosos, os poderes Legislativo e Executivo podem, de um modo estratégico, por meio de uma inércia deliberada, abrir um espaço para a atuação ativista dos tribunais. Temas profundamente controvertidos, sem perspectiva de consenso na sociedade, tais como a abertura dos arquivos da ditadura militar, uniões homoafetivas, aborto, entre outros, têm os seus custos políticos estrategicamente repassados para os tribunais, cujos integrantes não precisam passar pelo crivo do voto popular após suas decisões".

20. V. *http://www.stf.jus.br/portal/cms/verTexto.asp?servico=processoAudienciaPublicaSaude.*

Uma observação final relevante dentro deste tópico. No Brasil, como assinalado, a judicialização decorre, sobretudo, de dois fatores: o modelo de constitucionalização abrangente e analítica adotado; e o sistema de controle de constitucionalidade vigente entre nós, que combina a matriz americana – em que todo juiz e tribunal podem pronunciar a invalidade de uma norma no caso concreto – e a matriz europeia, que admite ações diretas ajuizáveis perante a corte constitucional. Nesse segundo caso, a validade constitucional de leis e atos normativos é discutida em tese, perante o Supremo Tribunal Federal, fora de uma situação concreta de litígio. Essa fórmula foi maximizada no sistema brasileiro pela admissão de uma variedade de ações diretas e pela previsão constitucional de amplo direito de propositura. Nesse contexto, a judicialização constitui um *fato* inelutável, uma circunstância decorrente do desenho institucional vigente, e não uma opção política do Judiciário. Juízes e tribunais, uma vez provocados pela via processual adequada, não têm a alternativa de se pronunciarem ou não sobre a questão. Todavia, o modo como venham a exercer essa competência é que vai determinar a existência ou não de ativismo judicial.

III. O ativismo judicial

Ativismo judicial é uma expressão cunhada nos Estados Unidos[21] e que foi empregada, sobretudo, como rótulo para qualificar a atuação da Suprema Corte durante os anos em que foi presidida por Earl Warren, entre 1954 e 1969.[22] Ao longo desse período, ocorreu uma revolução profunda e silenciosa em relação a inúmeras práticas políticas nos Estados Unidos, conduzida por uma jurisprudência progressista em matéria de direitos fundamentais.[23] Todas essas transformações foram

21. A locução "ativismo judicial" foi utilizada, pela primeira vez, em artigo de um historiador sobre a Suprema Corte americana no período do *New Deal*, publicado em revista de circulação ampla. V. Arthur M. Schlesinger, Jr., "The Supreme Court: 1947", *Fortune*, jan./1947, p. 208, *apud* Keenan D. Kmiec, "The origin and current meanings of 'judicial activism'", *California Law Review* 92/1441, 2004, p. 1.446. A descrição feita por Schlesinger da divisão existente na Suprema Corte, à época, é digna de transcrição, por sua atualidade no debate contemporâneo: "Esse conflito pode ser descrito de diferentes maneiras. O grupo de Black e de Douglas acredita que a Suprema Corte pode desempenhar um papel afirmativo na promoção do bem-estar social; o grupo de Frankfurter e Jackson defende uma postura de autocontenção judicial. Um grupo está mais preocupado com a utilização do poder judicial em favor de sua própria concepção do bem social; o outro, com a expansão da esfera de atuação do Legislativo, mesmo que isso signifique a defesa de pontos de vista que eles pessoalmente condenam. Um grupo vê a Corte como instrumento para a obtenção de resultados socialmente desejáveis; o segundo, como um instrumento para permitir que os outros Poderes realizem a vontade popular, seja ela melhor ou pior. Em suma, Black-Douglas e seus seguidores parecem estar mais voltados para a solução de casos particulares de acordo com suas próprias concepções sociais; Frankfurter-Jackson e seus seguidores, com a preservação do Judiciário na sua posição relevante, mas limitada, dentro do sistema americano".

22. Sobre o tema, em língua portuguesa, v. Luís Roberto Barroso, "A americanização do direito constitucional e seus paradoxos", in *Temas de Direito Constitucional*, t. IV, pp. 144 e ss. (O legado de Warren: ativismo judicial e proteção dos direitos fundamentais). Para uma interessante biografia de Warren, bem como um denso relato do período, v. Jim Newton, *Justice for All: Earl Warren and the Nation He Made*, 2006.

23. Alguns exemplos representativos: considerou-se ilegítima a segregação racial nas

efetivadas sem qualquer ato do Congresso ou decreto presidencial.[24] A partir daí, por força de uma intensa reação conservadora, a expressão ativismo judicial assumiu, nos Estados Unidos, uma conotação negativa, depreciativa, equiparada ao exercício impróprio do poder judicial.[25] Todavia, depurada dessa crítica ideológica – até porque pode ser progressista ou conservadora[26] – a ideia de ativismo judicial está associada a uma participação mais ampla e intensa do Judiciário na concretização dos valores e fins constitucionais, com maior interferência no espaço de atuação dos outros dois Poderes. Em muitas situações, sequer há confronto, mas mera ocupação de espaços vazios.

No Brasil, há diversos precedentes de postura ativista do STF, manifestada por diferentes linhas de decisão. Dentre elas se incluem: (a) a aplicação direta da Constituição a situações não expressamente contempladas em seu texto e independentemente de manifestação do legislador ordinário, como se passou em casos como

escolas (*Brown vs. Board of Education*, 1954); foram assegurados aos acusados em processo criminal o direito de defesa por advogado (*Gideon vs. Wainwright*, 1963) e o direito à não autoincriminação (*Miranda vs. Arizona*, 1966); e de privacidade, sendo vedado ao Poder Público a invasão do quarto de um casal para reprimir o uso de contraceptivos (*Griswold vs. Connecticut*, 1965). Houve decisões marcantes, igualmente, no tocante à liberdade de imprensa (*New York Times vs. Sullivan*, 1964) e a direitos políticos (*Baker vs. Carr*, 1962). Em 1973, já sob a presidência de Warren Burger, a Suprema Corte reconheceu direitos de igualdade às mulheres (*Richardson vs. Frontiero*, 1973), assim como em favor dos seus direitos reprodutivos, vedando a criminalização do aborto até o terceiro mês de gestação (*Roe vs. Wade*).

24. Jim Newton, *Justice for All: Earl Warren and the Nation He Made*, 2006, p. 405.

25. V. Randy E. Barnett, "Constitutional clichés", *Capital University Law Review* 36/493, 2007, p. 495: "Normalmente, no entanto, 'ativismo judicial' é empregado para criticar uma prática judicial que deve ser evitada pelos juízes e que merece a oposição do público". Keenan D. Kmiec ("The origin and current meanings of 'judicial activism'", *California Law Review* 92/1.441, 2004, pp. 1.463 e ss.) afirma que não se trata de um conceito monolítico e aponta cinco sentidos em que o termo tem sido empregado no debate americano, no geral com uma conotação negativa: (a) declaração de inconstitucionalidade de atos de outros Poderes que não sejam claramente inconstitucionais; (b) ignorar precedentes aplicáveis; (c) legislação pelo Judiciário; (d) distanciamento das metodologias de interpretação normalmente aplicadas e aceitas; e (e) julgamentos em função dos resultados.

26. Como assinalado no texto, a expressão ativismo judicial foi amplamente utilizada para estigmatizar a jurisprudência progressista da Corte Warren. É bem de ver, no entanto, que o ativismo judicial precedeu a criação do termo e, nas suas origens, era essencialmente conservador. De fato, foi na atuação proativa da Suprema Corte que os setores mais reacionários encontraram amparo para a segregação racial (*Dred Scott vs. Sanford*, 1857) e para a invalidação das leis sociais em geral (Era *Lochner*, 1905-1937), culminando no confronto entre o Presidente Roosevelt e a Corte, com a mudança da orientação jurisprudencial contrária ao intervencionismo estatal (*West Coast vs. Parrish*, 1937). A situação se inverteu no período que foi de meados da década de 50 a meados da década de 70 do século passado. Todavia, depois da guinada conservadora da Suprema Corte, notadamente no período da presidência de William Rehnquist (1986-2005), coube aos progressistas a crítica severa ao ativismo judicial que passou a desempenhar. V. Frank B. Cross e Stefanie A. Lindquistt, "The scientific study of judicial activism", *Minnesota Law Review* 91/1.752, 2006-2007, pp. 1.753 e 1.757-1.758; Cass Sunstein, "Tilting the scales rightward", *New York Times*, 26.4.2001 ("um notável período de ativismo judicial direitista") e Erwin Chemerinsky, "Perspective on Justice: and federal law got narrower, narrower", *Los Angeles Times*, 18.5.2000 ("ativismo judicial agressivo e conservador").

o da imposição de fidelidade partidária e o da vedação do nepotismo; (b) a declaração de inconstitucionalidade de atos normativos emanados do legislador, com base em critérios menos rígidos que os de patente e ostensiva violação da Constituição, de que são exemplos as decisões referentes à verticalização das coligações partidárias e à cláusula de barreira; (c) a imposição de condutas ou de abstenções ao Poder Público, tanto em caso de inércia do legislador – como no precedente sobre greve no serviço público ou sobre criação de município – como no de políticas públicas insuficientes, de que têm sido exemplo as decisões sobre direito à saúde. Todas essas hipóteses distanciam juízes e tribunais de sua função típica de aplicação do direito vigente e os aproximam de uma função que mais se assemelha à de criação do próprio direito.

A judicialização, como demonstrado acima, é um fato, uma circunstância do desenho institucional brasileiro. Já o ativismo é uma atitude, a escolha de um modo específico e proativo de interpretar a Constituição, expandindo o seu sentido e alcance. Normalmente, ele se instala – e este é o caso do Brasil – em situações de retração do Poder Legislativo, de um certo descolamento entre a classe política e a sociedade civil, impedindo que determinadas demandas sociais sejam atendidas de maneira efetiva. O oposto do ativismo é a *autocontenção judicial*, conduta pela qual o Judiciário procura reduzir sua interferência nas ações dos outros Poderes.[27] A principal diferença metodológica entre as duas posições está em que, em princípio, o ativismo judicial legitimamente exercido procura extrair o máximo das potencialidades do texto constitucional, inclusive e especialmente construindo regras específicas de conduta a partir de enunciados vagos (princípios, conceitos jurídicos indeterminados). Por sua vez, a autocontenção se caracteriza justamente por abrir mais espaço à atuação dos Poderes políticos, tendo por nota fundamental a forte deferência em relação às ações e omissões desses últimos.

IV. Críticas à expansão da intervenção judicial na vida brasileira

Diversas objeções têm sido opostas, ao longo do tempo, à expansão do Poder Judiciário nos Estados constitucionais contemporâneos. Identificam-se aqui três delas. Tais críticas não infirmam a importância do papel desempenhado por juízes e tribunais nas democracias modernas, mas merecem consideração séria. O modo de investidura dos juízes e membros de tribunais, sua formação específica e o tipo de discurso que utilizam são aspectos que exigem reflexão. Ninguém deseja o Judiciário como instância hegemônica e a interpretação constitucional não pode se transformar em usurpação da função legislativa. Aqui, como em quase tudo mais, impõem-se as virtudes da prudência e da moderação.[28]

27. Por essa linha, juízes e tribunais (i) evitam aplicar diretamente a Constituição a situações que não estejam no seu âmbito de incidência expressa, aguardando o pronunciamento do legislador ordinário; (ii) utilizam critérios rígidos e conservadores para a declaração de inconstitucionalidade de leis e atos normativos; e (iii) abstêm-se de interferir na definição das políticas públicas.

28. V. Aristóteles, *Ética a Nicômaco*, 2007, pp. 70 e 77: "Em primeiro lugar, temos que observar que as qualidades morais são de tal modo constituídas que são destruídas pelo excesso e pela deficiência. (...) [O] excesso e a deficiência são uma marca do vício e a observância da mediania uma marca da virtude (...)".

1. Crítica político-ideológica

Juízes e membros dos tribunais não são agentes públicos eleitos. Sua investidura não tem o batismo da vontade popular. Nada obstante isso, quando invalida atos do Legislativo ou do Executivo ou impõe-lhes deveres de atuação, o Judiciário desempenha um papel que é inequivocamente político. Essa possibilidade de as instâncias judiciais sobreporem suas decisões às dos agentes políticos eleitos gera aquilo que em teoria constitucional foi denominado de *dificuldade contra-majoritária*.[29] A jurisdição constitucional e a atuação expansiva do Judiciário têm recebido, historicamente, críticas de natureza política, que questionam sua legitimidade democrática e sua suposta maior eficiência na proteção dos direitos fundamentais.[30] Ao lado dessas, há, igualmente, críticas de cunho ideológico, que veem no Judiciário uma instância tradicionalmente conservadora das distribuições de poder e de riqueza na sociedade. Nessa perspectiva, a judicialização funcionaria como uma reação das elites tradicionais contra a democratização, um antídoto contra a participação popular e a política majoritária.[31]

2. Crítica quanto à capacidade institucional

Cabe aos três Poderes interpretar a Constituição e pautar sua atuação com base nela. Mas, em caso de divergência, a palavra final é do Judiciário. Essa primazia não significa, porém, que toda e qualquer matéria deva ser decidida em um tribunal. Para evitar que o Judiciário se transforme em uma indesejável instância

29. Alexander Bickel, *The Least Dangerous Branch*, 1986, pp. 16-23: "A questão mais profunda é que o controle de constitucionalidade (*judicial review*) é uma força contramajoritária em nosso sistema. (...) [Q]uando a Suprema Corte declara inconstitucional um ato legislativo ou um ato de um membro eleito do Executivo, ela se opõe à vontade de representantes do povo, o povo que está aqui e agora; ela exerce um controle, não em nome da maioria dominante, mas contra ela. (...) O controle de constitucionalidade, no entanto, é o poder de aplicar e interpretar a Constituição, em matérias de grande relevância, contra a vontade da maioria legislativa, que, por sua vez, é impotente para se opor à decisão judicial".

30. Um dos principais representantes dessa corrente é Jeremy Waldron, autor de *Law and Disagreement*, 1999, e "The core of the case against judicial review", *Yale Law Journal* 115/1.346, 2006. Sua tese central é a de que nas sociedades democráticas nas quais o Legislativo não seja "disfuncional", as divergências acerca dos direitos devem ser resolvidas no âmbito do processo legislativo e não do processo judicial.

31. V. Ran Hirschl, *Towards Juristocracy: the Origins and Consequences of the New Constitutionalism*, 2004. Após analisar as experiências de Canadá, Nova Zelândia, Israel e África do Sul, o autor conclui que o aumento do poder judicial por via da constitucionalização é, no geral, "um pacto estratégico entre três partes: as elites políticas hegemônicas (e crescentemente ameaçadas) que pretendem proteger suas preferências políticas contra as vicissitudes da política democrática; as elites econômicas que comungam da crença no livre mercado e da antipatia em relação ao governo; e cortes supremas que buscar fortalecer seu poder simbólico e sua posição institucional" (p. 214). Nos Estados Unidos, em linha análoga, uma corrente de pensamento referida como "constitucionalismo popular" também critica a ideia de supremacia judicial. V., dentre muitos, Mark Tushnet, *Taking the Constitution away from the Courts*, 1999, p. 177, onde escreveu: "Os liberais (progressistas) de hoje parecem ter um profundo medo do processo eleitoral. Cultivam um entusiasmo no controle judicial que não se justifica, diante das experiências recentes. Tudo porque têm medo do que o povo pode fazer".

hegemônica,[32] a doutrina constitucional tem explorado duas ideias destinadas a limitar a ingerência judicial: a de capacidade institucional e a de efeitos sistêmicos.[33] *Capacidade institucional* envolve a determinação de qual Poder está mais habilitado a produzir a melhor decisão em determinada matéria. Temas envolvendo aspectos técnicos ou científicos de grande complexidade podem não ter no juiz de direito o árbitro mais qualificado, por falta de informação ou de conhecimento específico.[34] Também o risco de *efeitos sistêmicos* imprevisíveis e indesejáveis podem recomendar uma posição de cautela e de deferência por parte do Judiciário. O juiz, por vocação e treinamento, normalmente estará preparado para realizar a justiça do caso concreto, a microjustiça,[35] sem condições, muitas vezes, de avaliar o impacto de suas decisões sobre um segmento econômico ou sobre a prestação de um serviço público.[36]

3. Crítica quanto à limitação do debate

O mundo do direito tem categorias, discurso e métodos próprios de argumentação. O domínio desse instrumental exige conhecimento técnico e treinamento específico, não acessíveis à generalidade das pessoas. A primeira consequência drástica da judicialização é a elitização do debate e a exclusão dos que não dominam a linguagem nem têm acesso aos *locus* de discussão jurídica.[37] Institutos

32. A expressão é do Ministro Celso de Mello. V. STF, MS 23.452-RJ, Rel. Ministro Celso de Mello, *DJ* 12.5.2000.

33. V. Cass Sunstein e Adrian Vermeulle, "Interpretation and institutions", *Public Law and Legal Theory Working Paper* n. 28, 2002: "Ao chamarmos atenção para as capacidades institucionais e para os efeitos sistêmicos, estamos sugerindo a necessidade de um tipo de virada institucional no estudo das questões de interpretação jurídicas" (p. 2). Sobre o tema, v. tb. Adrian Vermeule, "Foreword: system effects and the Constitution", *Harvard Law Review* 123/4, 2009.

34. Por exemplo: em questões como demarcação de terras indígenas ou transposição de rios, em que tenha havido estudos técnicos e científicos adequados, a questão da capacidade institucional deve ser sopesada de maneira criteriosa.

35. Ana Paula de Barcellos, "Constitucionalização das políticas públicas em matéria de direitos fundamentais: o controle político-social e o controle jurídico no espaço democrático", *Revista de Direito do Estado* 3/17, 2006, p. 34. Também sobre o tema, v. Daniel Sarmento, "Interpretação constitucional, pré-compreensão e capacidades institucionais do intérprete", in Cláudio Pereira de Souza Neto, Daniel Sarmento e Gustavo Binenbojm (coords.), *Vinte Anos da Constituição Federal de 1988*, 2008, p. 317: "[U]ma teoria hermenêutica construída a partir de uma imagem romântica do juiz pode produzir resultados desastrosos quando manejada por magistrados de carne e osso que não correspondam àquela idealização (...)".

36. Exemplo emblemático nessa matéria tem sido o setor de saúde. Ao lado de intervenções necessárias e meritórias, tem havido uma profusão de decisões extravagantes ou emocionais em matéria de medicamentos e terapias, que põem em risco a própria continuidade das políticas públicas de saúde, desorganizando a atividade administrativa e comprometendo a alocação dos escassos recursos públicos. Sobre o tema, v. Luís Roberto Barroso, "Da falta de efetividade à constitucionalização excessiva: direito à saúde, fornecimento gratuito de medicamentos e parâmetros para a atuação judicial", in *Temas de Direito Constitucional*, t. IV, 2009.

37. V. Jeremy Waldron, "The core case against judicial review", *The Yale Law Journal* 115/1.346, p. 133: "A judicialização tende a mudar o foco da discussão pública, que passa de um ambiente onde as razões podem ser postas de maneira aberta e abrangente para um outro altamente técnico e formal, tendo por objeto textos e ideias acerca de interpretação" (tradução livre e ligeiramente editada).

como audiências públicas, *amicus curiae* e direito de propositura de ações diretas por entidades da sociedade civil atenuam mas não eliminam esse problema. Surge, assim, o perigo de se produzir uma apatia nas forças sociais, que passariam a ficar à espera de juízes providenciais.[38] Na outra face da moeda, a transferência do debate público para o Judiciário traz uma dose excessiva de politização dos tribunais, dando lugar a paixões em um ambiente que deve ser presidido pela razão.[39] No movimento seguinte, processos passam a tramitar nas manchetes de jornais – e não na imprensa oficial – e juízes trocam a racionalidade plácida da argumentação jurídica por embates próprios da discussão parlamentar, movida por visões políticas contrapostas e concorrentes.[40]

V. Importância e limites da jurisdição constitucional nas democracias contemporâneas

A jurisdição constitucional pode não ser um componente indispensável do constitucionalismo democrático, mas tem servido bem à causa, de uma maneira geral.[41] Ela é um espaço de legitimação discursiva ou argumentativa das decisões políticas, que coexiste com a legitimação majoritária, servindo-lhe de "contraponto e complemento".[42] Isso se torna especialmente verdadeiro em países de redemocratização mais recente, como o Brasil, onde o amadurecimento institucional ainda se encontra em curso, enfrentando uma tradição de hegemonia do Executivo e uma persistente fragilidade do sistema representativo.[43] As constituições

38. Rodrigo Uprimny Yepes, "Judicialization of politics in Colombia", *International Journal on Human Rights* 6/49, 2007, p. 63: "O uso de argumentos jurídicos para resolver problemas sociais complexos pode dar a impressão de que a solução para muitos problemas políticos não exige engajamento democrático, mas em vez disso juízes e agentes públicos providenciais".

39. Exemplo emblemático de debate apaixonado foi o que envolveu o processo de extradição do ex-militante da esquerda italiana Cesare Battisti. Na ocasião, assinalou o Ministro Eros Grau: "Parece que não há condições no tribunal de um ouvir o outro, dada a paixão que tem presidido o julgamento deste caso". Sobre o ponto, v. Felipe Recondo e Mariângela Galluci, "Caso Battisti expõe crise no STF", in *Estado de S. Paulo*, 22.11.2009.

40. Em 22.4.2009, diferentes visões sobre a relação Judiciário, mídia e sociedade levaram a uma ríspida discussão entre os Ministros Gilmar Mendes e Joaquim Barbosa. V. *http://oglobo.globo.com/pais/noblat/posts/2009/04/22/na-integra-bate-boca-entre-joaquim-barbosa-mendes-179585.asp.*

41. V. Dieter Grimm, "Jurisdição constitucional e democracia", *Revista de Direito do Estado* 4/3, 2006, p. 9: "A jurisdição constitucional não é nem incompatível nem indispensável à democracia. (...) [Há] suficientes provas históricas de que um estado democrático pode dispensar o controle de constitucionalidade. (...) Ninguém duvidaria do caráter democrático de Estados como o Reino Unido e a Holanda, que não adotam o controle de constitucionalidade". Sobre o tema, inclusive com uma reflexão acerca da posição de Dieter Grimm aplicada ao Brasil, v. Thiago Magalhães Pires, "Crônicas do subdesenvolvimento: jurisdição constitucional e democracia no Brasil", *Revista de Direito do Estado* 12/181, 2009, pp. 194 e ss.

42. Eduardo Bastos de Mendonça, "A constitucionalização da política: entre o inevitável e o excessivo", p. 10. Artigo inédito, gentilmente cedido pelo autor. Para uma defesa do ponto de vista de que as Cortes Constitucionais deve servir como "instâncias de fortalecimento da representação política", v. Thamy Pogrebinschi, "Entre judicialização e representação. O papel político do Supremo Tribunal Federal e o experimentalismo democrático brasileiro", mimeografado, 2009.

43. Um dos principais críticos da *judicial review*, isto é, à possibilidade de cortes de justiça declararem a inconstitucionalidade de atos

contemporâneas, como já se assinalou, desempenham dois grandes papéis: (i) o de condensar os valores políticos nucleares da sociedade, os consensos mínimos quanto a suas instituições e quanto aos direitos fundamentais nela consagrados; e (ii) o de disciplinar o processo político democrático, propiciando o governo da maioria, a participação da minoria e a alternância no poder.[44] Pois este é o grande papel de um tribunal constitucional, do Supremo Tribunal Federal, no caso brasileiro: proteger e promover os direitos fundamentais, bem como resguardar as regras do jogo democrático. Eventual atuação contramajoritária do Judiciário em defesa dos elementos essenciais da Constituição se dará a favor e não contra a democracia.[45]

normativos, Jeremy Waldron, no entanto, reconhece que ela pode ser necessária para enfrentar patologias específicas, em um ambiente em que certas características políticas e institucionais das democracias liberais não estejam totalmente presentes. V. Jeremy Waldron, "The core case against judicial review", *The Yale Law Journal* 115/1346, pp. 1.359 e ss.

44. Luís Roberto Barroso, *Curso de Direito Constitucional Contemporâneo*, 2009, pp. 89-90.

45. Para uma crítica da visão do Judiciário como instância de proteção das minorias e de defesa das regras democráticas, v. Luciano da Ros, "Tribunais como árbitros ou como instrumentos de oposição: uma tipologia a partir dos estudos recentes sobre judicialização da política com aplicação ao caso brasileiro contemporâneo", *Direito, Estado e Sociedade* 31/86, 2007, pp. 100-101, onde averbou: "Pode-se afirmar que tribunais são instituições que operam rigorosamente dentro dos limites que a dinâmica das outras forças políticas e institucionais lhes impõem, raramente decidindo fora do círculo de preferências dos atores políticos. A ideia de que tribunais salvaguardam a democracia e a Constituição contra tudo e contra todos, como muitas vezes se veicula nos círculos acadêmicos, pode ser considerada ingênua".

Nas demais situações – isto é, quando não estejam em jogo os direitos fundamentais ou os procedimentos democráticos –, juízes e tribunais devem acatar as escolhas legítimas feitas pelo legislador, assim como ser deferentes com o exercício razoável de discricionariedade pelo administrador, abstendo-se de sobrepor-lhes sua própria valoração política.[46] Isso deve ser feito não só por razões ligadas à legitimidade democrática, como também em atenção às capacidades institucionais dos órgãos judiciários e sua impossibilidade de prever e administrar os efeitos sistêmicos das decisões proferidas em casos individuais. Os membros do Judiciário não devem presumir demais de si próprios – como ninguém deve, aliás, nessa vida –, supondo-se *experts* em todas as matérias. Por fim, o fato de a última palavra acerca da interpretação da Constituição ser do Judiciário não o transforma no único – nem no principal – foro de debate e de reconhecimento da vontade constitucional a cada tempo. A jurisdição constitucional não deve suprimir nem oprimir a voz das ruas, o movimento social, os canais de expressão da sociedade. Nunca é demais lembrar que o poder emana do *povo*, não dos juízes.

Parte II – Direito e política: a concepção tradicional

I. Notas sobre a distinção entre direito e política

A separação entre direito e política tem sido considerada como essencial no

46. Na jurisprudência norte-americana, o caso *Chevron* é o grande precedente da teoria da *deferência administrativa* em relação à *interpretação razoável* dada pela Administração. De fato, em *Chevron*

Estado constitucional democrático. Na política, vigoram a soberania popular e o princípio majoritário. O domínio da vontade. No direito, vigora o primado da lei (*the rule of law*) e do respeito aos direitos fundamentais. O domínio da razão. A crença mitológica nessa distinção tem resistido ao tempo e às evidências. Ainda hoje, já avançado o século XXI, mantém-se a divisão tradicional entre o espaço da política e o espaço do direito.[47] No plano de sua *criação*, não há como o direito ser separado da política, na medida em que é produto do processo constituinte ou do processo legislativo, isto é, da vontade das maiorias. O direito é, na verdade, um dos principais produtos da política, o troféu pelo qual muitas batalhas são disputadas.[48] Em um Estado de direito, a Constituição e as leis, a um só tempo, legitimam e limitam o poder político.

Já no plano da *aplicação* do direito, sua separação da política é tida como possível e desejável. Tal pretensão se realiza, sobretudo, por mecanismos destinados a evitar a ingerência do poder político sobre a atuação judicial. Isso inclui limitações ao próprio legislador, que não pode editar leis retroativas, destinadas a atingir situações concretas.[49] Essa separação é potencializada por uma visão tradicional e formalista do fenômeno jurídico. Nela se cultivam crenças como a da neutralidade científica, da completude do direito e a da interpretação judicial como um processo puramente mecânico de concretização das normas jurídicas, em valorações estritamente técnicas.[50] Tal perspectiva esteve sob fogo cerrado ao longo de boa parte do século passado, tendo sido criticada por tratar questões políticas como se fossem linguísticas e por ocultar escolhas entre diferentes possibilidades interpretativas por trás do discurso da única solução possível.[51] Mais recentemente, autores diversos têm procurado resgatar o formalismo jurídico, em uma versão requalificada, cuja ênfase é a valorização das regras e a contenção da discricionariedade judicial.[52]

USA Inc. vs. National Resources Defense Council Inc. (467 U.S. 837, 1984) ficou estabelecido que, havendo ambiguidade ou delegação legislativa para a agência, o Judiciário somente deve intervir se a Administração (no caso, uma agência reguladora) tiver atuado *contra legem* ou de maneira irrazoável.

47. V. Larry Kramer, *The People themselves: Popular Constitutionalism and Judicial Review*, 2004, p. 7.

48. V. Keith E. Whittington, R. Daniel Kelemen e Gregory A. Caldeira (eds.), *The Oxford Handbook of Law and Politics*, 2008, p. 3.

49. Dieter Grimm, *Constituição e Política*, 2006, p. 13.

50. O termo *formalismo* é empregado aqui para identificar posições que exerceram grande influência em todo o mundo, como a da Escola da Exegese, na França, a Jurisprudência dos Conceitos, na Alemanha, e o Formalismo Jurídico, nos Estados Unidos, cuja marca essencial era a da concepção mecanicista do direito, com ênfase na lógica formal e grande desconfiança em relação à interpretação judicial.

51. Para Brian Z. Tamahana, *Beyond the Formalist-Realist Divide: the Role of Politics in Judging*, 2010, a existência do formalismo jurídico, com as características que lhe são atribuídas, não corresponde à realidade histórica. Segundo ele, ao menos nos Estados Unidos, essa foi uma invenção de alguns realistas jurídicos, que se apresentaram para combater uma concepção que jamais existiu, ao menos não com tais características: autonomia e completude do direito, soluções únicas e interpretação mecânica. A tese refoge ao conhecimento convencional e certamente suscitará polêmica.

52. V. Frederick Schauer, "Formalism: legal, constitutional, judicial", in Keith E. Whittington, R. Daniel Kelemen e Gregory A. Caldeira (eds.), *The Oxford Handbook of Law and Politics*, 2008, pp. 428-436; e Noel Struchiner, "Posturas interpretativas e modelagem institucional: a dignidade (contingente) do formalismo jurídico", in Daniel Sarmento (coord.), *Filosofia e Teoria Constitu-*

II. Constituição e poderes constituídos

A Constituição é o primeiro e principal elemento na interface entre política e direito. Cabe a ela transformar o poder constituinte originário – energia política em estado quase puro, emanada da soberania popular – em poder constituído, que são as instituições do Estado, sujeitas à legalidade jurídica, à *rule of law*. É a Constituição que institui os Poderes do Estado, distribuindo-lhes competências diversas.[53] Dois deles recebem atribuições essencialmente políticas: o Legislativo e o Executivo. Ao Legislativo toca, precipuamente, a criação do direito positivo.[54] Já o Executivo, no sistema presidencialista brasileiro, concentra as funções de chefe de Estado e de chefe de governo, conduzindo com razoável proeminência a política interna e externa. Legislativo e Executivo são o espaço por excelência do processo político majoritário, feito de campanhas eleitorais, debate público e escolhas discricionárias. Um universo no qual o título principal de acesso é o voto: o que elege, reelege ou deixa de fora.

Já ao Poder Judiciário são reservadas atribuições tidas como fundamentalmente técnicas. Ao contrário do chefe do Executivo e dos parlamentares, seus membros não são eleitos. Como regra geral, juízes ingressam na carreira no primeiro grau de jurisdição, mediante concurso público. O acesso aos tribunais de segundo grau se dá por via de promoção, conduzida pelo órgão de cúpula do próprio tribunal.[55] No tocante aos tribunais superiores, a investidura de seus membros sofre maior influência política, mas, ainda assim, está sujeita a parâmetros constitucionais.[56] A atribuição típica do Poder Judiciário consiste na aplicação do direito a situações em que tenha surgido uma disputa, um litígio entre partes. Ao decidir a controvérsia – esse o entendimento tradicional –, o juiz faz prevalecer, no caso concreto, a solução abstratamente prevista na lei. Desempenharia, assim, uma função técnica de conhecimento, de mera declaração

cional Contemporânea, 2009, pp. 463-482. Sobre as ambiguidades do termo *formalismo*, v. Martin Stone, verbete "formalismo", in Jules Coleman e Scott Shapiro (eds.), *The Oxford Handbook of Jurisprudence and Philosophy of Law*, 2002, pp. 166-205.

53. O poder constituinte, titularizado pelo povo, elabora a Constituição. A Constituição tem por propósito submeter a política ao direito, impondo a ela regras procedimentais e determinados valores substantivos. Isso não significa, todavia, quer a judicialização plena quer a supressão da política, mas a mera existência de limites, de uma "moldura", como referido por Dieter Grimm, que acrescentou: "[U]ma política totalmente judicializada estaria no fundo despida de seu caráter político e por fim reduzida à administração" (*Constituição e Política*, 2006, p. 10).

54. Note-se que no âmbito da atuação política do Legislativo inclui-se, com destaque, a fiscalização do governo e da administração pública. Importante ressaltar, igualmente, que nos países presidencialistas – e no Brasil, especialmente –, o chefe do Executivo tem participação destacada no processo legislativo, seja pela iniciativa seja pelo poder de sanção ou veto. Sobre o tema, v. Clèmerson Merlin Clève, *A Atividade Legislativa do Poder Executivo*, 2000, pp. 99-118.

55. Salvo no tocante ao chamado quinto constitucional, em que há participação do chefe do Executivo na designação de advogados e membros do Ministério Público para o tribunal (CF, art. 94).

56. Nos tribunais superiores – Superior Tribunal de Justiça, Tribunal Superior Eleitoral, Tribunal Superior do Trabalho e Superior Tribunal Militar –, a indicação de seus ministros é feita pelo Presidente da República, com aprovação do Senado Federal (exceto no caso do TSE). Ainda assim, existem balizamentos constitucionais, que incluem, conforme o caso, exigências de notório saber jurídico e reputação ilibada, idade e origem funcional. V. CF, arts. 101, 104, 119, 111-A e 123.

de um resultado já previsto, e não uma atividade criativa, suscetível de influência política.[57] Mesmo nos casos de controle de constitucionalidade em tese – isto é, de discussão acerca da validade abstrata de uma lei –, o Judiciário estaria fazendo prevalecer a vontade superior da Constituição sobre a decisão política majoritária do Legislativo.

III. *A pretensão de autonomia do Judiciário e do direito em relação à política*

A maior parte dos Estados democráticos do mundo reserva uma parcela de poder político para ser exercido pelo Judiciário, isto é, por agentes públicos que não são eleitos. Quando os órgãos judiciais resolvem disputas entre particulares, determinando, por exemplo, o pagamento de uma indenização por quem causou um acidente, decretando um divórcio ou o despejo de um imóvel, não há muita polêmica sobre a legitimidade do poder que exerce. A Constituição confere a ele competência para solucionar os litígios em geral e é disso que se trata. A questão ganha em complexidade, todavia, quando o Judiciário atua em disputas que envolvem a validade de atos estatais ou nas quais o Estado – isto é, outros órgãos de Poder – seja parte. É o que ocorre quando declara inconstitucional a cobrança de um tributo, suspende a execução de uma obra pública por questões ambientais ou determina a um hospital público que realize tratamento experimental em paciente que solicitou tal providência em juízo. Nesses casos, juízes e tribunais sobrepõem sua vontade à de agentes públicos de outros Poderes, eleitos ou nomeados para o fim específico de fazerem leis, construírem estradas ou definirem as políticas de saúde.

Para blindar a atuação judicial da influência imprópria da política, a cultura jurídica tradicional sempre se utilizou de dois grandes instrumentos: a independência do Judiciário em relação aos órgãos propriamente políticos de governo; e a vinculação ao direito, pela qual juízes e tribunais têm sua atuação determinada pela Constituição e pelas leis. Órgãos judiciais, ensina o conhecimento convencional, não exercem vontade própria, mas concretizam a vontade política majoritária manifestada pelo constituinte ou pelo legislador. A atividade de interpretar e aplicar normas jurídicas é regida por um conjunto de princípios, regras, convenções, conceitos e práticas que dão especificidade à ciência do direito ou dogmática jurídica. Este, portanto, o discurso padrão: juízes são independentes da política e limitam-se a aplicar o direito vigente, de acordo com critérios aceitos pela comunidade jurídica.

1. Independência do Judiciário

A independência do Judiciário é um dos dogmas das democracias contemporâneas. Em todos os países que emergiram de regimes autoritários, um dos tópicos essenciais do receituário para a reconstrução do Estado de direito é a organização de um Judiciário que esteja protegido de pressões políticas e que possa interpretar e aplicar a lei com isenção, baseado em técnicas e princípios aceitos pela comunidade jurídica. Independência e imparcialidade como condições para um *governo de leis*, e não de homens. De leis, e não de *juízes*,

57. Sobre a interpretação jurídica como mera função técnica de conhecimento, v. Michel Troper, verbete "Interprétation", in Denis Alland e Stéphane Rials, *Dictionnaire de la Culture Juridique*, 2003, p. 843.

fique bem entendido.[58] Para assegurar que assim seja, a Constituição brasileira, por exemplo, confere à magistratura garantias institucionais – que incluem autonomia administrativa e financeira – e funcionais, como a vitaliciedade, inamovibilidade e irredutibilidade de remuneração.[59] Naturalmente, para resguardar a harmonia com outros Poderes, o Judiciário está sujeito a *checks and balances* e, desde a Emenda Constitucional n. 45, de 2004, ao controle administrativo, financeiro e disciplinar do Conselho Nacional de Justiça. Em uma democracia, todo poder é representativo, o que significa que deve ser transparente e prestar contas à sociedade. Nenhum poder pode estar fora do controle social, sob pena de se tornar um fim em si mesmo, prestando-se ao abuso e a distorções diversas.[60]

2. Vinculação ao direito posto e à dogmática jurídica

O mundo do direito tem suas fronteiras demarcadas pela Constituição e seus caminhos determinados pelas leis. Além disso, tem valores, categorias e procedimentos próprios, que pautam e limitam a atuação dos agentes jurídicos, sejam juízes, advogados ou membros do Ministério Público. Pois bem: juízes não inventam o direito do nada. Seu papel é o de aplicar normas que foram positivadas pelo constituinte ou pelo legislador. Ainda quando desempenhem uma função criativa do direito para o caso concreto, deverão fazê-lo à luz dos valores compartilhados pela comunidade a cada tempo. Seu trabalho, portanto, não inclui escolhas livres, arbitrárias ou caprichosas. Seus limites são a vontade majoritária e os valores compartilhados. Na imagem recorrente, juízes de direito são como árbitros desportivos: cabe-lhes valorar fatos, assinalar faltas, validar gols ou pontos, marcar o tempo regulamentar, enfim, assegurar que todos cumpram as regras e que o jogo seja justo. Mas não lhes cabe formular as regras.[61]

58. Registre-se a aguda observação de Dieter Grimm, ex-juiz da Corte Constitucional alemã: "A garantia constitucional de independência judicial protege os juízes da política, mas não protege o sistema constitucional e a sociedade de juízes que, por razões distintas da pressão política direta, estão dispostos a desobedecer ou distorcer a lei" (Dieter Grimm, "Constitutions, constitutional courts and constitutional interpretation at the interface of law and politics", in Bogdan Iancu (ed.), *The Law/Politics Distinction in Contemporary Public Law Adjudication*, 2009, p. 26).

59. V. Constituição Federal, arts. 95 e 99. Sobre o tema, v. Luís Roberto Barroso, "Constitucionalidade e legitimidade da criação do Conselho Nacional de Justiça", *Interesse Público* 30/13, 2005.

60. Em texto escrito anteriormente à criação do Conselho Nacional de Justiça, e tendo como pano de fundo disputas politizadas ligadas à privatização e aos planos econômicos, escreveu Carlos Santiso, "Economic reform and judicial governance in Brazil: balancing independence with accountability", in Siri Gloppen, Roberto Gargarella e Elin Skaar, *Democratization and the Judiciary*, 2004, pp. 172 e 177: "Excessiva independência tende a gerar incentivos perversos e insular o Judiciário do contexto político e econômico mais amplo, convertendo-o em uma instituição autárquica, incapaz de responder às demandas sociais. (...) Independência sem responsabilidade política (*accountability*) pode ser parte do problema e não da solução".

61. Em uma das audiências que antecederam sua confirmação como Presidente da Suprema Corte americana, em set./2005, John G. Roberts Jr. voltou a empregar essa metáfora frequente: "Juízes são como árbitros desportivos (*umpires*). Eles não fazem as regras; eles as aplicam. O papel de um árbitro, assim como o de um juiz, é muito importante. Eles asseguram que todos joguem de acordo com as regras. Mas é um papel limitado". A passagem está reproduzida em "Week in review",

A metáfora já teve mais prestígio, mas é possível aceitar, para não antecipar a discussão do próximo tópico, que ela seja válida para qualificar a rotina da atividade judicial, embora não as grandes questões constitucionais.

Não está em questão, portanto, que as escolhas políticas devem ser feitas, como regra geral, pelos órgãos eleitos, isto é, pelo Congresso e pelo Presidente. Os tribunais desempenham um papel importante na vida democrática, mas não o papel principal. Dois autores contemporâneos utilizaram expressões que se tornaram emblemáticas para demarcar o papel das cortes constitucionais. Ronald Dworkin referiu-se a "fórum de princípios". Em uma sociedade democrática, algumas questões decisivas devem ser tratadas como questões de princípios – morais ou políticos – e não como uma questão de poder político, de vontade majoritária. São elas as que envolvem direitos fundamentais das pessoas, e não escolhas gerais sobre como promover o bem-estar social.[62] Já John Rawls explorou a ideia de "razão pública". Em uma democracia pluralista, a razão pública consiste na justificação das decisões políticas sobre questões constitucionais essenciais e sobre questões de justiça básica, como os direitos fundamentais. Ela expressa os argumentos que pessoas com formação política e moral diversa podem acatar, o que exclui, portanto, o emprego de doutrinas abrangentes, como as de caráter religioso ou ideológico.[63] Em suma: questões de princípio devem ser decididas, em última instância, por cortes constitucionais, bom base em argumentos de razão pública.

3. *Limites da separação entre direito e política*

Direito é, certamente, diferente da política. Mas não é possível ignorar que a linha divisória entre ambos, que existe inquestionavelmente, nem sempre é nítida, e certamente não é fixa.[64] Do ponto de vista da teoria jurídica, tem escassa adesão, nos dias que correm, a crença de que as normas jurídicas tragam sempre em si um sentido único, objetivo, válido para todas as situações sobre as quais incidem. E que, assim, caberia ao intérprete uma atividade de mera revelação do conteúdo preexistente na norma, sem desempenhar qual-

New York Times, 12.7.2009. V. a íntegra do depoimento em *http://www.gpoaccess.gov/congress/senate/judiciary/sh109-158/55-56.pdf*.

62. V. Ronald Dworkin, *A Matter of Principle*, 1985, pp. 69-71. "A fiscalização judicial assegura que as questões mais fundamentais de moralidade política serão apresentadas e debatidas como questões de princípio, e não apenas de poder político. Essa é uma transformação que não poderá jamais ser integralmente bem-sucedida apenas no âmbito do Legislativo". Por exemplo: a igualdade racial, a igualdade de gênero, a orientação sexual, os direitos reprodutivos, o direito do acusado ao devido processo legal, dentre outras, são questões de princípio, e não de política.

63. John Rawls, *Political Liberalism*, 1996, pp. 212 e ss., especialmente pp. 231-240. Nas suas próprias palavras: "[A razão pública] se aplica também, e de forma especial, ao Judiciário e, acima de tudo, à suprema corte, onde haja uma democracia constitucional com controle de constitucionalidade. Isso porque os Ministros têm que explicar e justificar suas decisões, baseadas na sua compreensão da Constituição e das leis e precedentes relevantes. Como os atos do Legislativo e do Executivo não precisam ser justificados dessa forma, o papel especial da Corte a torna um caso exemplar de razão pública". Para uma crítica da visão de Rawls, v. Jeremy Waldron, "Public reason and 'justification' in the courtroom", *Journal of Law, Philosophy and Culture* 1/108, 2007.

64. V. Eduardo Mendonça, "A inserção da jurisdição constitucional na democracia: algum lugar entre o direito e a política", *Revista de Direito do Estado* 13/211, 2009, p. 212.

quer papel criativo na sua concretização. Há praticamente consenso, na doutrina contemporânea, de que a interpretação e aplicação do direito envolvem elementos cognitivos e volitivos. Do ponto de vista funcional, é bem de ver que esse papel de intérprete final e definitivo, em caso de controvérsia, é desempenhado por juízes e tribunais. De modo que o Poder Judiciário e, notadamente, o Supremo Tribunal Federal, desfruta de uma posição de primazia na determinação do sentido e do alcance da Constituição e das leis, pois cabe-lhe dar a palavra final, que vinculará os demais Poderes. Essa *supremacia judicial* quanto à determinação do que é o direito envolve, por evidente, o exercício de um poder político, com todas as suas implicações para a legitimidade democrática.[65]

Parte III – Direito e política: o modelo real

I. Os laços inevitáveis: a lei e sua interpretação como atos de vontade

No mundo romano-germânico, é comum fazer-se referência ao direito como uma ciência. A afirmação pode ser aceita, ainda que com reserva, se o termo ciência for tomado no sentido de um conjunto organizado de conhecimentos, que guarda uma lógica interna e tem princípios, conceitos e categorias específicos, unificados em uma terminologia própria. Mas é intuitiva a distinção a ser feita em relação às ciências da natureza. Essas últimas são domínios que lidam com fenômenos que se ordenam independentemente da vontade humana, seja o legislador, o público em geral ou o intérprete. São ciências que se destinam a explicar o que lá já está. Sem pretender subestimar complexidades epistemológicas, são domínios em que o anseio científico por objetividade e comprovação imparcial se realiza mais intensamente. Já o direito se insere no campo das ciências sociais e tem, sobretudo, uma pretensão prescritiva: ele procura moldar a vida de acordo com suas normas. E normas jurídicas não são reveladas, mas, sim, criadas por decisões e escolhas políticas, tendo em vista determinadas circunstâncias e visando determinados fins. E, por terem caráter prospectivo, precisarão ser interpretadas, no futuro, tendo em conta fatos e casos concretos.

Como consequência, tanto a criação quanto a aplicação do direito dependem da atuação de um sujeito, seja o legislador ou o intérprete. A legislação, como ato de vontade humana, expressará os interesses dominantes – ou, se se preferir, o interesse público, tal como compreendido pela maioria, em um dado momento e lugar. E a jurisdição, que é a interpretação final do direito aplicável, expressará, em maior ou menor intensidade, a compreensão particular do juiz ou do tribunal acerca do sentido das normas. Diante de tais premissas, é possível extrair uma conclusão parcial bastante óbvia, ainda que frequentemente encoberta: o mantra repetido pela comunidade jurídica mais tradicional de que o direito é diverso da política exige um complemento. É distinto, sim, e por certo; mas não é isolado dela. Suas órbitas se cruzam e, nos momentos mais dramáticos, se chocam, produzindo vítimas de um ou dos dois lados: a justiça e a segurança jurídica, que movem o direito; ou a soberania popular e a legitimidade democrática, que devem conduzir a política. A seguir se exploram

65. Sobre o conceito de legitimidade e sua evolução, v. Diogo de Figueiredo Moreira Neto, 2008, *Quatro Paradigmas do Direito Administrativo Pós-Moderno*, pp. 33-47.

diferentes aspectos dessa relação. Alguns deles são ligados à teoria do direito e da interpretação, e outros às circunstâncias dos juízes e órgãos julgadores.

II. A interpretação jurídica e suas complexidades: o encontro não marcado entre o direito e a política

1. A linguagem aberta dos textos jurídicos

A linguagem jurídica, como a linguagem em geral, utiliza-se de signos que precisam ser interpretados. Tais signos, muitas vezes, possuem determinados sentidos consensuais ou de baixo grau de controvérsia. Embora nem sempre as coisas sejam simples como parecem, há pouca dúvida do que signifique município, orçamento ou previdência complementar. Mas a Constituição se utiliza, igualmente, de inúmeras cláusulas abertas, que incluem conceitos jurídicos indeterminados e princípios. Calamidade pública, relevância e urgência ou crime político são conceitos que transmitem uma ideia inicial de sentido, mas que precisam ser integrados à luz dos elementos do caso concreto. E, em relação a eles, embora possam existir certezas positivas e negativas sobre o que significam ou deixam de significar, é indiscutível que há uma ampla área de penumbra que se presta a valorações que não poderão refugir a algum grau de subjetividade. O fenômeno se repete com maior intensidade quando se trate de princípios constitucionais, com sua intensa carga axiológica, como dignidade da pessoa humana, moralidade administrativa ou solidariedade social. Também aqui será impossível falar em sentidos claros e unívocos. Na interpretação de normas cuja linguagem é aberta e elástica, o direito perde muito da sua objetividade e abre espaço para valorações do intérprete. O fato de existir consenso de que ao atribuir sentido a conceitos indeterminados e a princípios não deve o juiz utilizar-se dos seus próprios valores morais e políticos não elimina riscos e complexidades, funcionando como uma bússola de papel.

2. Os desacordos morais razoáveis

Além dos problemas de ambiguidade da linguagem, que envolvem a determinação semântica de sentido da norma, existem, também, em uma sociedade pluralista e diversificada, o que se tem denominado de desacordo moral razoável.[66] Pessoas bem intencionadas e esclarecidas, em relação a múltiplas matérias, pensam de maneira radicalmente contrária, sem conciliação possível. Cláusulas constitucionais como direito à vida, dignidade da pessoa humana ou igualdade dão margem a construções hermenêuticas distintas, por vezes contrapostas, de acordo com a pré-compreensão do intérprete. Esse fenômeno se revela em questões que são controvertidas em todo o mundo, inclusive no Brasil, como, por exemplo, interrupção de gestação, pesquisas com células-tronco embrionárias, eutanásia/ortotanásia, uniões homoafetivas, em meio a inúmeras outras. Nessas matérias, como regra geral, o papel do direito e do Estado deve ser o de assegurar que cada pessoa possa viver sua autonomia da vontade e suas crenças. Ainda assim, inúmeras complexidades surgem, motivadas por visões filosóficas e religiosas diversas.

66. Sobre o tema, na literatura mais recente, v. Christopher McMahon, *Reasonable Disagreement: a Theory of Political Morality*, 2009; e Folke Tersman, *Moral Disagreement*, 2006.

3. As colisões de normas constitucionais

Constituições são documentos dialéticos e compromissórios, que consagram valores e interesses diversos, que eventualmente entram em rota de colisão. Essas colisões podem se dar, em primeiro lugar, entre princípios ou interesses constitucionalmente protegidos. É o caso, por exemplo, da tensão entre desenvolvimento nacional e proteção do meio ambiente ou entre livre-iniciativa e repressão ao abuso do poder econômico. Também é possível a colisão entre direitos fundamentais, como a liberdade de expressão e o direito de privacidade, ou entre a liberdade de reunião e o direito de ir e vir (no caso, imagine-se, de uma passeata que bloqueie integralmente uma via de trânsito essencial). Por fim, é possível cogitar de colisão de direitos fundamentais com certos princípios ou interesses constitucionalmente protegidos, como o caso da liberdade individual, de um lado, e a segurança pública e a persecução penal, de outro. Em todos esses exemplos, à vista do princípio da unidade da Constituição, o intérprete não pode escolher arbitrariamente um dos lados, já que não há hierarquia entre normas constitucionais. De modo que ele precisará demonstrar, argumentativamente, à luz dos elementos do caso concreto, mediante ponderação e uso da proporcionalidade, que determinada solução realiza mais adequadamente a vontade da Constituição, naquela situação específica.

Todas essas hipóteses referidas acima – ambiguidade da linguagem, desacordo moral e colisões de normas – recaem em uma categoria geral que tem sido referida como casos difíceis (*hard cases*).[67] Nos casos fáceis, a identificação do efeito jurídico decorrente da incidência da norma sobre os fatos relevantes envolve uma operação simples, de mera subsunção. O proprietário de um imóvel urbano deve pagar imposto predial. A Constituição não permite ao Chefe do Executivo um terceiro mandato. Já os casos difíceis envolvem situações para as quais não existe uma solução acabada no ordenamento jurídico. Ela precisa ser construída argumentativamente, por não resultar do mero enquadramento do fato à norma. Pode um artista, em nome do direito de privacidade, impedir a divulgação de sua biografia, escrita por um pesquisador? Pode o autor de uma ação de investigação de paternidade exigir que o indigitado pai se submeta coativamente a exame de DNA? Em ambos os casos, que envolvem questões constitucionais – privacidade, liberdade de expressão, direitos da personalidade, liberdade individual – a solução para a disputa não é encontrável pré-pronta no sistema jurídico: ela precisa ser desenvolvida justificadamente pelo intérprete.

4. A interpretação constitucional e seus métodos

Em todas as hipóteses referidas acima, envolvendo casos difíceis, o sentido da norma precisará ser fixado pelo juiz. Como se registrou, são situações em que a solução não estará pronta em uma prateleira jurídica e, portanto, exigirá uma atuação criativa do intérprete, que deverá argumentativamente justificar seu itinerário lógico e suas escolhas. Se a solução não está integralmente na norma, o juiz terá de recorrer a elementos externos ao direito posto, em busca do justo, do bem, do legítimo. Ou seja, sua atuação terá de se valer da filosofia moral e da filosofia política. Mesmo admitida esta premissa – a de que o juiz, ao menos em certos

67. Sobre o tema, v. Ronald Dworkin, *Taking Rights Seriously*, 1997, pp. 81 e ss.; e Aharon Barak, *The Judge in a Democracy*, 2006, pp. XIII e ss.

casos, precisa recorrer a elementos extrajurídicos –, ainda assim se vai verificar que diferentes juízes adotam diferentes métodos de interpretação. Há juízes que pretendem extrair da Constituição suas melhores potencialidades, realizando na maior extensão possível os princípios e direitos fundamentais. Há outros que entendem mais adequado não ler na Constituição o que nela não está de modo claro ou expresso, prestando maior deferência ao legislador ordinário.[68] Uma pesquisa empírica revelará, sem surpresa, que os mesmos juízes nem sempre adotam os mesmos métodos de interpretação.[69] Seu método ou filosofia judicial é mera racionalização da decisão que tomou por outras razões.[70] E aí surge uma nova variável: o resultado baseado não no princípio, mas no fim, no resultado.[71]

Nesse ponto, impossível não registrar a tentação de se abrir espaço para o debate acerca de uma das principais correntes filosóficas do direito contemporâneo: o *pragmatismo jurídico*, com seu elemento constitutivo essencial, que é o consequencialismo. Para essa concepção, as consequências e resultados práticos das decisões judiciais, assim em relação ao caso concreto como ao sistema como um todo, devem ser o fator decisivo na atuação dos juízes e tribunais.[72] O pragmatismo jurídico afasta-se

68. Cass Sunstein, *Radicals in Robes*, 2005, identifica quatro abordagens no debate constitucional: perfeccionismo, majoritarianismo, minimalismo e fundamentalismo. O perfeccionismo, adotado por muitos juristas progressistas, quer fazer da Constituição "o melhor que ela possa ser". O majoritarianismo pretende diminuir o papel da Suprema Corte e favorecer o processo político democrático, cujo centro de gravidade estaria no Legislativo. O minimalismo é cético acerca de teorias interpretativas e acredita em decisões menos abrangentes, focadas no caso concreto e não em proposições amplas. O fundamentalismo procura interpretar a Constituição dando-lhe o sentido que tinha quando foi ratificada. Para uma dura crítica ao minimalismo defendido por Sunstein, v. Ronald Dworkin, "Looking for Cass Sunstein", *The New York Review of Books* 56, 30.4.2009 (também disponível em *http://www.nybooks.com/articles/22636*).

69. Sobre o ponto, v. Alexandre Garrido da Silva, "Minimalismo, democracia e *expertise*: o Supremo Tribunal Federal diante de questões políticas e científicas complexas", *Revista de Direito do Estado* 12/107, p. 139: "É importante destacar que não há um magistrado que em sua prática jurisdicional seja sempre minimalista ou perfeccionista. Nos casos da fidelidade partidária, da cláusula de barreira e da inelegibilidade, por exemplo, o Ministro Eros Grau assumiu um posicionamento nitidamente minimalista e formalista, ao passo que no caso do amianto aproximou-se, conforme foi visto, do modelo perfeccionista".

70. Para essa visão cética, v. Richard A. Posner, *How Judges Think*, 2008, p. 13, onde registrou que as filosofias judiciais "são ou racionalizações para decisões tomadas por outros fundamentos ou armas retóricas".

71. V., ainda uma vez, Alexandre Garrido da Silva, "Minimalismo, democracia e *expertise*: o Supremo Tribunal Federal diante de questões políticas e científicas complexas", *Revista de Direito do Estado* 12/107, p. 139: "Frequentemente, os juízes tendem a fazer um uso estratégico dos modelos anteriormente descritos tendo em vista fins previamente escolhidos, ou seja, optam pragmaticamente pelo modelo mais adequado para a resolução do problema enfrentado no caso concreto". Sobre o consequencialismo – isto é, o processo decisório fundado no resultado –, v. Diego Werneck Arguelles, *Deuses Pragmáticos, Mortais Formalistas: a Justificação Consequencialista das Decisões Judiciais*, dissertação de Mestrado apresentada ao Programa de Pós-Graduação em Direito Público da UERJ, mimeografado, 2006.

72. Sobre o pragmatismo filosófico, v. Richard Rorty, *Consequences of Pragmatism*, 1982. Sobre o pragmatismo jurídico, no debate norte-americano, vejam-se, dentre muitos: Richard Posner, *Law, Pragmatism and Democracy*, 2003; e Jules Coleman, *The Practice of Principle: in Defense of a Pragmatic Approach to Legal Theory*, 2001. Em língua portuguesa, v. Diego

do debate filosófico em geral, seja moral ou político – inclusive o que mobilizou jusnaturalistas e positivistas em torno da resposta à pergunta "o que é o direito?" – e se alinha a um empreendimento teórico distinto, cuja indagação central é: "como os juízes devem decidir?".[73] Não é o caso, aqui, de se objetar que uma coisa não exclui a outra. A realidade incontornável, na circunstância presente, é que o desvio que conduz ao debate sobre o pragmatismo jurídico não poderá ser feito no âmbito desse trabalho. E isso não apenas por afastá-lo do seu eixo central, como também pela complexidade da tarefa de qualificar o que seja pragmatismo jurídico e de sistematizar as diferentes correntes que reivindicam o rótulo.

III. O juiz e suas circunstâncias: influências políticas em um julgamento[74]

No modelo idealizado, o direito é imune às influências da política, por força de diferentes institutos e mecanismos. Basicamente, eles consistiriam: na independência do Judiciário e na vinculação do juiz ao sistema jurídico. A independência se manifesta, como assinalado, em garantias institucionais – como a autonomia administrativa e financeira – e garantias funcionais dos juízes, como a vitaliciedade, a inamovibilidade e a irredutibilidade de subsídios. Como regra geral, a investidura e a ascensão na carreira da magistratura se dão por critérios técnicos ou por valorações *interna corporis*. Nos casos em que há participação política na nomeação de magistrados para tribunais, ela se esgota após a posse, pois a permanência vitalícia do magistrado no cargo já não dependerá de qualquer novo juízo político. A autonomia e especificidade do universo jurídico, por sua vez, consistem em um conjunto de doutrinas, categorias e princípios próprios, manejados por juristas em geral – aí incluídos juízes, advogados, membros do Ministério Público e demais participantes do processo jurídico e judicial – que não se confundem com os da política. Trata-se de um discurso e de um código de relação diferenciados. Julgar é distinto de legislar e de administrar. Juízes não criam o direito nem definem as ações administrativas. Seu papel é aplicar a Constituição e as leis, valendo-se de um conjunto de institutos consolidados de longa data, sendo que a jurisprudência desempenha, crescentemente, um papel limitador dessa atuação, pela vinculação aos precedentes. Direito e política, nessa visão, constituem mundos apartados.

Há um modelo oposto a esse, que se poderia denominar de modelo cético, que descrê da autonomia do direito em relação à política e aos fenômenos sociais em ge-

Werneck Arguelhes e Fernando Leal, "Pragmatismo como [meta] teoria normativa da decisão judicial: caracterização, estratégia e implicações", in Daniel Sarmento (coord.), *Filosofia e Teoria Constitucional Contemporânea*, 2009; Thamy Pogrebinschi, *Pragmatismo: Teoria Social e Política*, 2005; e Cláudio Pereira de Souza Neto, "A interpretação constitucional contemporânea entre o construtivismo e o pragmatismo", in Maia, Melo, Cittadino e Pogrebinschi (orgs.), *Perspectivas Atuais da Filosofia do Direito*, 2005.

73. Sobre esse ponto específico, v. Diego Werneck Arguelhes e Fernando Leal, "Pragmatismo como [meta] teoria normativa da decisão judicial: caracterização, estratégia e implicações", in Daniel Sarmento (coord.), *Filosofia e Teoria Constitucional Contemporânea*, 2009, pp. 175 e 187.

74. As ideias que se seguem beneficiaram-se, intensamente, das formulações contidas em Barry Friedman, "The politics of judicial review", *Texas Law Review* 84/257, 2005.

ral. Esse é o ponto de vista professado por movimentos teóricos de expressão, como o realismo jurídico, a teoria crítica e boa parte das ciências sociais contemporâneas. Todos eles procuram descrever o mundo jurídico e as decisões judiciais como são, e não como deveriam ser. Afirmam, assim, que a crença na objetividade do direito e a existência de soluções prontas no ordenamento jurídico não passam de mitos. Não é verdade que o direito seja um sistema de regras e de princípios harmônicos, de onde um juiz imparcial e apolítico colhe as soluções adequadas para os problemas, livre de influências externas. Essa é uma fantasia do formalismo jurídico. Decisões judiciais refletem as preferências pessoais dos juízes, proclama o realismo jurídico; são essencialmente políticas, verbera a teoria crítica; são influenciadas por inúmeros fatores extrajurídicos, registram os cientistas sociais. Todo *caso difícil* pode ter mais de uma solução razoável construída pelo intérprete, e a solução que ele produzirá será, em última análise, aquela que melhor atenda a suas preferências pessoais, sua ideologia ou outros fatores externos, como os de natureza institucional. Ele sempre agirá assim, tenha ou não consciência do que está fazendo.

O modelo real, como não é difícil de intuir, terá uma dose razoável de cada uma das visões extremas descritas acima. O direito pode e deve ter uma vigorosa pretensão de autonomia em relação à política. Isso é essencial para a subsistência do conceito de Estado de direito e para a confiança da sociedade nas instituições judiciais. A realidade, contudo, revela que essa autonomia será sempre relativa. Existem razões institucionais, funcionais e humanas para que seja assim. Decisões judiciais, com frequência, refletirão fatores extrajurídicos. Dentre eles incluem-se os valores pessoais e ideológicos do juiz, assim como outros elementos de natureza política e institucional. Por longo tempo, a teoria do direito procurou negar esse fato, a despeito das muitas evidências. Pois bem: a energia despendida na construção de um muro de separação entre o direito e a política deve voltar-se agora para outra empreitada.[75] Cuida-se de entender melhor os mecanismos dessa relação intensa e inevitável, com o propósito relevante de preservar, no que é essencial, a especificidade e, sobretudo, a integridade do direito.[76] Pois é justamente este o objetivo do presente tópico: analisar alguns desses elementos metajurídicos que influenciam ou podem influenciar as decisões judiciais. Confira-se a sistematização a seguir.

1. Valores e ideologia do juiz

Como assinalado, o realismo jurídico, um dos mais importantes movimentos teóricos do direito no século XX, contribuiu decisivamente para a superação do formalismo jurídico e da crença de que a atividade judicial seria mecânica, acrítica e unívoca. Enfatizando que o direito tem ambiguidades e contradições, o realismo sustentava que a lei não é o único – e, em muitos casos, sequer o mais importante – fator a influenciar uma decisão judicial. Em uma multiplicidade de hipóteses, é o juiz que faz a escolha do resultado, à luz de

75. V. Barry Friedman, "The politics of judicial review", *Texas Law Review* 84/257, 2005, pp. 267 e 269, onde averbou: "Se, como os juristas vêm crescentemente reconhecendo, direito e política não podem ser mantidos separados, ainda precisamos de uma teoria que possa integrá-los, sem abrir mão dos compromissos com o Estado de direito que esta sociedade tanto preza".

76. Sobre a ideia de direito como integridade, v. Ronald Dworkin, *O Império do Direito*, 1999, pp. 271-331.

suas intuições, personalidade, preferências e preconceitos.[77] Em linha análoga, mas dando proeminência absoluta ao elemento político, a teoria crítica,[78] no mundo romano-germânico, e os *critical legal studies*, nos Estados Unidos, sustentaram que decisões judiciais não passam de escolhas políticas, encobertas por um discurso que procura exibir neutralidade.[79] Tanto o realismo quanto a teoria crítica refluíram drasticamente nas últimas décadas, mas deixaram uma marca indelével no pensamento jurídico contemporâneo.[80] Mais recentemente, um conjunto de estudos empíricos, oriundos, sobretudo, da ciência política, recolocaram no centro do debate jurídico o tema dos valores, preferências e ideologia do juiz na determinação do resultado de casos judiciais.[81]

Há, de fato, quem sustente ser mais fácil saber um voto ou uma decisão pelo nome do juiz do que pela tese jurídica aplicável.[82] Essa visão cética acarreta duas consequências negativas: deslegitima a função judicial e libera os juízes para fazerem o que quiserem.[83] Há uma razão subjetiva e outra objetiva que se pode opor a esse ponto de vista. A primeira: é possível assumir, como regra geral, que juízes verdadeiramente vocacionados têm como motivação primária e principal a interpretação adequada do direito vigente, com a valoração imparcial dos elementos fáticos e jurídicos relevantes.[84] Não se deve minimizar esse sentido de dever que move as pessoas de bem em uma sociedade civilizada. Em segundo lugar, o direito – a Constituição, as leis, a jurisprudência, os elementos e métodos de interpretação – sempre desempenhará uma função limitadora. O discurso normativo e a dogmática jurídica são autônomos em relação às preferências pessoais do julgador. Por exemplo: o desejo de punir uma determinada conduta não é capaz de superar a ocorrência de prescrição. O ímpeto de conhecer e julgar uma causa não muda a regra sobre legitimação ativa ou

77. Sobre o tema, v. William W. Fisher III *et. al.* (eds.), *American Legal Realism*, 1993, pp. 164-165; Oliver Wendel Holmes Jr., "The path of the law", *Harvard Law Review* 10/457, 1897; Karl Llewellyn, "Some realism about realism – Responding to Dean Pound", *Harvard Law Review* 44/1.222, 1931; e Jerome Frank, "What Courts do in fact", *Illinois Law Review* 26/645, 1932. Para uma análise da incorporação de ideias do realismo jurídico americano no Brasil, sua "assimilação antropofágica", v. Paulo Macedo Garcia Neto, *A Influência do Realismo Jurídico Americano no Direito Constitucional Brasileiro*, mimeografado, dissertação de mestrado apresentada na USP, sob orientação do Prof. José Reinaldo Lima Lopes.

78. V. Michel Miaille, *Introdução Crítica ao Direito*, 1989; Carlos Maria Cárcova, *Teorías Jurídicas Alternativas: Escritos sobre Derecho y Política*, 1993; e Luiz Fernando Coelho, *Teoria Crítica do Direito*, 1991.

79. V. Duncan Kennedy, "Legal education and the reproduction of hierarchy", *Journal of Legal Education* 32/591, 1982; Mark Tushnet, "Critical legal studies: a political history", *Yale Law Journal* 100/1515, 1991.

80. V. Jeremy Waldron, "Public reason and 'justification' in the courtroom", *Journal of Law, Philosophy and Culture* 1/107, 2007, p. 127: "A maioria dos juristas contemporâneos não aceita a visão crítica do realismo jurídico",

81. V. Cass Sunstein, David Schkade, Lisa M. Ellman e Andres Sawicki, *Are Judges Political? An Empirical Analysis of the Federal Judiciary*, 2006; e Thomas J. Miles e Cass Sunstein, "The new legal realism", *Public Law and Legal Theory Working Paper* 191, dez./2007. V. sítio *http://ssrn.com/abstract_id=1070283*, acesso 16.8.2009.

82. Robert H. Bork, *Coercing Virtue: the Worldwide Rule of Judges*, 2003, p. 9.

83. Michael Dorf, *No Litmus Test: Law versus Politics in the Twentieth Century*, 2006, XIX.

84. Barry Friedman, "The politics of judicial review", *Texas Law Review* 84/257, 2005, p. 270.

sobre prejudicialidade.[85] De modo que o sentimento pessoal de cumprir o próprio dever e a força vinculante do direito são elementos decisivos na atuação judicial. Mas há que se reconhecer que não são únicos.

Com efeito, a observação atenta, a prática política e pesquisas empíricas confirmam o que sempre foi possível intuir: os valores pessoais e a ideologia dos juízes influenciam, em certos casos de maneira decisiva, o resultado dos julgamentos. Por exemplo: na apreciação da constitucionalidade das pesquisas com células-tronco embrionárias, a posição contrária à lei que as autorizava foi liderada por Ministro ligado historicamente ao pensamento e à militância católica,[86] sendo certo que a Igreja se opõe às investigações científicas dessa natureza.[87] Nos Estados Unidos, fez parte da estratégia conservadora, iniciada com a posse de Ronald Reagan, em 1981, nomear para a Suprema Corte Ministros que pudessem reverter decisões judiciais consideradas progressistas, em temas como ações afirmativas, aborto e direitos dos acusados em processos criminais.[88] Inúmeras pesquisas, no Brasil[89] e nos Estados Unidos,[90] confirmam que as preferências políticas dos juízes constituem uma das variáveis mais relevantes para as decisões judiciais, notadamente nos casos difíceis. É de se registrar que o processo psicológico que conduz a uma decisão pode ser consciente ou inconsciente.[91]

Note-se que no Brasil, ao contrário dos Estados Unidos, o carimbo político é menos relevante ou, no mínimo, menos visível, na medida em que a maior parte dos cargos no Judiciário são preenchidos

85. Foi o que ocorreu, p. ex., em ação direta de inconstitucionalidade em que se questionava lei que, supostamente, impediria o reconhecimento das uniões estáveis homoafetivas como entidade familiar. O Ministro Relator, claramente contrariado, viu-se na contingência de extinguir a ação, pois a superveniência do novo Código Civil revogou a lei impugnada (STF, ADI 3.300 MC-DF, Rel. Ministro Celso de Mello, decisão monocrática, *DJ* 9.2.2006). O mesmo se passou em *habeas corpus* no qual se discutia a legitimidade da interrupção da gestação na hipótese de feto anencefálico. O Relator chegou a divulgar o seu voto favorável ao direito de escolha da mulher, mas a ocorrência do parto, seguido do óbito, anteriormente ao julgamento, impediu a sua realização (STF, HC 84.025-6-RJ, Rel. Ministro Joaquim Barbosa *DJ* 25.6.2004).

86. A referência é ao saudoso Ministro Carlos Alberto Menezes Direito, falecido em setembro de 2009.

87. Na ADI 3.510, na qual se questionou a constitucionalidade do dispositivo legal que autorizava as pesquisas, a Conferência Nacional dos Bispos do Brasil, representada pelo Prof. Ives Gandra da Silva Martins, foi admitida como *amicus curiae* e pediu a procedência da ação.

88. Robert Post, "Roe rage: democratic constitutionalism and backlash", *Harvard Civil Rights-Civil Liberties Law Review* 42/373, 2007, p. 9: "É bem documentado que o Departamento de Justiça, durante o Governo Reagan, de maneira preordenada e bem-sucedida utilizou as nomeações de juízes para alterar as práticas então predominantes em termos de interpretação constitucional".

89. Alexandre Garrido da Silva, "Minimalismo, democracia e *expertise*: o Supremo Tribunal Federal diante de questões políticas e científicas complexas", *Revista de Direito do Estado* 12/107, 2008.

90. Theodore W. Ruger, Pauline T. Kim, Andrew D. Martin e Kevin M. Quinn, "The Supreme Court Forecasting Project: legal and political science approaches to predicting Supreme Court decision making", *Columbia Law Review* 104/1150, 2004.

91. Ao produzir uma decisão, o juiz atua dentro de um universo cognitivo próprio, que inclui sua formação moral e intelectual, suas experiências passadas, sua visão de mundo e suas crenças. Tais fatores podem levá-lo, inconscientemente, a desejar um resultado e procurar realizá-

mediante concurso público e promoções internas.[92] Mas não é este o caso das nomeações para o Supremo Tribunal Federal, em que os parâmetros constitucionais são vagos – reputação ilibada e notável saber jurídico – e a escolha pessoal do Presidente é o fator mais importante, sem embargo da aprovação pelo Senado Federal. Na literatura norte-americana, tem sido destacada a importância do gênero e da raça na determinação de certos padrões decisórios do juiz. No caso brasileiro, em tribunais superiores, em geral, e no STF, em particular, a origem profissional do Ministro imprime características perceptíveis na sua atuação judicial: Ministros que vêm da Magistratura, do Ministério Público, da advocacia privada, da advocacia pública ou da academia tendem a refletir, no exercício da jurisdição, a influência de experiências pretéritas.[93] Note-se, todavia, em desfecho do tópico, que eventuais preferências políticas do juiz são contidas não apenas por sua subordinação aos sentidos mínimos das normas constitucionais e legais, como também por fatores extrajudiciais, dentre os quais se podem destacar: a interação com outros atores políticos e institucionais, a perspectiva de cumprimento efetivo da decisão, as circunstâncias internas dos órgãos colegiados e a opinião pública.

2. *Interação com outros atores políticos e institucionais*

Como se vem enfatizando até aqui, decisões judiciais são influenciadas por fatores múltiplos. Tribunais não são guardiães de um direito que não sofre o influxo da realidade, das maiorias políticas e dos múltiplos atores de uma sociedade plural. Órgãos, entidades e pessoas que se mobilizam, atuam e reagem. Dentre eles é possível mencionar, exemplificativamente, os Poderes Legislativo e Executivo, o Ministério Público, os Estados da Federação e entidades da sociedade civil. Todos eles se manifestam, nos autos ou fora deles, procurando fazer valer seus direitos, interesses e preferências. Atuam por meios formais e informais. E o Supremo Tribunal Federal, como a generalidade das cortes constitucionais, não vive fora do contexto político-institucional sobre o qual sua atuação repercute. Diante disso, o papel e as motivações da Corte sofrem a influência de fatores como, por exemplo: a preservação e, por vezes, a expansão de seu próprio poder; a interação com outros Poderes, instituições ou entes estatais; e as consequências práticas de seus julgados, inclusive e notadamente, a perspectiva de seu efetivo cumprimento.

2.1 Preservação ou expansão do poder da Corte

O primeiro impulso natural do poder é a autoconservação. É intuitivo, assim,

-lo. Tal fenômeno é diverso do que se manifesta na vontade consciente e deliberada de produzir determinado resultado, ainda que não seja o que se considera juridicamente melhor, com o propósito de agradar a quem quer que seja ou para a satisfação de sentimento pessoal. Nessa segunda hipótese, como intuitivo, a conduta não será legítima. Sobre o ponto, v. Brian Z. Tamanaha, *Beyond the Formalist-Realist Divide: the Role of Politics in Judging*, 2010, pp. 187-188.

92. Nos EUA, os juízes federais são indicados pelo Presidente da República e aprovados pelo Senado. No plano estadual, muitos são eleitos e outros são nomeados.

93. Um exemplo, colhido na composição atual do STF: Ministros que têm sua origem funcional no Ministério Público – como os Ministros Joaquim Barbosa e Ellen Gracie – têm uma visão mais rígida em matéria penal do que os que vêm da advocacia privada ou da academia, como Carlos Ayres Britto e Eros Grau.

que um tribunal, em suas relações com os outros atores políticos, institucionais ou sociais, procure demarcar e preservar seu espaço de atuação e sua autoridade, quer pelo acolhimento de reclamações,[94] quer pela reafirmação de sua jurisprudência. Alguns exemplos comprovam o argumento. Após haver cancelado a Súmula n. 394, excluindo do *foro privilegiado* os agentes públicos que deixassem o exercício da função,[95] o STF invalidou lei editada pelo Congresso Nacional que restabelecia a orientação anterior. O acórdão considerou haver usurpação de sua função de intérprete final da Constituição.[96] Em outro caso, o STF considerou inconstitucional dispositivo legal que impedia a progressão de regime em caso de crime hediondo.[97] Decisão do juiz de direito de Rio Branco, no Acre, deixou de aplicar a nova orientação, sob o argumento de que a declaração de inconstitucionalidade fora incidental e não produzia efeitos vinculantes. A Corte reagiu, e não apenas desautorizou o pronunciamento específico do magistrado estadual, como deu início a uma discussão de mais largo alcance sobre a atribuição de efeitos vinculantes e *erga omnes* à sua decisão de inconstitucionalidade, mesmo que no controle incidental, retirando do Senado a atribuição de suspender a lei considerada inválida.[98] Um terceiro e último exemplo: após haver concedido *habeas corpus* a um banqueiro, preso temporariamente ao final de uma polêmica operação policial, o STF considerou afronta à Corte a decretação, horas depois, de nova prisão, dessa vez de natureza preventiva, ordenada pelo mesmo juiz, e concedeu um segundo *habeas corpus*.[99]

O segundo impulso natural do poder é a expansão.[100] No caso brasileiro, esse mo-

94. A reclamação é o remédio jurídico previsto na Constituição e regulamentado pela Lei n. 8.038/1990, pela Lei n. 11.417/2006 e pelo Regimento Interno do Supremo Tribunal Federal, cujo objeto é a preservação da competência da Corte, a garantia da autoridade de suas decisões e a observância do entendimento consolidado em súmula vinculante (CF/1988, arts. 102, I, *l*, e 103-A, § 3º).

95. Súmula 394: "Cometido o crime durante o exercício funcional, prevalece a competência especial por prerrogativa de função, ainda que o inquérito ou a ação penal sejam iniciados após a cessação daquele exercício". O cancelamento se deu em decisão proferida em 1999. V. STF, QO no Inq 687-DF, Rel. Ministro Sydney Sanches, *DJ* 9.11.2001; QO no Inq 687-DF, Rel. Ministro Sydney Sanches.

96. STF, ADI 2.797, Rel. Ministro Sepúlveda Pertence, *DJ* 19.12.2006.

97. STF, HC 82.959, Rel. Ministro Marco Aurélio, *DJ* 1.9.2006. Decisão constante do sítio do STF: *http://www.stf.jus.br/portal/diarioJustica/verDiarioProcesso.asp?numDj=169&dataPublicacaoDj=01/09/2006&numProcesso=82959&siglaClasse=HC&codRecurso=0&tipoJulgamento=M&codCapitulo=5&numMateria=27&codMateria=1)*.

98. STF, Rcl 4.335, Rel. Ministro Gilmar Mendes. Em set./2009, o processo se encontrava com vista para o Ministro Ricardo Lewandowski. Haviam votado favoravelmente ao caráter vinculante da decisão do STF, mesmo que em controle incidental de constitucionalidade, os Ministros Gilmar Mendes e Eros Grau. Divergiram, no particular, os Ministros Sepúlveda Pertence e Joaquim Barbosa.

99. MC no HC 95.009-4-SP, Rel. Ministro Eros Grau. A decisão concessiva de ambos os *habeas corpus* foram do Presidente do Tribunal, Ministro Gilmar Mendes, em razão do recesso de julho.

100. V. Tom Ginsburg, *Judicial Review in New Democracies: Constitutional Courts in Asian Cases*, 2003. Em resenha sobre diferentes livros versando o tema da judicialização, Shannon Roesler, em "Permutations of judicial power: the new constitutionalism and the expansion of judicial authority", *Law and Social Inquiry* 32/557, assim descreveu a posição de Ginsburg: "Os juízes são atores estratégicos que buscam aumentar seu

vimento de ampliação do Poder Judiciário, particularmente do Supremo Tribunal Federal, tem sido contemporâneo da retração do Legislativo, que passa por uma crise de funcionalidade e de representatividade. Nesse vácuo de poder, fruto da dificuldade de o Congresso Nacional formar maiorias consistentes e legislar, a corte suprema tem produzido decisões que podem ser reputadas ativistas, tal como identificado o fenômeno em tópico anterior.[101] Exemplos emblemáticos e sempre lembrados são os dos julgamentos da fidelidade partidária – em que o STF criou, por interpretação do princípio democrático, uma nova hipótese de perda de mandato parlamentar[102] – e do nepotismo, em que a Corte, com base na interpretação dos princípios constitucionais da moralidade e da impessoalidade, estabeleceu a vedação do nepotismo nos três Poderes.[103] Ações como as que tratam da legitimidade da interrupção da gestação em caso de feto anencefálico[104] e da extensão do regime da união estável às uniões homoafetivas[105] também envolvem uma atuação quase normativa do Supremo Tribunal Federal. Tudo sem mencionar a mudança jurisprudencial em tema de mandado de injunção[106] e o progressivo questionamento que se vem fazendo, no âmbito da própria Corte, acerca da jurisprudência tradicional de que o STF somente possa funcionar como legislador negativo.[107]

Em 2009, o STF solucionou uma disputa constitucional – e de espaço político – entre a Ordem dos Advogados do Brasil (OAB) e o Superior Tribunal de Justiça (STJ), em favor da expansão do poder desse último. De fato, acórdão da 2ª Turma do

poder em vez de interpretar e aplicar normas de acordo com a intenção ou os interesses originais dos agentes eleitos que as elaboraram. (...) Uma das premissas dessa abordagem é que os juízes vão buscar aumentar o poder de um tribunal, mesmo que divirjam entre si quanto ao direito substantivo" (tradução livre, texto ligeiramente editado).

101. Nesse sentido, v. também Fórum de Grupos de Pesquisa em direito Constitucional e Teoria do direito, *Anais do I Fórum de Grupos de Pesquisa em Direito Constitucional e Teoria do Direito*, Rio de Janeiro, Faculdade Nacional de Direito, 2009, p. 54: "A hipótese assumida na investigação reconhece, por parte dos integrantes do Supremo Tribunal Federal, sim um 'ativismo', mas de caráter jurisdicional. Isto é, um procedimento, construído a partir das mais relevantes decisões, objetivando, precipuamente, não a concretização de direitos, mas o alargamento de sua competência institucional". Pesquisa "A judicialização da política e o ativismo judicial no Brasil", conduzida por Alexandre Garrido da Silva *et. al.*

102. STF, MS 26.602-DF, Rel. Ministro Eros Grau, *DJ* 17.10.2008; MS 26.603-DF, Rel. Ministro Celso de Mello, *DJ* 19.12.2008; e MS 26.604-DF, Relatora Ministra Cármen Lúcia, *DJ* 3.10.2008.

103. STF, ADC 12, Rel. Ministro Carlos Britto, *DJ* 18.12.2009; e RE 579.951-RN, Rel. Ministro Ricardo Lewandowski, *DJ* 24.10.2009.

104. STF, ADPF 54, Rel. Ministro Marco Aurélio.

105. STF, ADPF 132, Rel. Ministro Carlos Britto.

106. STF, MI 670, Rel. Ministro Maurício Corrêa, *DJ* 6.11.2007; MI 708, Rel. Ministro Gilmar Mendes, *DJ* 31.10.2008; MI 712, Rel. Ministro Eros Grau, *DJ* 31.10.2008.

107. V. voto do Ministro Gilmar Mendes em STF, ADI 3.510, Rel. Ministro Carlos Britto: "Portanto, é possível antever que o Supremo Tribunal Federal acabe por se livrar do vetusto dogma do legislador negativo e se alie à mais progressiva linha jurisprudencial das decisões interpretativas com eficácia aditiva, já adotadas pelas principais Cortes Constitucionais europeias. A assunção de uma atuação criativa pelo Tribunal poderá ser determinante para a solução de antigos problemas relacionados à inconstitucionalidade por omissão, que muitas vezes causa entraves para a efetivação de direitos e garantias fundamentais assegurados pelo texto constitucional".

STF, por diferença de um voto, legitimou decisão do STJ de devolver lista sêxtupla enviada pela OAB, sem motivação objetiva, sob o fundamento de que nenhum dos nomes obteve quorum para figurar na lista tríplice a ser encaminhada ao Presidente da República.[108] A decisão, de certa forma, está em desacordo com precedente do próprio STF[109] e esvazia a competência do órgão de representação dos advogados, cuja lista, doravante, estará sujeita a ingerência do STJ. A matéria não chegou ao Plenário do STF, onde o resultado, possivelmente, teria sido diverso.

2.2 Relações com outros Poderes, órgãos e entidades estatais

As manifestações processuais e extraprocessuais de outros Poderes, órgãos e entidades estatais são elementos relevantes do contexto institucional em que produzidas as decisões judiciais, especialmente do Supremo Tribunal Federal. Em tema de ações diretas de inconstitucionalidade, as ações movidas pelo Procurador-Geral da República têm o maior índice de acolhimento dentre todos os legitimados.[110] O parecer da Procuradoria-Geral da República – isto é, seu pronunciamento nos casos em que não é parte – é visto como expressão do interesse público primário que deve ser preservado na questão. A despeito da ausência de pesquisas empíricas, é possível intuir que um percentual muito significativo das decisões do STF acompanha a manifestação do Ministério Público Federal.[111] Já a atuação da Advocacia-Geral da União expressará o interesse ou o ponto de vista do Poder Executivo, especialmente do Presidente da República. Em questões que envolvem a Fazenda Pública, estudos empíricos certamente demonstrariam uma atuação favorável ao erário, revelada emblematicamente em questões de vulto, como as relativas ao FGTS, à Cofins ou ao IPI alíquota zero, por exemplo.[112] Em todas elas, a Corte alterou ou a sua própria jurisprudência ou a do Superior Tribunal de Justiça, dando ganho de causa à União.[113] A cultura política dominante ainda considera aceitável que Ministros de Estado visitem pessoalmente os Ministros do Supremo Tribunal Federal, por vezes após iniciados os julgamentos, para pedirem

108. Decisão do STJ: MS 13.532-DF, Rel. Ministro Paulo Gallotti, *DJ* 22.10.2008. Decisão do STF: RMS 27.920-DF, Rel. Ministro Eros Grau, *DJ* 4.12.2009.

109. STF, MS 25.624-DF, Rel. Ministro Sepúlveda Pertence, *DJ* 19.12.2006.

110. V. Luiz Werneck Vianna, Marcelo Baumann Burgos e Paula Martins Salles, "Dezessete anos de judicialização da política", *Tempo Social* 19/38, pp. 43, 48 e 79, de onde se colheram os dados a seguir. Entre 1988 e 2005, foram ajuizadas 1.713 ADI. Destas, 810 foram ajuizadas pelo PGR (22,2% do total). De acordo com a pesquisa, o PGR "teve nada menos que 68,5% das liminares de ADI julgadas deferidas ou parcialmente deferidas". No mesmo sentido, Ernani Carvalho, "Judicialização da política no Brasil: controlo de constitucionalidade e racionalidade política", *Análise Social* 44/315, p. 327.

111. Recente pesquisa empreendida pelo autor revelou que em cem pedidos de extradição, apenas três resultaram em decisões que não acompanharam a manifestação do Ministério Público.

112. V., a propósito, Fábio Martins de Andrade, *O Argumento Pragmático ou Consequencialista de Cunho Econômico e a Modulação Temporal dos Efeitos das Decisões do Supremo Tribunal Federal em Matéria Tributária*, mimeografado, 2010. Tese de doutorado submetida ao Programa de Pós-Graduação em Direito Público da Universidade do Estado do Rio de Janeiro – UERJ.

113. No caso do FGTS, deixou de considerar o tema do direito adquirido como infraconstitucional. No da Cofins, mudou a orientação sumulada

decisões favoráveis ao ponto de vista em que têm interesse.[114]

Também o Congresso Nacional apresenta defesa em processos nos quais seja parte e, especialmente, em ações diretas contra leis federais. Sendo a ação direta de inconstitucionalidade contra lei estadual, também participam do processo a Assembleia Legislativa e o Governador do Estado. Note-se que o peso político do Estado pode fazer diferença em relação à deferência para com a legislação estadual. Por exemplo: após inúmeras decisões considerando inconstitucionais leis estaduais que proibiam o uso do amianto, o STF deixou de conceder medida cautelar para suspender lei do Estado de São Paulo que dispunha no mesmo sentido, revisitando tema que se encontrava já pacificado na Corte.[115]

3. Perspectiva de cumprimento efetivo da decisão

Tribunais, como os titulares de poder em geral, não gostam de correr o risco de que suas decisões não sejam efetivamente cumpridas. E, portanto, esta é uma avaliação ordinariamente feita por órgãos judiciais, ainda que não seja explicitada. Tribunais não têm tropas nem a chave do cofre.[116] Em muitas situações, precisarão do Executivo, do Congresso ou mesmo da aceitação social para que suas deliberações sejam cumpridas. Há exemplos, em diferentes partes do mundo, de decisões que não se tornaram efetivas. Na Itália, aliás, o primeiro Presidente do Tribunal Constitucional renunciou precisamente por essa razão.[117] Na Alemanha, a decisão no célebre caso do crucifixo foi generalizadamente desrespeitada.[118] Nos Estados

pelo STJ, mesmo depois de haver recusado conhecimento a diversos recursos extraordinários na matéria, e sequer modulou os efeitos, como seria próprio em razão da alteração da jurisprudência. No IPI alíquota zero, considerou que uma decisão do Plenário por 9 a 1, decisão de uma das turmas e mais de 5 dezenas de decisões monocráticas não firmavam jurisprudência. Em seguida, mudou a orientação, igualmente sem modular efeitos.

114. V. Blog do Noblat, 6.8.2009: "O ministro das Comunicações, Helio Costa, empenhou-se na defesa dos interesses econômicos da ECT. Na terça-feira, após classificar de desastre a eventual abertura do mercado de cartas comerciais à iniciativa privada, ele foi ao STF para conversar a portas fechadas com Ayres Brito e Gilmar Mendes, presidente da Corte", in *http://oglobo.globo.com/pais/noblat/posts/2009/08/06/decisao-do-stf-mantem-monopolio-dos-correios-211690.asp*.

115. STF, ADI 3.937 MC-SP, Rel. Ministro Marco Aurélio, *Informativo STF* 477 e 509. O relator votou na linha do entendimento tradicional, expresso em decisões como as das ADI 2.656-SP e 2.396-MS. Mas o Ministro Eros Grau deu início à dissidência, suscitando a inconstitucionalidade da própria lei federal que cuida da matéria.

116. Shannon Roesler, "Permutations of judicial power: the new constitutionalism and the expansion of judicial authority", *Law and Social Inquiry* 32/557: "(...) [T]ribunais não possuem as garantias convencionais do poder, vale dizer, dinheiro e poder militar". Por isso mesmo, Alexander Hamilton se referiu ao Judiciário como "the least dangerous branch" (o poder menos perigoso), no *Federalista* 78. V. Barry Friedman, "The politics of judicial review", *Texas Law Review* 84/257, 2005, p. 260.

117. Criada pela Constituição de 1948, a instalação efetiva da Corte Constitucional somente se deu oito anos depois, em 1956. Pouco tempo após, seu Presidente, Enrico de Nicola, renunciou ao cargo, indignado com a recalcitrância do governo democrata-cristão em dar cumprimento às decisões do tribunal. V. Revista *Time*, 1º.10.1956, "Italy: effective resignation", in *http://www.time.com/time/magazine/article/0,9171,862380,00.html*, acesso 23.1.2010. V. tb. Georg Vanberg, *The Politics of Constitutional Review in Germany*, Cambridge, Cambridge University Press, 2005, p. 7.

118. A decisão declarou inconstitucional uma lei da Bavária que previa a exibição de crucifixos nas salas de aula das escolas públicas de ensino fundamental. V. BVerfGE 93, I. Sob

Unidos, a dessegregação imposta por *Brown vs. Board of Education*, em decisão de 1954, levou mais de uma década para começar a ser efetivamente cumprida.[119] A decisão no caso *Chada* foi ignorada pelo Congresso.[120] No Brasil, há precedentes em que o STF fixou prazo para a atuação do legislador, sem que tivesse sido obedecido.[121] Em tema de intervenção federal, a despeito do manifesto descumprimento por Estados da Federação do dever constitucional de pagar precatórios, a Corte igualmente optou por linha jurisprudencial que não desmoralizasse suas decisões, diante das dificuldades financeiras dos entes estatais.[122] Outro exemplo emblemático, nesse domínio, foi a decisão proferida em 1955, quando da tentativa do Vice-Presidente Café Filho de retornar à presidência.[123]

4. Circunstâncias internas dos órgãos colegiados

Inúmeros fatores extrajurídicos influenciam as decisões de um órgão colegiado.[124] No caso do Supremo Tribunal

protestos e manifestações que mobilizaram milhares de pessoas, os crucifixos terminaram não sendo efetivamente retirados. V. Georg Vanberg, *The Politics of Constitutional Review in Germany*, 2005, pp. 2-4.

119. V. Robert J. Cottrol, Raymond T. Diamond e Leland B. Ware, *Brown vs. Board of Education: Case, Culture, and the Constitution*, 2003, p. 183.

120. *INS vs. Chadda*, 462 U.S. 919, 1983. Nessa decisão, a Suprema Corte considerou inconstitucional o chamado *legislative veto*, procedimento pelo qual uma das Casas do Congresso poderia suspender decisões de agências reguladoras que estivessem atuando por delegação legislativa. A Corte entendeu que a providência somente poderia ser tomada mediante lei, que inclui a manifestação das duas Casas e a possibilidade de veto pelo Presidente. Não obstante isso, inúmeras leis foram aprovadas, prevendo o veto legislativo por apenas uma das Casas do Congresso. V. Georg Vanberg, *The Politics of Constitutional Review in Germany*, Cambridge, Cambridge University Press, 2005, pp. 5 e ss.

121. V. STF, ADI 2.240, Rel. Ministro Eros Grau, *DJ* 3.8.007. No julgamento do Mandado de Injunção 725, o STF determinara que o Congresso Nacional, no prazo de 18 meses, editasse a lei complementar federal referida no § 4º do art. 18 da Constituição, o que não aconteceu.

122. O STF adotou a orientação de que somente autorizaria a intervenção federal o descumprimento doloso do dever de pagar precatórios. A omissão na inclusão das verbas correspondentes em orçamento e a falta de recursos são, assim, elementos suficientes para afastar a intervenção. Nesse sentido, v., por todos, STF, IF 5.050 AgR-SP, Relatora Ministra Ellen Gracie, *DJ* 25.4.2008.

123. Vice-Presidente no segundo governo de Getúlio Vargas, Café Filho assumiu a presidência após o suicídio de Vargas, em 1954. Dela afastou-se, por motivo de saúde, tendo sido substituído por Carlos Luz. Após a eleição de Juscelino, em 1955, o Marechal Henrique Lott liderou um "contragolpe preventivo" para assegurar a posse do presidente eleito, destituindo Carlos Luz. Quando Café Filho, já recuperado, tenta voltar à presidência por via de ação impetrada no STF, a Corte adia o julgamento até o fim do Estado de sítio, o que somente se daria por ocasião da posse de Juscelino, quando o mandado de segurança já estaria prejudicado. Interessante registro histórico é o do voto vencido do Ministro Nelson Hungria, que lavrou: "Contra uma insurreição pelas armas, coroada de êxito, somente valerá uma contrainsurreição com maior força. E esta, positivamente, não pode ser feita pelo Supremo Tribunal, posto que este não iria cometer a ingenuidade de, numa inócua declaração de princípios, expedir mandado para cessar a insurreição. (...) O impedimento do impetrante para assumir a Presidência da República, antes de ser declaração do Congresso, é imposição das forças insurrecionais do Exército, contra a qual não há remédio na farmacologia jurídica. Não conheço do pedido de segurança". V. Luís Roberto Barroso, *O Direito Constitucional e a Efetividade de suas Normas*, 2009, pp. 29-30.

124. Sobre o tema, v. José Carlos Barbosa Moreira, "Notas sobre alguns fatores extraju-

Federal, em particular, a primeira característica distintiva relevante é que o tribunal delibera em sessão pública. Na maior parte dos países, sem embargo da existência de uma audiência pública, de um *hearing*, com a intervenção dos advogados, o processo de discussão e decisão é interno, em conferência reservada, na qual participam apenas os ministros ou juízes. A deliberação pública é uma singularidade brasileira. A transmissão ao vivo dos julgamentos, por uma televisão oficial, constitui traço distintivo ainda mais original, talvez sem outro precedente pelo mundo afora.[125] Em parte como consequência desse modelo de votação pública, o sistema brasileiro segue um padrão agregativo e não propriamente deliberativo. Vale dizer: a decisão é produto da soma de votos individuais e não da construção argumentativa de pronunciamentos consensuais ou intermediários.[126] Isso não significa que não possam ocorrer mudanças de opinião durante os debates. Mas o modelo não é concebido como uma troca de impressões previamente à definição de uma posição final.

Nada obstante isso, um colegiado nunca será a mera soma de vontades individuais, mesmo em um sistema como o brasileiro. Não é incomum um Ministro curvar-se à posição da maioria, ao ver seu ponto de vista derrotado. Por vezes, os julgadores poderão procurar, mediante concessões em relação à própria convicção, produzir um resultado de consenso.[127] Alinhamentos internos, em função da liderança intelectual ou pessoal de um Ministro, podem afetar posições. Por vezes, até mesmo um desentendimento pessoal poderá produzir impacto sobre a votação. Ainda quando possa ocorrer em qualquer tribunal do mundo, seria menos aceitável, eticamente, a troca de apoios em casos diversos: um Ministro acompanhando o outro em determinada votação, em troca de reciprocidade – em típica apropriação da linguagem político-partidária.[128] Tam-

rídicos no julgamento colegiado", *Caderno de Doutrina e Jurisprudência da Ematra* XV, vol. 1, n. 3, 2005, pp. 79 e ss.

125. A despeito de críticas e de um ou outro inconveniente que se pode apontar, a transmissão ao vivo deu visibilidade, transparência e legitimidade democrática à jurisdição constitucional exercida pelo STF no Brasil.

126. Na Suprema Corte americana, coube a John Marshall a transformação do modelo agregativo ou *seriatim* para o modelo de discussão prévia, com vistas à produção de consenso. V. William E. Nelson, "The province of the Judiciary", *John Marshall Law Review* 37/325, 2004, p. 345. V. tb. Barry Friedman, "The politics of judicial review", *Texas Law Review* 84/257, 2005, p. 284: "No modelo agregativo, as decisões colegiadas simplesmente cumulam as visões dos membros do tribunal. No modelo deliberativo, os julgadores devem interagir de modo a que cada um considere os pontos de vista do outro, produzindo-se, dessa forma, melhores decisões".

127. Com efeito, pesquisa realizada nos EUA concluiu que juízes federais atuando em colegiados de três membros são afetados pela forma como votam os colegas: se um juiz nomeado por Presidente republicano atua com dois nomeados por Presidente democrata, seus votos mostram padrões liberais, enquanto um juiz nomeado por um democrata vota em linha mais conservadora quando atua com dois nomeados por Presidente republicano. Em qualquer dos casos, os padrões tornam-se mais moderados se há, no órgão, juízes nomeados por Presidentes de partidos diversos. O resultado da pesquisa é relatado por Richard H. Thaler e Cass R. Sunstein, *Nudge: Improving Decisions about Health, Wealth, and Happiness*, 2009, p. 55.

128. Sobre comportamentos estratégicos no âmbito de órgãos colegiados, v. Evan H. Caminker, "Sincere and strategic: voting norms on multimbember courts", *Michigan Law Review* 97/2297, 1999; Robert Post, "The Supreme Court opinion as institutional practice: dissent, legal scholarship and decisiomaking in the Taft Court",

bém podem influenciar decisivamente o resultado de um julgamento o relator sorteado, a ordem de votação efetivamente seguida ou mesmo um pedido de vista. Por igual, o método de seleção de casos a serem conhecidos e a elaboração da própria pauta de julgamentos envolve escolhas políticas acerca da agenda da corte a cada tempo.[129]

5. A opinião pública

O poder de juízes e tribunais, como todo poder político em um Estado democrático, é representativo. Vale dizer: é exercido em nome do povo e deve contas à sociedade. Embora tal assertiva seja razoavelmente óbvia, do ponto de vista da teoria democrática, a verdade é que a percepção concreta desse fenômeno é relativamente recente. O distanciamento em relação ao cidadão comum, à opinião pública e aos meios de comunicação fazia parte da autocompreensão do Judiciário e era tido como virtude.[130] O quadro, hoje, é totalmente diverso.[131] De fato, a legitimidade democrática do Judiciário, sobretudo quando interpreta a Constituição, está associada à sua capacidade de corresponder ao sentimento social. Cortes constitucionais, como os tribunais em geral, não podem prescindir do respeito, da adesão e da aceitação da sociedade. A autoridade para fazer valer a Constituição, como qualquer autoridade que não repouse na força, depende da confiança dos cidadãos. Se os tribunais interpretarem a Constituição em termos que divirjam significativamente do sentimento social, a sociedade encontrará mecanismos de transmitir suas objeções e, no limite, resistirá ao cumprimento da decisão.[132]

A relação entre órgãos judiciais e a opinião pública envolve complexidades e sutilezas. De um lado, a atuação dos tribunais, em geral – e no controle de constitucionalidade das leis, em particular –, é reconhecida, de longa data, como um mecanismo relevante de contenção das paixões passageiras da vontade popular. De outra parte, a ingerência do Judiciário, em linha oposta à das maiorias políticas, enfrenta, desde sempre, questionamentos

Minnesota Law Review 85/1267, 2001; e V. Barry Friedman, "The politics of judicial review", *Texas Law Review* 84/257, 2005, p. 287.

129. A repercussão geral, introduzida pela Emenda Constitucional 45, de 2004, e regulamentada pela Lei n. 11.418, de 19.12.2006, produziu significativa redução do volume de processos julgados pelo STF. O número, todavia, ainda é muito superior ao máximo possível tolerável. A pauta das sessões plenárias é elaborada pelo presidente da Corte, que seleciona, com razoável grau de discrição, as prioridades. A própria ordem de inserção de um processo na pauta pode ter repercussão sobre o resultado do julgamento. José Carlos Barbosa Moreira, "Notas sobre alguns fatores extrajurídicos no julgamento colegiado", *Caderno de Doutrina e Jurisprudência da Ematra* XV, vol. 1, n. 3, 2005, p. 82.

130. Sobre este ponto, v. Luís Roberto Barroso, "A segurança jurídica na era da velocidade e do pragmatismo", in *Temas de Direito Constitucional*, t. I, 2002, pp. 69 e ss.

131. Sobre o modo como os juízes veem a si mesmos e à sua função, v. pesquisa realizada em 2005 "Magistrados brasileiros: caracterização e opiniões", patrocinada pela Associação dos Magistrados Brasileiros, sob a coordenação de Maria Tereza Sadeck, in *http://www.amb.com.br/portal/docs/pesquisa/PesquisaAMB2005.pdf*. Sobre a mudança de perfil da magistratura, pela incorporação das mulheres e de magistrados cuja origem está em família mais humildes, v. entrevista dada pela pesquisadora à revista eletrônica *Consultor Jurídico*, 8.2.2009.

132. Robert Post e Reva Siegel, "Roe rage: democratic constitutionalism and backlash", *Harvard Civil Rigts-Civil Liberties Law Review* 42/373, 2007, p. 373.

quanto à sua legitimidade democrática. Nesse ambiente, é possível estabelecer uma correlação entre Judiciário e opinião pública e afirmar que, quando haja desencontro de posições, a tendência é no sentido de o Judiciário se alinhar ao sentimento social.[133] Três exemplos de decisões do Supremo Tribunal Federal, no Brasil, que representaram revisão de entendimentos anteriores que não correspondiam às demandas sociais: a limitação das hipóteses de foro por prerrogativa de função (cancelamento da Súmula n. 394); a proibição do nepotismo, conduta que por longo tempo foi social e juridicamente aceita; e a imposição de fidelidade partidária, penalizando o "troca-troca" de partidos após as eleições.[134] Nos Estados Unidos, a Suprema Corte, na década de 30, após se opor tenazmente às políticas sociais do *New Deal*, terminou por se alinhar com as iniciativas de Roosevelt, que tinham amplo apoio popular. Mais recentemente, passou-se o mesmo em relação à descriminalização das relações homossexuais.[135]

Todavia, existe nesse domínio uma fina sutileza. Embora deva ser transparente e prestar contas à sociedade, o Judiciário não pode ser escravo da opinião pública. Muitas vezes, a decisão correta e justa não é a mais popular. Nessas horas, juízes e tribunais não devem hesitar em desempenhar um papel contramajoritário. O populismo judicial é tão pernicioso à democracia como o populismo em geral. Em suma: no constitucionalismo democrático, o exercício do poder envolve a interação entre as cortes judiciais e o sentimento social, manifestado por via da opinião pública ou das instâncias representativas. A participação e o engajamento popular influenciam e legitimam as decisões judiciais, e é bom que seja assim.[136] Dentro de limites, naturalmente. O mérito de uma decisão judicial não deve ser aferido em pesquisa de opinião pública. Mas isso não diminui a importância de o Judiciário, no conjunto de sua atuação, ser compreendido, respeitado e acatado pela população. A opinião pública é *um* fator extrajurídico relevante

133. Barry Friedman, "The politics of judicial review", *Texas Law Review* 84/257, 2005, pp. 321-322.

134. Exemplo inverso, em que o STF não seguiu a opinião pública dominante, envolveu a questão da elegibilidade de candidatos que tivessem "ficha-suja", isto é, tivessem sofrido condenações judiciais, ainda que não transitadas em julgado. A Corte entendeu que só a lei complementar, prevista no § 9º do art. 14 da Constituição, poderia instituir outros casos de inelegibilidade. ADPF 144, Rel. Ministro Celso de Mello, *Informativo STF* 514.

135. Em *Bowers vs. Hardwick*, julgado em 1986, a Suprema Corte considerou constitucional lei estadual que criminalizava a sodomia. Em 2003, ao julgar *Lawrence vs. Texas*, considerou inconstitucional tal criminalização. A Ministra Sandra O'Connor, que votou com a maioria nos dois casos – isto é, mudou de opinião de um caso para o outro –, observou em seu livro *The Majesty of the Law: Reflections of a Supreme Court Justice*, 2003, p. 166: "Mudanças reais, quando chegam, derivam principalmente de mudanças de atitude na população em geral. É rara a vitória jurídica – no tribunal ou no legislativo – que não seja a consequência de um novo consenso social. Tribunais, em particular, são notadamente instituições reativas".

136. V., a propósito, uma vez mais, o depoimento de Sandra O'Connor, "Public trust as a dimension of equal justice: some suggestions to increase public trust", *The Supreme Court Review* 36/10, 1999, p. 13: "Nós não possuímos forças armadas para dar cumprimento a nossas decisões, nós dependemos da confiança do público na correção das nossas decisões. Por essa razão, devemos estar atentos à opinião e à atitude públicas em relação ao nosso sistema de justiça, e é por isso que precisamos tentar manter e construir esta confiança".

no processo de tomada de decisões por juízes e tribunais.[137] Mas não é o único e, mais que isso, nem sempre é singela a tarefa de captá-la com fidelidade.[138]

IV. A autonomia relativa do direito em relação à política e a fatores extrajudiciais

Na literatura jurídica norte-americana, os autores costumam identificar modelos diversos de comportamento judicial, dentre os quais se destacam o legalista, o ideológico e o estratégico.[139] O modelo legalista corresponde à concepção mais tradicional, próxima ao formalismo jurídico, crente na objetividade do direito e na neutralidade do intérprete. O modelo ideológico coloca ênfase nas preferências políticas pessoais do juiz como fator determinante das decisões judiciais. O modelo estratégico, por sua vez, leva em conta pretensões de juízes e tribunais de conservação e expansão de seu poder, conjugada com a preocupação de ver suas decisões cumpridas e, no limite, assegurar a própria sobrevivência. O presente trabalho desenvolveu-se sobre a crença de que nenhum dos três modelos prevalece em sua pureza: a vida real é feita da combinação dos três. Sem embargo das influências políticas e das opções estratégicas, o direito conservará sempre uma autonomia parcial.[140]

Ainda quando não possa oferecer todas as soluções pré-prontas em seus enunciados normativos, conceitos e precedentes, o direito limita as possibilidades legítimas de solução. De fato, deverão elas caber nas alternativas de sentido e de propósitos dos textos, assim como harmonizar-se com o sistema jurídico como um todo. De parte isso, os argumentos utilizáveis em um processo judicial na

137. Na sustentação oral, no julgamento da ADI 3.510-DF, este foi um dos pontos destacados: o fato de que as entidades da sociedade civil, maciçamente, e a opinião pública, em percentuais bastante elevados, apoiavam a legitimidade das pesquisas com células-tronco embrionárias. V. o vídeo em *http://www.lrbarroso.com.br/pt/videos/celula_tronco_1.html*.

138. A sintonia com a opinião pública envolve diversas nuances. Por vezes, grupos de pressão bem situados são capazes de induzir ou falsear a real vontade popular. De parte isso, a opinião pública, manipulada ou não, sofre variações, por vezes abruptas, em curto espaço de tempo. Será preciso, assim, distinguir, com as dificuldades previsíveis, entre clamor público, paixões do momento e opinião sedimentada. Ted Roosevelt, antigo presidente norte-americano, referiu-se à distinção entre "vontade popular permanente" e "opinião pública do momento". Sobre esse último ponto, v. Barry Friedman, *The Will of the People: How Public Opinion Has Influenced the Supreme Court and Shaped the Meaning of the Constitution*, 2009, p. 382.

139. V. Jeffrey A. Segal e Harold J. Spaeth, *The Supreme Court and the Attitudinal Model Revisited*, 2002; Lee Epstein e Jack Knight, *The Choices Justices Make*, 1998; Richard Posner, *How Judges Think?*, 2008, pp. 19-56, identifica "nove teorias de comportamento judicial": ideológica, estratégica, organizacional, econômica, psicológica, sociológica, pragmática, fenomenológica e legalista . V. tb. Cass Sunstein, David Schkade, Lisa M. Ellman e Andres Sawicki, *Are Judges Political? An Empirical Analysis of the Federal Judiciary*, 2006; e Richard Posner, *How Judges Think?*, 2008.

140. Este é, também, o ponto de vista de Michael Dorf, em *No Litmus Test: Law Versus Politics in the Twentieth Century*, 2006, XIX. O autor defende uma posição intermediária entre os extremos representados pelo realismo e pelo formalismo. Em suas palavras: "Os realistas prestam um serviço importante ao corrigirem a visão exageradamente mecânica que os formalistas têm do direito. Mas vão longe demais ao sugerirem que não há nada de especificamente *jurídico* na metodologia de decisão empregada pelos tribunais e outros atores jurídicos".

construção de qualquer decisão precisam ser assimiláveis pelo direito, não somente por serem de razão pública, mas por seguirem a lógica jurídica, e não a de qualquer outro domínio.[141] Ademais, a racionalidade e a razoabilidade de qualquer decisão estará sujeita, no mínimo, à revisão por um segundo grau de jurisdição, assim como ao controle social, que hoje é feito em sítios jurídicos na *internet*, em fóruns de debates e, crescentemente, na imprensa geral. Vale dizer: a atuação judicial é limitada pelas possibilidades de solução oferecidas pelo ordenamento, pelo tipo de argumentação jurídica utilizável e pelo controle de razoabilidade e de racionalidade que restringem as influências extrajudiciais de natureza ideológica ou estratégica. Mas não as inibem inteiramente. Reconhecer isso não diminui o direito, mas antes permite que ele se relacione com a política de maneira transparente, e não escamoteada.

Conclusão – Entre a razão e a vontade

Examinando cada uma das partes em que se dividiu o presente trabalho, é possível enunciar, em proposições objetivas, três ideias básicas:

1. Um dos traços mais marcantes do constitucionalismo contemporâneo é a ascensão institucional do Poder Judiciário. Tal fenômeno se manifesta na amplitude da jurisdição constitucional, na judicialização de questões sociais, morais e políticas, bem como em algum grau de ativismo judicial. Nada obstante isso, deve-se cuidar para que juízes e tribunais não se transformem em uma instância hegemônica, comprometendo a legitimidade democrática de sua atuação, exorbitando de suas capacidades institucionais e limitando impropriamente o debate público. Quando não estejam em jogo os direitos fundamentais ou a preservação dos procedimentos democráticos, juízes e tribunais devem acatar as escolhas legítimas feitas pelo legislador, assim como ser deferentes com o exercício razoável de discricionariedade pelo administrador, abstendo-se de sobrepor a eles sua própria valoração política. Ademais, a jurisdição constitucional não deve suprimir nem oprimir a voz das ruas, o movimento social e os canais de expressão da sociedade. Nunca é demais lembrar que o poder emana do *povo*, não dos juízes.

2. Na concepção tradicional e idealizada, direito e política integram mundos apartados, que não devem se comunicar. Para realizar tal propósito, o Judiciário é dotado de garantias que visam a assegurar sua independência e os órgãos judiciais são vinculados ao direito posto. Vale dizer: limitar-se-iam a aplicar a Constituição e as leis, produtos da vontade do constituinte e do legislador, sem exercer vontade política própria nem atividade criativa. Essa pretensão de autonomia absoluta do direito em relação à política é impossível de se realizar. As soluções para os problemas nem sempre são encontradas prontas no ordenamento jurídico, precisando ser construídas argumentativamente por juízes e tribunais. Nesses casos – ao menos neles –, a experiência demonstra que os valores pessoais e a ideologia do intérprete desempenham, tenha ele consciência ou

141. A lógica jurídica, como intuitivo, é diferente da econômica, da histórica ou da psicanalítica. P. ex.: um juiz não poderá se recusar a aplicar uma regra que exacerbe a proteção do inquilino em um contrato de aluguel, sob o fundamento de que a teoria econômica já provou que o protecionismo produz efeito negativo sobre os interesses dos inquilinos em geral, por diminuir a oferta de imóveis e aumentar o preço da locação. Cabe-lhe aplicar a norma mesmo que discorde da lógica econômica subjacente a ela.

não, papel decisivo nas conclusões a que chega.

3. Embora não possa oferecer soluções pré-prontas em muitas situações, o direito limita as possibilidades legítimas de solução que podem ser construídas pelos intérpretes judiciais. Com isso, contém-se parcialmente o exercício de escolhas voluntaristas e arbitrárias. De parte isso, inúmeros outros fatores influenciam a atuação de juízes e tribunais, como a interação com outros atores políticos e institucionais, preocupações com o cumprimento das decisões judiciais, circunstâncias internas dos órgãos colegiados e a opinião pública, dentre outros. Em suma: o direito pode e deve ter uma vigorosa pretensão de autonomia em relação à política. Isso é essencial para a subsistência do conceito de Estado de direito e para a confiança da sociedade nas instituições judiciais. Essa autonomia, todavia, será sempre relativa. Reconhecer este fato não envolve qualquer capitulação, mas antes dá transparência a uma relação complexa, na qual não pode haver hegemonia nem de um nem de outro. A razão pública e a vontade popular – o direito e a política, se possível com maiúscula – são os dois polos do eixo em torno do qual o constitucionalismo democrático executa seu movimento de rotação. Dependendo do ponto de observação de cada um, às vezes será noite, às vezes será dia.

ATIVISMO JUDICIAL: POSSIBILIDADE E LIMITES*

EDÍLSON PEREIRA NOBRE JR.

Professor na Universidade Federal do Rio Grande do Norte.
Desembargador do TRF da 5ª Região

I – A ilusão de Montesquieu. II – A Constituição e a criação judicial do direito. III – O ativismo judicial: uma alternativa possível. IV – Ativismo judicial: uma competência ilimitada? V – Síntese conclusiva.

I – A ilusão de Montesquieu

Em livro que, há mais de dois séculos, teve papel fundamental para a mudança da civilização europeia, assinalada pela desigualdade feudal e pelo despotismo, Charles-Louis de Secondat, Barão da Brède e de Montesquieu, ao referir-se à função judicial, afirmou: "Nos Estados despóticos, não existe lei: a regra é o próprio juiz. Nos Estados monárquicos, existe uma lei e, onde esta é exata, o juiz a observa; onde não existe, ele procura-lhe o espírito. Nos governos republicanos é da natureza da constituição que os juízes observem literalmente a lei. Não existe um cidadão contra o qual se possa interpretar uma lei, quando se trata de seus bens, de sua honra ou de sua vida".[1]

Daí adveio o lastro teórico para a tentativa de limitação da atividade do juiz a todo e qualquer avanço interpretativo, procurando circunscrevê-la a atuar como a boca que deveria pronunciar as palavras da lei (*bouche de la loi*). Tentou-se, como

* Escrito que condensa exposição do autor sob o título *Ativismo Judicial: Crise de Identidade do Poder Judiciário ou Exigência Contemporânea*, no Curso sobre "Ativismo Judicial e Direito à Saúde: Contrapontos", patrocinado pelo Núcleo da Escola de Magistratura Federal da 5ª Região em Sergipe, em convênio com a Advocacia-Geral da União – AGU, realizado no auditório do Espaço Semear, em Aracaju/SE, no período de 16 a 18.9.2009.

1. *O Espírito das Leis*, p. 110.

anotou Alf Ross,[2] estabelecer uma correspondência necessária para a existência de uma república civilizada, cujos polos seriam representados pela onipotência do legislador e a privação ao juiz de todo e qualquer poder criador do direito.

Tudo não passou de um devaneio e, como tal, destinava-se à satisfação de um objetivo certo, qual seja o de censurar a postura da magistratura francesa, cujo manejo da atividade interpretativa propendia à manutenção das regalias do *Ancien Régime*.

Essa a única possibilidade de aceitação do pensamento de Montesquieu, olhando-se para a sociedade que se encontrava à sua volta.

A compreensão generalizada do pensamento alberga equívocos de passado, de presente e, sobremaneira, de futuro.

De passado porque desconhecia a evolução da ciência jurídica e, dentro desta, o papel ostentado pelo direito romano.

Os direitos dos povos da Antiguidade, sem exceção, basearam-se na fonte costumeira, a qual derivava justamente de sua aplicação reiterada pelos juízes. O legislador constituiu (e ainda constitui) figura de aparecimento tardio.

O direito romano não se constituiu apenas nas instituições jurídicas que regeram os territórios nos quais Roma exercia sua soberania, no período que vai de sua fundação (753 a.C.) até a queda do Império do Ocidente (476 d.C.), ou à morte de Justiniano (565 d.C.), com interesse de investigação exclusivamente voltado a veleidades históricas. Absolutamente. Representou a base central de todos os sistemas jurídicos ocidentais, sejam integrantes da família romano-germânica (*civil law*) ou da *common law*.[3]

Elaborando uma ordem jurídica visando, primordialmente, empregá-la para a satisfação de suas necessidades práticas, antes do que a formulação de teorias abstratas, para o deleite intelectual de seus formuladores, a marca romana não recaiu na sua aplicação, mas sobretudo na criação do direito, alcançando papel central a pretura peregrina, criada na época clássica para resolver os conflitos de interesses dentre cidadãos e estrangeiros, ou entre estes.

Do pretor surgiram institutos que configuraram (e atualmente configuram) a pedra de toque de inúmeros ordenamentos, tais como: (a) a boa-fé, resultante dos *bonae fidei iudicia*; (b) o abuso do direito, derivado do desenvolvimento da *exceptio doli*; (c) a equidade, traduzindo o anseio de justiça na aplicação da lei.[4]

2. *Teoría de las Fuentes del Derecho – Una Contribución a la Teoría del Derecho Positivo sobre la Base de Investigaciones Histórico-Dogmáticas*, p. 88.

3. Antonio Fernández de Buján (*Derecho Público Romano y Recepción del Derecho Romano en Europa*, 5ª ed., p. 238) aponta as influências produzidas pelo direito romano no âmbito da *common law*, principiando por mostrar que, em este se tratando de direito não codificado, judicialista e causuístico, no qual preponderam os princípios de publicidade, imediatidade e oralidade, assemelha-se ao direito da República e do Principado. Salienta ainda que: (a) nos séculos XIII a XVIII a difusão do direito romano se manifesta por meio dos tribunais reais, cujos juízes, formados em universidades e não em escolas judiciais, julgam com critérios de equidade, próximos à tradição romano-canônica; (b) Oxford e Cambridge foram universidades nas quais se ensinou e ainda se ensina direito romano na Inglaterra.

4. Muito embora a origem da equidade (*aequitas*) não seja romana, recuando à civilização grega, para os romanos – noticia Max Kaser (*Direito Privado Romano*, p. 45) – aquela significou na época clássica a justiça aplicada pelo pretor quando

De modo igual, a afirmação se achava equivocada mesmo para a época na qual foi proferida. Conforme é sabido, Montesquieu, para formular sua teoria da separação de poderes estatais, como única via de propiciar o surgimento de Estado onde devem imperar o direito e a liberdade, embasou-se na Constituição não escrita dos ingleses.

Olvidou que, num governo parlamentar como o britânico, o Governo e a Administração podem atuar legislativamente mediante delegação do Parlamento, como a realidade de que o verdadeiro fundamento do direito inglês consistiu na magistratura, responsável por garantir de maneira efetiva o Estado de Direito, fundado na subordinação da autoridade estatal à ordem jurídica.

Não foi à toa que Gustav Radbruch[5] deixou claro que, na Inglaterra, os direitos à liberdade estão unidos inseparavelmente à *common law* não em face de sua proclamação, mas sim por força dos remédios jurídicos destinados à sua tutela, os quais foram deixados sob a guarda do juiz.[6]

Por outro lado, a criação judicial do direito também alcançou relevo com o desenvolvimento, por parte do Tribunal de Chancelaria (*Court of Chancery*), da jurisdição de equidade, a qual, sobrevivendo à Revolução Gloriosa, teve o inegável préstimo de amenizar o rigor da *common law* e do *statute-law*.

A Constituição inglesa, afirmada através dos documentos assecuratórios da liberdade individual, não prescindiu da atividade criadora dos juízes, antes possuindo nesta forte lastro.

Melhor sorte a proposição não logrou em tom futurista. As duas revoluções liberais deflagradas no final do século XVIII provam isso. Em primeiro lugar, o sistema jurídico implantado nos Estados Unidos da América ao depois da declaração de independência, consolidado com a Constituição de 1787, teve como nota singular a afirmação do controle de constitucionalidade das leis, cuja elaboração é de ser tributada ao engenho jurisprudencial, longamente sedimentado.

Em reforço, a atividade posterior da Suprema Corte norte-americana, com o passar dos tempos, assinalada por adaptar as linhas-mestras do texto constitucional ao sinal dos tempos, deu mostras incontestáveis de uma fértil criatividade judicial do direito.

O segundo golpe – e mais devastador – adveio com o sistema jurídico europeu continental, permeado, a partir do exemplo francês de 1804, pelo movimento codificador. A pretensão de integridade das codificações, aparelhada pela completude formal e material, através das quais todas as relações sociais deveriam ser disciplinadas, com todos os seus pormenores, num

este superava as asperezas do *ius civile* através do seu direito honorário. Traduzia o predomínio do *ius aequm* quando estivesse em desacordo com o direito estrito. Noutra passagem (loc. cit., pp. 35-37), o autor torna a ressaltar a atuação criativa do pretor. Também conferir, a este respeito, Mário Bretone (*História do Direito Romano*, pp. 109-112).

5. *El Espíritu del Derecho – Derecho Inglés*, p. 43.

6. Não é demasiado recordar o *Bonham's Case* – que parece ter, não obstante controvérsias, com a transposição de sua doutrina para as colônias na América do Norte, plantado a semente do controle de constitucionalidade das leis – no qual o Tribunal do *Common Pleas*, através do pronunciamento do *Chief Justice* Edward Coke (1552-1634), compreendeu que a delegação conferida pelo Rei ao Colégio de Médicos de Londres, para a disciplina do desempenho da medicina, não conferia a este poderes para agir fora da razoabilidade, impondo prisão para aquilo que não configurava mais do que uma infração administrativa.

só diploma legal, deu margem à escola da exegese,[7] notabilizada pelo fetichismo da lei.

Isso não impediu – e principalmente na França – que tudo não passasse de um objetivo inalcançável diante da mobilidade, cada vez mais crescente, do fenômeno social, impulsionado com o alastramento da Revolução Industrial.

O próprio Código Civil francês reconhecia a impossibilidade do legislador onipresente, ao proclamar no seu art. 4º: "O juiz que se recusar de julgar sob pretexto do silêncio, da obscuridade ou da insuficiência da lei, poderá ser demandado como culpado de denegar justiça".[8]

A doutrina que implicou na elaboração de dito diploma também já se apercebia da inevitável necessidade da atuação criadora do juiz. Portalis,[9] em pelo menos duas passagens de seu discurso preliminar ao Código Civil francês, assim frisou, ao salientar que: (a) as leis positivas não saberão nunca substituir completamente o uso da razão natural nos negócios da vida, pois as necessidades da sociedade são tão variadas que resulta impossível ao legislador prover a tudo; (b) seria um erro pensar que pode existir um corpo de leis que proveja, por antecipação, todos os casos possíveis.

A impotência para a eliminação da criatividade do juiz resulta clarividente do paradoxo vivenciado pela França, a qual, não obstante conhecida como a pátria da lei clara e progressiva, sofreu a sólida marca da evolução do seu sistema jurídico através da atuação do magistrado que, no tratamento de muitas relações sociais, sempre precedeu ao legislador.[10]

Por tudo isso, a aceitação integral da parcela do pensamento de Montesquieu, antes referenciado, voltado a encarar o juiz como um servo da lei, não passa de utopia.

O ponto sublime de qualquer sistema jurídico reside no desenvolvimento de

7. Instrumento pujante da escola da época, para o fim de evitar a interpretação judicial, recaiu no *référé legislatif*.

8. "Le juge qui refusera de juger, sous prétexte du silence, de l'obscurité ou de l'insuffisance de la loi, pourra être poursuivi comme coupable de déni de justice" (disponível em *www.legifrance.gouv.fr*, acesso 9.1.2006).

9. *Discurso Preliminar al Código Civil Francés*, pp. 35 e 39. De ressaltar que Portalis assim afirmava quando a sociedade francesa ainda não tinha sofrido, com maior intensidade, os efeitos da Revolução Industrial. O entendimento, portanto, deve ser amplificado na era da informática.

10. Pode-se, para tanto, aportar a iniciativa desbravadora da jurisprudência na disciplina das seguintes matérias: (a) indenização por motivo de resolução imotivada de contrato de trabalho e acidentes do trabalho; (b) impenhorabilidade dos pequenos salários; (c) liberdade de associação; (d) a disciplina dos valores mobiliários; (e) o desaparecimento como hipótese de extinção da personalidade; (f) a legitimação dos filhos havidos de relacionamento entre pessoas que ostentassem grau de parentesco; (g) a teoria do herdeiro aparente; (h) o reaparecimento da teoria do abuso de direito; (i) a elaboração das regras jurídicas administrativas, para a qual foi essencial a intervenção do Conselho de Estado, conforme se pode observar das decisões relacionadas à responsabilidade civil do Estado, à teoria do desvio de poder e à revisão judicial dos contratos, tanto que Jean Rivero (*Direito Administrativo*, p. 36) aponta como característica do direito administrativo a larga formação jurisprudencial. Levantamento acerca da pujante atividade inovadora do Conselho de Estado, com base na procura de descortinar o conteúdo dos princípios gerais do direito, e que se apresentou vital para a sistematização do direito administrativo, é encontradiça em Juan de la Cruz Ferrer ("La elaboración y desarrollo de la teoría de los principios generales del derecho público francés", *Revista de Administración Pública* 111/441).

seus princípios estruturais pela atividade interpretativa, em sua maioria exercida pelos juízes, pois o direito, como instrumento voltado ao suprimento da necessidade de ordenação de condutas, surge da realidade social, cuja enorme complexidade faz com que seja impossível ao legislador abrangê-la integralmente.

II – A Constituição e a criação judicial do direito

É comum dizer, quando se aborda a evolução da ciência jurídica, que o direito privado, mais precisamente o civil, usufrui de ancianidade perante o direito público, cuja sistematização recua há aproximadamente duas centúrias.

Não se quer afirmar, de modo algum, que as relações jurídicas envolvendo o poder político antes disso não fossem objeto de disciplina. Apenas se afirma que, até a Revolução Francesa – e mesmo depois desta – a tônica foi representativa da fuga dos governantes à observância de regras jurídicas.

Por isso, não é surpresa que, na Europa continental, a expansão legislativa prestigiasse sobremodo os códigos civis. Constituições escritas foram promulgadas, sendo a primeira delas a polonesa de março de 1791, seguida pela da monarquia constitucional francesa de 3 de setembro de 1791. No entanto, restringiam-se à mera organização do Estado e a sua força vinculativa foi profundamente prejudicada por situações de instabilidade política, originadas de conflitos entre os liberais e os defensores de um maior prestígio à monarquia.[11]

Daí se segue que os códigos civis constituíram o centro de gravidade dos sistemas jurídicos de então. Enfraquecida a relação entre direito e poder político, coube às codificações o estabelecimento dos princípios gerais dos ordenamentos, destinados, normalmente, à regência dos liames entre particulares.[12]

Circunscrita inicialmente aos Estados Unidos da América, a ideia de vinculação dos poderes políticos praticamente permeou em solo europeu a partir da segunda metade da centúria pretérita, com a proliferação dos tribunais e cortes constitucionais.

Coincidiu, de certo modo, com o gradativo aumento da constituição material – ou regulação legal fundamental, para utilizar terminologia de Carl Schmitt[13] – a qual, a partir da Constituição mexicana, de 31 de janeiro de 1917, e da Constituição alemã, de 11 de agosto de 1919, despertou atenção à disciplina da ordem econômica e social, evadindo-se, cada vez com maior intensidade, dos lindes estritos do art. 16 da Declaração de Direitos do Homem e do Cidadão, de 26 de agosto de 1789.[14]

11. Somente para se ter uma ideia do clima político reinante à época no continente europeu, no intervalo de 1789 a 1870, conhecido como o período das revoluções, a França foi alvo da promulgação de 12 constituições escritas.

12. Ressaibo disso é possível ser visualizado em António Menezes Cordeiro (*Tratado de Direito Civil Português*, 2ª ed., p. 33) e, especificadamente, em Jorge Barcelar Gouveia (*O Valor Positivo do Acto Inconstitucional*, p. 21) quando este propõe, para o seu objeto de estudo, a aplicação do art. 11º do Código Civil lusitano, o qual, apesar de se encontrar numa codificação privatista, constitui preceito a ser generalizado a todos os ramos do direito português, inclusive ao constitucional.

13. Ver *Teoría de la Constitución*, p. 33, no qual consta que a constituição, em sentido absoluto ou material, consiste numa regulação legal fundamental, ou seja, num sistema de normas supremas e últimas. A constituição seria, nessa acepção, a norma das normas.

14. O dispositivo moldou aquele que se tornou conhecido como conceito liberal ou clássico

Com isso, os princípios basilares do ordenamento passam ao hábitat constitucional, tendo por vértice o respeito à dignidade da pessoa humana.[15]

A transposição ganhou ênfase na doutrina. Dentre vários autores, invoque-se Joaquin Arce y Flórez Valdés,[16] ao afirmar que a Constituição passa a fruir da condição de sede hipotética dos princípios gerais do direito, constituindo o paradigma, dentre as normas do sistema, porquanto proclama os valores, crenças e convicções do país.

A mensagem também encontrou eco em Eduardo García de Enterría,[17] ao deixar claro que a unidade do ordenamento é, acima de tudo, uma unidade material de sentido, expressa em princípios gerais, aos quais impende ao intérprete desvendar, ou à Constituição declará-los formalmente, destacando a decisão suprema que realizou a comunidade, proclamando solenemente determinados valores como primordiais e básicos para toda a vida coletiva.

Nesse cenário, não se pode obscurecer que a Constituição, qualquer que seja a natureza de suas disposições, possui inegável componente normativo, com eficácia diretiva e informadora das demais funções estatais. Restou abandonada a concepção de que se trataria de mero documento contendo vagas intenções políticas.

Dois fenômenos se encontram ligados de forma indissolúvel. O primeiro deles é o inerente à competência dos tribunais constitucionais para a interpretação, em tom vinculativo, das normas insertas no texto magno.

Em reforço, tem-se que, pela sua importância nuclear no sistema jurídico,

de constituição: "Art. 16º. A sociedade em que não esteja assegurada a garantia dos direitos nem estabelecida a separação dos poderes não tem Constituição" (disponível em *www.direitoshumanos.usp.br*, acesso 23.9.2009).

15. Entre nós, a dignidade da pessoa humana está inserida no art. 1º, III, da Constituição vigente, mais precisamente no Título I, relativo aos princípios fundamentais da República Federativa do Brasil. Inúmeras constituições, promulgadas sempre ao depois de governos ditatoriais, cujo cotidiano era pautado pelo respeito imoderado à obra do legislador, identificada como o superior ideal de justiça, timbraram em consagrar o princípio. Para tanto, basta que sejam compulsados os textos das Constituições da Itália de 1947 (art. 3º), Alemanha de 1949 (art. 1.1), Portugal de 1976 (art. 1º), Espanha de 1978 (art. 10), Croácia de 1990 (art. 25), Bulgária de 1991 (Preâmbulo), Romênia de 1991 (art. 1º), Letônia de 1991 (art. 1º), Eslovênia de 1991 (art. 21), Estônia de 1992 (art. 10º), Lituânia de 1992 (art. 21), Eslováquia de 1992 (art. 12), República Tcheca de 1992 (Preâmbulo), Rússia de 1993 (art. 21), Hungria de 1949 (art. 54), Índia de 1950 (Preâmbulo), Venezuela de 1999 (Preâmbulo), Grécia de 1975 (art. 2º), China de 1982 (art. 38), Namíbia de 1990 (Preâmbulo e art. 8º), Colômbia de 1991 (art. 1º), Cabo Verde de 1992 (art. 1º), Peru de 1993 (art. 1º), Polônia de 1997 (art. 30) e África do Sul de 1996 (arts. 1º, 10º e 39). A Constituição do Chile de 1980, com a redação da reforma de 1997, apesar de não empregar o vocábulo *dignidade*, ao princípio dá acolhida quando declara, no seu art. 1º, que o Estado está a serviço da pessoa humana. Na França, a ausência de menção expressa no seu bloco de constitucionalidade foi suprida pelo labor do Conselho Constitucional, a vislumbrar a dignidade da pessoa humana como valor constitucional implícito a partir dos incisos 10º e 11º do Preâmbulo da Constituição de 1946. Para tanto, serviram de *arrêt de principe* as Decisões Constitucionais 94-343-344 e 94-359, proferidas em 27.7.1994 e 19.1.1995. Por sua vez, o Projeto de Tratado que pretende estabelecer uma Constituição para a Europa, na sua Parte II (Título I, art. II – 1º), proclama: "A dignidade do ser humano é inviolável. Deve ser respeitada e protegida".

16. *Los Principios Generales del Derecho y su Formulación Constitucional*, p. 95.

17. *La Constitución como Norma y el Tribunal Constitucional*, pp. 97-98.

os princípios e valores consagrados na Lei Maior (igualdade, dignidade da pessoa humana, dentre outros) são dotados de caráter vago, ou de conteúdo em parte indeterminado abstrativamente, necessitando da atividade interpretativa para a delimitação de seu significado e alcance.[18]

Corolário inarredável dessa arte de interpretar é a criação judicial a partir do desenvolvimento do substrato dos princípios e valores constitucionais. Não poderia ser diferente diante da missão que enverga a Constituição de construir a vida social e política, o que não se faz de forma estática, mas dinâmica.

A inevitável intervenção do juiz para dar sentido aos princípios constitucionais é alvo do incensurável enfoque de Otto Bachof, consignado em passagem de um dos seus escritos, a qual impõe-se seja transcrita: "Una Constitución no contiene ninguna regulación individualizada detallada, sino que se caracteriza por muy amplias cláusulas generales y por conceptos axiológicos carentes de contenido. El ámbito para el intérprete y con ello su poder para una decisión autónoma son por ello particularmente grandes".[19]

No mesmo diapasão, ressalta Inocêncio Mártires Coelho[20] que, além da invocação do *status* dos tribunais constitucionais na estrutura estatal plasmada pelas constituições contemporâneas, a sua atividade criadora tem seu desenlace possibilitado pela circunstância de operar através de sua incidência, quase que com exclusividade, sobre enunciados abertos, polissêmicos e indeterminados.

Com efeito, não é por acaso que, fixando-se no exemplo da dignidade da pessoa humana, numa análise comparativa de seu desenrolar na França e na Colômbia, Bernardo Carvajal Sánchez[21] remata que tal princípio possui uma força criadora tamanha a permitir ao legislador e ao juiz a formulação de outras normas jurídicas cuja função consiste em tutelá-lo.

Ainda no particular, não olvidar que, entre nós, ensina Ingo Sarlet[22] que a dignidade da pessoa humana: (a) possui uma função instrumental integradora e hermenêutica à medida que serve de parâmetro para a aplicação, interpretação e integração não apenas dos direitos fundamentais e demais normas magnas, mas de todo o ordenamento jurídico; (b) consiste em critério para a formulação de um conceito material aberto dos direitos fundamentais em nossa Constituição, permitindo, desse modo, o reconhecimento de outros direitos além dos mencionados explicitamente pelo texto sobranceiro.

Outro fator que vem tornando cada vez mais indispensável o engenho criativo

18. Numa ligeira recordação, a partir da lição de Karl Engisch (*Introdução ao Pensamento Jurídico*, 9ª ed., pp. 208-209), tem-se que nos ditos conceitos indeterminados se está em situação na qual o seu conteúdo e a sua extensão são em larga medida dotados de incerteza. É possível, então, distinguir-se em tais conceitos um núcleo conceitual e um halo conceitual. A primeira hipótese sucede quando se possui uma clara noção do conteúdo e da extensão do conceito, permitindo-se cogitar quando tal não se configura, ou, inversamente, quando se caracteriza. Diversamente, quando existir dúvida acerca da sua configuração ou não, inicia-se o halo do conceito.

19. "Nuevas reflexiones sobre la jurisdicción constitucional entre derecho y política", *Boletín Mexicano de Derecho Comparado* 57/842-843.

20. *Interpretação Constitucional*, 2ª ed., p. 42.

21. *El Principio de Dignidad de la Persona Humana en la Jurisprudencia Constitucional Colombiana y Francesa*, p. 147.

22. "Algumas notas em torno da relação entre o princípio da dignidade da pessoa humana e os direitos fundamentais na ordem constitucional brasileira", in George Salomão Leite (org.), *Dos Princípios Constitucionais*, pp. 223-224 e 227-228.

da jurisdição é o de que, com o surgimento encadeado de várias dimensões de direitos fundamentais, possa ser desenvolvida uma hermenêutica tendente à harmonização, nas situações do cotidiano, de espécimes que, à primeira vista, aparentem-se contraditórios.

Para tanto, imprescindível o critério da ponderação, a partir do manejo da ferramenta fornecida pelo princípio da proporcionalidade, de maneira a ser impossível evitar a inventividade judicial.

Mais um parcial remate se impõe: se é impossível dissociar função judicial e criação do direito, com maior razão assoma imperioso o reconhecimento de que, na atualidade, tal junção é mais constante quando se trata da solução de questões ou controvérsias que envolvem a aplicação de norma ou princípio constitucional.

A afirmativa se impõe inquestionavelmente qualquer que seja o sistema de jurisdição constitucional perfilhado.

III – O ativismo judicial: uma alternativa possível

É comum pôr-se em forte dúvida a legitimidade do ativismo judicial, principalmente com amparo na ausência de respaldo democrático direto por parte dos juízes, ao contrário do que ocorre com os integrantes do Parlamento e do Governo.

Nos primórdios do século que se findou, é conhecida a defesa da democracia parlamentar esgrimida por Carl Schmitt,[23] ao sustentar que naquela a vontade do órgão parlamentar é idêntica à vontade do povo e, por isso, a decisão por maioria simples pode ser direito e lei, contanto que se verifique que aquela contém as condições intrínsecas do ânimo popular. Desse modo, o exame judicial das leis quebrantaria o sistema estatal de legalidade.

Sou de que argumento de tal natureza não mais prospera. O que se pode, a meu sentir, é cogitar-se da necessidade de correção de excessos que, nesse particular, a atuação judicial, como produto de um desempenho humano, poderá acarretar.

Assim pensa Bachof,[24] para quem os casos excepcionais de possível equivocada intromissão do juiz constitucional na esfera política não são suficientes para alterar, num balanço geral, as enormes vantagens que, na Alemanha, um controle efetivo da legislação laborou para propiciar a plena eficácia da Lei Fundamental.

Os fundamentos invocados como alicerces do ativismo judicial são muitos e podem, sem maior esforço, ser tomados por empréstimos daqueles empregados pela doutrina para respaldar a própria jurisdição constitucional.

Um bom elenco deles foi exposto por Cappelletti,[25] ao demonstrar a necessária legitimidade que usufrui, na atualidade,

23. *Legalidade e Legitimidade*, p. 25. Questionando a investida do Judiciário contra as leis, interessante a transcrição das seguintes afirmações do autor: "Essa é a fórmula característica da democracia parlamentar. Em seu significado prático, volta-se atualmente sobretudo, contra a verificação judiciária de leis, pois tal controle do Judiciário por parte do Legislativo impregnaria o Estado legiferante parlamentar de elementos próprios de um Estado jurisdicional, que, enquanto corpos estranhos, põem em risco o inequívoco sistema de legalidade daquele tipo de Estado e traz problemas ao Parlamento em sua posição central como fonte de legalidade. (...) O Estado legiferante parlamentar conhece apenas um único legislador efetivo que deverá manter o monopólio da criação de Direito natural" (p. 26).

24. Ob. cit., pp. 843-844.

25. "Necesidad y legitimidad de la justicia constitucional", in *Tribunales Constitucionales Europeos y Derechos Fundamentales*, pp. 622-633.

a jurisdição constitucional, bem como a capacidade criadora dos seus integrantes, porquanto: (a) acha-se dissipada a ilusão ocidental relativa à capacidade dos ramos políticos (Executivo e Legislativo) em materializar o consentimento dos governados; (b) não é possível desconhecer o esforço dos tribunais em modelar suas decisões, não com arrimo nas idiossincrasias e predileções subjetivas de seus membros, mas com o escopo de permanecerem fiéis ao sentido de justiça e de equidade da comunidade; (c) a justiça constitucional configura mecanismo de aumento da representatividade global do sistema através da proteção dos grupos que não têm acesso aos ramos políticos do Estado (Legislativo e Executivo); (d) a possibilidade de seleção dos juízes dentre as diversas camadas da população, ou ainda as facilidades para que todos os interessados possam aceder aos tribunais, fez com que a jurisdição constituísse, no Estado democrático, um forte sentimento de participação diante de uma legislação e uma máquina burocrática distantes; (e) em se considerando que uma democracia não poderá subsistir numa conjuntura onde os direitos e liberdades dos cidadãos careçam de proteção eficaz, apresenta-se como essencial daquela o controle judicial dos ramos políticos, porquanto a ideia democrática não se resume a simples maiorias, significando também participação, liberdade e tolerância.

Com alguma coincidência, muito interessante os raciocínios tecidos por José Julio Fernández Rodríguez,[26] ao mostrar que: (a) a democracia não focaliza toda sua atenção na origem popular do poder, sendo algo também direcionado ao controle do poder, buscando evitar injustiças em sua atuação; (b) a garantia da supremacia da Constituição justifica a habilitação da justiça constitucional para defender a obra do poder constituinte, o qual é expressão suprema da soberania popular;[27] (c) compete à justiça constitucional garantir os direitos fundamentais, pois não é bastante, como nota da democracia, incorporá-los no conteúdo da Constituição, mas também defendê-los; (d) à jurisdição constitucional se reserva a importante missão de defesa das minorias parlamentares, pois a derrota eleitoral não justifica o esmagamento da oposição, devendo aquela velar para que a implementação do programa de governo suceda nos termos da Norma Ápice.

Diante desse plexo de razões, de firmeza inabalável, afigura-se que a justificação da atuação inevitavelmente criadora do Judiciário na interpretação da Constituição reside nesta, cuja necessidade de garantia de seus comandos assim impõe para o bem da organização política.

Daí é de, mais uma vez, rememorar que a fase presente do Estado de Direito, embora construído com base na legalidade, não se revela apenas como uma concepção formalista, dependente da lei formal. Exige mais, qual seja uma dimensão material e valorativa.

Assim, a legitimidade do ativismo judicial se projeta sobre valores, ou seja, sobre paradigmas substanciais que são

26. *La Justicia Constitucional Europea ante el Siglo XXI*, 2ª ed., pp. 148-150.

27. Esse foi o fundamento invocado por Hamilton para, no Capítulo LXXVIII de *O Federalista*, defender o controle judicial de constitucionalidade das leis, ao salientar que os tribunais foram concebidos como um corpo intermediário entre o povo e a legislatura, com a finalidade de manter esta dentro da autoridade do poder constituinte. Do contrário, ter-se-ia a preponderância da intenção dos mandatários sobre a do povo que os escolheu. Conferir a passagem em versão para a língua portuguesa (Alexander Hamilton, James Madison e Jay John, *O Federalista – Um Comentário à Constituição Americana*, p. 314).

consagrados como pilastras do ordenamento.[28]

Visto isso, importante fixar, mesmo sem pretensão exaustiva, mas com a necessária atenção ao nosso sistema jurídico, algumas situações nas quais o labor criativo da jurisprudência constitucional pode desenrolar-se com maior facilidade.

Chamo atenção, inicialmente, para o que pode ser denominado de interpretação evolutiva.

É algo induvidoso de que o direito não foi gestado para ser um mero apanhado abstrato de normas, mas sim para atritar-se com a realidade viva dos fatos sociais. Por sua vez, a Constituição formula valores dotados da mais elevada abstração, cuja multiplicidade de sentidos permite que o intérprete os adapte a várias situações, inclusive e principalmente modulando-os para ajustá-los aos sinais dos tempos.

Na América do Norte, onde primeiro a constituição escrita passou a ser encarada como vinculativa para os governantes, é clássica a afirmação de Jefferson em carta que enviara a Madison, em 6 de setembro de 1789, quando observou que a validade de uma Constituição está limitada a uma geração.[29]

A advertência foi seguida e possibilitou que a grande nação passasse, com notável progresso, da era da luz à vela até a era da telemática sem formalmente alterar a Constituição de 1787.

Tanto que Cardozo,[30] um dos maiores magistrados que abrilhantou a Suprema Corte norte-americana, jamais olvidou de que uma Constituição não estatui, nem deve estatuir, normas para a hora que se encontra a passar, mas sim princípios para um futuro em expansão. Lançou ainda advertência – que espero um dia possa ser lida e meditada pelos congressistas brasileiros – no sentido de que, caso a Lei Maior se desvie dessa pauta, privilegiando a disciplina de detalhes e particularidades, perde sua flexibilidade, contraindo o seu campo de interpretação.

Recentemente, David Richards[31] explica que os pais constituintes, ao defenderem a concepção de uma constituição permanente escrita, vislumbraram atender a uma comunidade moral de princípios, quer dizer, destinavam-se a uma empresa historicamente contínua de fixação de princípios para uma coletividade de pessoas livres, racionais e iguais, cabendo à interpretação acomodá-los às mudanças impostas pelas transformações das realidades.

Nesse diapasão, Laurence Tribe[32] esclarece que a generalidade de muitos

28. Sobre a perspectiva de uma legalidade menos formalista e mais inclinada às bases essenciais do sistema jurídico, lancei uma breve exposição ("Administração Pública, legalidade e pós-positivismo", in Cláudio Brandão, Francisco Cavalcanti e João Maurício Adeodato (coords.), *Princípio da Legalidade: da Dogmática Jurídica à Teoria do Direito*, pp. 203-220), embora com a vista direcionada à movimentação da Administração Pública.

29. Transcrição das correspondentes passagens pode ser lida em Robert Darnton (*Os Dentes Falsos de George Washington – Um Guia Não Convencional para o Século XVIII*, p. 9). Ei-las: "A terra pertence sempre à geração contemporânea (...). Cada Constituição, portanto, e cada lei, expira *[sic]* naturalmente ao final de dezenove anos. Se forem levadas a durar mais, trata-se de um ato de força, e não de direito".

30. *La Naturaleza de la Función Judicial*, p. 43. Um lembrete: a afirmação acima recua a 1921, ano no qual o autor, a convite da Universidade Yale, realizou uma série de palestras, as quais foram consolidadas no livro referenciado.

31. "La intención de los constituyentes e la interpretación constitucional", *Revista del Centro de Estudios Constitucionales* 1/169.

32. "Interpretação da Constituição: o que pretendiam os fundadores – Os limites da origi-

termos utilizados pelos Fundadores, tais como liberdade, devido processo e igual proteção, surge fortemente o desejo de que aqueles não pretenderam encerrar os seus correspondentes significados aos resultados e contextos nos quais foram empregados pela primeira vez, mas antes o de concitar seu desenvolvimento à luz das necessidades e do bom senso das gerações vindouras.

Portanto, o ativismo decorrente da interpretação da Lei Maior é imprescindível para a atualização dos seus princípios. Não se pode negar que tal tarefa fica comprometida quando aquela se caracteriza pelo caráter excessivamente detalhista de suas disposições, seja porque a Constituição, ao invés de contribuir para a modernização da sociedade, propende à sua petrificação, seja ainda pelo fato daquela necessitar de constantes mudanças que contribuem para banalizar a sua importância.

Outro ponto que propicia a criação do intérprete constitucional é o relativo ao desenvolvimento do princípio da igualdade. Uma de suas consequências é a prolação de sentenças aditivas, nas hipóteses onde o legislador, ao disciplinar sobre determinada matéria, prevê menos do que deveria. Por exemplo, quando abrange na norma que delineia uma parcela de destinatários, deixando fora de seu campo de ação, sem qualquer motivo razoável, outra fração.

Exemplo disso está na ADI 2.652-6-DF,[33] ajuizada para impugnar a exceção constante do parágrafo único do art. 14 do Código de Processo Civil, acrescentado pela Lei n. 10.358/2001, no sentido de excluir da aplicação de multa por descumprimento de decisões judiciais os advogados unicamente vinculados aos estatutos da OAB. Em sua decisão, o Pretório Excelso, utilizando-se da interpretação conforme, ao invés de lançar-se à declaração de inconstitucionalidade da disposição, manteve-a, estendendo seu alcance, com base na isonomia, aos representantes judiciais das pessoas jurídicas de direito público.

O campo de manifestação da isonomia, como diretriz informadora da interpretação judicial, é tamanho, que foi capaz de promover importante reforma política nos Estados Unidos da América durante a centúria passada. Tratou-se do caso *Baker vs. Carr* (369 U.S. 186), julgado pela Suprema Corte norte-americana em 26.3.1962, o qual foi objeto de comentário por Karl Loewenstein,[34] para quem a decisão excedeu em importância o julgado da segregação racial nas escolas (*Brown vs. Board of Education of Topeca*, 347 U.S. 483).

Tudo teve origem em demanda promovida por um grupo de cidadãos domiciliados em Nashville, capital do Estado do Tennessee, visando obter uma nova distribuição das vagas, no que concerne aos seus distritos eleitorais, destinadas ao legislativo estadual, cujo estabelecimento se deu em 1870, alegando que a situação atual favorecia os eleitores rurais frente aos eleitores urbanos, o que constituía uma infração do princípio da igual proteção das leis (*equal protection of laws*), estabelecido na Emenda XIV da Constituição Federal.

Os demandantes partiam do fato consoante o qual, à época da formação da

nalidade", *Revista de Direito Público* 93/10. O texto faz parte de debate travado juntamente com Robert Bork, defensor de linha interpretativa mais aproximada à intenção original dos fundadores.

33. Pleno, v.u., Rel. Ministro Maurício Corrêa, *DJU* 14.11.2003.

34. "La función política del Tribunal Supremo de los Estados Unidos – Comentario en torno al caso *Baker vs. Carr*", *Revista de Estudios Políticos* 133/5-39.

União, 96% da população americana habitava no campo, enquanto que, ao instante da propositura da demanda, somente 8% da população ativa continuava no meio rural. Por isso, pretendia-se o cumprimento de obrigação jurídica, consistente na revisão, a cada dez anos, do número de vagas por distritos eleitorais, a ser realizada em face das mudanças populacionais.

A *United States District Court*, em primeiro grau, rechaçou a competência dos tribunais federais em dispor sobre a matéria, louvada em jurisprudência reiterada, no sentido de que as disputas eleitorais não eram possíveis de serem sindicadas em juízo, por terem a natureza de *political questions*. A Suprema Corte, diferentemente, entendeu que as cortes federais possuíam competência para tanto, alterando o entendimento até então dominante sobre o exame judicial das questões políticas, o que motivou o ajuizamento de ações similares vários estados da União.

Reflexo da revisão das vagas eleitorais por distrito foi o de justamente permitir a eleição de uma maior quantidade de parlamentares ditos progressistas em detrimento dos representantes do setor conservador-agrário, propiciando, em muitos estados, uma evolução favorável aos democratas frente aos republicanos.

A orientação seguiu tranquila, tanto que, ao instante em que restava concluída a tradução do escrito para o espanhol, a Suprema Corte estendeu o requisito da proporcionalidade dos distritos para as eleições para o legislativo federal. Em deliberação de 17.2.1964, relacionada com a distribuição de vagas para os distritos congressuais da Geórgia, estabeleceu-se que o princípio da igualdade obriga aos Estados a fixar as vagas dos distritos para a Câmara dos Deputados em proporção ao número da população. No caso, o distrito de Atlanta, capital, com 823.680 habitantes tinha apenas um terço das vagas destinadas ao nono distrito, com 272.154 habitantes.

De destacar, ainda, o dever do Judiciário em suprir as omissões inconstitucionais, aspecto que desperta dentre nós relevo quando se considera que, demais da proclamação do art. 5º, § 1º, da vigente Constituição, enunciando que as normas definidoras de direitos e garantias fundamentais têm aplicação imediata, consagra remédios jurídicos destinados para tanto, como é o caso da ação declaratória de inconstitucionalidade por omissão (art. 103, § 2º) e do mandado de injunção (art. 5º, LXXI).

Embora tal competência possa não legitimar uma substituição do legislador na integração dos comandos constitucionais, respalda, sem sombra de dúvida, a determinação judicial de um conteúdo mínimo ou essencial para os direitos fundamentais, o qual deverá ser respeitado pelos comportamentos estatais e dos particulares.[35]

IV – Ativismo judicial: uma competência ilimitada?

É fato irrecusável que, sempre ao depois da luta contra um regime autoritário, a busca da comunidade se espraia pela constitucionalização do ordenamento. Assim aconteceu com as treze colônias da América do Norte quando, em repulsa às leis intoleráveis (*Intolerable Acts*) impos-

35. A propósito, confira-se a opinião de Peter Härbele (*Conversas Acadêmicas com Peter Härbele*, in Diego Valadés (org.), p. 98), ao assinalar, diante da experiência do direito comunitário europeu, que a proteção dos direitos fundamentais se converteu no motor do *judicial activism*, propiciando a elaboração de uma cláusula não escrita relativa ao seu conteúdo essencial, como, por exemplo, quando se garante uma igualdade entre homem e mulher, ou quando se assegura a liberdade religiosa.

tas pelo Parlamento britânico em seguida à Guerra dos Sete Anos, foi proclamada a sua independência e, onde aproximadamente onze anos mais tarde, teve lugar a promulgação da Constituição de 1787. O mesmo se deu a partir da derrocada das ditaduras ancoradas pelo totalitarismo de direita na Europa ao depois da Segunda Guerra Mundial, bem como, recentemente, com a queda dos regimes políticos dos países do leste europeu e do regime de segregação racial da África do Sul.

Para supervisionar o caráter normativo e a efetividade da Lei Máxima – que, nos dias atuais, irradia suas normas para os mais diversos setores da vida social – elegeram-se os órgãos de jurisdição constitucional.

Isso não quer expressar possa a jurisdição constitucional adjudicar a soberania que resulta da Constituição, desprezando, por completo, a importância institucional e independência do legislador democrático.

Igualmente com o que se dá na atuação dos segmentos legislativo e executivo do Estado, a competência de julgar, e principalmente aquela que arbitra solução para problemas de alcance político, não está isenta de limites.

Preciso, Helmut Simon[36] salientou que a decisão do poder constituinte originário por uma divisão de poderes veda uma interpretação sem limites, a qual, apagando os marcos entre interpretação e competência legislativa, transforme, subrepticiamente, em soberano aquele a quem se conferiu o múnus de cústode da Lei Fundamental.

Daí que o ativismo judicial não poderá ser um atributo sem raias ou fronteiras.

De logo, duas primeiras recomendações se fazem presentes e que guardam anterioridade ao labor das cortes ou tribunais constitucionais europeus. Consta de Cardozo,[37] em várias passagens do trabalho citado, a constatação de que existe um campo no qual o juiz se move com liberdade, qual seja onde haja lacuna legal, ou do precedente, mas tal não autoriza que assim atue: (a) formulando, mesmo que para a hipótese concreta, regulação detalhada;[38] (b) fazendo valer suas próprias idiossincrasias de crença, inovando a gosto e prazer, mas antes devendo modelar o direito em conformidade com os princípios de moralidade e justiça aceitos no sistema jurídico, evitando destruir as normas vigentes com sua substituição pelo arbítrio ou sentimento individual de justiça.[39]

36. "La jurisdicción constitucional", in Ernst Benda *et al.* (coords.), *Manual de Derecho Constitucional*, p. 834.

37. Ob. cit., pp. 36, 38, 45, 62, 64-65 e 69-71.

38. Amostra evidente da censura feita por Cardozo está no julgamento de parcial procedência de ação popular que questionava validade dos atos presidenciais de contínua demarcação da terra indígena Raposa/Serra do Sol, assentada na qual o Supremo Tribunal Federal (Petição 3.388-RR, Pleno, m.v., Rel. Ministro Carlos Britto, *Informativo STF* 539) fixou, com base em pronunciamento do Ministro Menezes Direito, dezenove condicionamentos.

39. Muito preocupou a Cardozo o exemplo, vivenciado na França, de Paul Magnaud, o bom juiz que, dentre os seus polêmicos julgamentos, propendeu pela descriminalização do adultério, absolvendo as esposas acusadas de infidelidade com base no entendimento de que tal comportamento não trazia prejuízo público, mas somente para a vida dos cônjuges. Descrição completa e pormenorizada do fenômeno é obtida de Carlos Maximiliano: "Uma forma original do Direito Livre, anterior, alias, ao primeiro surto desta doutrina, encontra-se nos julgamentos do Tribunal de primeira instância, de Château-Thierry, presidido e dominado pelo *bom juiz* Magnaud (1889-1904). Imbuído de ideias humanitárias avançadas, o

Daí que as disposições com um elevado grau de determinação configuram obstáculo à atuação ativista, máxime quando portam conteúdo excepcional.

Tornando à jurisdição constitucional, a qual arbitra conflitos nos quais se controverte sobre a validade de ato oriundo dos segmentos políticos do Estado, na doutrina se alvitra uma autolimitação (*judicial self restraint*) do exercício das funções dos tribunais e cortes constitucionais.

Contudo, ao se procurar traçar os contornos dessas limitações, não se mostra aceitável que tal conduza a levar o guardião da Constituição a reduzir suas legítimas funções, abdicando de sua energia para adotar aquelas decisões que tendem a legar de especial valor os postulados estruturais daquela.

Muitas vezes a renúncia em decidir sobre determinadas matérias, a demonstrar um sentimento de impotência, é capaz de ser mais prejudicial à boa convivência da sociedade política do que a decisão que exceda aos confins demarcados à atuação do defensor da Constituição.

O exemplo brasileiro nos oferta mostra disso. É a hipótese do injustamente obscurecido julgamento da ADI 1.822-4-DF.[40]

Formulado pelo Partido Popular Socialista – PPS, o pedido se destinava à declaração de inconstitucionalidade da expressão "UM TERÇO", constante do inciso I e do inciso II do § 2º, dos §§ 3º e 4º, do art. 47 da Lei n. 9.504/1997, os quais disciplinam a distribuição de tempo de propaganda eleitoral gratuita nas disputas, estatuindo que, quanto a um terço, tal ocorre igualitariamente, e, quanto a dois terços, proporcionalmente ao número de representantes do partido ou coligação na Câmara dos Deputados.

Pretendia-se que restasse apenas dos textos normativos atacados a expressão igualitariamente, de modo que o tempo de propaganda gratuita fosse dividido, em partes iguais, entre os partidos que apresentassem candidatos para os mandatos correspondentes.

Para tanto, invocou-se, em suma, que se cuidava de negativa de tratamento igualitário entre partidos ou coligações, o que implicava, por via reflexa, negação do pluralismo político, pois o acesso ao

magistrado francês redigiu sentenças em estilo escorreito, lapidar, porém afastadas dos moldes comuns. Mostrava-se clemente e atencioso para com os fracos e humildes, enérgico e severo com opulentos e poderosos. Nas suas mãos a lei variava segundo a classe, mentalidade religiosa ou inclinações políticas das pessoas submetidas à sua jurisdição. Na esfera criminal e correcional, e em parte na civil, sobressaiu o *Bom Juiz*, com exculpar os pequenos furtos, amparar a mulher e os menores, profligar erros administrativos, atacar privilégios, proteger o plebeu contra o potentado. Não jogava com a Hermenêutica, em que nem falava sequer. Tomava atitudes de tribuno; usava de linguagem de orador ou panfletário; empregava apenas argumentos humanos, sociais, e concluía o ato, dando razão a este ou àquele sem se preocupar com os textos. Era um vidente, apóstolo, evangelizador temerário, deslocado no pretório. Achou depois o seu lugar – a Câmara dos Deputados; teve a natural coorte de admiradores incondicionais – os teóricos da anarquia. Os socialistas não iam tão longe; seguiam-no a distância, com as necessárias reservas expressas" (*Hermenêutica e Aplicação do Direito*, 9ª ed., 2ª tir., p. 83). Em seguida, o autor (loc. cit., pp. 83-84) não poupou críticas mordazes, dentre as quais a de que: (a) toda vez que o magistrado se deixa guiar pelo sentimento, a solução do litígio se degenera em loteria, tornando-se inseguro e desconhecido o modo de cumprimento da lei; (b) embora não deva o juiz considerar a lei desprovida de lacunas, sem elastério, ou deixar de adaptá-la às circunstâncias do momento, ele somente completa o texto, não podendo corrigir a sua essência nem jamais substituí-la.

40. Pleno, v.u., Rel. Ministro Moreira Alves, *DJU* 10.12.1999.

debate político não ocorreria em igualdade de condições.

A decisão foi pela impossibilidade jurídica do pedido, uma vez que a procedência de tal postulação transformaria o Judiciário de legislador negativo para legislador positivo.

Uma pena. O resultado da acolhida do pleito, ao contrário do prenunciado, enriqueceria nosso sistema representativo, com a exclusão da desigualdade existente entre as diversas correntes políticas, retratada por se colocar em posição de vantagem, para um pleito seguinte, determinado partido tendo em vista o seu êxito em disputa eleitoral passada. Todos os partidos têm de iniciar a competição em condições de igualdade, não se podendo conferir a algum deles vantagem pelo só fato de ter obtido melhor sucesso em pleito passado, pena de estar-se consagrando o que se chegou denominar de constituição semântica, a qual se materializa como espécie ideal implantada para o fim de assentar o poder de um grupo dominante.[41]

Ao contrário da visão da Suprema Corte norte-americana no caso *Baker vs. Carr*, perdeu-se, nestas plagas, oportunidade tendente à concretização de uma saudável reforma política, capaz de prescindir da decisão proferida no MS 26.602-3-DF.[42]

Com o devido respeito, referido julgamento consistiu manifestação equivocada de ativismo. Isto por três razões. A primeira delas foi a não observância de critério de hermenêutica segundo o qual as normas restritivas de direito – e aqui a restritiva da cidadania passiva – hão de ser interpretadas estritamente. No caso, a superação desse critério se deu com a agravante de que coube à Lei Maior (art. 55, I a VI) a reserva de competência para enunciar as hipóteses de perda do mandato parlamentar.

Num segundo momento, o conteúdo de um direito fundamental não dispensa sua raiz histórica.[43] Não se pode esquecer que, nos idos da Constituição de 1967 (art. 35, V, e parágrafo único do art. 152), a previsão de ofensa à fidelidade partidária, como causa explícita de perda de mandato funcionou como maneira de coagir os parlamentares da base governista à manutenção das pretensões do regime militar.

O afastamento da aplicação do instituto quanto à eleição presidencial indireta, por força de decisão memorável do Tribunal Superior Eleitoral, permitiu que o Brasil passasse a uma nova fase de sua vida política.

Por isso, o retorno da fidelidade partidária para respaldar perda de mandato político, sem que haja sua menção no texto sobranceiro, configura arbítrio de maior gravidade do que o sistema moldado pelo regime político anterior.

Num terceiro lugar, a aplicação da orientação jurisprudencial em comento, com o passar do tempo, poderá, diante dos comandos dos partidos por pequenos grupos, conduzir-nos ao retorno à situação assemelhada à vivenciada pela República Velha, com o favorecimento ao predomínio do poder nas mãos de oligarquias. Ao

41. A esse respeito, consultar Karl Loewenstein (*Teoría de la Constitución*, pp. 220-222).

42. STF, Pleno, m.v., Rel. Ministro Eros Grau, *DJe* 16.10.2008.

43. Destacar Magdalena Correa Henao (*La Limitación de los Derechos Fundamentales*, 1ª ed., pp. 81-82) que, a propósito da análise de decisão do Tribunal Constitucional espanhol (STC 11/1981), o conteúdo essencial de um direito fundamental está vinculado à sua dimensão constitucional extraída da tradição jurídica que deve ser preservada por ser expressão de valores supremos do ordenamento.

futuro caberá referendar ou não o desenlace de tal resultado.

Feito esse aporte à experiência jurisprudencial brasileira, cabe-se haurir de Helmut Simon[44] o apontar de alguns parâmetros que devem ser seguidos. O primeiro deles está na liberdade de conformação de que dispõe o legislador, salvo se, para a disciplina de determinada matéria, a Constituição fixou mandatos ou proibições.

Dentre os sete métodos que enumera como empregados pelas cortes constitucionais alemães à própria contenção de sua missão, Bachof[45] desenvolve três que têm a ver com essa recomendação, quais sejam: (a) o respeito aos fins políticos que teve em vista o legislador, os quais não podem ser controlados em sua exatidão nem em sua oportunidade, não competindo às cortes constitucionais decidir se a regulação adotada é a mais adequada ou a mais sensata; (b) é permitido ao legislador, ao fundamentar suas decisões, dar preferência a determinadas valorações em detrimento de outras, não podendo a corte constitucional corrigi-lo, exceto se incidir numa motivação indubitavelmente refutável ou manifestamente equivocada; (c) encontra-se a corte constitucional obrigada a aceitar os prognósticos do legislador relacionados com o desenrolar futuro da lei aprovada, ressalvando-se, mais uma vez, apenas aqueles que se encontrarem manifestamente equivocados, como sucedeu com reforma municipal em Baden-Württemberg.

Outra advertência – assinala Simon – é a de que as cortes constitucionais, em havendo dúvida, renunciem a uma cada vez mais elaborada interpretação em prol da confiança na autorregulação pelo processo político dos temas mais controvertidos.

Daí chamar atenção, nos países da América Latina, a questão da efetividade dos direitos sociais, ou de prestação. O conselho de Peter Härbele,[46] ao ser indagado sobre o tema, consiste em que, nos países em desenvolvimento, a jurisdição constitucional irá bem caso se abstiver um pouco das questões de repercussão econômica e social, restringindo-se à garantia das garantias sociais mínimas necessárias à sobrevivência do ser humano, tendo em vista que, primeiramente, hão de ser criadas as riquezas para sua distribuição, atitude para a qual há que preponderar prioritariamente o agir do legislador e o do governo. O ativismo judicial, em tais Estados, segundo o autor, deveria centrar sua atenção na concretização dos direitos fundamentais clássicos e da democracia pluralista.

Por isso, é de ser afirmado que a atuação do Judiciário na efetivação dos direitos fundamentais há de pautar-se pela existência de normas que portem densidade normativa suficiente, ou quando indispensável assegurar-se o mínimo existencial.

Isso não resulta em crítica aos salutares pronunciamentos do Supremo Tribunal Federal nos MI 670-9-ES[47] (direito de greve do servidor público) e 721-7-DF[48] (aposentadoria especial do servidor público).

O que sucedeu foi o emprego, diante de controvérsias concretas, do critério da analogia, hábil para colmatar lacunas legislativas, nos termos do art. 4º da Lei

44. Ob. cit., pp. 850-857.

45. Ob. cit., pp. 845-846.

46. Ob. cit., pp. 2-3.

47. Pleno, m.v., Rel. Ministro Eros Grau, *DJe* 31.10.2008.

48. Pleno, v.u., Rel. Ministro Marco Aurélio, *DJe* 30.11.2007.

de Introdução ao Código Civil, sendo de considerar-se, principalmente quanto ao segundo dos julgados, a necessidade de prevalência do princípio da igualdade. Não é possível, por exemplo, admitir que empregado de hospital privado, que trabalhe habitualmente exposto a radiação, possa usufruir de redução de tempo de serviço para fins de aposentadoria, enquanto o mesmo não se aplica em favor de funcionário público que labore em idêntica situação. A investidura no serviço público, sob o regime estatutário, não impede que a radiatividade venha a produzir seus danosos efeitos à saúde humana.

Por outro lado, o Supremo Tribunal Federal não emitiu disciplina permanente, mas provisória, estando sua subsistência sob condição resolutiva da atuação do legislador, traçando a disciplina de ambos os temas.

De considerar que restou respeitada a primazia do legislador para dispor sobre tais assuntos. O ingresso do Judiciário somente ocorreu, diante da longa inércia legislativa,[49] da necessidade de se ofertar respostas a fatos sociais que passaram a se renovar com assiduidade, os quais eram resultantes ora de inúmeros movimentos paredistas, ora da necessidade de solucionar os pleitos de inúmeros funcionários públicos após longo tempo de trabalho em condições semelhantes a trabalhadores da iniciativa privada, favorecidos pela redução do tempo de serviços em face do exercício de atividades penosas, insalubres e perigosas. Daí se observa que, em boa parte, o ativismo judicial à brasileira resulta do esquecimento do Congresso Nacional em regular alguns temas suscetíveis de acarretar ponderável repercussão.

A revelação da importância do legislador se centra também na técnica da interpretação conforme a Constituição, cuja formulação inicial pode ser tributada aos norte-americanos, e que consiste no aproveitamento da norma, desde que, dentre os vários sentidos nos quais possa ser compreendida, um deles se harmonize com o texto sobranceiro.

O desenvolvimento do método pelas cortes constitucionais europeias conduziu ao reconhecimento das sentenças aditivas, as quais, além de conservarem a obra do legislador, permitem a salvaguarda e o desenvolvimento de outros princípios e valores constitucionais, notadamente o da isonomia.[50]

Não se podem olvidar ainda outros cuidados. Um deles é a necessidade da corte constitucional em valorizar a atividade legislativa, pondo o tribunal em condições de conhecimento da realidade dos fatos, sendo salutar uma atividade de instrução, na qual se permita a participação de segmentos sociais e políticos para a coleta de informações sobre determinados aspectos da complexa vida coletiva a que se refere o ato normativo cuja validade é questionada.

49. Só para se ter uma ideia, quanto à aposentadoria especial do funcionário público, a previsão de sua possibilidade, em sede constitucional, origina-se do art. 191, § 4º, da Lei Magna de 1946, de sorte que a mora legislativa já prolongava por aproximadamente sessenta e um anos quando do julgamento do MI 721-7-DF. No particular da greve no serviço público, o julgamento do MI 670-9-ES se completou quando a Constituição vigente já tinha completado dezenove anos.

50. Não esquecer que as sentenças aditivas não constituem um apanágio ilimitado, encontrando algumas restrições, como as inerentes às searas nas quais emergem o monopólio da atividade legislativa como garantia individual, servindo de exemplo o direito penal (definição de crimes e penas) e o tributário (criação e majoração de tributos), bem como hipóteses de criação de despesa pública.

A interpretação, para o fim de desembocar na invalidade de uma norma, não mais pode cingir-se ao cotejo do teor literal desta com o da Constituição. Há uma enorme necessidade de conhecimento, pelos órgãos de jurisdição constitucional, das inúmeras particularidades vivenciadas pela, cada vez mais complexa, realidade social. A lei não mais pode ser analisada isoladamente como uma previsão que serve de guia para uma sociedade ideal.[51]

Esse cuidado se apresenta essencial no âmbito do contencioso que envolva o controle de atos administrativos, a mostrar a dificuldade de exame – e consequente substituição – das escolhas realizadas pelos administradores.

Considerando-se a repercussão política das decisões que versam sobre interpretação constitucional, sejam ou não oriundas da dita fiscalização abstrata, importante é que o Judiciário reflita sobre as consequências de ordem econômica, política e social, que podem acarretar as suas decisões, pois jamais foi objetivo da Constituição construir uma comunidade ingovernável e injusta.[52]

Tais decisões, por implicarem resultados falsos constitucionalmente, devem induzir o juiz a uma nova verificação acerca do assunto, podendo então adotar outra interpretação que se manifeste mais satisfatória para a efetividade da Constituição.

Isso ocorre com assiduidade nos sistemas influenciados pelo *common law*, nos quais é permitido ao tribunal justificar o seu afastamento do precedente (*overruling*) quando se verifica que o mesmo tribunal, ou superior, aporta na conclusão de que aquela orientação ensejou a formação de um *bad law*.

Interessante exemplo ocorreu por ocasião do julgamento da ADI 1.232,[53]

51. Nesse particular, invocável lição de Gilmar Mendes (*Curso de Direito Constitucional*, 2ª ed., p. 1.126), para quem a Lei n. 9.868/1999, ao moldar o seu art. 9º, § 1º, afastou-se do modelo hermenêutico clássico, o qual sugere que o controle de validade de normas seja feito mediante o puro contraste entre a norma examinada e a norma parâmetro, alargando-se para permitir uma investigação harmonizada entre os elementos fáticos e jurídicos. A preocupação – advirta-se – não é recente, já estando prevista pela doutrina americana no primeiro quartel da centúria passada, não sendo à toa que Benjamin Cardozo (*La Naturaleza de la Función Judicial*, p. 41) advertiu que os tribunais, com constância, foram equivocadamente levados ao julgamento da validade de uma lei, não por falta de compreensão dos institutos jurídicos, mas pela incompreensão dos fatos, conforme sucedeu em Nova York que, em 1907, foi invalidada uma lei que proibia o trabalho noturno das mulheres, mas que, em 1915, com um conhecimento mais completo, proporcionado por estudos e informes conduzidos por assistentes sociais, lei semelhante foi tida como razoável e válida. Por isso, acentuou: "Los tribunales saben hoy que no se debe considerar a las leyes aisladamente o *in vacuo*, como pronunciamientos de principios abstractos para la guía de una comunidad ideal, sino en el contorno y la armazón de las condiciones actuales, tal como son reveladas por los trabajos de los economistas y estudiosos de las Ciencias Sociales en nuestro propio país y en el extranjero" (ob. cit., pp. 41-42).

52. De interesse recordar apreciação da ADI 4-DF (Pleno, m.v., Rel. Ministro Sydney Sanches, *DJU* 25.6.1993, p. 12.637), assentada na qual foi reconhecida a não aplicabilidade imediata do § 3º da redação originária do art. 192 da Constituição. Muito embora se possa vislumbrar em dito preceito, por sua estrutura linguística, condições de sua incidência direta, sem intervenção do legislador, o pensar prevalecente foi mais sensato em evitar resultados gravosos à economia nacional, pois se afigura absurdo, só por si, que se atribua à Lei Fundamental, cuja estabilidade de seus preceitos é característica irrenunciável, competência para fixar taxa de juros, as quais variam ao sabor das oscilações da política econômica.

53. Pleno, m.v., Rel. Ministro Ilmar Galvão, *DJU* 1.6.2001.

ao ser assentada a constitucionalidade do art. 20, § 3º, da Lei n. 8.742/1993, que estabelece para a demonstração da miserabilidade, indispensável à fruição do benefício assistencial, critério matemático. Na ocasião, foi recusada ressalva do Relator, no sentido de permitir ao magistrado do feito, em situações especiais, compreender presente a miserabilidade mesmo quando a renda familiar superar um quarto do salário mínimo. Vislumbrada, posteriormente, a manifesta inadequação do entendimento, bem assim o seu prejuízo ao objetivo da política assistencial do Estado brasileiro, os Ministros do Supremo Tribunal Federal, novamente examinando o assunto sob debate, durante decisões monocráticas, vêm, sob fundamentos diversos, negando seguimento, ou denegando liminar, nas várias reclamações ajuizadas pelo INSS contra deliberações que dissentem da rigidez da orientação firmada na ADI 1.232.[54] Satisfatório haver o assunto sido resolvido dessa forma, porque, do contrário, teríamos o predomínio da inacreditável pretensão de solapamento da equidade.

Ainda em torno desse particular, noticia Bachof[55] que as cortes constitucionais, em situações onde a inconstitucionalidade assoma como manifesta, mas que do vazio normativo possa advir gravosos resultados, têm concebido, dentro do imprescindivelmente necessário, traçar uma disciplina provisória para que o legislador, sob a pressão do tempo, formule uma nova e válida disciplina. Foi, entre nós, a hipótese que prevaleceu na ADI 3.682-3-MT,[56] até que o problema foi solucionado pela EC 57/2008.

Aspecto interessante condiz com a chamada mutação constitucional. Pela magnitude de sua eficácia prática equivaler a transmudar a corte constitucional em constituinte reformador, amoldando a Constituição ao evolver da sociedade, não esconde um limite óbvio, conforme afirma Hesse,[57] consistente na inadmissibilidade de resultar em interpretação que esteja em aberta contradição com o texto constitucional.

V – Síntese conclusiva

Ao final das considerações tecidas, torna-se possível sumariar os remates abaixo:

a) a impossibilidade do legislador em acompanhar a movimentação dos fatos sociais, com a mesma rapidez que estes se desenrolam, faz com que o ponto elevado de um sistema jurídico consista no dom criador do juiz quando, através do desenvolvimento dos seus princípios nucleares, desincumbe-se da solução dos casos concretos;

b) a partir da segunda metade do século pretérito, coube à Constituição, em substituição aos códigos, condensar os princípios e valores que informam e justificam o ordenamento, decorrendo daí o atributo da jurisdição constitucional para concretizar e desenvolvê-los, tarefa para a qual é inevitável o engenho criativo;

54. Consultar: Rcl 4.374, Rel. Ministro Gilmar Mendes, *DJ* 26.2.2007; Rcl 3.805-SP, Relatora Ministra Cármen Lúcia, *DJ* 18.10.2006; Rcl 4.422-RS, Rel. Ministro Celso de Mello, *DJ* 30.6.2006; Rcl 4.133-RS, Rel. Ministro Carlos Britto, *DJ* 30.6.2006; Rcl 4.366-PE, Rel. Ministro Ricardo Lewandowski, *DJ* 1.6.2006; Rcl 4.280-RS, Rel. Ministro Sepúlveda Pertence, *DJ* 30.6.2006 e Rcl 4.164-RS, Rel. Ministro Marco Aurélio, *DJ* 29.5.2006.

55. Ob. cit., pp. 848-849.

56. Pleno, v.u., Rel. Ministro Gilmar Mendes, *DJU* 6.9.2007.

57. "Significado de los derechos fundamentales", in Ernst Benda *et al.* (coords.), *Manual de Derecho Constitucional*, p. 83.

c) os contornos atuais que impregnam o Estado de Direito se afastam de concepção majoritariamente formal, privilegiando, pelo contrário, uma ordem material de valores, de modo a temperar a crença de que a democracia não se resume à fonte popular do poder, antes reclamando o controle deste e a guarda da Constituição, o que legitima a ação interpretativa da jurisdição para a desenvolução dos comandos e princípios eleitos pelo constituinte originário;

d) a conquista da competência de interpretar, de forma vinculativa, a Constituição por parte da jurisdição constitucional, não implica concessão a esta da soberania estatal por completo, com o aniquilamento da função legislativa e de governo, justificando-se a limitação de sua atividade de controle, evitando, contudo, que tais restrições conduzam à impotência de sua missão.

Bibliografia

BACHOF, Otto. "Nuevas reflexiones sobre la jurisdicción constitucional entre derecho y política". Trad. León Cortiñas-Peláez. *Boletín Mexicano de Derecho Comparado* 57/842-843, ano XIX, set.-dez./1986.

BORK, Robert H.; e TRIBE, Laurence H. "Interpretação da Constituição: o que pretendiam os fundadores – Os limites da originalidade", *Revista de Direito Público* 93/10, ano 23, jan.-mar./1990.

BRETONE, Mário. *História do Direito Romano*. Trad. Isabel Teresa Santos e Hossein Seddighzadeh Shooja. Lisboa, Editorial Estampa, 1998.

BUJÁN, Antonio Fernández. *Derecho Público Romano y Recepción del Derecho Romano en Europa*. 5ª ed. Madri, Civitas, 2000.

CAPPELLETTI, Mauro. "Necesidad y legitimidad de la justicia constitucional", in *Tribunales Constitucionales Europeos y Derechos Fundamentales*. Trad. Luis Aguiar de Luque e Ma. Garcia Rubio de Casas. Madri, Centro de Estudios Constitucionales, 1984, pp. 622-633.

CARDOZO, Benjamin Nathan. *La Naturaleza de la Función Judicial*. Trad. Eduardo Ponssa. Granada, Editorial Comares, 2004.

CARVAJAL SÁNCHEZ, Bernardo. *El Principio de Dignidad de la Persona Humana en la Jurisprudencia Constitucional Colombiana y Francesa*. Bogotá, Instituto de Estudios Constitucionales Carlos Restrepo Piedrahita, 2005.

COELHO, Inocêncio Mártires. *Interpretação Constitucional*. 2ª ed. Porto Alegre, Sergio Antonio Fabris Editor, 2003.

CORDEIRO, António Menezes. *Tratado de Direito Civil Português*. 2ª ed. Coimbra, Almedina, 2000.

DARNTON, Robert. *Os Dentes Falsos de George Washington - Um Guia Não Convencional para o Século XVIII*. Trad. José Geraldo Couto. São Paulo, Cia. das Letras, 2005.

ENGISCH, Karl. *Introdução ao Pensamento Jurídico*. Trad. J. Baptista Machado. 9ª ed. Lisboa, Fundação Calouste Gulbenkian, 2004.

FERRER, Juan de la Cruz. "La elaboración y desarrollo de la teoría de los principios generales del derecho publico francés". *Revista de Administración Pública* 111/441, set.-dez./1986.

FLÓREZ VALDÉS, Joaquin Arce y. *Los Principios Generales del Derecho y su Formulación Constitucional*. Madri, Civitas, 1990.

GARCIA DE ENTERRÍA, Eduardo. *La Constitución como Norma y el Tribunal Constitucional*. Madri, Civitas, 1985.

GOUVEIA, Jorge Barcelar. *O Valor Positivo do Acto Inconstitucional*. Lisboa,

Associação Acadêmica da Faculdade de Direito de Lisboa, 1992.

HAMILTON, Alexander; MADISON, James; e JHON, Jay. *O Federalista – Um Comentário à Constituição Americana*. Trad. Reggy Zacconi de Moraes. Rio de Janeiro, Ed. Nacional de Direito, 1959, p. 314.

HENAO, Magdalena Correa. *La Limitación de los Derechos Fundamentales*. 1ª ed. Bogotá, Instituto de Estudios Constitucionales Carlos Restrepo Piedrahita, 2003.

HESSE, Conrado. "Significado de los derechos fundamentales", in BENDA, Ernst *et al.* (coords.). *Manual de Derecho Constitucional*. Trad. Antonio López Pina. Madri, Marcial Pons, 1996, p. 83.

KASER, Max. *Direito Privado Romano*. Trad. Samuel Rodrigues e Ferdinand Hämmerle. Lisboa, Fundação Calouste Gulbenkian, 1999.

LOEWENSTEIN, Karl. "La función política del Tribunal Supremo de los Estados Unidos – Comentario en torno al caso *Baker vs. Carr*". Trad. Manuel Medina. *Revista de Estudios Políticos* 133/5-39, jan.-fev./1964.

MAXIMILIANO, Carlos. *Hermenêutica e Aplicação do Direito*. 9ª ed., 2ª tir. Rio de Janeiro, Forense, 1981.

MENDES, Gilmar. *Curso de Direito Constitucional*. 2ª ed. São Paulo, Saraiva, 2008.

NOBRE JÚNIOR, Edilson Pereira. "Administração Pública, legalidade e pós-positivismo", in BRANDÃO, Cláudio; CAVALCANTI, Francisco; e ADEODATO, João Maurício (coords.). *Princípio da Legalidade. da Dogmática Jurídica à Teoria do Direito*. Rio de Janeiro, Forense, 2009, pp. 203-220.

PORTALIS, Jean Marie Etienne. *Discurso Preliminar al Código Civil Francés*. Introdução e trad. I. Cremades e L. Gutiérrez-Masson. Madri, Civitas, 1997.

RADBRUCH, Gustav. *El Espíritu del Derecho - Derecho Inglés*. Madri, Marcial Pons, 2001, p. 43.

RICHARDS, David A. J. "La intención de los constituyentes e la interpretación constitucional". Trad. Enrique Alonso García. *Revista del Centro de Estudios Constitucionales* 1/169, set.-dez./1988.

RIVERO, Jean. *Direito Administrativo*. Trad. Rogério Ehrhardt Soares. Coimbra, Almedina, 1981.

RODRÍGUEZ, José Julio Fernández. *La Justicia Constitucional Europea ante el Siglo XXI*. Trad. Juan Carlos Peg Ros. 2ª ed. Madri, Tecnos, 2002, pp. 148-150.

ROSS, Alf. *Teoría de las Fuentes del Derecho – Una Contribución a la Teoría del Derecho Positivo sobre la Base de Investigaciones Histórico-Dogmáticas*. Trad. José Luis Muñoz de Baena Simón, Aurelio de Prada Garcia e Pablo López Pietsch. Madri, Centro de Estudios Políticos y Constitucionales, 1999.

SÁNCHEZ, Bernardo Carvajal. *El Principio de Dignidad de la Persona Humana en la Jurisprudencia Constitucional Colombiana y Francesa*. Bogotá, Instituto de Estudios Constitucionales Carlos Restrepo Piedrahita, 2005, p. 147.

SARLET, Ingo. "Algumas notas em torno da relação entre o princípio da dignidade da pessoa humana e os direitos fundamentais na ordem constitucional brasileira", in LEITE, George Salomão (org.). *Dos Princípios Constitucionais*. São Paulo, Malheiros Editores, 2003, pp. 223-224 e 227-228.

SCHMITT, Carl. *Teoría de la Constitución*. Trad. Francisco Ayala. Madri, Alianza Editorial, 1996.

SCHMITT, Carl. *Legalidade e Legitimidade*. Trad. Tito Lívio Cruz Romão. Belo Horizonte, Dey Rey Editora, 2007, p. 25.

SECONDAT, Charles-Louis de. *O Espírito das Leis*. Trad. Fernando Henrique Cardoso e Leôncio Martins Rodrigues. Brasília, Ed. UnB, 1982, p. 110.

SIMON, Helmut. "La jurisdicción constitucional", in BENDA, Ernst *et al.* (coords.). *Manual de Derecho Constitucional*. Trad. Antonio López Pina. Madri, Marcial Pons, 1996, p. 854.

VALADÉS, Diego (org.). *Conversas Acadêmicas com Peter Härbele*. São Paulo, Saraiva, 2009, p. 98.

O ABUSIVO CONTROLE ADMINISTRATIVO DE DECISÕES JUDICIAIS PELO CONSELHO DA JUSTIÇA FEDERAL – GRAVE ATENTADO À SEGURANÇA JURÍDICA DO ESTADO DEMOCRÁTICO DE DIREITO

ANTONIO SOUZA PRUDENTE

Graduado em Direito pelas Arcadas do Largo São Francisco (USP/SP).
Mestre e Doutor em Direito Público pela Universidade Federal de Pernambuco (UFPE).
Professor Decano do Curso de Direito da Universidade Católica de Brasília (UCB).
Desembargador Federal do TRF-1ª Região

Com a redação da Emenda Constitucional n. 45, de 2004, o Conselho da Justiça Federal, que funciona junto ao Superior Tribunal de Justiça, tem *competência para exercer, na forma da lei, a supervisão administrativa e orçamentária da Justiça Federal de primeiro e segundo graus, como órgão central do sistema e com poderes correicionais, cujas decisões terão caráter vinculante* (CF, art. 105, parágrafo único, inciso II).

A Lei n. 11.798, de 29 de outubro de 2008, cumprindo a determinação constitucional, dispõe sobre a composição e a *competência do Conselho da Justiça Federal*, no sentido de *atribuir-lhe, tão somente, a supervisão orçamentária e administrativa da Justiça Federal de primeiro e segundo graus, como órgão central do sistema* (art. 5º, incisos I a XII), com poder correicional, tendo as suas decisões caráter vinculante, no âmbito da Justiça Federal de primeiro e segundo graus (art. 5º, parágrafo único).

Na atenta observação de Uadi Lammêgo Bulos, as funções do Conselho da Justiça Federal mantêm significativa correspondência com aquelas desempenhadas pelos Conselhos Superiores da Magistratura de Portugal (Constituição da República Portuguesa, arts. 219º e 220º). Tais Conselhos não logram, portanto, competência para interferir na independência interna da magistratura. Não lhes cabe obstacularizar, por via direta ou oblíqua, o livre exercício das atividades funcionais e institucionais da judicatura, sob pena de desvirtuar o seu desiderato constitucional (in Uadi Lammêgo Bulos, *Curso de Direito Constitucional*, 5ª ed., Saraiva, 2010, p. 1.330).

Nessa exegese constitucional, tudo que a Suprema Corte já proclamou sobre *a natureza jurídica e a competência exclusivamente administrativa do Conselho Nacional de Justiça e do Tribunal de Contas da União aplica-se em plenitude ao Conselho da Justiça Federal*, nos tópicos seguintes:

"*As decisões dos magistrados no âmbito do processo não são passíveis de revisão pelo CNJ*, cuja competência, como bem ressaltaram os requerentes, cinge-se à esfera administrativa, envolvendo também a fiscalização da atuação funcional do Juiz."

Nesse sentido foi a fundamentação da decisão do Juiz Auxiliar da Presidência, atuando com fundamento na Portaria 23, emitida pela Ministra Presidente do CNJ:

"Com efeito, *a competência fixada para este Conselho é restrita ao âmbito administrativo do Poder Judiciário*, pelo que *não pode intervir em conteúdo de decisão judicial, seja para corrigir eventual vício de ilegalidade ou nulidade, seja para inibir o exercício regular dos órgãos investidos de jurisdição. Para reverter eventuais provimentos que considera incorretos, ilegais ou desfavoráveis aos seus interesses, deve a parte valer-se dos meios processuais adequados*.

"(...)."

Não se desconhece que o Conselho Nacional de Justiça – embora incluído na estrutura constitucional do Poder Judiciário – qualifica-se como órgão de caráter eminentemente administrativo, não dispondo de atribuições institucionais que lhe permitam exercer fiscalização da atividade jurisdicional dos magistrados e Tribunais.

Esse entendimento – que põe em destaque o perfil estritamente administrativo do Conselho Nacional de Justiça e que não lhe reconhece competência constitucional para intervir, legitimamente, em matéria de índole jurisdicional (Sérgio Bermudes, *A Reforma do Judiciário pela Emenda Constitucional n. 45*, Forense, 2005, pp. 19-20, item n. 2) – foi bem sintetizado na lição de Nelson Nery Júnior e Rosa Maria de Andrade Nery (*Constituição Federal Comentada e Legislação Constitucional*, Ed. RT, 2006, p. 302, item n. 2):

"*Conselho Nacional de Justiça. Natureza Jurídica*. O CNJ é órgão do Poder Judiciário (...), *mas sem jurisdição*, vale dizer, é órgão judicial, mas não jurisdicional. *Órgão administrativo* de controle externo do Poder Judiciário e da atividade da Magistratura (...), *o CNJ não tem função jurisdicional*, cabendo-lhe fiscalizar a gestão financeira e administrativa do Poder Judiciário e o cumprimento do dever funcional dos juízes (...). *Ao CNJ não cabe controlar a função jurisdicional do Poder Judiciário e de seus membros, razão por que não pode rever nem modificar decisão judicial*, isto é, *não tem competência recursal*.

"(...)."

Vale registrar, por relevante, que essa mesma percepção em torno da matéria – no sentido de que a competência constitucional do Conselho Nacional de Justiça não compreende a revisão de atos jurisdicionais – foi igualmente revelada, por esta Suprema Corte, quando do julgamento da ADI 3.367-DF, Rel. Ministro Cezar Peluso, como o evidencia o acórdão do plenário que, no ponto ora em análise, está assim ementado:

"(...) 2. *Inconstitucionalidade*. Ação direta. Emenda Constitucional n. 45/2004. Poder Judiciário. *Conselho Nacional de Justiça*. Instituição e Disciplina. *Natureza meramente administrativa. Órgão interno de controle administrativo, financeiro e disciplinar da magistratura. Constitucionalidade reconhecida. Separação e independência dos Poderes*. História, significado e alcance concreto do princípio. Ofensa à cláusula constitucional imutável (cláusula pétrea). Inexistência. *Subsistência do núcleo político do princípio, mediante preservação da função jurisdicional, típica do Judiciário, e das condições materiais do seu exercício imparcial e independente*. Precedentes e Súmula 649. Inaplicabilidade ao caso. Interpretação dos arts. 2º e 60, § 4º, III, da CF. Ação julgada improcedente. Votos vencidos. São constitucionais as normas que, introduzidas pela Emenda Constitucional n. 45, de 8 de dezembro de 2004, instituem e disciplinam o Conselho Nacional de Justiça, como órgão administrativo do Poder Judiciário nacional."

Mostra-se importante destacar, em face da absoluta pertinência que guarda com o caso em exame, fragmento do voto que o eminente Ministro Eros Grau proferiu no já referido julgamento da ADI 3.367-DF:

"De resto – e este ponto é de fundamental importância – *ao Conselho Nacional de Justiça não é atribuída competência nenhuma que permita a sua interferência na independência funcional do magistrado. Cabe a ele, exclusivamente, o controle da atuação administrativa e financeira do Poder Judiciário*, no modelo brasileiro de harmonia e equilíbrio entre os poderes, não conformará nem informará nem mesmo afetará – o dever-poder de decidir conforme a Constituição e as leis que vincula os membros da magistratura. O controle que exercerá está adstrito ao plano da atuação administrativa e financeira do Poder Judiciário e do cumprimento dos deveres funcionais do Poder Judiciário e do cumprimento dos deveres funcionais dos juízes. Embora órgão integrante do Poder Judiciário – razão pela qual desempenha autêntico controle interno – não exerce função jurisdicional" (STF, mandado de segurança 27.148-DF, Rel. Ministro Celso de Melo, decisão de 20.5.2010).

Nesse contexto, merece destaque, ainda, a lição clássica de M. Seabra Fagundes, na inteligência de que "o procedimento do Estado, por meio da função jurisdicional, muito se assemelha, como elemento de individualização da lei, ao que é praticado por meio da função administrativa. A função jurisdicional, tanto quanto a administrativa, determina ou define situações jurídicas individuais. À primeira vista, ela se confundiria com a Administração como função realizadora do direito, pois que o ato jurisdicional é tipicamente um ato de realização do direito pela individualização da lei. Expressa a vontade do Estado, pelo preceito normativo, todos os atos destinados a fazê-lo são, sem dúvida, atos de execução, quer os que aparecem como resultado do exercício da função administrativa, quer os decorrentes da atividade jurisdicional. *Mas o momento em que é chamada a intervir a função jurisdicional, o modo e a finalidade, por que interfere no processo realizador do direito, é que lhe dão os caracteres diferentes. O seu exercício só tem lugar quando exista conflito a respeito da aplicação das normas de direito, tem por objetivo específico removê-los, e alcança sua finalidade pela fixação definitiva da exegese*. São, assim, três os seus elementos específicos: a) *como momento do seu exercício – uma situação contenciosa surgida no processo de realização do direito; b) como modo de alcançar a sua finalidade – a interpretação definitiva do direito controvertido; c) como finalidade do seu exercício – o trancamento da situação contenciosa, consequência necessária da interpretação fixada*. (...) Neste modo de intervir, isto é, *na interpretação definitiva do direito controvertido*, é que está o conteúdo do ato jurisdicional, segundo *Duguit*. Este se nos afigura ser o autor que mais nitidamente consegue *caracterizar a função jurisdicional, vinculando-a à operação interpretativa do direito, como necessidade e modo de remover os atentados à ordem jurídica* (*Traité*, cit., vol. 2, p. 422). Com efeito, enquanto atuando simplesmente como função de individualização da regra legal, ela se identifica com a função administrativa pela natureza e pela repercussão dos seus atos. Quando atuante com o objetivo de *fixar a interpretação do direito, com aplicação às situações contenciosas*, trancando desse modo, as *contendas perturbadoras do equilíbrio jurídico, ela se destaca da função administrativa*" (in M. Seabra Fagundes, *Controle dos Atos Administrativos pelo Poder Judiciário*, 6ª ed., Saraiva, 1984, pp. 10-11).

Registre-se, por oportuna, neste tema, a magnífica lição de Celso Antônio Bandeira de Mello, que esclarece, com precisão, os caracteres distintivos das funções administrativa e jurisdicional, bem assim a possibilidade de modificação dos atos praticados no âmbito de cada uma dessas atividades estatais, nas letras seguintes:

"Função jurisdicional é a função que o Estado, e somente ele, exerce por via de decisões que resolvem controvérsias *com força de 'coisa julgada'*, atributo este que corresponde à decisão proferida em última instância pelo Judiciário e que é predicado desfrutado por qualquer sentença ou acórdão contra o qual não tenha havido tempestivo recurso.

"Função administrativa é a função que o Estado, ou quem lhe faça as vezes, exerce na intimidade de uma estrutura e regime hierárquicos e que no sistema constitucional brasileiro se caracteriza pelo fato de ser desempenhada mediante comportamentos infralegais ou, excepcionalmente, infraconstitucionais, *submissos todos a controle de legalidade pelo Poder Judiciário*" (in Celso Antônio Bandeira de Mello, *Curso de Direito Administrativo*, 19ª ed., Malheiros Editores, p. 32).

Com a mesma compreensão, colhe-se da sólida doutrina de Lucas Rocha Furtado o ensinamento aqui proposto: "distingue-se a decisão administrativa da judicial na medida em que a primeira pode ser revista pela própria Administração, por meio de seu poder de autotutela e pelo Poder Judiciário, *ao passo que a decisão judicial somente pode ser revista pelo próprio Poder Judiciário*" (in Lucas Furtado, *Curso de Direito Administrativo*, 1ª ed., Fórum, p. 47).

Neste visor exegético é que o legislador constituinte estabeleceu, na Carta Política Federal de 1988, *o monopólio judiciário do controle jurisdicional*, com a determinação de que "*a lei não excluirá da apreciação do Poder Judiciário lesão ou ameaça a direito*" (CF, art. 5º, XXXV), *abolindo, assim, o contencioso administrativo*, que estava previsto na Constituição revogada, a preservar o princípio sensível da harmonia e independência dos Poderes da República Federativa do Brasil (CF, art. 2º).

Juízes e Tribunais, integrantes do Poder Judiciário, são chamados, assim, constitucionalmente, a compor os conflitos de interesses, com observância do devido processo legal, assegurando-se o contraditório e a ampla defesa, com os meios e recursos que lhe são inerentes, *devendo realizar a solução das lides, em tempo razoável, com a garantia fundamental da segurança jurídica, resultante da coisa julgada material* (CF, art. 5º, LIV, LV, LXXVIII e XXXVI), *para a tutela definitiva dos direitos judicialmente proclamados*.

Neste sistema de garantias constitucionais, expressamente estabelecidas, *não há como admitir-se o abusivo controle administrativo de decisões judiciais pelo Conselho da Justiça Federal, visando rever e rescindir acórdãos do Superior Tribunal de Justiça, já transitados em jul-*

gado, nos autos do RMS 15.294-DF e da Reclamação 2.052-DF (2005/0199253-5), que *garantiram, definitivamente, o direito à incorporação de vantagem pecuniária dos "quintos" a magistrados federais, nos termos da legislação ordinária, observado o teto remuneratório correspondente ao subsídio de Ministro do Supremo Tribunal Federal, sem que houvesse, oportunamente, no prazo legal, o ajuizamento de ação rescisória das referidas decisões judiciais.*

O egrégio Conselho da Justiça Federal, criado pela Constituição da República, *como órgão meramente administrativo, para exercer, na forma da lei, a supervisão administrativa e orçamentária da Justiça Federal de primeiro e segundo graus, com poderes correicionais para tanto, não dispõe de competência nem de atribuições institucionais, que lhe permitam exercer a fiscalização da atividade jurisdicional dos magistrados e Tribunais federais, revendo e rescindindo decisões judiciais, até mesmo com trânsito em julgado, a subverter gravemente, a ordem jurídica, constitucionalmente estabelecida, em violento atentado ao Estado Democrático de Direito.*

Neste sentido, prestigiando *a garantia fundamental da coisa julgada e da segurança jurídica que dela resulta*, o Supremo Tribunal Federal, reiteradamente, vem decidindo, na inteligência de que "*o egrégio Tribunal de Constas da União não dispõe, constitucionalmente, de poder para rever decisão judicial transitada em julgado* (*RTJ* 193/556-587, Rel. Ministro Carlos Velloso), *nem para determinar a suspensão de benefícios garantidos por sentença impregnada da autoridade da coisa julgada* (AI 471-430 – AgR-DF, Rel. Ministro Eros Grau), *ainda que o direito reconhecido pelo Poder Judiciário não tenha o beneplácito da jurisprudência prevalecente no âmbito do Supremo Tribunal Federal, pois a 'res judicata' em matéria civil só pode ser legitimamente desconstituída mediante ação rescisória*" (STF, MS 27.506-DF, Rel. Ministro Celso de Mello, decisão de 7.4.2010).

Diante da constatação desse abusivo controle administrativo de decisões judiciais pelo Conselho da Justiça Federal, deve o Conselho Nacional de Justiça, adotar, até mesmo de ofício, urgentes providências para rever e desconstituir esses atos abusivos, atentatórios às garantias fundamentais do Estado Democrático de Direito (CF, art. 103-B, § 4º, II), *a não se permitir o retorno, neste país, do arbitrário e odioso estado de exceção.*

Brasília (DF), em 21 de julho de 2010.

ATIVIDADE ADMINISTRATIVA DE ORDENAÇÃO DA PROPRIEDADE PRIVADA E TOMBAMENTO: NATUREZA JURÍDICA E INDENIZABILIDADE

José Roberto Pimenta Oliveira

Mestre e Doutor em Direito Administrativo pela PUC/SP.
Professor Assistente-Mestre de Direito Administrativo na PUC/SP.
Procurador da República em São Paulo.

I – Delimitação do objeto. II – A insuficiência metodológica do estudo das formas de intervenção do Estado no domínio a partir da análise isolada de institutos legalmente previstos. III – A atividade administrativa de ordenação da propriedade. IV – A identidade normativa do tombamento como espécie de sacrifício de direito. V – Consequências processuais resultantes da identidade do tombamento como modalidade de sacrifício de direito. VI – O tratamento à indenizabilidade do tombamento na jurisprudência. VII – Conclusões.

I – Delimitação do objeto

Tal como disciplinado no Decreto-lei n. 25/1937, o tombamento acarreta o dever de indenização em favor do proprietário do bem tombado? Este tem sido um dos clássicos questionamentos no estudo deste instituto de direito público, desde a sua positivação no referido Decreto-lei, em torno do qual, passados setenta anos de vigência do quadro normativo, ainda gera relevantes controvérsias doutrinárias no direito administrativo brasileiro.

Com a instauração do Estado Democrático de Direito (art. 1º da CF/1988), urge, pois, que se busque redesenhar a compreensão do instituto, de sorte que possa cumprir a sua relevante função constitucional de instrumento de realização e efetivação de direitos culturais (arts. 215 e 216 da CF/1988), pela garantia de conservação de bens do patrimônio cultural brasileiro que enseja. Isto é necessário para lograr-se o concomitante respeito integral de todos os demais princípios e normas constitucionais regentes da atividade administrativa e direitos fundamentais individuais e coletivos, positivados no Texto Magno.

Eis o escopo do presente ensaio: tentar oferecer uma releitura constitucionalmente atualizada dos efeitos jurídicos indenizatórios que a aplicação do instituto desencadeia, enquanto ato administrativo que tem por conteúdo o reconhecimento de certo bem instrumento como patrimônio cultural brasileiro.

Para tanto, em primeiro lugar, entende-se imprescindível inserir o tombamento dentro de quadro sistemático das formas de intervenção estatal na propriedade. A partir desta integração, estudar-se-á a *identificação jurídico-positiva* do tombamento, em face da legislação existente. Com os traços delineados, almeja-se fornecer sua *alocação jurídico-dogmática*, pressuposto para dar ensejo ao tratamento adequado, ao final, do tema da *indenizabilidade*.

II – A insuficiência metodológica do estudo das formas de intervenção do Estado no domínio a partir da análise isolada de institutos legalmente previstos

Tradicionalmente, o estudo das formas de intervenção do Estado na propriedade tomava como quadro prévio a qualificação da forma interventiva como *desapropriação, servidão administrativa, requisição, ocupação provisória e limitação administrativa*.[1] Daí o infindável (e, nesta ótica, necessário) debate sobre constituir o tombamento uma mera limitação administrativa, uma servidão administrativa ou uma forma de desapropriação, até hoje em voga.

Assim, Hely Lopes Meirelles qualificou o tombamento como limitação administrativa,[2] tal como o fez José Cretella Júnior.[3] Mesmo qualificando-os como limitação, observaram os autores – e as difereciam – as situações em que o tombamento implica o dever de indenizabilidade, catalogando-as a partir do resultado da incidência do regime legal (conforme ocorra a interdição ao uso do bem ou prejuízo à normal utilização do bem com supressão ou redução do seu valor econômico).

Por sua vez, Celso Antônio Bandeira de Mello reputou o tombamento um caso de servidão administrativa,[4] acompanhado por Adilson Abreu Dallari[5] e Ruy Cirne Lima.[6] Também o qualifica como servidão Heraldo Garcia Vitta.[7] Já Antônio Queiroz

1. Cf. Hely Lopes Meirelles, *Direito Administrativo Brasileiro*, 14ª ed., São Paulo, Ed. RT, 1989, pp. 500-540, e Diógenes Gasparini, *Direito Administrativo*, 8ª ed., São Paulo, Saraiva, 2003, pp. 618-629.

2. Hely Lopes Meirelles, *Direito Administrativo Brasileiro*, 14ª ed., cit., p. 538.

3. José Cretella Júnior, "Tombamento-I", in R. Limongi França (coord.), *Enciclopédia Saraiva do Direito*, vol. 74, São Paulo, Saraiva, 1982, p. 6.

4. Celso Antônio Bandeira de Mello, *Curso de Direito Administrativo*, 22ª ed., São Paulo, Malheiros Editores, 2007, p. 874.

5. Adilson Abreu Dallari, "Tombamento", in Lúcia Valle Figueiredo e Adilson Abreu Dallari, *Temas de Direito Urbanístico – 2*, São Paulo, Ed. RT, 1991, pp. 11-16.

6. Ruy Cirne Lima, "Das servidões administrativas", in *Revista de Direito Público*, vol. 5, São Paulo, Ed. RT, ano II, jul.-set./1968, pp. 18-27.

7. Heraldo Garcia Vitta, "Tombamento: uma análise crítica", in *Revista Trimestral de Direito Público*, n. 31, ano 2000, p. 176.

Telles afirma que se trata de limitação ou de servidão.[8] A mesma trilha metodológica seguiu Lúcia Valle Figueiredo, quando afirma que o tombamento pode ora constituir uma desapropriação, ora uma servidão indenizável, ora uma servidão não indenizável.[9]

A doutrina logo percebeu a insuficiência da abordagem vinculada à recondução do tombamento a determinado instituto, a fim de descrever sua natureza jurídica e respectivas consequências indenizatórias.

Alterando parcialmente o critério, diversos foram os autores que propugnaram pela identidade ou autonomia do tombamento como modalidade específica de forma interventiva do Estado no domínio. Nesta linha, encontram-se Diogo de Figueiredo Moreira Neto,[10] Maria Sylvia Zanella Di Pietro,[11] Edmir Netto de Araújo,[12] José dos Santos Carvalho Filho[13] e Robertônio Santos Pessoa.[14] A inclusão do tombamento no rol de modalidades específicas ou institutos jurídicos que concretizam a intervenção do Estado no domínio também foi prestigiada pelo saudoso Celso Ribeiro Bastos.[15]

Mesmo com a adequada introdução categorial do tombamento no panorama geral das formas interventivas – estudadas por tiras – esta metodologia não permitiu descrever com adequação a fenomenologia de incidências das restrições derivadas do tombamento, nos diversos casos concretos, já que despida do prévio estabelecimento do quadro geral (e de seus critérios) que fornece a lógica subjacente à diversidade de modelos de ingerência estatal no domínio, em sua feição contemporânea.

A constante alteração desta atividade de ordenação estatal ao longo do século XX e o consequente surgimento de outras formas interventivas na propriedade tornou insuficiente este critério de abordagem.

A evolução e superação do Estado Liberal pelas estruturas normativas do Estado Social e, a partir da segunda metade do século XX, pelo surgimento do Estado Social e Democrático de Direito, a crescente intervenção administrativa na atividade econômica e social, constitui o móvel que impulsionou a escalada do Estado contra o figurino individualista do direito de propriedade, tendo como momento decisivo a afirmação histórico-jurídica da *função social* deste direito individual. Desde então, para promoção e garantia de diversos interesses coletivos (*v.g.*, urbanísticos, ambientais, culturais, turísticos, artísticos, arqueológicos, etc.) constitucionalmente plasmados, o Estado tem tão somente aperfeiçoado, em forma quantitativa e qualitativa, o instrumental técnico necessário para sua intervenção

8. Antônio Queiroz Telles, *Tombamento e seu Regime Jurídico*, São Paulo, Ed. RT, 1992, p. 43.

9. Lúcia Valle Figueiredo, *Curso de Direito Administrativo*, 8ª ed., São Paulo, Saraiva, 2006, p. 318.

10. Diogo de Figueiredo Moreira Neto, *Curso de Direito Administrativo*, 14ª ed., Rio de Janeiro, Forense, 2005, p. 378.

11. Maria Sylvia Zanella Di Pietro, *Direito Administrativo*, 19ª ed., São Paulo, Atlas, 2006, p. 159.

12. Edmir Netto de Araújo, *Curso de Direito Administrativo*, São Paulo, Saraiva, 2005, p. 1.046.

13. José dos Santos Carvalho Filho, *Manual de Direito Administrativo*, 12ª ed., Rio de Janeiro, Lumen Juris, 2005, p. 716.

14. Robertônio Santos Pessoa, *Curso de Direito Administrativo Moderno*, Rio de Janeiro, Forense, 2003, p. 534.

15. Celso Ribeiro Bastos, *Curso de Direito Administrativo*, São Paulo, Saraiva, 1994, p. 234.

na delimitação e na afetação do direito de propriedade.[16]

Ao aumento da complexidade do fenômeno correspondeu significativa alteração de abordagem metodológica. Mesmo sem abandonar o estudo dos institutos clássicos, percebeu a doutrina que era urgente o descortinamento ou construção de um quadro sistemático, a que todas as formas interventivas pudessem ser reconduzidas, sem prejuízo da constante inovação, remodelação ou mutação das mesmas, ao longo da evolução jurídica.

III – A atividade administrativa de ordenação da propriedade

Em Celso Antônio Bandeira de Mello, que cuidadosamente escrutina todos os delineamentos teóricos das clássicas formas de intervenção estatal no domínio, já se tem a percepção clara de que os critérios formulados pela doutrina não respondem satisfatoriamente às prementes soluções exigidas pela *administrativização* decorrente da intervenção estatal crescente na regulação da propriedade.

Uma forma de tentar assegurar o império da Constituição – e o direito fundamental de propriedade – em face desta tendência avassaladora, própria do estágio de desenvolvimento histórico-econômico da formação social brasileira, foi o esforço doutrinário em isolar as situações de restrições estatais (legislativas e administrativas) ao domínio que ensejassem direito à indenização, a partir do binômio diferenciador *limitações administrativas à propriedade "vs." servidões administrativas indenizáveis*.

Ancorado na doutrina de Renato Alessi, Celso Antônio Bandeira de Mello apartou as hipóteses, observando o seguinte critério prático:

"(1) Se a propriedade não é afetada diretamente pela disposição abstrata da lei, mas em consequência de uma injunção específica da Administração, que individualize o bem ou os bens a serem gravados, está-se diante de uma servidão. Não haveria em tais hipóteses que falar em simples limitação administrativa. Em face disto, caberá indenização sempre que da injunção cogitada resultar um prejuízo para o proprietário do bem alcançado.

"(2) Quando a propriedade é afetada diretamente pela lei, pode ou não configurar-se servidão. Haverá esta, e não mera limitação administrativa, se o gravame implicar uma sujeição especial daquele bem ao interesse coletivo. Entende-se como sujeição especial aquela em que a utilidade social a ser obtida for singularmente fruível pelos membros da coletividade ou pela própria Administração através de seus órgãos, agentes, prepostos etc., consistindo o gravame em um dever de suportar (*pati*) e não simplesmente imposição de *non facere*. (...)."

De fato, a delimitação científica entre *as exigências estatais que conformam a propriedade* e *as imposições estatais que acarretam violação ao direito de propriedade*, constitui uma abordagem publicista adequada ao enfrentamento dos diversos casos em que o fenômeno de incidência da restrição estatal ao domínio não é legislativamente qualificada.

Na mesma trilha, contando com a orientação científica de Celso Antônio Bandeira de Mello, Carlos Ari Sundfeld traçou o regime constitucional do *direito administrativo ordenador*, atividade administrativa orientada para estabelecer

16. O Estatuto da Cidade (Lei n. 10.257/2001) e o Estatuto do Sistema Nacional de Unidades de Conservação da Natureza (Lei n. 9.985/2000) demonstram o aperfeiçoamento quantitativo e qualitativo apontado.

a forma como a Administrativa opera e assegura a configuração e intervenção estatal no âmbito dos direitos individuais.[17]

A vida social exige a harmonização do exercício dos direitos individuais com a tutela de bens e interesses jurídicos valiosos à coletividade, sob pena de propiciar à ordem jurídica as condições para o seu próprio desmantelamento enquanto instrumento regulador das relações intersubjetivas. A convivência pressupõe interesses públicos – tal como delineados na Constituição, nas leis e na atividade administrativa – que demandam a delimitação dos direitos individuais e, certas vezes, o seu sacrifício, para que os primeiros possam ser resguardados no tráfego jurídico e, até mesmo, sejam os últimos assegurados em sua existência. A crescente complexidade da intervenção estatal, via obra legislativa e administrativa, exige uma moldura compreensiva de todas as técnicas, que, ao integrá-las, mantenham sua identidade e legitimidade no rol contemporâneo de intervenção do Estado Social e Democrático de Direito.

Esta atividade estatal de limitação ou intervenção de direitos dos particulares (o que inclui o domínio), com vistas à proteção e/ou realização de interesses da coletividade, é também designada por Santamaría Pastor como "ordenação das atividades privadas", designação mais neutra e adequada, superadora do clássico rótulo "poder de polícia", que faz evocar a existência de poderes exercitáveis sem amparo legal típico do Estado de Polícia não submetido à ordem jurídica. Dentro desta atividade, o eminente autor espanhol classifica as técnicas de ordenação em três grandes classes: as técnicas de informação, as técnicas de condicionamento e as técnicas ablatórias.[18]

Na atividade de ordenação, Carlos Ari Sundfeld também parte de uma dicotomia fundamental. A ordenação se faz ora (i) pela imposição de *condicionamentos administrativos de direitos* (limites, encargos e sujeições), ora se efetua mediante (ii) *sacrifícios de direitos*. No âmbito dos sacrifícios, ora o Estado impõe apenas uma (ii.1) *restrição de direitos*, que abrange hipóteses de *compressão parcial do conteúdo do direito* e *suspensão temporária da fruição do direito*, ora o Estado determina a *extinção do direito*, seja através da *constituição do direito de propriedade em favor do Estado*, seja em consequência da *impossibilidade de utilização funcional do bem*.

Consoante o autor, no tocante aos sacrifícios de direito, observa que a Constituição Federal de 1988 exige (i) acertamento da prévia e justa indenização em dinheiro, ressalvado a hipótese constitucional de requisição de bens (art. 5º-XXV da CF), na medida em que qualquer sacrifício de direito estaria abrangido pelo art. 5º-XXIV da CF; (ii) que, havendo resistência do particular quanto à indenização proposta pela Administração no momento da concretização da ingerência estatal, há necessidade de devido processo judicial para que seja legitimamente imposto e realizado o sacrifício. No tocante ao tombamento, objeto do presente ensaio, conclui o autor que ora pode assumir a forma de condicionamento administrativo do direito de propriedade, ora pode assumir a forma de sacrifício (parcial ou total) do direito de propriedade, dependendo da compostura do caso concreto.

17. Carlos Ari Sundfeld, *Direito Administrativo Ordenador*, São Paulo, Malheiros Editores, 1994, p. 54.

18. Santamaría Pastor, *Principios de Derecho Administrativo*, vol. II, p. 262.

A separação entre condicionamentos e sacrifícios, em Carlos Ari Sundfeld, não está no critério da transferência patrimonial, nem no critério do veículo de instituição do gravame, como ainda afasta o autor a distinção fundada na generalidade ou singularidade da medida. Para o autor, não pode o Estado (seja por ato legislativo, seja por ato administrativo *secundum legem*) ignorar o insuprimível conteúdo mínimo do direito de propriedade. O estabelecimento de condicionamento encontra limite na viabilidade prática e econômica do emprego da coisa.[19]

Das lições do autor pode-se alavancar alguns desenvolvimentos. *Em primeiro lugar*, o aspecto material (*facere*, *non facere* ou *pati*) que resulta da intervenção estatal não responde pela identificação da sua qualificação jurídica como técnica de condicionamento ou técnica de sacrifício. *Em segundo lugar*, como o direito de propriedade foi assegurado como direito fundamental, mesmo que a intervenção estatal se faça por obra do legislador não há como negar-se o direito de justa e prévia indenização em dinheiro, constatando-se que da incidência do regime legal se opera o sacrifício total ou parcial do direito. *Em terceiro lugar*, como o fenômeno depende do resultado do processo de concretização das normas interventivas em cada caso concreto, é possível cogitar de regramentos abstratos cujas repercussões práticas ensejem consequências distintas. *Em quarto lugar*, como o fenômeno mantém relação com o processo de individualização do direito, não é possível descartar que mesmo originariamente qualificável como condicionamento, alterações fáticas supervenientes impliquem a produção de sacrifício *a posteriori*, impondo uma correlata re-qualificação da forma interventiva. *Em quinto lugar*, deveras a única forma de sacrifício de direito que, uma vez consumado, acarreta indenização *a posteriori* vincula-se à requisição de bens por iminente perigo público, devendo-se acrescentar, por conseguinte, que o dispositivo não autoriza outras hipóteses de requisições (a título de requisições ordinárias ou ocupação provisória), fora do quadro fático indicado pela norma constitucional, em que se postergue a indenização devida ao afetado pelo sacrifício. *Em sexto lugar*, faz urgente uma readequação de diversos institutos ou restrições legais existentes ao tempo da promulgação da Constituição de 1988 a fim de estabelecer a exata compostura com a qual foram recepcionadas pelo novo ordenamento jurídico, medida que até a presente data ainda está ocorreu.

Há, ainda, uma sétima e última consideração que resulta da admissão e construção de um quadro prévio regulativo das diversas formas de intervenção do Estado no domínio. É a seguinte: considerando que a distinção entre as formas de condicionamento e de sacrifício parte do conteúdo mínimo do direito de propriedade assegurado constitucionalmente, e não tem como discrímen *a priori* a indenizabilidade, impõe desvincular a noção de sacrifício de direito e indenizabilidade, na medida em que a fenomenologia da incidência normativa analisada em cada caso o exigir. Deveras, a própria Constituição ao consagrar a requisição de bens em caso de iminente perigo público determina indenização a posterior, *se houver dano*. Em outros termos, estipula e autoriza uma forma excepcional de sacrifício – inerente ao conteúdo do ato –, mas fixa indenização tão somente no caso de *dano*. O mesmo fenômeno pode ocorrer no plano de formas interventivas instituídas pela legislação ordinária.

19. Carlos Ari Sundfeld, *Direito Administrativo Ordenador*, cit., p. 93

IV – A identidade normativa do tombamento como espécie de sacrifício de direito

É induvidoso que uma importante parcela da atividade estatal ordenadora da propriedade, a fim de assegurar bens e interesses da coletividade, normativamente estabelecidos, diz respeito à atividade do Poder Público vinculada à proteção do *patrimônio cultural brasileiro*, tal como designado pela abrangente noção da Constituição Federal (art. 216).

É competência comum da União, dos Estados, do Distrito Federal e dos Municípios proteger os documentos, as obras e outros bens de valor histórico artístico e cultural, os monumentos, as paisagens naturais notáveis e os sítios arqueológicos (art. 23, III). A proteção se dá nos termos de legislação de competência concorrente da União, Estados e Distrito Federal (art. 24, VII), cabendo ao Município também promover a proteção do patrimônio histórico-cultural local, observada a legislação e ação fiscalizadora federal e estadual (art. 30-IX). Tal proteção efetiva-se por diversos mecanismos legais de preservação, dentre os quais figura o *tombamento administrativo*, cujas normas gerais ainda se encontram no Decreto-lei n. 25, de 15.11.1937.

Com efeito, para o implemento efetivo dos direitos culturais constitucionalmente outorgados, o próprio Texto identifica os diversos instrumentos de proteção, ao dispor que "o Poder Público, com a colaboração da comunidade, promoverá e protegerá o patrimônio cultural brasileiro, por meio de *inventários*, *registros*, *vigilância*, *tombamento* e *desapropriação*, e de *outras formas de acautelamento e preservação*" (art. 216-§ 1º da CF/1988). Em função da Emenda Constitucional n. 48/2005, o Poder Público está obrigado a formular o Plano Nacional de Cultura, de duração plurianual, visando desenvolvimento cultural do país e a integração das ações do poder público que conduzem à defesa e valorização do patrimônio cultural brasileiro (art. 215-§ 3º-I da CF/1988). Como qualquer intervenção estatal, a atividade de ordenação do domínio exige planejamento consistente do processo de decisão administrativa, por força dos princípios da isonomia, da impessoalidade e da eficiência.[20]

Esta dicção constitucional é fundamental para o tema da qualificação jurídica do tombamento e sua indenizabilidade. Em uma análise perfunctória, poder-se-ia cogitar de que o perfil *jurídico-positivo* do tombamento, tal como resta arquitetado no Decreto-lei n. 25/1937 (sem previsão legal de indenização, quando cabível), teria sido constitucionalizado pelo referido dispositivo constitucional, já que o instituto surge ao lado da *desapropriação*. Em outros termos, a constitucionalização do *tombamento* significaria recepção automática e acrítica do regime legal existente. O que, em última análise, sustentaria o tombamento como espécie de *sacrifício de direito inindenizável*, já que comparado na estrutura da regra à *desapropriação*.

A interpretação constitucional do dispositivo, de índole sistemática, não confere acerto a tal conclusão hermenêutica. É que a *desapropriação*, tal como citada no art. 216-§ 1º não o foi como forma ou sinônimo da categoria sacrifício de direito, mas apenas como uma de suas formas, a operação em que o Poder Público adquire

20. Paulo Affonso Leme Machado, de modo pioneiro, chamou a atenção para a necessária e prévia inserção do tombamento em atividade de planejamento. Cf. "Tombamento: instrumento jurídico de proteção do patrimônio natural e cultural", in *Revista dos Tribunais*, vol. 563, ano 71, set./1982, p. 17.

compulsoriamente o domínio do bem de valor cultural. Por conseguinte, com significado menor e distinto da *desapropriação* referida no art. 5º-XXIV do rol de direitos e deveres individuais e coletivos, no qual o vocábulo deve ser visto como abrangente do fenômeno interventivo estatal incidente sobre o (e redutor ou eliminador do) direito de propriedade.

Em verdade, a regra demonstra exatamente que o tombamento é uma espécie de forma interventiva autônoma, sendo que nada diz sobre o processo de concretização das suas injunções normativas indenizatórias, fundamentalmente descortinado a partir do princípio insculpido no art. 5º-XXIV da Constituição Federal.

A aplicação da regra do art. 216-§ 1º da CF/1988 somente é possível via utilização do postulado normativo da razoabilidade e da proporcionalidade, já que, estatuindo a possibilidade de vários mecanismos para uma única finalidade, impõe ao Poder Público a definição do melhor meio para alcançá-la nas diversas situações que exijam o cumprimento do dever constitucional. Desse modo, entende-se que, calcada na proporcionalidade, a Constituição exige do Estado uma atividade administrativa pautada pela *utilização razoável dos meios* legalmente existentes à disposição das autoridades para o cumprimento do dever de conservar o patrimônio cultural.

Deve o tombamento ser conceituado como o *procedimento administrativo* estabelecido em lei para que, no exercício da função administrativa, seja reconhecido o valor histórico, artístico, paisagístico, arqueológico, bibliográfico, cultural ou científico de bens públicos ou privados, merecedores de tutela especial da ordem jurídica em razão do valor que encarnam para a coletividade. Constitui um instrumento de concretização da política pública consubstanciada no obrigatório Plano Nacional de Cultura, servindo como medida do cumprimento do dever do Estado para atividade prestacional vinculada aos direitos culturais afirmados na Constituição Federal.

Constitui-se desse modo, em série encadeada de atos e fatos jurídicos, todos inter-relacionados e voltados para a produção de ato final, qual seja, ato declaratório e constitutivo da relação jurídico-administrativa sobre o bem, que, como providência final, demanda a inscrição do bem em um dos Livros do Tombo (art. 13), legalmente identificados, a qual, uma vez exarada, insere a propriedade protegida em um regime especial de sujeições e prerrogativas delimitador da atividade administrativa, marcado também pela previsão de certos direitos, obrigações e vedações para o proprietário do bem tombado e, inclusive, para os demais postos nas proximidades do bem (arts. 11 e ss. do Decreto-lei n. 25/1937).

Por força do seu conteúdo jurídico, seguindo José Afonso da Silva, impõe o tombamento os seguintes efeitos: "1) a obrigação de levar o tombamento a registro; 2) restrições à alienabilidade da coisa tombada; 3) restrições à modificabilidade da coisa tombada; 4) possibilidade de intervenção, nela, do órgão do tombamento (vigilância, vistoria, fiscalização etc.); 5) sujeição da propriedade imóvel vizinha da coisa tombada a restrições especiais".[21]

A vedação de destruição, demolição ou mutilação do bem, a restrição pertinente às modificações com reparos, pinturas e restaurações (art. 17 do Decreto-lei n. 25/1937), a obrigação de conservação e reparação do bem (art. 19 do Decreto-lei n. 25/1937), todos impostos ao proprietário, afeta, de forma singular, o direito

21. José Afonso da Silva, *Ordenação Constitucional da Cultura*, p. 165.

de propriedade em prol de uma serventia pública.[22]

Tal como delineado no Decreto n. 25/1937, o tombamento efetivamente constitui uma modalidade específica de sacrifício de direito, tendo o mesmo caráter geral ou individual, seja o mesmo provisório ou definitivo, recaindo quer sobre bem móvel ou bem imóvel (art. 1º do Decreto-lei n. 25/1937), de propriedade pública ou particular (art. 2º do Decreto-lei n. 25/1937).

Tombamento é necessariamente sacrifício de direito, em face do seu regime legal, já que não apenas condiciona a propriedade, mas afeta o conteúdo do direito de propriedade, em qualquer hipótese. O que a norma geral deixa de indicar é: (i) a qualificação do sacrifício observável em cada caso concreto (ou seja, se acarreta *restrição* do direito de propriedade ou se implica a *extinção* do direito de propriedade, em função da inviabilização da utilização funcional do bem); e (ii) a existência de dever de indenização, pelo ente responsável do tombamento, em favor do proprietário do bem, em vista do grau de incisividade imposto ao direito de propriedade atingida em função dos deveres legais previstos no Decreto-lei n. 25/1937.

O fato de que a incidência do regime legal não acarrete determinadas vezes prejuízo patrimonial (*v.g.*, tombamento de bens móveis) não elide circunstâncias de que o conteúdo da propriedade foi afetado pelo vínculo estatal imposto a bem da preservação do valor cultural do bem. Não há como negar a incidência de restrições ao direito de propriedade, mesmo quando o bem tombado é bem móvel, permanecendo o caráter de sacrifício na constituição do vínculo sobre o bem.

A indenizabilidade é a regra, em se tratando de bens imóveis. Averba Celso Antônio Bandeira de Mello que: "Em sendo tombada uma edificação residencial, comercial ou industrial, o *dominus* poderá dela usar e gozar porém sem poderes de alterá-la. Com isto fica privado da possibilidade de extrair maior conforto ou funcionalidade no uso; fica igualmente tolhido no gozo, pois não poderá extrair todo o rendimento que lhe seria proporcionado pela modificação. A disponibilidade – que é o mais importante dos três elementos, como acentua o precitado Washington Barros Monteiro – torna-se seriamente comprometida. É que não podendo destruir a construção para reedificar, ocorrerá fundo sacrifício na disposição do bem. E é perceptível à todas as luzes que o significado econômico da propriedade sofrerá decréscimo violentíssimo".[23]

Cumpre destacar que, na época de sua edição, a Constituição de 1937 autorizava a disciplina por lei do *conteúdo e limites* do direito de propriedade (cf. art. 114-§ 14 da CF/1937), de sorte que se poderia encontrar neste fato histórico – e no seu respectivo contexto institucional autoritário – a justificativa para omissão legal no tratamento da indenização no bojo do processo administrativo de tombamento regulado pelo Decreto. Todavia, desenhan-

22. No exercício das prerrogativas públicas estabelecidas pelo tombamento, "a ação do controle administrativo necessariamente será exercida em nível de razoabilidade, com a adoção das medidas proporcionais à determinação específica da competência, de modo a não lesar a essência do direito de propriedade, com a qual deverá conciliar-se a limitação ou restrição a ela imposta" (Tácito, "Tombamento – Concessão de uso", in *Temas de Direito Público*, vol. II, p. 1.830).

23. Celso Antônio Bandeira de Mello, "Tombamento e dever de indenizar", in *RDP* 81, jan.-mar./1987, p. 70.

do um Estado Democrático e Social de Direito, a atual Constituição protege o direito de propriedade como direito fundamental (art. 5º-*caput* e inciso XXII da CF/1988), e nesta exata medida há um *conteúdo mínimo* que não pode resultar afetado por qualquer ingerência estatal, sob pena de quebra axiológica da supremacia formal e material dos direitos fundamentais no marco constitucional.

O Decreto-lei n. 25/1937 é um típico exemplo de *lei expropriatória*,[24] legislação que, a pretexto de regulamentar o perfil do direito de propriedade em função de específico interesse público, pode ensejar, em sua aplicação pontual, um ataque ao núcleo dominial assegurado *in concreto* pela Constituição, o que necessariamente impõe a correlata indenização justa e prévia em dinheiro.

V – Consequências processuais resultantes da identidade do tombamento como modalidade de sacrifício de direito

Há importantes consequências processuais na estipulação dogmática do tombamento como modalidade específica de *sacrifício de direito*. Urge adequar o procedimento previsto na legislação federal aos corolários do devido processo legal, constitucionalmente fixado, para qualquer forma de *privação de bens*, nos termos do art. 5º-LIV da CF/1988.

Como alerta Sérgio de Andréa Ferreira, "inexiste, portanto, possibilidade de tombamento, sem processo, sem o processo constitucional e legalmente adequado, respeitada a partilha de competência federativa".[25]

Isto significa e impõe uma releitura integral da estrutura procedimentalizada constante do Decreto n. 25/1937, à luz dos vetores principiológicos básicos regentes do processo administrativo. No plano federal, esta releitura deve partir das exigências processuais positivadas na Lei Geral de Processo Administrativo, aplicável à Administração Direta e Indireta da União (Lei n. 9.784/1999).

Em face da disciplina federal existente, cumpre exigir a observância, no processo de tombamento federal, dos direitos processuais expressos na Lei n. 9.784/1999, em todas as suas fases de instauração, de instrução, de deliberação, de comunicação, de recurso e de controle.

Especial atenção na matéria deve ser dada à aplicação da regra ampliativa da legitimação processual administrativa (art. 9º); da aplicação rigorosa das regras sobre a regular comunicação dos atos processuais (art. 26); da garantia da ampla instrução probatória (arts. 29 e ss.); do dever de deliberação no prazo assinalado no Decreto n. 25/1937 (art. 49); do dever de motivação clara, suficiente, congruente e tempestiva da decisão (art. 50); da submissão da decisão à impugnação recursal (art. 56), impondo-se ao Ministro de Estado (Lei n. 6.292/1975) e/ou ao Presidente da República (Decreto-lei n. 3.866/1941) a observância dos prazos gerais estabelecidos na lei geral de processo administrativo.

No âmbito do procedimento, como o tombamento é sacrifício de direito, incumbe-se à Administração a prova técnica do valor cultural do bem (pressuposto

24. Eduardo Garcia de Enterría e Tomás-Ramón Fernandez, *Curso de Derecho Administrativo* II, Madri, Editorial Civitas, 1998, p. 213.

25. Sérgio de Andréa Ferreira, "O tombamento e o devido processo legal", in *Revista de Direito Administrativo*, vol. 208, abr.-jun./1997, p. 25.

objetivo do tombamento), bem como a prova de que o sacrifício no caso concreto não acarretará dano ao proprietário.

Instaurado o processo de tombamento do bem, não há como alegar-se conveniência administrativa para afastar a conclusão do laudo técnico encartado nos autos que conclui pela existência de valor cultural apto a justificar a medida interventiva. Apesar da omissão legal na qualificação da manifestação técnica como obrigatória e vinculante, este caráter deriva diretamente do Texto Constitucional, na medida em que a promoção da proteção cultural é dever outorgado ao Poder Público. Admitir um parecer meramente facultativo ou apenas obrigatório seria esvaziar o conteúdo do dever primário constitucionalmente plasmado. Logo, cumpre a aplicação rigorosa do art. 42-§ 1º da Lei n. 9.784/1999 no rito do processo disciplinado no Decreto-lei n. 25/1937.

É fundamental estabelecer que o processo de tombamento não serve tão somente para produzir o ato final de constituição do vínculo de interesse público sobre determinado bem, tal como foi concebido pelo legislador na época da edição do Decreto n. 25/1937. Em função da positividade dos princípios constitucionais que governam a atividade administrativa de imposição de sacrifícios de direito, deve o processo também servir de canal para, em regime de contraditório e ampla defesa, resolver o litígio administrativo em torno da identificação e quantificação das consequências indenizatórias geradas pela proteção do valor cultural do bem. Isto implica observância estrita a todos os direitos do administrado afetado pelo ato, na forma do art. 3º da Lei n. 9.874/1999.

Em caso de controvérsia sobre estes efeitos indenizatórios, resta impossibilitada a prática do ato final de concretização do tombamento, no caso, a averbação do tombamento no registro competente. É importante observar que, mesmo no regramento do Decreto-lei n. 25/1937, a averbação consta do art. 13 e não do art. 9º, no qual se estruturam as fases procedimentais necessárias da declaração estatal do valor cultural.

Desse modo, é perfeitamente defensável estabelecer que, no caso de impugnação no procedimento e manutenção da recusa quanto ao preço ofertado para fins indenizatórios, impõe-se ao Poder Público que ingresse em juízo, seguindo o rito da Lei Geral de Desapropriação (Decreto-lei n. 3.365/1941), para fixação definitiva do valor devido ao proprietário.

Não se argumente que esta adequação procedimental exigiria lei formal para ser observada. Isto significaria dar prestígio à obra do legislador aviltante de direito fundamental, em matéria de atividade administrativa de ordenação da propriedade, em contrariedade manifesta à Constituição. A regulamentação da ação de desapropriação por utilidade pública encontra-se em vigor e, constituindo *in concreto* o tombamento um sacrifício indenizável, não há razão lógico-jurídica de afastar sua aplicação em cada caso concreto, para dar plena efetividade ao comando constitucional que a ampara.

Da mesma forma, quando a proteção do valor cultural do bem tombado resultar na impossibilidade de utilização funcional do bem, ou na interdição do uso ou da exploração normal do bem tombado, como sintetizava Hely Lopes Meirelles,[26] no caso concreto, a exigir portanto a transferência de sua titularidade para o Poder Público responsável pelo ato, fato detectado no curso da instrução processual

26. Hely Lopes Meirelles, "Tombamento e indenização", in *Revista dos Tribunais*, vol. 600, ano 74, out./1985, p. 18.

da medida interventiva, caberá ao Poder Público lançar mão do seu dever-poder expropriatório, na forma da Lei Geral de Desapropriações, determinando a conversão do processo administrativo no órgão competente, com o encaminhamento adequado à autoridade com competência para edição da declaração de utilidade pública (arts. 6º e 8º do Decreto-lei n. 3.365/1941).

Esta solução é uma exigência das garantias procedimentais instituídas na Constituição Federal, bem como dos princípios materiais que governam a atividade administrativa em um Estado Democrático de Direito, que está vinculado à observância da isonomia, impessoalidade e da moralidade. Encontrando-se juridicamente jurisdicizado como pauta ético-jurídica imponível ao Estado, impõe-se o fiel cumprimento do princípio da boa-fé objetiva no estabelecimento e condução das relações jurídico-administrativas. O que obviamente abrange a atividade de ordenação via tombamento.

Para o caso de bem imóvel, Celso Antônio Bandeira de Mello assim justificou o direito à indenização no caso de tombamento, observando que somente é cabível quando visualizada a compressão ao direito de propriedade afetado pelo ato, o que exige, previa e logicamente, uma contextualizada e integral análise da situação específica da propriedade tombada e dos condicionamentos administrativos existentes e incidentes sobre a mesma no momento do tombamento. Segundo o autor:

"Afirma-se indenizável o proprietário de um bem tombado quando um direito de utilização definido (não importa se pela primeira, segunda ou terceira vez) e que está em vigência para a generalidade dos imóveis ubicados em dada área sofre uma particular compressão, desigualando seu regime em relação aos demais, resultando daí uma perda econômica singularizada que não se aplica aos demais imóveis abrangidos pelo requadro urbanístico onde está alojado. Ai, não estará havendo definição ou redefinição do perfil do direito de utilizar o imóvel, pois este tem de ser comum a todos os que estão insertos no mesmo encarte geográfico do zoneamento. Estará existindo, isto sim, um gravame que singulariza dado imóvel, consistindo, portanto, em investida constritora do direito de propriedade, pois que o retira do regime geral para assujeitá-lo a um gravame peculiar: o da imutabilidade, que é específica do bem tombado, em contraste com a mutabilidade dos circunvizinhos.

"Donde, o que dá margem à indenização não é o mero prejuízo econômico; é o prejuízo econômico que resulta de uma constrição do direito.

"Para caber indenização é preciso que haja sucedido (a) um sacrifício do direito e (b) que tal sacrifício implique agravo econômico. Em suma: sem a compressão do direito não há cogitar de indenização (nestes casos atinentes aos poderes sobre o imóvel), assim como, sem prejuízo econômico, também não haveria cogitar de algo a ser indenizado, porquanto inexistiria perda a ser suprida."[27]

Descumprido o dever basilar de indenização, no caso de restrição ou extinção do direito de propriedade, resta ao administrado valer-se do processo judicial ordinário a fim de obter a condenação do Poder Público à verba indenizatória cabível. Atualmente, nos termos do art. 10 do Decreto-lei n. 3.365/1941 (redação dada pela Medida Provisória n. 2.183-56/2001), *extingue-se em 5 (cinco) anos o direito de*

27. Celso Antônio Bandeira de Mello, "Tombamento e dever de indenizar", pp. 72-73.

propor ação que vise à indenização por restrições decorrentes de atos do Poder Público.

À toda evidência, o prazo diminuto de cinco anos não pode ser agasalhado para hipóteses de tombamento que agridam a viabilidade prática e econômica do emprego da propriedade, na expressão de Carlos Ari Sundfeld, ou que acarretem o esvaziamento do conteúdo da propriedade, na expressão de Hely Lopes Meirelles. Ou seja, tal prazo não deve ser aplicado nas hipóteses em que o atentado ao direito de propriedade somente é resolvido com a transferência do bem para o patrimônio público. Deveras, isto significaria um tratamento anti-isonômico manifestamente colidente com o princípio magno da isonomia (art. 5º-*caput* da CF/1988).

Assim, cumpre orientar-se pelo entendimento jurisprudencial anterior, sintetizado na Súmula n. 119 do Colendo Superior Tribunal de Justiça, pelo qual *a ação de desapropriação indireta prescreve em 20 (vinte) anos*. A definição jurisprudencial do referido prazo estava ancorado no Código Civil anterior, que fixava tal prazo para a usucapião independentemente de título e boa-fé (art. 550). Todavia, o atual Código Civil reduziu o prazo para 15 anos (art. 1.238). Em face desta alteração legislativa, os efeitos indenizatórios de tombamento que acarretem a inviabilização *in concreto* da utilização funcional do bem devem ser buscados na via ordinária, no prazo de 15 anos.

Registre-se que não retira o dever de indenizabilidade a cargo do Poder Público, eventual previsão legal de autorização do cancelamento do tombamento. No âmbito do Poder Executivo Federal, isto ocorreu no caso do tombamento do Pico de Itabirito, por decisão datada de 8.6.1965, do Presidente da República, exatamente embasado pela avaliação dos efeitos indenizatórios da manutenção do ato restritivo da propriedade.[28]

É fundamental explicitar que o fundamento da indenização, decorrente de prejuízos causados por tombamento, tem assento constitucional no art. 5º-XXIV da Constituição Federal, na medida em que se trata de sacrifício de direito, e não no art. 37-§ 6º do mesmo Texto, que trata de Responsabilidade Extracontratual do Estado em função dos danos que seus agentes, nessa qualidade, causem a terceiros. Neste aspecto, portanto, ousamos discordar de Flávio de Queiroz B. Cavalcanti.[29]

A regra do art. 5º-XXIV constitui uma disposição concretizadora do princípio da isonomia e da impessoalidade, na medida em que não há como se tolerar a promoção de específico interesse público a custa da redução ou eliminação de situação patrimonial de particulares, ressalvadas tão somente as hipóteses constitucionais.

VI – O tratamento à indenizabilidade do tombamento na jurisprudência

Incumbe ao Poder Judiciário, fundado no art. 5º-XXV da Constituição Federal, prestar tutela jurídica efetiva, no caso de qualquer lesão ao direito de propriedade, desencadeada pela instituição do tombamento.

No âmbito do Supremo Tribunal Federal, é paradigmática a decisão proferida em sede do ***Agravo de Instrumento n. 127.174-SP***, julgamento 10.5.1995, Relator Celso de Mello, de cujo teor se extrai, *verbis*:

28. Cf. *Revista Forense*, vol. 213, ano 62, jan.-mar./1966, pp. 57-60.

29. Flávio de Queiroz B. Cavalcanti, in *Revista dos Tribunais*, vol. 709, ano 83, nov./1994, p. 38.

"O tombamento, qualquer que seja a natureza jurídica que lhe se atribua – (...) – impõe ao poder estatal a ineliminável obrigação de indenizar o proprietário do bem tombado, sempre que esse instituto de direito público, ao incidir sobre as diversas faculdades jurídicas em que se pluraliza o domínio, comprometer e afetar a própria substância econômica do direito de propriedade. (...)."[30]

Tratava-se de tombamento da "Casa Modernista", promovido em 1984 pelo Estado de São Paulo, após mobilização coletiva em favor da conservação do bem, sendo que os proprietários desejavam transferir o imóvel para construção de imóveis residenciais. O imóvel é considerado a primeira casa em estilo modernista no país. O Tribunal de Justiça de São Paulo reconheceu que houve efetivo esvaziamento do conteúdo econômico do direito de propriedade no tombamento.

No âmbito do Superior Tribunal de Justiça, colhe-se o ***Recurso Especial n. 220.983-SP***,[31] como julgado indicativo do controle jurisdicional da indenizabilidade do tombamento, *verbis*:

"Indenizabilidade do esvaziamento econômico do direito de propriedade. O ato administrativo de tombamento de bem imóvel, com o fim de preservar a sua expressão cultural e ambiental, esvaziar-se, economicamente, de modo total, transforma-se, por si só, de simples servidão administrativa em desapropriação, pelo que a indenização deve corresponder ao valor que o imóvel tem no mercado. Em tal caso, o Poder Público adquire o domínio sobre o bem. Imóvel situado na Av. Paulista, n. 1.919. São Paulo."

Mais recentemente, o Colendo Superior Tribunal de Justiça, no bojo do ***Agravo Regimental no Recurso Especial n. 757.673-SP***,[32] não realizou o reexame de caso no qual restou comprovada a inexistência de aniquilamento do conteúdo econômico da propriedade em razão das restrições impostas por tombamento, à luz da Súmula n. 7. Tratava-se de tombamento de imóvel da Serra do Guararu, em São Paulo. Na decisão recorrida, afirma-se que mantinha-se a possível normalidade da integral fruição racional da área atingida.

Não deve a jurisprudência menosprezar a importância da categorização científica das formas interventivas estatais existentes para o fim prático de resolução dos litígios que a aplicação do direito administrativo produz. Sob outro lado, o teórico do direito não pode mais contentar-se com o quadro tradicionalmente erigido para a descrição dos diversos institutos vinculados à atividade de ordenação do domínio pelo Estatal.

VII – Conclusões

1. A atividade administrativa de ordenação da propriedade bifurca-se fundamentalmente na imposição estatal de *condicionamentos administrativos da propriedade* e *sacrifícios do direito de propriedade*.

2. A instituição de sacrifícios de direitos efetua-se através da imposição de *restrições ao direito de propriedade*, ou da *extinção do direito de propriedade*.

3. Ressalvado o caso da requisição de bens prevista no art. 5º-XXV da Constituição Federal, o sistema constitucional

30. Cf. *Revista de Direito Administrativo*, vol. 200, abr.-jun./1995, pp. 157-161.

31. STJ, 1ª T., REsp 220.983-SP, Rel. Ministro José Delgado, j. 15.8.2000, *DJU* 25.9.2000, p. 72, *RSTJ* 140/97.

32. STJ, 1ª T., AgRg no REsp n. 757.673-SP, Rel. Ministro Francisco Falcão, j. 6.12.2005, *DJU* 6.3.2006, p. 220.

brasileiro impõe, como condição de legitimação constitucional da ablação do direito, que o Estado promova o pagamento da prévia e justa indenização em dinheiro, em favor do proprietário lesado, consoante as exigências do devido processo legal.

4. Tal como disciplinado no Decreto-lei n. 25/1937, o tombamento é modalidade específica de sacrifício de direito, resultando da incidência do regime legal a constituição ora de uma *restrição* ao domínio, ora de uma *extinção* do domínio do bem tombado.

5. A administração deve cumprir o seu dever constitucional de indenizar, no bojo do processo administrativo instaurado para a declaração do valor cultural do bem e instituição do regime de conservação.

6. No curso do processo de tombamento, deverá estar assegurada a ampla defesa e o contraditório, na apuração *in concreto* dos efeitos indenizatórios da medida. Havendo resistência do particular, quanto ao não oferecimento de pagamento de indenização ou quanto ao valor ofertado pelo Poder Público, incumbe ao Poder Público promover o acertamento do valor devido, mediante ação judicial, embasada na Lei Geral de Desapropriações.

7. Constatada hipótese de inviabilização do uso funcional do bem, por força do tombamento, em razão das circunstâncias fáticas e jurídicas do bem tombado, o processo de tombamento deve ser convertido em processo administrativo de desapropriação, seguindo o trâmite da Lei Geral de Desapropriações.

8. Em sendo *restrição*, a indenização corresponderá ao valor ao dano produzido ao direito de propriedade. Em sendo *extinção*, a indenização corresponderá ao valor de todos os prejuízos decorrentes da incorporação do bem ao patrimônio público.

9. Exsurgindo como forma de restrição, vigora o prazo de cinco anos para propositura da ação movida contra o Poder Público na busca da reparação indenizatória devida. Constituindo extinção do direito de propriedade, sem o devido processo legal, ao proprietário afetado se assegura o prazo de 15 anos para defesa de seus direitos patrimoniais.

SEGURANÇA JURÍDICA POSITIVADA: INTERPRETAÇÃO, DECADÊNCIA E PRESCRITIBILIDADE

LUCIANO FERRAZ

Professor Adjunto de Direito Administrativo na UFMG.
Advogado

1. Direito Administrativo e segurança jurídica. 2. Questão de ordem: princípios e regras no Direito Administrativo. 3. Lei n. 9.784/1999 e princípio da segurança jurídica. 4. Irretroatividade de nova interpretação da norma administrativa. 5. Decadência e outras formas impeditivas da invalidação dos atos administrativos. 6. Prescritibilidade das ações de ressarcimento: o art. 37, § 5º, da Constituição da República.

1. Direito Administrativo e segurança jurídica

O moderno Direito Administrativo sofreu e sofre significativos influxos da virada conceitual da Teoria Geral do Direito. Cunhada fundamentalmente a partir da segunda metade do século XX com o reconhecimento – cada vez mais presente – da força normativa dos princípios jurídicos, essa virada protagoniza reaproximação entre Direito e Justiça –, apresentando como reflexos: (a) o reconhecimento da centralidade dos textos constitucionais – seus princípios – em substituição à centralidade do Código Civil que dominou o século XIX (desde o Código de Napoleão) e grande parte do século XX (com efeitos que ainda se projetam fortemente nos dias atuais), e, (b) o reconhecimento da falibilidade do dogma da onipotência do legislador, com o consequente descrédito do positivismo jurídico clássico e dos ideais racionalistas que cultivou.

É nesse quadro que se torna útil discutir o princípio da segurança jurídica (*lato sensu*), porquanto o pano de fundo – e de tensão – das normas éticas sempre foi – e será – a estabilidade das relações sociais subjacentes: *ubi societatis ibi jus*.

Nessa linha, a doutrina nacional[1] e a estrangeira[2] anotam que a incidência do princípio da segurança jurídica (*lato sensu*), como derivação do princípio do Estado de Direito, relaciona-se com os seguintes temas:

a) irretroatividade das leis e demais atos estatais, bem assim de interpretações já realizadas pelos órgãos administrativos e judiciais acerca da legislação aplicável;

b) dever de o Estado dispor sobre regras transitórias em razão de alterações abruptas de regimes jurídicos setoriais (*v.g.*, ordem econômica, exercício profissional, servidores públicos);

c) responsabilidade pré-negocial do Estado (*v.g.*, direito à contratação dos vencedores de licitação; direito à nomeação dos aprovados em concursos públicos);

d) responsabilidade do Estado pelas promessas firmes feitas por seus agentes, notadamente no âmbito do planejamento econômico;

e) manutenção no mundo jurídico de atos administrativos inválidos.

No primeiro desses temas – irretroatividade das leis e atos estatais (direito adquirido, ato jurídico perfeito e coisa julgada) – revela-se o aspecto objetivo do princípio da segurança jurídica. Nos demais – interessando para os fins deste artigo o da alínea "e" – revela-se o aspecto subjetivo do princípio, que, no particular, intitula-se princípio da proteção à confiança ou da confiança legítima.[3-4]

Até pouco tempo, não era comum o direito administrativo brasileiro trabalhar com a noção subjetiva da segurança jurídica – o princípio da proteção à confiança –, mas a edição de leis que explicitamente a consagraram[5] e especialmente a tratativa

1. No Brasil, cf., por todos, Almiro do Couto e Silva, *O Princípio da Segurança Jurídica (Proteção à Confiança) no Direito Brasileiro* e o "Direito da Administração Pública de anular seus próprios atos administrativos: o prazo decadencial do art. 54 da Lei do Processo Administrativo da União (Lei n. 9.784/1999)", *Revista Brasileira de Direito Público*, n. 6, Belo Horizonte, Fórum, ano 2, jul.-set./2004, pp. 7-59.

2. Na doutrina estrangeira, cf. Hartmut Maurer, *Elementos de Direito Administrativo Alemão*, trad. Luiz Afonso Heck, Porto Alegre, 2001, pp. 65-84.

3. "La sécurité juridique couvre em effet deux dimensions qui sont lieés et qui renvoient toutes deux à cette idée générale de sécurité juridique comme garantie nécessaire au respect d'autres exigences, c'est-à-dire, comme principe-cadre ou principe 'matriciel'. Une dimension est objetive, l'autre subjective, cette seconde dimension englobant la logique de protection de la confiance légitime" (Sylvia Calmes, *Du Principe de Protection de la Confiance Légitime en Droits Allemand, Communautaire et Français*, Paris, Dalloz, 2001, p. 169).

4. É no direito alemão que o princípio da proteção à confiança encontra a gênese e a evolução, afirmando-se como construção jurisprudencial aplicável à Administração Pública, conforme anota Hartmut Maurer: "É digno de atenção que a proteção à confiança foi concebida e formada não pelo legislador, mas pela jurisprudência (...) o princípio da proteção à confiança apareceu na discussão sobre a revogação de atos administrativos, a vinculatividade de informações da autoridade, a eficácia de contratos administrativos antijurídicos, o efeito externo de prescrições administrativas, a vinculação da administração em sua própria prática, a determinação da propriedade, da fundamentação de um direito de garantia de um plano e – *last not least* – a limitação da retroatividade da modificação da jurisprudência judicial superior" (Maurer, *Elementos...*, cit., pp. 67-88).

5. No Brasil trataram especificamente do tema da segurança jurídica: a) Lei Federal n. 9.784/1999 (processo administrativo federal) – arts. 2º, *caput* e inciso XII e 54; b) Lei Federal n. 9.868/1999 (ação declaratória direta de inconstitucionalidade e ação declaratória de constitucionalidade), cujo art. 27 possibilitou, em nome da segurança jurídica, a modulação dos efeitos

jurisprudencial[6] dada ao tema deixam ver o quão importante é averiguar as repercussões práticas da aplicação desse princípio e de regras que nele buscam inspiração, tal como os arts. 2º, parágrafo único, XIII e 54 da Lei n. 9.784/1999, como também confrontar o aludido princípio com a regra do art. 37, § 5º, da Constituição da República e a suposta imprescritibilidade que consagra.

Ei-la, portanto, a temática em torno da qual girará este ensaio.

2. Questão de ordem: princípios e regras no Direito Administrativo

Antes de se adentrar propriamente na análise dos temas suscitados, quadra aludir ao significado da expressão "segurança jurídica positivada". É que certamente existirão vozes – sobretudo entre aqueles que ainda crêem que na Administração Pública somente é possível fazer o que a lei autoriza – a dizer que o princípio da segurança jurídica (proteção à confiança) somente haverá de ser aplicado nos casos em que o legislador o tenha expressamente consagrado, pois aí ele estará "positivado".

Bem verdade que modernamente é quase pacífica a constatação de que o ordenamento jurídico é formado por normas – expressões de dever ser jurídico – de duas espécies, regras e princípios. Segundo Dworkin – o grande teórico da virada conceitual dos princípios jurídicos –, as regras são proposições normativas que se aplicam num critério interpretativo de tudo ou nada: uma regra vale ou não vale. A partir do momento em que faticamente se verifica a situação prevista na regra, se ela não for excepcionada por outra, haverá de ser aplicada; caso contrário, será ela inaplicável.

Já os princípios, por possuírem maior teor de abstração – um fundamento ético, afinal – não podem ter sua aplicação balizada por juízos de tudo ou nada, mas devem ser aplicados conforme critério de ponderação. É dizer: o intérprete procura estabelecer o peso de cada um dos princípios contrapostos para a solução do caso no momento da aplicação, e, mediante balanceamento entre ditos princípios, deve-se chegar ao resultado socialmente desejável, sacrificando-se ao mínimo os direitos fundamentais em oposição na espécie.

Bem por isso (pela normatividade autônoma e peculiar dos princípios em relação às regras), a aplicação do princípio da segurança jurídica à solução de conflitos e questões (administrativas ou não) independe da respectiva previsão em qualquer texto legislativo e por vezes dar-se-á em confronto com (e por prevalência sobre) dispositivos legais: a ruptura do clássico modelo de direito por regras, admite que um princípio – tal como o da segurança jurídica – possa ser aplicado diretamente.[7]

Por outro lado, quando numa lei já existe regra a revelar dado princípio (é

da declaração de inconstitucionalidade; c) a Lei Federal n. 9.882/1999 (ação de descumprimento de preceito fundamental), cujo art. 11 tem regra semelhante à da lei de ADI/ADC.

6. Cingindo as referências ao âmbito do STF, a título de exemplo: MC 2.900-RS, 2ª T., Ministro Gilmar Mendes; MS 24.268-MG, Ministro Gilmar Mendes; MS 22.357-DF, Ministro Gilmar Mendes; MS 25.963-DF, Pleno, César Peluso; ADI 3.689-PA, Pleno, Eros Grau.

7. É esta a lógica, por exemplo, do art. 2º, parágrafo único, I, da Lei n. 9.784/1999 – inspirado no art. 20, item 3, da Lei Fundamental alemã –, quando aduz que nos processos administrativos serão utilizados critérios de atuação conforme a lei e o Direito.

o que acontece com o art. 54 da Lei n. 9.784/1999, relativamente ao princípio da segurança jurídica/proteção à confiança) e, no caso concreto, cogita-se da aplicação dessa regra (reveladora do princípio), a questão não será resolvida com a aplicação direta do referido princípio, senão com a aplicação da regra que nele busca inspiração (art. 54). É dizer: a questão jurídica será solucionada à luz da regra e não do princípio da segurança jurídica/proteção à confiança, que poderá, contudo, ser utilizado autonomamente para solução de outros casos não abrangidos pela regra, como adiante se verá.[8]

3. Lei n. 9.784/1999 e princípio da segurança jurídica

A Lei n. 9.784/1999 regulou o processo administrativo em âmbito federal e trouxe importantes disposições a serem observadas pela Administração Pública Direta e Indireta da União.[9]

No que toca aos princípios, referida lei seguiu a trilha das legislações administrativas nacionais mais recentes (*v.g.*, Lei n. 8.666/1993, Lei n. 8.987/1995), destacando – embora isso fosse desnecessário –, a sua importância para o âmbito de aplicação, ao preceituar no art. 2º, *caput*: "Art. 2º. A Administração Pública obedecerá, dentre outros,[10] aos princípios da legalidade, finalidade, motivação, razoabilidade, proporcionalidade, moralidade, ampla defesa, contraditório, *segurança jurídica*, interesse público e eficiência".

Como se vê, o dispositivo albergou o princípio da segurança jurídica como norma cogente (nem precisava dizer) a ser seguida pela Administração Pública Federal na resolução de suas questões diuturnas. A alusão – calha esclarecer – comporta tanto a perspectiva objetiva quanto a subjetiva do princípio, é dizer: segurança jurídica *stricto sensu* e proteção à confiança legítima.

Mas o princípio da segurança jurídica inspira, conforme anunciado, pelo menos dois dispositivos previstos na Lei n. 9.784/1999: o art. 2º, parágrafo único, XIII e o art. 54. O primeiro trata de critérios de interpretação das normas administrativas vertida ao interesse público, vedando aplicação retroativa de nova interpretação; o segundo delimita temporalmente o exercício do dever de autotutela pela Administração Pública.

4. Irretroatividade de nova interpretação da norma administrativa

A disposição constante do inciso XIII do parágrafo único do art. 2º da Lei n. 9.784/1999 aproxima-se, em grande medida, da regra constitucional que veda

8. A propósito dessa questão, que será retomada adiante quando da análise do art. 54 da Lei n. 9.784/1999, cf. Silva, *O Princípio...*, cit., p. 29.

9. A Lei n. 9.784/1999 é direcionada ao âmbito federal. Sem embargo, sempre sustentei que os princípios e os critérios de aplicação dispostos nos arts. 2º, *caput* e seu parágrafo único, por serem derivações de princípios constitucionais, seriam aplicáveis a Estados e Municípios (cf., Luciano Ferraz, *Licitações: Estudos e Práticas*, 2ª ed., Rio de Janeiro, Esplanada, 2002, p. 31). Numa linha ainda mais incisiva, o STJ firmou entendimento no sentido de que, na ausência de leis processuais administrativas próprias, Estados e Municípios devem obediência à legislação federal (cf. por todos, REsp 852.493-DF, 5ª T., Ministro Arnaldo Esteves Lima).

10. Note-se que a expressão "dentre outros", presente também no parágrafo único, utilizada pelo legislador federal demonstra que a enumeração de princípios constante do dispositivo, como não poderia deixar de ser, é apenas exemplificativa.

a retroatividade da lei e cuja inspiração advém do aspecto objetivo do princípio da segurança jurídica.

Com efeito, para a aplicação de qualquer lei é imprescindível sua interpretação: toda regra, toda lei, conquanto proprietária de sentido lexical, é capaz de enunciar multiplicidade de sentidos normativos (*open texture*, no dizer de Hart), a depender – a fixação do sentido adequado – da atividade cognoscitiva.[11]

Interpretar é "atividade de mediação pela qual o intérprete compreende o sentido de um texto, que se lhe tinha deparado como problemático (...) interroga o contexto textual e o seu próprio conhecimento do objeto de que no texto se trata, examina a situação que deu origem ao texto ou ao seu discurso, assim como outras circunstâncias 'hermeneuticamente relevantes', que possam ser consideradas como indícios relativamente ao significado procurado".[12]

Decifrar o conteúdo da norma aplicável é, desta feita, tarefa compósita e complexa, que demanda realizar "conexões hermenêuticas" entre aspectos abstratos e genéricos, os quais comparecem na apresentação em si do texto, como também entre estes e a realidade empírica, porquanto o jurista tem que ter em mente "os fatos sociais a que se refere uma norma e tomá-los em conta quando a interpreta".[13]

Logo, não é exagerado afirmar que interpretar uma norma é praticamente a determinação do seu sentido; interpretá-la novamente, noutro giro, não deixa de ser medida equivalente à edição de norma nova, cuja aplicação, em respeito ao aspecto objetivo da segurança jurídica, deve se projetar para o futuro e não retroagir ao momento da edição da norma interpretada.[14]

No fundo, o que o preceito da lei de processo administrativo introduz no seio da Administração Pública é "a mesma ideia que inspirou a norma constitucional que protege os direitos adquiridos, os atos jurídicos perfeitos e a coisa julgada, diante das alterações legislativas".[15]

11. É preciso, portanto, compreender a norma, tarefa que somente se torna possível mediante o interpretar o texto. É este o objetivo central da atividade de interpretação. "Objeto da interpretação é o texto legal como 'portador' do sentido nele vertido, de cuja compreensão se trata na interpretação. 'Interpretação' (*Auslegung*) é, se nos ativermos ao sentido das palavras, 'desentranhamento' (*Auseinanderlegung*), difusão e exposição do sentido disposto no texto, mas, de certo modo, ainda oculto. Mediante a interpretação 'faz-se falar' este sentido, quer dizer, ele é enunciado com outras palavras, expressado de modo mais claro e preciso, e tornado-se comunicável" (Karl Larenz, *Methodenlehre Der Rechtswissenschaft*, 3ª ed., trad. José Lamego, Lisboa, Fundação Calouste Gulbenkian, 1997, p. 441).

12. Larenz, *Methodenlehre...*, cit., pp. 282-283.

13. Larenz, *Methodenlehre...*, cit., p. 263.

14. O STF, no julgamento do MS 22.357-DF, Gilmar Mendes, adotou este entendimento quanto aos empregados da INFRAERO, que foram admitidos sem concurso público, em violação, portanto, à regra do art. 37, II, da Constituição da República, entre 5.10.1988 e 23.4.1993, data este em que o próprio STF fixou a interpretação acerca da aplicabilidade do certame às empresas públicas e sociedades de economia mista de qualquer natureza.

Outra decisão importante do STF sobre a aplicação não retroativa de normas inconstitucionais, pode ser conferida no julgamento da ADI 2.240-BA, Eros Grau, em que se discutiu a criação do Município de Luiz Eduardo Magalhães, mediante lei complementar estadual, considerada no julgamento inconstitucional. Neste caso, o STF, haja vista a força normativa dos fatos – a existência física e longeva do Município, embora tenha declarado a inconstitucionalidade, não desconstituiu retroativamente seus efeitos.

15. Maria Sylvia Zanella Di Pietro, "Os princípios da proteção à confiança, da segurança

A jurisprudência brasileira começa a registrar casos em que o preceito da Lei n. 9.784/1999, que vedou a retroatividade de novas interpretações da legislação administrativa, tem aplicabilidade:

a) no julgamento da AMS no processo 2002.03.99.030048-7-SP, o TRF da 3ª Região, reconheceu a aplicação do art. 2º, parágrafo único, XIII, da Lei n. 9.784/1999, diante da mudança pelo INSS de interpretação de regras previdenciárias em detrimento de seus segurados;

b) no julgamento da AMS no processo 2001.7108008104-3-RS, o TRF da 4ª Região, também reconheceu a aplicação do preceito em face da tentativa de desprezo do cômputo de atividade rural, para efeito de aposentadoria de segurado, tempo este anteriormente reconhecido pelo INSS;

c) no julgamento da AMS no processo 980214954-3, o TRF da 2ª Região, reconheceu, uma vez mais contra o INSS, a impossibilidade de modificação do critério de avaliação dos documentos para concessão do benefício de aposentadoria por tempo de serviço.

A incidência da regra de irretroatividade da nova interpretação certamente ocorrerá no âmbito das relações entre o Poder Público e seus servidores (o foco aí será intenso), mas há de se lhe reconhecer aplicação, por exemplo, no âmbito das interpretações firmadas pelos Tribunais de Contas – TCU, TCE, TCM –, todas as vezes que suas decisões, pareceres, consultas, instruções normativas, apresentarem alteração de entendimentos anteriormente firmados.[16]

A tal título – embora sem dizê-lo expressamente – o Tribunal de Contas do Estado de Minas Gerais, na resposta à Consulta n. 747.263, Relator Conselheiro Antônio Carlos Andrada, ao alterar, em caráter normativo, seu entendimento acerca da fixação de subsídios diferenciados para membros das Mesas Diretoras das Câmaras Municipais, determinou que a nova interpretação tivesse efeitos *ex nunc*, de modo a prevalecer apenas a partir da próxima legislatura, pois, para a atual, tais subsídios já se encontravam estabelecidos, conforme as anteriores orientações daquela Corte de Contas.[17]

O mesmo se diga relativamente aos processos administrativos no âmbito do CNJ (Conselho Nacional de Justiça), do CNMP (Conselho Nacional do Ministério Público), dos procedimentos de órgãos de controle interno, das recomendações do Ministério Público em todos os níveis, para os quais também haverá de prosperar a irretroatividade de nova interpretação, em obséquio ao princípio da segurança jurídica.

5. *Decadência e outras formas impeditivas da invalidação dos atos administrativos*

A segunda regra da Lei n. 9.784/1999, inspirada no princípio da segurança jurídica *lato sensu* é o art. 54, que estabeleceu inovadoramente prazo decadencial de cinco anos para os atos administrativos ablativos de direito, salvo comprovada má-fé.

jurídica e da boa-fé na anulação do ato administrativo", *Fórum Administrativo*, n. 100, Editora Fórum, jun./2009.

16. *TCMG – Informativo de Jurisprudência*, n. 3, 2009, acessível em *www.tce.mg.gov.br*.

17. O STF tem entendimento já manifestado sobre a aplicabilidade da Lei de Processo Administrativo ao TCU e, como consectário, aos demais Tribunais de Contas (a seguir-se a orientação do STJ). Veja-se: STF: MS 23.550-DF, Pleno, Relator p/ Ac. Sepúlveda Pertence; MS 24.519-DF, Pleno, Eros Grau.

Diz-se presente aí a segurança jurídica *lato sensu*, porquanto neste caso evidencia-se mais claramente seu aspecto subjetivo – o princípio da proteção à confiança. Evidencia-se também a necessidade de concomitância na aplicação da regra – do princípio da boa-fé, que será analisado posteriormente.

O dispositivo é imbuído do espírito de que, embora seja dever da Administração Pública rever seus próprios atos quando eivados de ilegalidade (autotutela)[18] – conforme classicamente se reconhece –,[19] não raras vezes esta revisão, sobre não ser realizada a tempo e modo[20] – seja porque se desconhece a ilegalidade cometida, seja porque se julga legítima a interpretação do direito perpetrada na ocasião –, permite que situações fáticas irreversíveis ou reversíveis, porém a custos juridicamente intoleráveis, se constituam, tornado-se, pois, merecedores da salvaguarda do ordenamento jurídico.

É claro que medidas desse jaez não deixam de causar arrepios aos mais achegados ao princípio da legalidade – partidários da autotutela sem limites –, que crêem – até hoje – ser possível aprisionar a atividade administrativa dentro de uma "camisa-de-força legislativa". É preciso ter sensibilidade para perceber que o direito – e sua perspectiva – mudou. E eles também haverão de mudar!

Já na metade do século XX, na Alemanha, consoante anota Bachof, nenhum outro tema despertou maior interesse do que este na doutrina e na jurisprudência, preconizando-se a substituição do princípio da possibilidade de anulação pelo da impossibilidade de anulação, em homenagem à boa-fé e à segurança jurídica.[21]

Sob enfoque semelhante, a jurisprudência e a doutrina francesa desenvolveram a *teoria do funcionário de fato*[22] – de aplicação universal –, para salvaguardar

18. Cf. Súmulas ns. 346 e 473 do STF e art. 53 da Lei n. 9.784/1999.

19. O art. 114 da Lei n. 8.112/1990 dispõe: "A Administração deverá rever seus atos, a qualquer tempo, quando eivados de ilegalidade". Tal dispositivo, conquanto anteriormente já pudesse ser questionado à luz da aplicação dos princípios da segurança jurídica/proteção á confiança e da boa-fé (mediante ponderação), agora indiscutivelmente sofreu o impacto da regra do art. 54 da Lei n. 9.784/1999. Não há se falar aqui que a Lei n. 8.112/1990 é especial e a Lei n. 9.784/1999 é geral: a densidade normativa de ambos os preceitos – em termos de generalidade – é a mesma, e se assim não fosse a preconizada aplicação subsidiária da Lei n. 9.784/1999 (art. 69) aos processos administrativos regidos por leis próprias tornar-se-ia letra morta. É possível sustentar, portanto, que o art. 54 da Lei n. 9.784/1999 revogou em parte o art. 114 da Lei n. 8.112/1990 (cf. Silva, *O Princípio...*, cit., p. 30) ou que estão excluídos da incidência deste último (art. 114) os atos atingidos pela decadência (art. 54).

20. Hoje é praticamente pacificado o entendimento de que a regra para a anulação de atos administrativos é a garantia do contraditório e da ampla defesa prévios (cf., por todos, STF: RE 158.543-RS, Marco Aurélio). Excepcionalmente, quando se imponham medidas urgentes de preservação de valores superiores, esse contraditório poderá ser diferido, mas assim mesmo será fundamental respeitá-lo.

21. Otto Bachof, *Verfassungsrecht, Verwaltungsrecht, Bundesverwaltungsgerichts*, Tübigen, 1966, 3. Auflafe, vol. I, pp. 257 e ss.; vol. II, 1967, pp. 339 e ss., citado pelo Ministro Gilmar Mendes no MS 24.833-5-DF, *DJ* 19.4.2004.

22. Sobre a figura do funcionário de fato na França, a doutrina de Bonnard:"La qualité de fonctionnaire de fait est donc essentiellement affaire de circonstance. Elle doit être appréciée pour chaque cas particulier et c´est au juge qu'il appartiendra de feire cette appréciation" (*apud* Miguel Seabra Fagundes, *O Controle dos Atos Administrativos pelo Poder Judiciário*, 4ª ed., Rio de Janeiro, Forense, 1967, p. 70, nota 5). Entre nós, o próprio Seabra Fagundes registra "Se o funcionário exerce

efeitos de atos praticados por agentes incompetentes (irregularmente investidos), que exerciam suas funções com aparência de legalidade, relativamente aos terceiros de boa-fé.

Ainda na mesma linha, no Brasil, teve lugar a *teoria do fato consumado*, utilizada rotineiramente pelos Tribunais Superiores,[23] para preservar situação jurídica de terceiros que, por força de decisões judiciais não definitivas, ostentaram *status* que, ao final, não se confirmava nas decisões de mérito. Assim se passou, por exemplo, no caso de cursos de ensino superior (que funcionavam com autorizações provisórias), cujos currículos foram, tempos depois, considerados insuficientes para garantir a legalidade dos atos.[24] Também no caso de alunos transferidos de escola mediante liminares que posteriormente não restavam confirmadas no julgamento de mérito.[25]

O escorço apresentado deixa ver que, mercê da necessidade de aplicação justa do ordenamento jurídico, o direito administrativo caminhou da declaração de nulidade dos atos administrativos sem reservas (visão estritamente legalista do tema), para a irretroatividade sob certas condições (*v.g.*, aplicação das teorias do funcionário de fato e do fato consumado), ao ponto de hoje sustentar-se a necessidade de segmentação entre atos restritivos e ampliativos de direito, para o fito de considerar que "nos atos unilaterais restritivos da esfera jurídica dos administrados, se eram inválidos, todas as razões concorrem para que sua fulminação produza efeitos *ex tunc*, exonerando por inteiro quem fora indevidamente agravado pelo Poder Público das consequências onerosas. Pelo contrário, nos atos unilaterais ampliativos da esfera jurídica do administrado, se este não concorreu para o vício do ato, estando de boa-fé, sua fulminação só deve produzir efeitos *ex nunc*, ou seja, depois de pronunciada".[26]

De toda sorte, é preciso perceber que nas hipóteses destacadas, conquanto presentes a incidência dos princípios da

a função em época normal, e é por todos aceito como serventuário legítimo, os seus atos podem ser tidos por válidos quando praticados de boa-fé. Razões de utilidade pública aconselham isso. (...) A aparência de regularidade da investidura, manifesta nas próprias condições de exercício da função (local, aquiescência da chefia de serviço etc.), faz certa a boa-fé do público em geral e de cada um de per si no tratar com o agente. Pouco importa este ciente da irregularidade da sua situação, pois o interesse público, em cujo nome se erige a teoria do funcionário de fato, não se compadece com essa interferência, consciente e deliberada da vontade individual" (Seabra Fagundes, *O Controle*..., cit., pp. 70-71). Em nota de rodapé, reproduzindo a lição de Geny, continua o autor "Esta teoria é formulada de ponto de vista tal que todos elementos de introspecção subjetiva não tem razão de ser. A teoria da aparência é construída em relação ao público, no interesse público, e seria contraditório fazer depender a aplicação ou a não aplicação desta teoria de um elemento concernente à disposição de espírito subjetiva do pseudofuncionário" (Seabra Fagundes, *O Controle*..., cit., p. 71, notas 9 e 10).

23. A fundamentação legal das decisões em regra é o art. 462 do CPC.

24. Cf., por todos, STJ: AgRg no REsp 1.049.131-MT, 2ª T., Humberto Martins, *DJ* 25.6.2009.

25. Cf., por todos, STJ: AgRg no Ag 946.069-RS, 1ª T., Luiz Fux, *DJ* 18.2.2009.

26. Celso Antônio Bandeira de Mello, *Curso de Direito Administrativo*, 20ª ed., São Paulo, Malheiros Editores, 2006, pp. 86-87. Em sentido contrário, ainda com visão acanhada acerca da aplicação dos princípios da proteção à confiança e da boa-fé ao desfazimento dos atos administrativos, preconizando-lhes suficiência (no atendimento) na garantia do devido processo legal, cf. Raquel Melo Urbano de Carvalho, *Curso de Direito Administrativo*, 2ª ed., Salvador, Podium, pp. 476-477.

segurança jurídica/proteção à confiança e da boa-fé, o foco das discussões é direcionado à eficácia do ato administrativo (seus efeitos) e não propriamente à validade (obediência ao ordenamento jurídico). É nisso que elas se diferem da convalidação e da decadência do ato administrativo.[27]

As incursões propedêuticas conduzem à análise da regra do art. 54 da Lei n. 9.784/1999: "Art. 54. O direito da Administração Pública de anular os atos de que decorram efeitos favoráveis para os destinatários decai em cinco anos, contados da data em que foram praticados, salvo comprovada má-fé".

A partir do teor do dispositivo, suscitam-se questões que nesta sede devem ser enfrentadas: (a) constitucionalidade; (b) natureza do prazo previsto (decadencial ou prescricional); (c) funções estatais atingidas (administrativa e jurisdicional); (d) atos abrangidos pela regra; (e) ausência de má-fé.

a) Constitucionalidade

Sobre a constitucionalidade do dispositivo, descabe maior vagar diante da sua aplicação generalizada pelo Supremo Tribunal Federal[28] e pelo Superior Tribunal de Justiça.[29] Nada obstante, interessa dizer que à medida que o preceito homenageia o princípio da segurança jurídica/proteção à confiança, que decorre da cláusula constitucional (princípio) do Estado de Direito (art. 1º da Constituição da República), difícil não afirmar sua constitucionalidade.

b) Natureza do prazo previsto

O prazo quinquenal[30] aludido no art. 54 é decadencial e não prescricional: o que se extingue, pelo decurso dele, ausente a má-fé do interessado, é o próprio direito da Administração Pública Federal de anular o ato administrativo.[31] Esse direito à invalidação não possui pretensão (jurídica) que lhe corresponda, tal como se dá no caso de prescrição,[32] pois "nada há exigir no comportamento da outra parte *[administrado]*, como também nenhum dever jurídico correspondente ao direito a invalidar".[33]

Com efeito, a prescrição é "a extinção de uma ação ajuizável em virtude da inércia da de seu titular, durante um certo lapso de tempo, na ausência de causas preclusivas de seu curso". Já a decadência "é a extinção do direito pela inércia de seu

27. Convalidação e decadência encontram-se atualmente disciplinadas pelos arts. 55 e 54 da Lei n. 9.784/1999, respectivamente: na convalidação a Administração Pública pratica novo ato (o de convalidação), cujo objeto é corrigir defeito do ato primitivo (o convalidado), em ordem a sanar-lhes os vícios (quando sanáveis) e, via de consequência, preservar-lhes os efeitos. Já na decadência, o transcurso do prazo previsto na lei cristaliza o vício (se houver) constante do ato, tornando-o válido e imune à desconstituição.

28. Cf., por todos, STF: MS 26.628-DF, Tribunal Pleno, César Peluso, *DJ* 22.2.2008.

29. Cf., por todos, STJ: MS 13407-DF, 3ª Seção, Félix Fischer, *DJ* 2.2.2009.

30. É preciso registrar que o prazo de cinco anos é tradicionalmente prescrito no Direito brasileiro como limite ao exercício de direito em prol e contra a Fazenda Pública. Assim, a modo de exemplo, art. 1º do Decreto n. 20.910/1932; art. 21 da Lei n. 4.717/1965; arts. 173 e 174 do CTN; art. 142 da Lei n. 8.112/1990; art. 23 da Lei n. 8.429/1992, Lei n. 9.783/1999.

31. Silva, *O Princípio...*, cit., pp. 31-32.

32. Os prazos prescricionais, justamente porque ligados à pretensão, na maioria das vezes são regidos pelo princípio da *actio nata*.

33. Silva, *O Princípio...*, cit., p. 32.

titular, quando sua eficácia foi, de origem, subordinada à condição de seu exercício dentro de um prazo prefixado, e este se esgotou sem que esse exercício se tivesse verificado".[34]

Dessa forma, é particularmente inconteste que o art. 54 da Lei n. 9.784/1999 é de decadência: o quinquênio, uma vez iniciado não se interrompe, nem se suspende e a verificação do termo final liquida o próprio direito (dever) à invalidação.

c) Funções estatais atingidas (administrativa e jurisdicional)

A natureza decadencial do prazo previsto no art. 54 da Lei n. 9.784/1999 afasta conceitualmente a tese que pretende limitar sua incidência à esfera administrativa.[35] A possibilidade de se buscar a invalidação do ato pela via judicial também é fulminada pela decadência, conforme reiteradamente têm se pronunciado nossos Tribunais. Aliás, se no curso da ação o juiz verificar que se trata de hipótese de decadência, deve pronunciá-la de ofício, nos termos do art. 210 do Código Civil, extinguindo o processo com resolução do mérito, na forma do art. 269, IV, do CPC.

d) Atos abrangidos pela regra

Note-se que ao se referir à anulação dos atos administrativos, a regra não faz distinção relativa à natureza dos vícios que podem atingi-los: tanto os atos que a doutrina costuma classificar como anuláveis, quanto os classificáveis como atos nulos são tocados pela decadência do art. 54 da Lei n. 9.784/1999. Imunizam-se da decadência apenas aqueles atos "inconstitucionais ou ilegais, marcados por vícios ou deficiências gravíssimas, desde logo reconhecíveis pelo homem comum, e que agridem em grau superlativo a ordem jurídica (...) A contrariedade deve ir além da equivocada interpretação e ser insuportável para o ordenamento jurídico, desse modo ferido no mais alto grau, a tal ponto que ninguém seria capaz de reconhecer força vinculativa ao ato administrativo assim exarado".[36]

Para que se reconheça essa exceção extraordinária à caducidade, além da canhestra incompatibilidade do ato com a ordem jurídica, será necessário que o vício seja evidente (teoria da evidência). Repita-se: não é por conta do vício do ato *per se* – se de índole constitucional ou legal, se violador de direitos ou não, se causador de prejuízos ao erário ou não – que se exclui a incidência do prazo decadencial. Para tanto, será necessário que se agreguem: (a) a extremidade do vício – qualquer que seja ele; (b) a instantânea percepção (evidência) desse grave vício;[37]

34. Antônio Luiz da Câmara Leal, *Da Prescrição e da Decadência*, 2ª ed., Rio de Janeiro, Forense, 1959, p. 26.

35. Nesse sentido, cf. Cristiana Fortini, Maria Fernanda Pires de Carvalho Pereira e Tatiana Martins da Costa Camarão, *Processo Administrativo: Comentários à Lei n. 9.784/1999*, Belo Horizonte, Fórum, 2008, p. 196.

36. Silva, *O Princípio...*, cit., pp. 59 e 42. Os exemplos citados pelo autor são os da licença de funcionamento de uma casa de prostituição infantil ou da aposentadoria, como servidor público, de quem nunca foi servidor público. Em relação ao segundo exemplo citado pelo autor – aposentadoria de quem nunca foi servidor – deve-se interpretá-lo com cautela. Não seria este o caso, por exemplo, de funcionários de fato e de outros servidores que, embora ingressos ou mantidos com vício no serviço público, recolheram de boa-fé para os sistemas previdenciários do Poder Público, logrando reunir todos os requisitos para a aposentação.

37. No mesmo sentido, Miguel Reale distingue a natureza dos vícios, entre os petrificáveis pelo tempo e os não petrificáveis: "Não é admis-

(c) o caráter absurdo da manutenção do ato no ordenamento jurídico.

Assim mesmo, a aplicação desse raciocínio impeditivo da decadência em casos extremos, não estará infensa à análise da situação concreta revelada pelo ato hostilizado, porquanto por vezes a declaração de nulidade do ato, se causadora de expectativa legítima no destinatário de boa-fé, poderá lhe gerar direito à indenização. É o que se passa, por exemplo, no caso de licença para desmatamento sem reservas, concedida por delegado de polícia (que à vista d'olhos não é competente para o mister), mas que induz no particular a certeza de sua higidez, de modo que ele – particular – destine recursos no objetivo de concretizar a ação autorizada pelo ato. Nesse caso, admitir-se-ia a não incidência do prazo decadencial, mas o destinatário teria o direito de vindicar indenização.

O Superior Tribunal de Justiça, a partir do julgamento do MS 8.843-DF, 1ª Seção, Eliana Calmon, assentou orientação no sentido de que "a Lei 9.784/1999, ao estabelecer no seu art. 54 o prazo de decadência de cinco anos para que a Administração pudesse revogar *[anular]* os seus próprios atos, afastou a indefinição temporal de que falam as Súmulas 346 e 473-STF. A vigência do dispositivo mencionado, dentro da lógica interpretativa, tem início a partir da publicação da Lei 9.784/1999, não sendo possível retroagir a norma para limitar a Administração em relação ao passado, computando-se o termo inicial a partir da vigência do diploma legal (1º.2.1999)".[38]

A seguir-se a orientação do STJ acerca da transitividade direta da Lei Federal de Processo Administrativo às demais esferas (na ausência de legislação específica), assim se passa também relativamente aos Estados e Municípios. Se tiverem leis processuais anteriores à Lei n. 9.784/1999 o prazo de decadência contará da data da vigência das leis respectivas. Por outro lado, se não as tiverem ou se elas forem posteriores à Lei Federal o prazo de decadência contará a partir de 1º.2.1999, por força da aplicação subsidiária da Lei n. 9.784/1999.

A referida decisão é ajustada à natureza decadencial do art. 54 da Lei n. 9.784/1999. Contudo, é preciso perceber que a anulação de atos praticados antes da vigência da lei, mas que há anos produziram efeitos em favor de seus destinatários, mercê do princípio da segurança jurídica/proteção à confiança *per se*, não poderá de igual modo ocorrer.

Explico: embora os atos praticados antes da vigência da lei, passem a se submeter ao prazo decadencial previsto no art. 54 a partir de 1º.2.1999, o interregno transcorrido antes de sua vigência há de ser computado para a verificação da situação concreta criada pelo tempo, em ordem a ponderar a aplicação direta do princípio da segurança jurídica/proteção à confiança (e boa-fé) ao caso, impedindo, destarte, a

sível, por exemplo, que nomeado irregularmente um servidor público, visto carecer, na época, de um dos requisitos complementares exigidos por lei, possa a Administração anular seu ato, anos e anos volvidos, quando já constituída uma situação merecedora de amparo e, mais que isso, quando a prática e a experiência podem ter compensado a lacuna originária. Não me refiro, é claro, a requisitos essenciais, que o tempo não logra por si só convalescer – como seria, por exemplo, a falta de diploma para ocupar cargo reservado a médico –, mas a exigências outras que, tomadas no seu rigorismo formal, determinariam a nulidade do ato" (Miguel Reale, *Revogação e Anulamento do Ato Administrativo*, 2ª ed., São Paulo, Forense, pp. 70-71).

38. *LEXSTJ* 213/16.

desconstituição do ato, ainda que nascido com pecado original.

Negar eficácia jurídica ao transcurso do prazo anterior à vigência da lei (fato) é desprestigiar a normatividade autônoma dos princípios jurídicos e desmerecer ainda a força normativa dos fatos – *normative kraft dês faktischen*, a que alude Jellinek.[39]

Logo, se num dado caso concreto, desde a origem do ato hostilizado – e antes que a Lei n. 9.784/1999 completasse o quinquênio de vigência – já transcorreu o prazo de cinco anos ou mais, ausente má-fé do destinatário, de se reconhecer a impossibilidade de anulá-lo, não por conta da aplicação da decadência do art. 54, mas pela aplicação direta, autônoma e ponderada do princípio da segurança jurídica/proteção à confiança.[40]

Note-se que o art. 54 da Lei n. 9.784/1999 somente alude à decadência quinquenal dos atos que geraram efeitos favoráveis aos destinatários (no caso dos atos com efeitos patrimoniais o prazo é contado a partir da percepção do primeiro pagamento), deixando aberta a possibilidade de revisão, depois do prazo de cinco anos, de atos que geraram efeitos desfavoráveis aos destinatários.[41]

Contudo, certo é que, embora em tese seja possível, de ofício, declarar-se a nulidade desses atos restritivos, o art. 6º do Decreto n. 20.910/1932 dispõe que o direito à reclamação administrativa que não tiver prazo fixado em disposição de lei prescreve (na verdade caduca) em um ano, a contar da data do ato ou fato do qual a mesma se originar e o art. 1º desse normativo dispõe que todo e qualquer direito ou ação contra a fazenda pública prescreve em cinco anos contados da mesma forma.[42]

Ausente a *actio nata* a tutelar pela via judicial o direito do administrado ofendido pelo ato restritivo (cujo prazo de prescrição se verificou), dificilmente a Adminis-

39. Georg Jellinek, *Teoría General del Estado*, 2ª ed., trad. Fernando de Los Rios, México, Fondo de Cultura Económica, 2000, p. 319, citado por Eros Grau na ADI 2.240-BA, Tribunal Pleno.

40. Esse raciocínio não diverge na essência do que realizou o STF no julgamento do MS 22.357-DF, Tribunal Pleno, Gilmar Mendes, tampouco no julgamento da ADI 2.240-BA, Tribunal Pleno, Eros Grau.

41. De se reconhecer, ainda, a existência de atos de eficácia mista.

42. Há de se distinguir na aplicação do art. 1º do Decreto n. 20.910/1932 a prescrição que atinge o fundo do direito da prescrição que atinge apenas as prestações devidas e vencidas antes do quinquênio anterior à propositura da ação. Para tanto é necessário verificar se houve ato (legislativo ou administrativo) que exteriorize a negativa do Poder Público ao direito vindicado pelo interessado. Se a reposta for positiva, a prescrição atingirá o fundo do direito; se a resposta for negativa, a prescrição atinge apenas as parcelas (Súmula n. 85 do STJ). A propósito, manifesta-se a doutrina "se há qualquer comportamento em que esteja evidenciada a negativa pública, tem-se aí o início do prazo prescricional do fundo do direito (e não apenas das parcelas que possam do mesmo decorrer). Isto porque, neste caso, não se trata do recebimento de parcelas, mas do não reconhecimento de situação jurídica fundamental (...). Em outras circunstâncias, no entanto, não se identifica comportamento legislativo ou administrativo do qual decorra concreta e expressamente a recusa estatal em observar o direito integrante do patrimônio de terceiro. Neste caso, tratando-se de obrigações de trato sucessivo, entende-se que o fundo do direito permanece incólume, sendo atingidas tão somente as prestações anteriores ao quinquênio que antecedeu o ajuizamento da ação. Isto significa que, se não foi indeferido, claramente, pelo Poder Público, o direito reclamado, prescrevem somente as prestações anteriores ao quinquênio que precede o ajuizamento da demanda" (Carvalho, *Curso*..., cit., pp. 504-505).

tração Pública anularia *motu proprio* o ato viciado. E se o administrador público o fizesse o que diriam, a propósito, os órgãos de controle do patrimônio público?

c) Ausência de má-fé

A noção jurídica de boa-fé apresenta-se como um dos temas de grande relevância no Direito Público contemporâneo.[43] Cada vez mais, a vertente objetiva da boa-fé é valorizada, a fim de vedar a prática de comportamentos contraditórios e imprevisíveis.

Muito difundido nas relações privatistas, notadamente no âmbito das relações contratuais, o princípio jurídico da boa-fé objetiva é expresso no art. 231, § 6º, da Constituição da República.

O art. 54 da Lei n. 9.784/1999, ao condicionar o reconhecimento da decadência em desfavor da autotutela administrativa e da heterotutela judicial à ausência de má-fé, não especifica o sujeito de que o elemento anímico se cogita – se o destinatário do ato ou se o agente que praticou o ato. Parece-me claro que o legislador se refere à ausência de má-fé do destinatário do ato, é dizer o que deseja a regra é que "o destinatário não tenha contribuído *[ou influído]*, com sua conduta, para a prática do ato administrativo ilegal".[44]

Embora no direito alienígena haja certa divergência no que respeita à contribuição do destinatário à prática do ato e seus efeitos,[45] no Brasil a legislação tradicionalmente exige que a irregularidade do ato seja imputável ao beneficiário.[46]

Note-se que, para o reconhecimento da decadência, o legislador não exige boa-fé do agente. O dispositivo alude a "ausência de má-fé" (do agente) e essa menção, sobre ser mera discussão semântica, traz repercussões importantes no que toca ao ônus de prova do elemento anímico, para divisar a incidência ou não da decadência.

Com efeito, se a lei tivesse referido à expressão "salvo comprovada boa-fé", o ônus de demonstrá-la – a boa-fé – seria do destinatário do ato. Mas ao optar pela expressão "salvo comprovada má-fé", deixou ver que o ônus de provar a inexistência de boa-fé é da Administração Pública, sendo certo que esta (boa-fé) é sempre presumida e que a má-fé somente deve ser proclamada *beyond all reasonable doubt* (além de qualquer dúvida razoável).

Bem de ver que – e assumo aqui posição controvertida – independentemente da previsão do art. 54 da Lei n. 9.784/1999, sustenta se haver hipóteses em que o passar dos anos – vários anos – sepultará, mercê da incidência direta do princípio da segurança jurídica, a possibilidade em si

43. Tal afirmação não desconsidera a vertente que analisa a segurança jurídica como fundamento do próprio ordenamento jurídico, de modo que não haveria se falar em "*segurança do contribuinte*", "*do administrado*" ou do "*jurisdicionado*".

44. Silva, *O Princípio...*, cit., p. 48. A mim me parece pouco importar à estabilização das relações jurídicas entre Administração Pública e administrados o ânimo do agente público no momento da prática. Este – se tiver praticado ato indevido –, responderá conforme seu espectro típico de responsabilidades.

45. Na Alemanha, o conhecimento por parte do destinatário da ilegalidade do ato ou seu desconhecimento por grave negligencia são excludentes da aplicação do princípio da proteção à confiança. Na França, as investigações acerca da boa-fé se esgotam na apuração da existência de manobras fraudulentas do interessado para a obtenção do ato administrativo que o beneficiou (cf. Silva, *O Princípio...*, cit., pp. 48-49).

46. Nesse sentido, o art. 49, parágrafo único, do revogado Decreto-lei n. 2.300/1986 e o art. 59, parágrafo único, da Lei n. 8.666/1993.

de comprovar-se a má-fé do destinatário do ato (para evitar a decadência) e mesmo do agente que o praticou (para responsabilizá-lo), cristalizando em definitivo os vícios eventualmente existentes.

Deveras, não se coadunaria com a cláusula do Estado de Direito a possibilidade infinda e perpétua de persecução do vício (qualquer que seja ele) de atos ou condutas administrativas, sob pena de desestabilização das relações jurídicas – a vertente objetivada do princípio da segurança jurídica: o tempo há de ser remédio para todos os males da vida: *dormientibus non sucurrit jus*.

Nesses casos, o que a aplicação do princípio da segurança jurídica inviabiliza é a própria pretensão de se comprovar a má-fé do destinatário do ato. Afasta-se, para o império do princípio, a possibilidade de se buscar, por conta da comprovação do elemento anímico do destinatário, a anulação (administrativa ou judicial) do ato.

Veja-se que não se trata aqui de proteger atos ou sujeitos que tenham agido de má-fé no passado – isso é efeito reflexo –, senão de afastar a possibilidade em si de sindicar o elemento subjetivo da conduta do beneficiário do ato, por conta da necessidade societária de estabilidade das relações jurídicas. O passar de largo tempo desde a prática do ato impede que se cogite da presença de má-fé ou boa-fé no momento de sua prática: "a poeira é varrida para debaixo do tapete".

A propósito, Miguel Reale – com esteio na lição de Frederico Marques – e muito antes do advento da Lei n. 9.784/1999 –, sustentou que "a subordinação do poder anulatório a um prazo razoável pode ser considerado requisito implícito no princípio do *due process of law [de modo que]* se a decretação de nulidade é feita tardiamente, quando a inércia da Administração já permitiu se constituíssem situações de fato revestidas de forte aparência de legalidade, a ponto de fazer gerar nos espíritos a convicção de sua legitimidade, seria deveras absurdo que, a pretexto da eminência do Estado, se concedesse às autoridades um poder-dever indefinido de autotutela".[47]

A sustentação que ora se realiza não destoa, no essencial, do voto do Ministro Gilmar Mendes, no julgamento do MS n. 24.268-MG, Ellen Gracie, contra ato do TCU que determinara, sob o argumento de ocorrência de fraude, a cassação de pensão de beneficiária de servidor, dezoito anos após a concessão. Naquela ocasião, conquanto o processo tenha sido resolvido com base na ausência de garantia do contraditório e da ampla defesa (art. 5º, LV, da CR), registrou sua excelência – o Ministro Gilmar Mendes – que, embora não estivesse seguro da possibilidade de invocação do art. 54 da Lei n. 9.784, de 1999 (certamente por conta da possível presença de má-fé), a ele parecia inegável a existência, *in casu*, de um *quid* relacionado com a segurança jurídica, que recomendava, no mínimo, maior cautela: "é possível, pois, que no caso em apreço fosse até de se cogitar da aplicação do princípio da segurança jurídica, de forma integral, de modo a impedir o desfazimento do ato".

É óbvio que não se poderia sustentar, em hipóteses dessa natureza, que o prazo razoável para o reconhecimento da incidência direta do princípio da segurança jurídica fosse o mesmo prazo previsto no art. 54 da Lei n. 9.784/1999 (cinco anos). Sugere-se, pois, na ausência de prazo mais elástico em regras de direito público, a utilização do prazo prescricional de dez anos do art. 205 do Código Civil – o maior prazo prescricional das ações de natureza

47. Reale, *Revogação...*, cit., pp. 85-86.

pessoal[48] – como norte para o reconhecimento da impossibilidade de anulação. Assim, como regra geral,[49] uma vez ultrapassados dez anos desde a prática do ato que se pretende desfazer, a incidência direta do princípio da segurança jurídica há de ser considerada impeditiva da medida, por inviabilizar a cogitação do elemento anímico do destinatário do ato.[50]

Relativamente à possibilidade de responsabilização do agente público que praticou o ato administrativo decaído, a discussão gira fundamentalmente em torno da regra inserta no art. 37, § 5º, da Constituição da República. Não cabe aqui discuti-la, mas posso adiantar que não vislumbro neste dispositivo, estorvo à prescritibilidade.

48. Anoto que o Código Civil em pelo menos dois dispositivos reconhece a possibilidade de usucapião, independentemente de boa-fé. O art. 1.238 (relativamente aos bens imóveis) e o art. 1.260 (relativamente aos bens móveis). O primeiro estabelece o prazo de 15 anos para a usucapião, mas admite, no parágrafo único, a redução desse prazo para 10 anos se o possuidor houver estabelecido no imóvel a sua moradia habitual, ou nele tiver realizado obras de caráter produtivo. O segundo estabelece o prazo de 5 anos a usucapião dos bens móveis, independente de boa-fé. Assim, parece-me razoável o prazo de 10 anos defendido neste artigo para o império da segurança jurídica.

49. Diz-se via de regra, porquanto a depender da situação fática, dita incidência direta do princípio poderá ocorrer mesmo antes desse prazo, haja vista a possibilidade de ponderação do princípio da legalidade com o princípio da segurança jurídica e outras circunstâncias de fato. Do mesmo modo que os vícios canhestros e evidentes, cuja manutenção se afigura incompatível em si com ordenamento jurídico não caducam conforme registrei anteriormente neste trabalho.

50. Note-se que não se defende a aplicação do prazo prescricional do art. 205 do Código Civil – até porque a hipótese seria de decadência –, mas do balizamento da aplicação do princípio da segurança jurídica (independentemente do elemento anímico envolvido) pelo prazo nele previsto.

6. Prescritibilidade das ações de ressarcimento: o art. 37, § 5º, da Constituição da República

Tratar o tema da impossibilidade de desfazimento dos atos administrativos e seus efeitos induz inarredavelmente a necessidade de enfrentamento da regra inserta no art. 37, § 5º, da Constituição da República.

Assim se passa porque a leitura isolada e apressada dessa regra – que não raro é encontrada em autores de escol e em julgados dos principais Sodalícios do país – levaria à conclusão de que o art. 37, § 5º, da Constituição da República ressalva da prescrição qualquer ação tendente a pleitear ressarcimento ao erário.

O Superior Tribunal de Justiça possui julgados que estampam essa orientação[51] e o Supremo Tribunal Federal, em decisão majoritária, no Mandado de Segurança 26.210-9-DF, Tribunal Pleno, Ricardo Lewandowski, tangenciou a matéria, para também sinalizar, com esteio na doutrina de José Afonso da Silva,[52] o albergue à tese da imprescritibilidade das ações de ressarcimento.

51. Cf., por todos, o Agrg no REsp 662.844-SP, 2ª T., Herman Benjamin, *DJ* 6.5.2009. Ainda: REsp 1.056.256-SP, 2ª T., Humberto Martins, *DJ* 4.2.2009.

52. "A prescritibilidade, como forma de exigibilidade do direito, pela inércia de seu titular, é um princípio geral de direito. Não será, pois, de estranhar que ocorram prescrições administrativas sob vários aspectos, quer quanto às pretensões de interessados em face da Administração, quer quanto às destas em face de administrados. Assim é especialmente em relação aos ilícitos administrativos. Se a Administração não toma providência a sua apuração e à responsabilização do agente, a sua inércia gera a perda do *ius persequendi*. É o princípio que consta do art. 37, § 5º, que dispõe: 'A lei estabelecerá os prazos de prescrição para

Com o devido respeito, essa interpretação, para além de ultrapassar a própria letra constitucional (que textualmente não diz que ditas ações são imprescritíveis[53]) termina por fulminar qualquer possibilidade de prescrição de ações que tenham como pedido o ressarcimento em favor da fazenda pública. E isso se passa, independentemente de se tratar de ilícito penal, tributário, administrativo, improbidade, porquanto o dispositivo não ressalva a natureza do ilícito, e também não distingue entre ser o causador do dano agente público ou particular, pois a regra se aplica a "qualquer agente, servidor ou não".[54]

Dentro dessa lógica interpretativa, por exemplo, estariam aniquilados os prazos prescricionais da ação popular (art. 23 da Lei n. 4.717/1965), da ação civil pública (que o STJ, por analogia, tem reconhecido ser o mesmo da ação popular[55]), nas ações regressivas contra servidores públicos (art. 37, § 6º, parte final, da Constituição e 142 da Lei n. 8.120/1990: embora aqui o prazo seja decadencial), nas ações de execução fiscal (arts. 173 e 174 do CTN).

Mais do que isso, condutas praticadas – por servidores ou particulares – há mais de 20, 30, 50 anos... poderiam ser revolvidas a qualquer tempo, desde que a causa de pedir da ação fosse o dano ao erário e o pedido respectivo de ressarcimento.

Parece-me, à vista d'olhos, que tal interpretação contraria os princípios da segurança jurídica e do devido processo legal (art. 5º, LV, CR) e não corrobora o espírito do Estado de Direito.

No julgamento pelo STF do MS 26.210-9-DF, o Ministro Marco Aurélio assentou não ser possível colocar "na mesma vala a situação patrimonial alusiva ao ressarcimento e outras situações em que a Constituição afasta a prescrição. O constituinte de 1988 foi explícito, em certos casos, quanto à ausência de prescrição. Aqui não. Não posso conceber que simplesmente haja o constituinte de 1988 deixado sobre a cabeça de possíveis devedores do erário, inclusive quanto ao ressarcimento por ato ilícito, praticado à margem da ordem jurídica, uma ação exercitável a qualquer tempo".

E assim o é porque o art. 37, § 5º, expressa e textualmente não alude à imprescritibilidade das ações de ressarcimento, diferentemente do que se passa, por exemplo, com os arts. 5º, XLII: "a prática do racismo constitui crime inafiançável e imprescritível...", 5º, XLIV: "constitui crime inafiançável e imprescritível a ação de grupos armados..."; 183, § 3º e 191,

ilícitos praticados por qualquer agente, servidor ou não, que causem prejuízo ao erário, ressalvadas as respectivas ações de ressarcimento'. Vê-se, porém que há uma ressalva ao princípio. Nem tudo prescreverá. Apenas a apuração e punição do ilícito, não, porém, o direito ao ressarcimento, à indenização, do prejuízo causado ao erário. É uma ressalva constitucional e, pois, inafastável, mas, por certo destoantes dos princípios jurídicos, que não socorrem quem fica inerte (*dormientibus non sucurrit ius*)" (trecho citado no MS 26.210-DF, Lewandowsky).

53. Note-se que quando o constituinte pretendeu estabelecer hipóteses de imprescritibilidade ele foi explícito, afastando cogitações interpretativas (relativamente aos crimes de racismo, art. 5º).

54. Sobre a aplicação do preceito aos particulares, o citado Acórdão do STF registrou que "não se justifica a interpretação restritiva (...), segundo a qual apenas os agentes públicos estariam abarcados pela citada norma constitucional, uma vez que, conforme bem apontado pela Procuradoria-Geral da República, tal entendimento importaria em injustificável quebra do princípio da isonomia" (MS 26.210-DF, Lewandowsky).

55. Cf., por todos, REsp 727.131-SP, 1ª T., Luiz Fux, *DJ* 23.4.2008.

parágrafo único: "os imóveis públicos não serão adquiridos por usucapião".

Sobre o tema, Sérgio de Andréia Ferreira descreve que a última versão do Projeto de Constituição consagrava a locução "ressalvadas as respectivas ações de ressarcimento, que serão imprescritíveis", locução esta que restou alterada e transposta para o § 5º do art. 37 do Texto Constitucional, sem as três últimas palavras (que serão imprescritíveis), o que, à evidência, deixa ver que o preceito examinado não induz imprescritibilidade.[56]

Note-se que mesmo a doutrina de José Afonso da Silva, utilizada pelo Supremo Tribunal Federal para lastrear a tese da imprescritibilidade das ações ressarcitórias, termina por admitir a tese da prescritibilidade. Afirma o autor que: "Nem tudo prescreverá. *Apenas a apuração e punição do ilícito*, não, porém, o direito ao ressarcimento, à indenização, do prejuízo causado ao erário".

Com efeito, se a apuração (e punição) do ilícito prescreve, uma vez transcorrido o prazo previsto para tal, não mais seria possível tencionar apurá-lo, de modo que sequer se cogitaria do ressarcimento. Assim, sob pena de contradição, tenho que a citada doutrina propõe divisar duas situações. A primeira relativa à apuração (e punição) do ilícito, que se submete a prazo prescricional. A segunda relativa ao ressarcimento, que seria imprescritível, mas que pressupõe tenha o ilícito sido apurado em tempo hábil. Não é esta, todavia, a tese que esposo.

Parece-me óbvio que, se a regra geral num Estado de Direito é o reconhecimento da prescritibilidade (das pretensões) como inerência à estabilização das relações jurídicas[57] – e em obséquio ao princípio da segurança jurídica –, se do dispositivo constitucional (art. 37, § 5º) se puder extrair interpretação que prestigie dita estabilização, esta haverá de ser a exegese única a ser perseguida pelo intérprete. Nesse passo, propõe-se leitura conjugada dos §§ 4º e 5º da Constituição da República.[58] É dizer: os ilícitos de que cogita o último (§ 5º) serão necessariamente qualificáveis como atos de improbidade administrativa (conceito indissociavelmente ligado ao princípio da moralidade administrativa). Assim, ressalvam-se de sua incidência os demais tipos de ilícitos (civis, tributários, administrativos sem improbidade), os quais seguirão, para fins de prescrição (e decadência), os prazos específicos previstos na legislação infraconstitucional e, na ausência, o do art. 1º do Decreto n. 20.910/1932. Tocante ao ressarcimento, em face da pertinência temática, deve-se preferir o prazo do art.

56 Sérgio de Andréia Ferreira, *Comentários à Constituição*, vol. 3º, Rio de Janeiro, Fritas Bastos, 1991, p. 313, citado por Silva, *O Princípio*..., cit., p. 45, nota 78.

57. O voto do Ministro César Peluso, no julgamento do MS 26.210-9-DF, registra a impossibilidade de se dilargar interpretativamente o conteúdo da regra do § 5º do art. 37 da Constituição: "Esta norma estabelece claramente uma exceção – eu diria, exceção marcante – em relação a princípio universal: o princípio de limitação de prazo de exercício de todas as pretensões, porque é este requisito se segurança jurídica. Há discussão em doutrina sobre as ações declaratórias, para saber se seriam ou não imprescritíveis, mas a regra geral, como princípio universal, formulado em benefício da paz social e da segurança jurídica, é que todas as pretensões estão sujeitas à prescrição, e alguns direitos, sujeitos à decadência. Então, em se tratando de exceção a uma regra de tão amplo alcance, teria de ser interpretada, já desse ponto de vista, estritamente".

58. Cf., nesse sentido, Almiro do Couto Silva, "Notas sobre o dano moral no Direito Administrativo", *Revista Eletrônica de Direito do Estado* 18/13, abr.-jun./2009 (*www.direitodoestado.com.br*, acesso 26.8.2008).

23 da Lei n. 4.717/1965 (ação popular). Resta discorrer sobre o sentido jurídico que se deve atribuir à ressalva constante da parte final do art. 37, § 5º, da Constituição da República.[59]

A parcela da doutrina e da jurisprudência que sustenta a prescritibilidade das ações de ressarcimento geralmente considera que a ressalva da parte final do dispositivo quer significar apenas que o prazo prescricional da pretensão e da ação de direito material respectiva é independente do prazo fixado para as sanções punitivas. Como consequência, ou o prazo prescricional da ação de ressarcimento é o comum, ordinário, ou outro, específico, mas sem vinculação necessária com aquele anteriormente referido.[60] Assim, na inexistência de lei específica a estipulá-lo,[61] dever-se-ia aplicar a regra geral para prescrição das ações pessoais constante do Código Civil, que era de 20 anos sob a égide do Diploma de 1916 (art. 177) e atualmente é de 10 anos (art. 205 do Código Civil de 2002).

A tese é sustentável, mas traz em si dois inconvenientes. Primeiro, utiliza-se de prazo de regra de direito civil para ser aplicado no âmbito do direito administrativo (o que não seria só por si equivocado, mas a preferência há de ser para regras de direito público).[62] Segundo, não explica o porquê de se utilizar um prazo diferente do que prevê a ação popular para o ressarcimento ao erário.

É por isso que a leitura que se propõe ao § 5º do art. 37 da Constituição assume relevância ainda mais evidente. É importante reproduzir a regra constitucional.

59. Relativamente à primeira parte do dispositivo, não há maiores controvérsia quanto à prescritibilidade (decadência) da intenção sancionatória do Estado: a Lei n. 8.429/1992 ao regulamentá-lo estabelece (art. 23) dois prazos prescricionais (decadenciais) diferenciados. O primeiro relativo aos exercentes de mandato eletivo e ocupantes de cargos em comissão e função de confiança, que é de 5 (cinco) anos contados a partir do término do exercício do mandato ou comissão. O segundo relativo aos servidores ocupantes de cargo efetivo ou emprego, que é o mesmo prazo estabelecido para a fulminação (decadência) da pena administrativa de demissão no estatuto próprio dos servidores (aqui há um problema no que concerne à aos ocupantes de emprego público submetidos à CLT. É que esta não fixa prazo para a demissão de servidor, restando cogitar-se da aplicação do prazo dos estatutos locais, se houver). Quanto aos particulares, na ausência de prazo prescricional específico, o STJ tem aplicado, por extensão, o mesmo prazo de prescrição aplicável ao agente público (cf., por todos, REsp 965.340-AM, Castro Meira, *DJ* 8.10.2007).

60. Ferreira, *Constituição*..., ob. e loc. cits.

61. Cf. Rita Tourinho, "A prescrição e a Lei de Improbidade Administrativa", *Revista Eletrônica de Direito do Estado* 12/7, out.-dez./2007 (*www.direitodoestado.com.br*, acesso 26.8.1009). No mesmo sentido, Emerson Gabardo, *Palestra no VI Congresso Mineiro de Direito Administrativo*, Belo Horizonte, mai./2009.

62. Romeu Bacellar Filho sobre o tema aduz que "é precisa a lição de Celso Antônio Bandeira de Melo, para quem, ante a ausência de regra fixando genericamente prazo prescricional, 'o correto não é a analogia com o Direito Civil, posto que, sendo as razões que o informam tão profundamente distintas das que inspiram as relações de Direito Público, nem mesmo em tema de prescrição caberia buscar inspiração em tal fonte. Antes, dever-se-á, pois, indagar do tratamento atribuído ao tema prescricional ou decandencial em regras genéticas de Direito Público'. (...) Logo, a aplicação analógica do Código Civil (...) somente estaria autorizada na ausência de legislação administrativa" (Romeu Felipe Bacellar Filho, *Reflexões sobre Direito Administrativo*, Belo Horizonte, Fórum, 2009, p. 221). Também a jurisprudência do STJ coleciona julgados no sentido de que "no processo integrativo o intérprete deve buscar, prioritariamente, no próprio sistema de Direito Público as normas aplicáveis por analogia" (REsp 1.044.320-PE, Eliana Calmon, *DJ* 17.8.2009).

"Art. 37. (...).

"§ 5º. A lei estabelecerá os prazos de prescrição para ilícitos praticados por qualquer agente, servidor ou não, que causem prejuízo ao erário, ressalvadas as respectivas ações de ressarcimento."

Já afirmei que o dispositivo tem de ser lido com o § 4º. Os ilícitos de que se cogita são necessariamente atos de improbidade.

Quanto à ressalva, penso que ela é relativa não à lei (de improbidade), mas ao próprio prazo de prescrição nela previsto. É dizer: as ações de ressarcimento decorrentes de atos de improbidade não iniciam seu prazo de prescrição, enquanto não transcorrido o prazo previsto no art. 23 da Lei de Improbidade Administrativa.

Certamente, objetar-se-á ao fundamento de que a prescrição se rege pelo princípio da *actio nata* e seu termo inicial é contemporâneo à prática do ato de improbidade, o que não se sustenta diante da leitura do próprio art. 23 da Lei n. 8.429/1992, cujo inciso I desvinculou o *dies a quo* do prazo prescricional do momento em si da prática do ato hostilizado: o termo inaugural da prescrição nele previsto é a data do término do exercício do mandato, do cargo em comissão ou função de confiança, que não é idêntico ao da prática do ato de improbidade.

Logo, a ressalva do § 5º tem o efeito de impedir que durante o transcurso do prazo de prescrição das sanções de improbidade, o prazo de prescrição do ressarcimento tenha curso. Numa palavra: a ressalva impede que o prazo prescricional (do ressarcimento por improbidade) flua.

Assim, durante o prazo prescricional do art. 23 da Lei n. 8.429/1992 é possível cumular-se na ação civil de improbidade administrativa pleitos sancionatórios e ressarcitórios (se houver dano ao erário). Após esse prazo, existindo a pretensão respectiva, deve-se cogitar apenas do ressarcimento, cujo prazo prescricional, de cinco anos (típicos do direito público),[63] iniciará o cômputo na data do término do prazo prescricional da lei de improbidade administrativa.

Note-se que neste caso (propositura da ação de ressarcimento fundada em ato de improbidade depois do prazo do art. 23 da Lei n. 8.429/1992), porquanto a causa de pedir da ação será o dano a erário decorrente do ato de improbidade, a sentença deverá afirmar se houve ato de improbidade (embora não possa mais aplicar sanções ao réu) e que o prazo prescricional não teve curso por conta da ressalva do art. 37, § 5º, da Constituição, condenando, consequentemente, o réu ao ressarcimento.

Por outro lado, se a sentença afirmar que não houve improbidade, remeterá o autor às vias próprias para fins de ressarcimento, não podendo condená-lo na própria ação de improbidade.

O raciocínio leva às seguintes constatações:

a) a ação civil pública clássica e a ação popular, que tencionam anular ato administrativo lesivo ao patrimônio público, mas que não configurem ato de improbidade administrativa, prescrevem em cinco anos contados da data de sua prática (art. 23 da Lei n. 4.717/1965);

b) a ação de improbidade administrativa sem pleito de ressarcimento, prescreve nos prazos do art. 23 da Lei n. 8.429/1992, que são, em regra, de cinco anos.

c) a ação de improbidade cumulada com ressarcimento quando julgada procedente, declarará a existência da improbida-

63. O prazo prescricional da ação popular é de 5 (cinco) anos, conforme o art. 21 da Lei n. 4.717/1965, aplicável por analogia à ação civil pública e também à ação de improbidade para fins de ressarcimento.

de, aplicando proporcionalmente as penas previstas no art. 12 da Lei n. 8.429/1992, e, se houver comprovação do dano (o ônus é do autor), determinará o ressarcimento;

d) a ação de improbidade administrativa cumulada com ressarcimento quando julgada improcedente (considerando que inexistiu improbidade), declarará a inocência do réu, e não poderá condená-lo ao ressarcimento, remetendo o autor às vias próprias (ação civil pública clássica). Neste caso, se da data da prática do ato inquinado até a data do manejo desta ação própria ao ressarcimento, já se tiver verificado o prazo de cinco anos (da ação popular, aplicável por analogia à ação civil pública), o pleito de ressarcimento estará prescrito, nos termos da alínea "e".

A tese que se apresenta concilia o princípio da segurança jurídica e a necessidade de prazos prescricionais maiores para o ressarcimento decorrente de atos de improbidade administrativa, ao mesmo tempo em que prestigia a prescritibilidade das sanções típicas e das ações de ressarcimento.

Tem também o mérito de forçar os legitimados às ações civis de improbidade administrativa e às ações civis públicas clássicas (que são praticamente os mesmos[64]), a escolherem corretamente a ação a ser manejada, conforme a situação fática subjacente. Isto porque o ingresso da ação de improbidade no lugar da ação civil pública clássica poderá ensejar, em caso de improcedência, a prescrição do ressarcimento, já que a sentença, ao dizer da inexistência da improbidade, remeterá o autor às vias próprias (que a esta altura já poderão estar obstadas pelo transcurso do prazo prescricional quinquenal).

Belo Horizonte, novembro de 2009.

64. O fato de um legitimado mover ação de improbidade cumulada com ressarcimento contra um determinado sujeito, não impede que a ação civil pública clássica seja movida contra o mesmo sujeito por outro legitimado. O fundamento para tanto é o art. 17, § 5º, da Lei n. 8.429/1992.

REGIME ESTATUTÁRIO E ESTADO DE DIREITO

RICARDO MARCONDES MARTINS

Doutorando em Direito Administrativo pela PUC/SP.
Professor de Direito Administrativo da Faculdade de Direito da PUC/SP.
Procurador do Município de São Paulo

1. Breve introdução. 2. Garantias constitucionais ao bom exercício da função pública administrativa. 3. Princípio constitucional do concurso público. 4. Princípio constitucional da estabilidade. Referências bibliográficas.

1. Breve introdução

O tema dos servidores públicos não é um dos preferidos da doutrina brasileira. Escassa é a produção teórica sobre o assunto. Talvez por um motivo simples: não é um dos mais rentáveis do ponto de vista econômico. Além de ser um tema pouco explorado, sofre preconceito por parte de muitos. Grande parcela do povo brasileiro tem antipatia pelos servidores; muitos os associam à ineficiência, à falta de cortesia, à deficiente prestação dos serviços públicos e até mesmo à corrupção. Isso se agravou na década de noventa do século passado em que o país foi assolado pela densa execução de uma política neoliberal: reformas constitucionais e infraconstitucionais enfraqueceram consideravelmente o regime jurídico dos servidores públicos. A mídia apoiou as reformas e, como a mídia, mormente a televisiva, contribui decisivamente para formação de boa parte da opinião pública,[1]

1. Em perspicaz análise da televisão, Pierre Bordieu observa: "se sabe que há uma proporção muito importante de pessoas que não lêem nenhum jornal; que estão devotadas de corpo e alma à televisão como fonte única de informações. A televisão tem uma espécie de monopólio de fato sobre a formação das cabeças de uma parcela muito importante da população" (*Sobre a Televisão*, p. 23). Se a afirmação é aplicável à população francesa, é em grau muito mais elevado à brasileira. Como bem nota Celso Antônio

elas acabaram sendo apoiadas pela maioria da população. Neste opúsculo pretendo ecoar um grito, ainda que tímido, contra esse movimento. Pretendo aqui, ainda que de forma sintética, explicitar os *princípios constitucionais* dos servidores públicos, explicar o porquê a Constituição consagra um conjunto de *garantias* e fixa os traços básicos do *regime estatutário*. A partir dessa análise, objetivo demonstrar que a fuga desse regime, seja efetuada pelo Reformador da Constituição, pelo Legislativo ou pelo próprio Executivo, é inválida. As afirmações que faço são baseadas na mais profunda convicção de que refletem a correta compreensão do *direito positivo brasileiro*.

2. Garantias constitucionais ao bom exercício da função pública administrativa

Celso Antônio Bandeira de Mello, em palestra proferida no I Ciclo de Estudos de Direito Público, promovido, em dezembro de 1985, pela Associação de Advogados da Prefeitura do Município de São Paulo, cuja transcrição foi publicada no oitavo número da *Revista de Estudos de Direito Público* da referida Associação, enunciou algo que não havia sido notado por ninguém na doutrina brasileira. Sintetizo sua lição: a Constituição estabelece as imunidades parlamentares, necessárias para que os parlamentares bem exerçam a função legislativa, como, por exemplo, a imunidade por opiniões, palavras e votos (arts. 27, § 1º; 29, IX; e 53 da CF/1988); estabelece os predicados da magistratura, a vitaliciedade, a inamovibilidade, a irredutibilidade de vencimentos, necessários para que os magistrados bem exerçam a judicatura (art. 95 da CF/1988); paralelamente, estabelece prerrogativas dos servidores públicos, necessárias para que estes bem exerçam a função administrativa. Nas palavras do benemérito professor: "as disposições constitucionais atinentes aos servidores públicos cumprem, acima de tudo, uma função correspondente à dos predicamentos da magistratura e das imunidades parlamentares".[2]

Deveras, a Constituição não estabelece *privilégios*, mas *prerrogativas* necessárias ao cumprimento dos deveres ínsitos à função pública. Esta, é conceito corrente, compõe-se de dois elementos: (a) o dever de atuar em prol do interesse alheio e (b) a manutenção de prerrogativas necessárias ao cumprimento desse dever.[3] Toda prerrogativa, vale dizer, todo poder estatal, é meramente *instrumental*: existe para o cumprimento do *dever* de atender ao in-

Bandeira de Mello: "em País de alto contingente de iletrados e no qual a parcela de alfabetizados que leem, mesmo jornal, é irrisória, o rádio e a televisão são os meios de comunicação que verdadeiramente *informam* e, de outro lado, *formam*, a seu sabor, a opinião pública, de tal sorte que os senhores de tais veículos dispõem de um poder gigantesco" (*Curso de Direito Administrativo*, 27ª ed., Cap. XII-rodapé 5, p. 704).

2. "Servidores públicos: aspectos constitucionais", *Estudos de Direito Público – Revista da Associação dos Advogados da Prefeitura do Município de São Paulo* 8/84.

3. Cf. meu *Efeitos dos Vícios do Ato Administrativo*, Cap. II-1, pp. 37-38. Nas palavras de Santi Romano: "As funções (*officia, munera*) são os poderes que se exercem não por interesse próprio, ou exclusivamente próprio, mas por interesse de outrem ou por um interesse objetivo" (*Princípios de Direito Constitucional Geral*, p. 145). No Brasil o conceito foi difundido por Celso Antônio Bandeira de Mello: "existe função quando alguém está investido no *dever* de satisfazer dadas finalidades em prol do *interesse de outrem*, necessitando, para tanto, manejar os poderes requeridos para supri-las" (*Curso de Direito Administrativo*, 27ª ed., Cap. I-54, p. 71).

teresse público. As imunidades parlamentares, os predicamentos da magistratura e os direitos constitucionais dos servidores públicos não foram estabelecidos para o deleite dos respectivos agentes. Não foi uma arbitrariedade constitucional: foram estabelecidas porque são consideradas indispensáveis ao bom desempenho da função pública. A lição enunciada pelo Prof. Celso Antônio, contudo, não se esgota nessa obviedade.

Muitos admitem essa premissa, assumem que por trás do estabelecimento dessas prerrogativas está a crença na necessidade delas para o bom desempenho da função, e supõem tratar-se de uma mera *opção política*. Parece, aliás, ser esse o entendimento prevalecente na doutrina. Daí a importância da referida aula magna do Prof. Celso Antônio Bandeira de Mello: das regras constitucionais relativas aos direitos do *regime estatutário* extraem-se *princípios constitucionais* diretamente atrelados ao *Estado de Direito*. Quando o constitucionalismo consagrou o chamado Estado de Direito, a integral submissão do Estado ao sistema normativo vigente, consagrou também uma série bem extensa de subprincípios *implícitos*. A diretriz fundamental é a seguinte: o princípio do Estado de Direito implica que toda atuação do Estado deva consistir no exercício de *função pública*.[4] Dessa ideia decorrem tantas outras que se torna difícil uma enumeração exaustiva.[5] Citam-se algumas: (a) quem presenta o Estado não possui, no exercício de suas funções, *liberdade*, quer dizer, não é livre para decidir segundo seus interesses pessoais, deve sempre buscar a ótima realização do interesse público; quando muito os agentes que presentam o Estado, no exercício da *função*, possuem *discricionariedade*, jamais *liberdade* (não existem *poderes autônomos* no Estado de Direito);[6] (b) por conseguinte, no exercício da função é vedado o arbítrio, toda atuação do Estado deve estar fundamentada no sistema normativo vigente e deve ter por finalidade a ótima realização do interesse público (toda atuação estatal diz respeito a um *dever estatal*). O Estado de Direito, em síntese, veda o arbítrio dos agentes públicos, a conduta pautada em critérios pessoais, subjetivos; a atuação estatal passa a ser *aplicação de normas jurídicas*;

4. Sobre a relação entre o Estado e a *função pública*, v. meu *Efeitos dos Vícios do Ato Administrativo*, Caps. I e II, pp. 33-63.

5. Nas palavras de José Joaquim Gomes Canotilho e Vital Moreira: "Na sua vertente de *Estado de direito*, o princípio do Estado de direito democrático, mais do que constitutivo de preceitos jurídicos, é sobretudo conglobador e integrador de um amplo conjunto de regras e princípios dispersos pelo texto constitucional, que densificam a ideia de sujeição do poder a princípios e regras jurídicas, garantido aos cidadãos liberdade, igualdade e segurança" (*Constituição da República Portuguesa Anotada*, vol. 1: arts. 1º a 107, p. 205). Mais adiante os ilustres constitucionalistas portugueses indicam o "cerne do Estado de direito democrático": "*a proteção dos cidadãos contra a prepotência, o arbítrio e a injustiça* (especialmente por parte do Estado)" (idem, p. 206). Canotilho, em seu *Direito Constitucional e Teoria da Constituição*, aprofunda o tema: "O princípio do estado de direito não é um conceito pré- ou extraconstitucional mas um conceito constitucionalmente caracterizado. Ele é, desde logo, uma *forma de racionalização* de uma estrutura estadual-constitucional. No princípio do estado de direito conjugam-se elementos formais e materiais, exprimindo, deste modo, a *profunda imbricação entre forma e conteúdo* no exercício de actividades do poder público ou de entidades dotadas de poderes públicos" (4ª ed., pp. 254-255).

6. Sobre a incompatibilidade entre Administração Pública e a *liberdade*, v. meu *Abuso de Direito e Constitucionalização do Direito Privado*, pp. 57 *et. seq*.

exercer função pública é editar normas, é concretizar o ordenamento posto.[7]

Para compreender a relação entre os direitos básicos do regime estatutário e o Estado de Direito deve-se atentar para o seguinte: há como impedir ou ao menos minimizar a *influência do poder político* sobre o exercício da *função administrativa*? Basta pensar: de nada adianta impor a alguém o dever de apenas aplicar o direito posto, cumprir o Direito, globalmente considerado, e deixá-lo livre para obstar esse cumprimento. Se todo o corpo de agentes administrativos estivesse à mercê dos governantes, toda a concepção de Estado de Direito ruiria, a diretriz de que a atuação estatal deva ser sempre o cumprimento de uma função pública tornar-se-ia mera teoria vazia, retórica inútil. O Direito não despreza a *natureza humana*. Por isso, é inerente ao Estado de Direito o *princípio da responsabilidade do Estado*, o *princípio do controle judicial* e, pois, o *princípio da manutenção das prerrogativas necessárias à imunização da função administrativa a influência política*. Nas palavras iluminadas de Celso Antônio Bandeira de Mello: "o regime constitucional dos servidores públicos almeja exatamente fixar regras básicas favorecedoras da neutralidade do aparelho estatal, a fim de coibir sobretudo o Poder Executivo de manipulá-lo com desabrimento capaz de comprometer objetivos do Estado de Direito".[8]

Muitos juristas não conseguem compreender *cientificamente* o fenômeno normativo. O Direito não é um simples *amontoado de normas jurídicas*. Se fosse, compreendê-lo seria impossível. O Direito é um verdadeiro *sistema* de *normas*. O que faz uma mera soma, um mero amontoado, tornar-se um sistema? A submissão a *critérios racionais aglutinadores*, aos chamados *elementos estruturantes* do sistema. É comum que os operadores do Direito, no dia-a-dia de seu trabalho, tratem o fenômeno normativo de modo não científico. Esse equívoco desastroso é exclusivo da ciência jurídica. Ninguém lida, por exemplo, com a engenharia ou a medicina com total desprezo pelas respectivas balizas científicas. Os aplicadores do direito, os juristas, ao lidarem com o Direito, comumente, desprezam a Ciência Jurídica. Esse mal deve ser evitado a todo custo. O jurista deve ter presente, cada vez que examina um problema jurídico, cada vez que examina um texto normativo

7. Sobre o exercício da função pública como *aplicação de normas jurídicas*, v. meu *Efeitos dos Vícios do Ato Administrativo*, Cap. III, pp. 64-102.

8. "Servidores públicos: aspectos constitucionais", *Estudos de Direito Público – Revista da Associação dos Advogados da Prefeitura do Município de São Paulo* 8/82. Vale a pena transcrever a lição do mestre: "Cumpre que este Estado, que este aparelho gigantesco, que esta máquina onipresente seja imparcial, seja neutra, caso contrário sossobrarão os objetivos do Estado de Direito. Ora bem, para que esta máquina seja imparcial, seja neutra, é preciso que os agentes que a operam disponham de certas condições mínimas para cumprir as funções que lhes cabem dentro de um espírito de isenção, de neutralidade, de lealdade para com terceiros, de isonomia no trato com os administrados. Como isto seria possível se os agentes do aparelho estatal e basicamente do Poder Executivo não dispusessem de um estatuto jurídico, de um regime jurídico, que os garantisse, que lhes desse o mínimo de independência perante os ocasionais detentores do Poder? (...) Só mesmo uma máquina preparada para ser isenta, imparcial, leal, e que trate isonomicamente os indivíduos pode garantir a realização dos objetivos do Estado de Direito, prevenindo e impedindo o uso desatado do poder em prol de facções que, mediante favoritismos e perseguições, se eternizariam no comando da sociedade" ("Servidores públicos: aspectos constitucionais", pp. 83-84).

isolado, que está diante de um *sistema*, de algo que obedece a *critérios racionais*. Deve, em suma, atentar para o fato de que toda norma jurídica assenta-se nos chamados *princípios jurídicos*.[9]

Uma ideia-chave está por trás de todas as normas de direito público. As normas de direito administrativo foram concebidas para impedir o uso desatado do poder. Em pouquíssimas palavras: a função primordial do direito administrativo é impedir a *corrupção*. As leis administrativas existem para que os agentes públicos não ajam em prol de seus próprios interesses, para que exerçam efetiva e corretamente a *função pública*. Se os administradores fossem deuses, boa parte da legislação administrativa seria desnecessária. O Direito administrativo foi concebido para impedir que o dinheiro público seja desperdiçado, para impedir que haja perseguições e favoritismos, para, enfim, garantir que o agente exerça *função pública*. Na feliz síntese de Celso Antônio Bandeira de Mello: o direito administrativo é arma do administrado contra o uso desatado do poder.[10] Reitero: o direito administrativo é um ramo dogmático eligido para impedir a corrupção de quem exerce função pública. Essa ideia está na base da própria disciplina e de todas as normas a ela atinentes. Trata-se, seguindo a doutrina de Friedrich Müller, de um *preconceito*[11] necessário à correta compreensão das normas de direito público.

9. A palavra *princípio* é atualmente utilizada com dois significados bem distintos: *mandamento nuclear* do sistema jurídico e *valor juridicamente positivado*. Nesta exposição, a palavra é utilizada no primeiro sentido. Sobre o tema, v. meu *Abuso de Direito e Constitucionalização do Direito Privado*, pp. 13-29. O conceito de princípio jurídico como elemento estruturante do sistema foi difundido no Brasil por Celso Antônio Bandeira de Mello ("Criação de secretarias municipais: inconstitucionalidade do art. 43 da Lei Orgânica dos Municípios do Estado de São Paulo", *RDP* 15/53; *Curso de Direito Administrativo*, 27ª ed., Cap. I-24, p. 53). No direito estrangeiro, v. o magistral estudo de Jean Rivero, "Los principios del derecho en el derecho administrativo francés contemporáneo", *RAP* 6/289-300.

10. "Portanto, o Direito Administrativo não é um Direito criado para subjugar os interesses ou os direitos dos cidadãos aos do Estado. É, pelo contrário, um Direito que surge exatamente para regular a conduta do Estado e mantê-la afivelada às disposições legais, dentro desse espírito protetor do cidadão contra descomedimentos dos detentores do exercício do Poder estatal. *Ele é, por excelência, o Direito defensivo do cidadão* (...). É, pois, sobretudo, um filho legítimo do Estado de Direito, um Direito só concebível a partir do Estado de Direito: o Direito que instrumenta, que arma o administrado, para defender-se contra os perigos do uso desatado do Poder" (*Curso de Direito Administrativo*, 27ª ed., Cap. I-20, p. 47). Deveras, o Direito Administrativo protege o cidadão contra o uso desatado do poder – nesse sentido é escudo – e possibilita ao cidadão atacar o uso desatado do poder – e nesse sentido é arma. Em suma: escudo e arma do cidadão.

11. Friedrich Müller diferencia a pré-compreensão jurídica ou referida ao direito da pré-compreensão geral (*Teoria Estruturante do Direito* I, pp. 55 *et seq.*). Enquanto a última se refere a toda visão de mundo do sujeito cognoscente, a primeira refere-se a preconceitos positivos necessários à correta interpretação. Deveras: o intérprete, ao examinar um texto de direito público, deve partir do preconceito de que o direito público é a arma e o escudo do cidadão. Quem não inicia a atividade hermenêutica imbuído desse "preconceito" tende a chegar a um resultado equivocado. Do mesmo modo: o conceito de função pública, as características dela, as balizas do regime de direito público são preconceitos necessários à boa interpretação do direito público. Insiste-se: interpretar o direito público pressupõe ter presente, previamente, o conceito de Estado, de função estatal, de indisponibilidade e supremacia do interesse público e, principalmente, que esse ramo do direito foi construído para servir de arma e de escudo do cidadão, para evitar a corrupção dos agentes públicos.

Se os direitos constitucionais básicos do *regime estatutário dos servidores públicos* são imprescindíveis para que não haja corrupção, eles não são um privilégio dos servidores, mas uma *garantia*, uma garantia fundamental dos cidadãos. Sem essas prerrogativas, os agentes públicos estariam nas mãos dos governantes, sujeitos à vontade dos corruptos de plantão. Nenhum cidadão teria a mínima garantia de que as leis seriam cumpridas corretamente, nenhum cidadão teria a mínima garantia de que o dinheiro público não seria desviado para os bolsos dos corruptos. A impessoalidade estaria comprometida. É de uma obviedade ululante: se alguém precisa se corromper para manter seu ganha-pão, como regra geral, se corrompe. Ninguém é santo ou herói. Raros são os que abrem mão do seu ganha-pão por idealismo. Não se presume um comportamento sobre-humano de quem exerce função pública. Não se trabalha com sonho ou utopia, mas com a realidade. Sem essas prerrogativas os interesses do povo estariam comprometidos. Os bens, os negócios, o dinheiro estatais, em última análise, pertencem ao povo. As garantias da impessoalidade dos agentes públicos são garantias individuais dos cidadãos. Estes possuem o *direito individual* de serem tratados de *forma impessoal*, honesta, isonômica e o *direito político* a uma boa administração.[12] Logo, as prerrogativas dos servidores constituem, pois, ao mesmo tempo, um *direito individual* e um *direito político* de todo cidadão.

Quem se debruça sobre o ordenamento jurídico brasileiro e o estuda como um *sistema* logo percebe: os direitos constitucionais básicos do *regime estatutário dos servidores públicos* são imprescindíveis para que não haja corrupção, são vitais para que exista um verdadeiro Estado de Direito, são pressupostos da *boa administração*. Por trás das *regras constitucionais dos servidores públicos* há *princípios constitucionais* diretamente atrelados ao princípio do Estado de Direito. Ora, se são decorrência lógica, desdobramento imediato do Estado de Direito, se são garantia individual e direito político dos cidadãos, são, indiscutivelmente, autênticas *cláusulas pétreas*.

3. Princípio constitucional do concurso público

O princípio constitucional do concurso público, estabelecido no inciso II do art. 37 da CF/1988, impede que os governantes nomeiem para os cargos públicos apenas seus *amigos*. Trata-se de um desdobramento imediato da *isonomia* e da *impessoalidade*, uma peremptória exigência da República e do Estado de Direito.[13] A

12. Em sua preciosa monografia sobre boa administração, Juarez Freitas também alude ao tema: "Por mais que se entenda a proposta de flexibilização, o regime estatutário ou institucional é vital para que se alcancem os desideratos constitucionais. O constituinte derivado, apesar das vastas reformas que vem promovendo na esfera dos direitos dos servidores públicos – não raro, desafiadoras, para dizer o mínimo, da resiliência constitucional –, felizmente não abandonou, de um todo, a linha de que, para a segurança da sociedade, convém reservar aos ocupantes de certos cargos efetivos um tratamento especial, apto a propiciar a formação de carreiras a salvo de cooptações partidárias e da previsível descontinuidade governativa" (*Discricionariedade Administrativa e o Direito Fundamental à Boa Administração Pública*, p. 117).

13. Em sua tese de doutorado, Adilson Abreu Dallari observa: "Para que se tenha uma ideia da importância do tema, basta dizer que ele figura no texto da Declaração Geral dos Direitos Humanos, aprovada pela Assembleia Geral das

importância desse princípio é tão evidente que ele se aplica, por expressa disposição constitucional não apenas aos *servidores públicos*, mas também aos *empregados públicos*. Trata-se, pois, de princípio não restrito ao *regime estatutário*.

Não cabe neste estudo expor toda teoria dos concursos públicos.[14] Ressalto que somente é possível a nomeação *sem concurso* para cargo ou emprego público nos casos expressa ou implicitamente previstos no texto constitucional. Os casos expressos são os seguintes: (1) por exigência do *princípio democrático*, os *cargos eletivos*, próprios da *representação popular*, nos termos do parágrafo único do art. 1º; (2) também por exigência do princípio democrático, os *cargos de provimento vitalício*, cuja nomeação é efetuada pelos *representantes populares* (Presidente da República e Senadores);[15] (3) os cargos em comissão, de livre nomeação, nos termos do inciso II do art. 37; (4) as atividades temporárias e as atividades que apesar de não serem temporárias o interesse público exige o exercício imediato, ambas previstas no inciso IX do art. 37. Os casos implícitos consistem na *impossibilidade* lógica, fática ou jurídica de realizar *concurso público*.[16]

O reformador da Constituição não diminuiu a eficácia desse princípio. Ele vem sendo amesquinhado pelo *legislador infraconstitucional* e pelo *Judiciário*. Tornou-se, infelizmente, comum a edição de leis que *deturpam* as hipóteses de *inexigibilidade de concurso público*. Toda regra constitucional deve ser interpretada em consonância com os *princípios estruturantes* do sistema. Por que o constituinte previu os *cargos em comissão*? Para que o agente político nomeie alguém de sua *confiança subjetiva*, alguém que feche os olhos para seus atos de corrupção? Óbvio que não. Certas funções exigem profissionais altamente qualificados, profissionais que, pela sua capacitação, encontram amplas oportunidades no mercado de trabalho. Esses profissionais, gabaritados para certas funções, não se prestariam a participar de um concurso público. Vale dizer: a realização de concurso público é incompatível com certas funções públicas porque os profissionais adequados para exercê-las, como regra geral, jamais se disporiam a participar de um concurso. Nesse caso, inexiste *pressuposto fático* para sua realização: ele não pode ser instaurado porque não haveria *interessados* aptos a dele participar. Não faz sentido abrir um concurso para nomear um Ministro da Justiça ou um Secretário de Negócios Jurídicos. Justamente para esses casos é que o constituinte previu

Nações Unidas em 10.12.1948, com o seguinte enunciado: 'cada indivíduo tem o direito ao ingresso, sob condições iguais, no serviço público de seu país'" (*Regime Constitucional dos Servidores Públicos*, 2ª ed., p. 28).

14. Sugiro a leitura da monografia dos promotores Márcio Barbosa Maia e Ronaldo Pinheiro de Queiroz, *O Regime Jurídico do Concurso Público e seu Controle Jurisdicional*. Bem como da coletânea de trabalhos organizada por Fabrício Motta, *Concurso Público e Constituição*, 1ª ed., 2ª tir., 2007.

15. O acesso ao cargo de Presidente da República é direta decorrência da escolha popular: o povo escolhe quem assumirá o cargo. O acesso ao cargo de Ministro do STF é indireta decorrência da escolha popular: o povo escolhe quem nomeará o ocupante do cargo.

16. Aplicam-se aos concursos públicos, *mutatis mutandis*, a teoria dos *pressupostos constitucionais à licitação*. Trata-se de teoria desenvolvida por Celso Antônio Bandeira de Mello (*Curso de Direito Administrativo*, 27ª ed., Cap. IX-V, pp. 539-540). Sobre ela, v. meu "Dispensa de licitação e discricionariedade", in Rodrigo Garcia Schwarz (coord.), *Direito Administrativo Contemporâneo*, pp. 263-270.

os *cargos em comissão*. Perceba-se: para nomear alguém para essas funções, faz-se necessária a *confiança*, não a *confiança subjetiva*, a confiança do nomeante de que o nomeado jamais se voltará contra ele, mas a *confiança objetiva*: a confiança de que o nomeado bem exercerá a função porque é qualificado para tal. Perceba-se: a confiança objetiva implica a *confiança* por parte de todos da sociedade, ou seja, diante do prestígio no respectivo campo de atuação, da experiência profissional, da elevada capacitação técnica, da, enfim, notoriedade da qualificação do nomeado, todos da sociedade, independentemente de suas convicções políticas, consideram-no apto ao exercício da função, todos *confiam* nele. É evidente que quase sempre há mais de um profissional que atenda essa exigência, daí a *discricionariedade na nomeação*: o sistema permite ao nomeante que, dentre todos os habilitados, escolha aquele que possua mais afinidade com suas convicções ideológicas. A prática distancia-se desses conceitos: o legislador, de todas as esferas de governo, despreza os *pressupostos teóricos* para a criação de *cargos em comissão*; o administrador, também de todas as esferas de governo, despreza os pressupostos teóricos para a *nomeação* dos respectivos cargos. Milhares de cargos em comissão são criados apesar de presente o pressuposto fático à realização de concurso,[17] nomeações são efetuadas com base na *confiança subjetiva* e não na preconizada *confiança objetiva*.

A contratação para atividades temporárias ou atividades que demandem execução imediata, com base no inciso IX do art. 37 da CF/1988, segue também uma *regra racional*. A realização de concurso público leva um *tempo* e importa num *custo* que não são desprezados pelo sistema. Não faz sentido realizar concurso público para atividades que durem apenas seis meses ou menos. Sempre que a *duração da atividade* for razoavelmente incompatível com o tempo e o custo da realização do concurso público, este é dispensado. "Atividade temporária" é um conceito indeterminado e, como todo conceito dessa ordem, possui uma *zona de certeza positiva*, uma *zona de certeza negativa* e uma *zona de incerteza*.[18] Atividades que durem até seis meses estão na zona de certeza positiva: não é razoável realizar o

17. Num importante julgado, o TJSP reagiu a essa situação. Trata-se da Ação Direta de Inconstitucionalidade de Lei n. 157.950-0/6-00, julgada em 28.1.2009, sendo Relator o Desembargador Debatin Cardoso. Constou da ementa: "Criação de cargos de provimento em comissão, destinados, muitos deles, a funções burocráticas ou técnicas de caráter permanente – Inadmissibilidade". E na fundamentação do acórdão, pontuou-se com precisão: "Não basta denominar os cargos como sendo de diretor, chefe ou assessor para que se abra uma exceção à regra do concurso público e se justifique seu provimento em comissão, pois o que importa não é o rótulo, mas a substância deles, fazendo-se necessário examinar as atribuições a serem exercidas por seus titulares e tais atribuições devem estar definidas na lei".

18. Trata-se da clássica lição de Fernando Sainz Moreno: "El problema de la indeterminación puede explicarse gráficamente mediante unos círculos concéntricos. El círculo interno traza el límite de una zona de certeza positiva (es seguro que 'eso' puede denominarse con ese término); el círculo externo marca el límite de una certeza negativa (es seguro que 'eso' no puede denominarse así). Entre esos dos círculos hay una zona de duda, de 'indeterminación'. Se trata, por supuesto, de una explicación gráfica aproximada porque las líneas de ambos círculos son también borrosas. Existen, pues, dos límites: el de la certeza positiva (lo que es seguro) y el de la certeza negativa (lo que es seguro que no es). Entre ambos está el ámbito de duda" (*Conceptos Jurídicos, Interpretación y Discrecionalidad Administrativa*, pp. 70-71).

concurso. Atividades que durem mais de dois anos estão na zona de certeza negativa: é razoável realizá-lo. Atividades que durem mais de seis meses e menos de dois anos estão na zona de incerteza: depende do juízo do agente competente. Claro que essa zona de incerteza pode ser afastada diante do caso concreto, diante da natureza da atividade: dependendo do caso, pode não ser razoável a contratação direta para o exercício de certa atividade por um ano. Ademais, quando o interesse público exige o imediato exercício de atividade não temporária, admite-se a contratação temporária durante o tempo necessário à realização do concurso. Também aqui a prática distancia-se da teoria. Basta um exemplo: a Lei federal n. 8.745/1993, no inciso V do art. 4º, com a redação dada pelo art. 166 da Lei n. 11.784/2008, permite contratação temporária por prazo de quatro anos para vários cargos.

Um recente equívoco da jurisprudência também vem contribuindo para o desprestígio do princípio do concurso público. O STJ adotou o entendimento de que passados cinco anos da assunção de cargos efetivos sem concurso público, há a estabilização do vício da nomeação e, por isso, o direito à permanência no cargo.[19] Trata-se de supino equívoco da jurisprudência. Deve-se distinguir o *ato administrativo* que nomeou, de forma inválida, os servidores da *situação jurídica* de ocupar cargo público de provimento efetivo sem prévia aprovação em concurso. O ato, após cinco anos, se estabiliza:[20] o sistema não admite a invalidação da nomeação e, consequentemente, não admite a invalidação de todos os atos proferidos pelos servidores no exercício do cargo, bem como não exige a devolução aos cofres públicos do que indevidamente receberam. Isso não significa que o cargo passa a admitir o provimento sem concurso: não importa quanto tempo passe, a invalidade da nomeação exige a exoneração do servidor. É, *a contrario sensu*, o que se extrai do art. 19 do ADCT: o constituinte atribuiu estabilidade ao servidor admitido sem concurso que estava em exercício na data da promulgação da Constituição há pelo menos cinco anos continuados. Quer dizer: fora dessa hipótese, o decurso da nomeação sem concurso não gera estabilidade.

4. *Princípio constitucional da estabilidade*

Outro princípio fundamental do estatuto dos servidores públicos é o princípio da *estabilidade*: o servidor público só *perde o cargo* nos casos expressamente

19. Apenas a título de exemplo, foi o que decidiu no recurso em mandado de segurança 25.652-PB (2007/0268880-8), j. 16.9.2008, *DJe* 13.10.2008, Rel. Ministro Napoleão Nunes Maia Filho. Eis a ementa: "Servidores públicos que assumiram cargos efetivos sem prévio concurso, após a CF de 1988. Atos nulos. Transcurso de quase 20 anos. Prazo decadencial de cinco anos cumprido, mesmo contado após a Lei n. 9.784/1999, art. 55. Preponderância do princípio da segurança jurídica". Afirmou-se no acórdão: "Penso que é importante frisar mais uma vez, que a Administração Pública quedou inerte, por duas décadas, quanto à alegada ilegalidade nas investiduras dos recorrentes, pelo que se formou em relação a eles (os recorrentes) o direito subjetivo de não serem acionados em razão daquelas investiduras e, em relação à Administração, ocorreu a perda do direito de desfazer aqueles mesmos atos". E concluiu-se: "Por tais fundamentos, dou provimento ao Recurso Ordinário, para assegurar o direito dos impetrantes de permanecerem nos seus respectivos cargos".

20. Sobre a estabilização dos vícios dos atos administrativos, v. meu *Efeitos dos Vícios do Ato Administrativo*, Cap. VIII-5.5, pp. 295 *et seq.*

previstos no texto constitucional (art. 41, § 1º, da CF). Se o princípio do concurso evita a nomeação arbitrária, o princípio da estabilidade evita o exercício arbitrário da função. Dou apenas um exemplo: imagine que os servidores encarregados de numerar as folhas dos processos administrativos e rubricá-las não possuíssem estabilidade e o superior hierárquico, com vistas a acobertar ilegalidade ou, pior, ato de corrupção, exigisse a substituição das folhas de um processo. O servidor ficaria no seguinte dilema: ou se recusa a obedecer e perde seu ganha-pão ou obedece e mantém-se no cargo. Por óbvio, se não houvesse estabilidade, o servidor ficaria, sempre, nas mãos dos superiores hierárquicos. Bastaria se recusar a cometer uma ilegalidade, se recusar a praticar um ato de corrupção e pronto: estaria "na rua", seria exonerado. E perceba-se: nem do Judiciário o servidor poderia se socorrer, pois, inexistindo estabilidade, a dispensa seria *ad nutum* a critério do superior hierárquico. Conforme antecipado, a falta de estabilidade dos servidores transforma o Estado de Direito em Estado do arbítrio. Trata-se, pois, de um princípio diretamente atrelado às bases da Constituição da República. A estabilidade dos servidores não é privilégio deles, mas uma garantia individual do administrado contra a malévola influência política no exercício da função pública e um direito político do cidadão à boa administração.

A Emenda Constitucional n. 19/1998 afetou sensivelmente esse magno princípio constitucional. Até 4.6.1998, o período necessário para aquisição da estabilidade era de *dois anos*. A Emenda 19 alterou a redação do *caput* do art. 41 e elevou o período do *estágio probatório* para *três anos*. Ademais, até a Emenda havia apenas *duas hipóteses* de perda da função: sentença judicial transitada em julgado e decisão proferida em processo administrativo disciplinar em que seja garantida a ampla defesa. A Emenda alterou o § 1º do art. 41 para acrescentar uma terceira hipótese: reprovação em procedimento de avaliação periódica de desempenho, na forma de lei complementar, assegurada a ampla defesa. Acrescentou também o § 4º ao art. 169, prevendo uma quarta hipótese: quando a adoção das medidas previstas no § 3º — redução em pelo menos vinte por cento das despesas com cargo em comissão e função de confiança e exoneração de servidores não estáveis — não forem suficientes para assegurar a observância do limite fixado em lei complementar para a despesa com pessoal (hoje fixado no art. 19 da Lei de Responsabilidade Fiscal, Lei Complementar n. 101/2001: 50% da receita corrente líquida, para a União; e 60%, para os Estados e Municípios). A reforma foi fruto de uma política neoliberal.[21] Buscou-se, a todo custo, enfraquecer o servidor público.

Na doutrina brasileira quem melhor compreendeu a teoria da reforma constitucional foi o Ministro Carlos Ayres Britto: a *reforma* só é permitida para *reforçar* o *programa constitucional* originário, para fazê-lo *melhor*, não para alterá-lo, substituí-lo, enfraquecê-lo. Toda reforma que contrarie essa diretriz é inválida.[22] Impõe-se a toda emenda a *interpretação restritiva*, ainda

21. Sobre o tema, recomendo a leitura da Dissertação de Mestrado de Priscilia Sparapani, *A Estabilidade do Servidor Público Civil Após a Emenda Constitucional n. 19/1998*, apresentada em 2008 na PUC/SP.

22. Transcrevo parte de sua argumentação: "A este respeito, é de se afastar o receio de que o prestígio exegético das cláusulas pétreas – nos casos de dúvida fundada, lógico –, venha a significar banalização das mesmas (tudo, ou quase tudo, passaria a ser encarado como cláusula pétrea). É que a postura interpretativa contrária é de muito maior gravidade sistêmica, pois re-

mais quando ela diz respeito a valores sensíveis. A boa doutrina não titubeia em afirmar a inconstitucionalidade da quarta hipótese apresentada por violação ao *direito adquirido* dos servidores.[23] O direito adquirido impede a aplicação da hipótese a quem já era servidor, mas não obsta a aplicação a quem ingressou nos quadros públicos após a reforma. Contudo, a hipótese é inaplicável também para os novos servidores: o *princípio da estabilidade* é *cláusula pétrea*, pois é pressuposto para configuração do Estado de Direito. Só são juridicamente válidas hipóteses de perda da função que digam respeito à conduta do servidor, mais precisamente, ao descumprimento por parte dele dos deveres funcionais. O núcleo da *estabilidade* está na proteção do servidor contra a influência política e essa proteção só ocorre enquanto o servidor estiver imunizado da perda do cargo por hipótese que não lhe seja diretamente imputada. Noutras palavras: a perda do cargo só pode ocorrer em virtude da *responsabilização disciplinar* do servidor, somente porque este não cumpriu, a contento, sua *função*. Não pode, jamais, ser imputada pela *vontade governante*. Quem *bem* exerce a função pública está constitucionalmente *protegido*, garantido contra o uso desatado do poder. É de evidência solar: a despesa com pessoal acima do limite legalmente fixado não é imputada ao servidor, não é de responsabilidade dele, é de responsabilidade de quem autorizou a despesa. Se o servidor *estável* não descumpriu seus deveres funcionais, não pode, sob pena de ofensa à cláusula pétrea do Estado de Direito, ser exonerado contra sua vontade. O § 4º do art. 169, acrescentado pela Emenda n. 19/1998, é, nesses termos, inconstitucional. A terceira hipótese não é inconstitucional, mas é inútil. Se o servidor for reprovado em avaliação periódica de desempenho pode ser, de plano, reprovado? Óbvio que não. O próprio dispositivo constitucional ressalva: "assegurada ampla defesa". O servidor só pode ser exonerado se for *responsabilizado* por alguma falta funcional.[24] Exige-

dunda no mais intolerável tipo de banalização: *a banalização da própria Lei Fundamental do País, que fica muito mais vulnerável a agressões por via de emendas*. A alternativa é radical: ou o hermeneuta prestigia as cláusulas pétreas e assim reduz a possibilidade de produção de emendas, ou prestigia as emendas e assim fragiliza a integridade das cláusulas pétreas. A primeira opção é a que temos por acertada, até porque melhor nos habilita a afastar o temor da banalização, a saber: uma coisa é a indicação das matérias constitutivas de cláusulas pétreas, de par com as normas constitucionais que dão o conteúdo mínimo de cada qual dessas cláusulas de intangibilidade, pois aí estamos diante dos princípios que mais estabilizam a Constituição e concomitantemente mais se aproximam do centro da circunferência democrática; outra coisa, porém, são os preceitos constitucionais que estão a serviço das cláusulas pétreas, que têm a ver com elas, sim, *mas sem a força de elementarizá-las*. Regras periféricas, então, da própria circunferência de cada cláusula pétrea, e, com mais razão, da circunferência democrática. Por isso que tais preceitos jazem à disposição do Poder Reformador, desde que o resultado desse labor reformista seja o fortalecimento ou a rebustez da parte axiológica situada no centro da circunferência em causa" (*Teoria da Constituição*, pp. 204-205, grifos no original).

23. Por todos, Celso Antônio Bandeira de Mello, *Curso de Direito Administrativo*, 27ª ed., Cap. V-§ 27, pp. 268-269; § 60, p. 291, §§ 142-150, pp. 330-336.

24. Nesse sentido, doutrina José Maria Pinheiro Madeira: "O aludido procedimento de avaliação periódica de desempenho, que poderá ensejar a perda do cargo, não possui eficácia plena, posto que depende de lei complementar para especificar tais circunstâncias. Uma vez regulamentado, o servidor somente perderá o cargo por este processo avaliatório, acaso o seu desempenho esteja em desacordo com a conduta presumida para a esfera pública" (*Servidor Público na*

-se a instauração de *processo disciplinar*. Quer dizer: a hipótese inserida no inciso III do § 1º é mero desdobramento do inciso II do mesmo parágrafo. A reforma, nesse caso, numa interpretação conforme, não foi inválida, mas foi inútil.

O legislador e o administrador também contribuem para o amesquinhamento do princípio da estabilidade. Tornou-se corrente, antes da Constituição de 1988, a criação de *empregos públicos* ao invés de *cargos públicos*. Quer dizer: difundiu-se a possibilidade de dois regimes para o funcionalismo público: o *estatutário*, regido pelas leis de direito público, e o *celetista*, regido pela CLT. Do ponto de vista teórico, o regime celetista não se adéqua à função pública. Explico: o regime celetista apoia-se num acordo de vontade entre o empregador e o empregado, o regime da relação decorre desse acordo, o vínculo é *contratual*.[25] O regime estatutário não se apoia num *contrato*: a nomeação decorre de um *ato unilateral* condicionado à aquiescência do administrado,[26] o regime é integralmente estabelecido na lei, não é fixado por acordo. A Administração não possui *liberdade*. Mesmo quando ela afirma celebrar um *contrato de emprego*, jamais se submete, integralmente, ao regime celetista: as partes não são livres para fixar, por exemplo, o regime de re-

Atualidade, 8ª ed., p. 257). Em sentido contrário, manifesta-se Priscilia Sparapani, para quem ineficiência não se equipara à desídia: "um servidor pode ser zeloso no cumprimento de suas funções, pode ser assíduo, responsável, pontual, atuante e, mesmo assim, não produzir o que dele se espera e, por conseguinte, ele não será considerado desidioso, mas, sim, ineficiente" (*A Estabilidade do Servidor Público Civil Após a Emenda Constitucional n. 19/1998*, p. 160). Essa interpretação contraria a cláusula pétrea do Estado de Direito e, por isso, não é admissível. Se o servidor bem exerceu suas funções, não pode ser exonerado. A exoneração forçada do servidor estável só é constitucionalmente admissível quando efeito de *responsabilização*, vale dizer, quando importar autêntica *demissão*. Apesar de distinguir a ineficiência da falta funcional, a autora exige a instauração de processo disciplinar para exoneração do servidor: "Na esteira dessa assertiva, e a par do que foi dito acima, enfatiza-se aqui, uma vez mais, que quando a Administração avalia o servidor público periodicamente e destas avaliações resultada comprovada a ineficiência para o desempenho de suas atividades, haverá que se instaurar, na hipótese, processo administrativo disciplinar porque a partir do momento em que a Administração imputa ao servidor uma conduta ineficiente, está procedendo a uma acusação" (ob. cit., p. 163).

25. Por todos, doutrina Octavio Bueno Magano: "Parece-nos que a relação de trabalho é produto de negócio jurídico inserível no âmbito da autonomia privada, assim considerada a área do Direito em que se atribui aos indivíduos a faculdade de disciplinar os próprios interesses, observadas as limitações impostas pelo Estado" (*Direito Individual do Trabalho*, 4ª ed., p. 28). No mesmo sentido, afirma Rodrigo Garcia Schwarz: "Podemos ressaltar que a relação de emprego tem, na realidade, origem contratual. O contrato de trabalho forma-se independentemente de qualquer solenidade, mas sempre a partir do acordo de vontade das partes" (*Direito do Trabalho*, 2ª ed., p. 70).

26. Com invulgar didática, explica Celso Antônio Bandeira de Mello: "o conteúdo do vínculo jurídico que transcorre entre o funcionário e o Estado não foi determinado por via consensual. Não decorre de uma produção da vontade conjunta das partes entre as quais intercorre a relação. O ato de nomeação é unilateral e proporciona a inserção de alguém debaixo de um regime jurídico prefixado, sobre o qual a vontade do funcionário não tem força jurídica para interferir. É certo que não basta o ato de provimento para se perfazer a relação funcional. É necessária a posse, através da qual o nomeado aceite o cargo e exprime um compromisso de bem servir, a fim de que se aperfeiçoe o vínculo entre ele e o Estado. Há, efetivamente um acordo, mas este diz respeito, unicamente à formação do vínculo. Cinge-se a ele. Limita-se a expressar sua con-

muneração.[27] Não há, tanto para servidores como para empregados públicos, direito à *negociação coletiva*, pois o regime é integralmente fixado na lei. Os princípios da *legalidade* e da *indisponibilidade do interesse público* impedem que a Administração e o empregado disciplinem, por acordo, o regime da relação.

A Constituição de 1988, no *caput* do art. 39, determinou que todas as entidades federativas instituíssem, no âmbito de sua competência, *regime jurídico único* para os servidores da administração direta, autárquica e das fundações. Foi uma clara tentativa de afastar o máximo possível do mundo jurídico o regime celetista. O reformador tentou o retrocesso: alterou a redação do dispositivo para suprimir a previsão do *regime único*. O STF, na MC/ADI 2.135, considerou a alteração inconstitucional por *vício formal*.[28] Pelos argumentos expostos neste estudo, é evidente que também havia inconstitucionalidade *material*: submeter o *regime de pessoal* da administração pública ao *regime celetista* subtrai dos agentes públicos as imunidades à influência política necessárias ao bom desempenho da função administrativa e fere mortalmente o Estado de Direito. Sem embargo, restabeleceu-se a redação originária e continua impositivo o *regime único*.

Apesar disso, o regime celetista não desapareceu do regime de pessoal da administração pública. Em dois casos ele é *obrigatório*: (1) todos aqueles que foram estabilizados pelo art. 19 do ADCT submetem-se ao regime celetista. Isso porque o § 1º do dispositivo determina que o tempo de serviço desses servidores seja considerado como título quando se "submeterem a concurso para fins de efetivação". Não faria sentido se submeterem a concurso, se fossem equiparados aos servidores estatutários;[29] (2) o regime de pessoal das empresas públicas e das sociedades de economia mista *exploradoras de atividade econômica* é, por força do art. 173, § 1º, II, da CF, o celetista, pois do contrário a *concorrência* no mercado com os particulares poderia ser *desleal*. Em duas hipóteses, o regime *celetista* é facultado: na primeira hipótese, os agentes contratados para atividades temporárias ou de necessidade imediata, nos termos do inciso IX do art. 37 da CF, podem ser submetidos ao regime celetista.[30] Nada im-

cordância em se inserir debaixo de uma situação geral e abstrata. Não atinge, nem pode atingir, o conteúdo da relação formada, pois este não se encontra à sua disposição como objeto da avença" (*Apontamentos sobre os Agentes e Órgãos Públicos*, 2ª tir., p. 11).

27. Em relação ao regime estatutário, o STF já se manifestou sobre a impossibilidade de *negociação coletiva*. Na ADI 492-DF, j. 12.11.1992, *DJ* 12.3.1993, p. 3.557, Rel. Ministro Carlos Velloso, o STF declarou a inconstitucionalidade das letras "d" e "e" do art. 240 da Lei federal n. 8.112/1990, hoje revogadas pela Lei n. 9.527/1997, que previam o direito dos servidores públicos federais à negociação coletiva. Constou do voto do Ministro Carlos Velloso: "Não sendo possível, portanto, à Administração Pública transigir no que diz respeito à matéria reservada à lei, segue-se a impossibilidade de a lei assegurar ao servidor público o direito à negociação coletiva, que compreende acordo entre sindicatos de empregadores e de empregados, ou entre sindicatos de empregados e empresas e, malogrado o acordo, o direito de ajuizar dissídio coletivo". Grande parte da argumentação constante do acórdão estende-se integralmente ao regime celetista.

28. Trata-se de medida cautelar em ação direita de inconstitucionalidade 2.135 MC/DF, j. 2.8.2007, *DJe* 7.3.2008, Relatora para o acórdão Ministra Ellen Gracie.

29. Por todos, Celso Antônio Bandeira de Mello, *Curso de Direito Administrativo*, 27ª ed., Cap. V-rodapé 13, p. 265.

30. Por todos, Celso Antônio Bandeira de Mello, *Curso de Direito Administrativo*, 27ª ed.,

pede que a entidade federativa os submeta ao regime estatutário. E a segunda hipótese, justamente a pertinente a este estudo, exige algumas explicações adicionais.

O legislador ou o administrador, fora das hipóteses mencionadas, pode submeter o pessoal da administração ao regime celetista? Por todas as razões apresentadas, é evidente que não. Seria o mesmo que supor a construção de uma fortaleza com portas de papelão.[31] Sendo o *direito administrativo* a *arma* e o *escudo do cidadão*, a submissão ao *direito privado* só é viável quando fundada num *critério racional*, sob pena de configurar *inválida* "fuga para o direito privado".[32] Há um critério racional nesse tema: sempre que o *afastamento* das *imunidades* à influência política não for prejudicial ao Estado de Direito, a submissão ao regime celetista, apesar de inconveniente, não é inválida. E quando esse afastamento não prejudica o Estado de Direito? Quando se tratar de *atividades subalternas*. Com isso não estou desprestigiando as atividades subalternas, só quem trabalhou sem o serviço de *limpeza* sabe o quanto ele é imprescindível. Mas, se quem presta o serviço de limpeza nas repartições públicas não possuir as garantias do regime estatutário, como a *estabilidade*, não haverá, apesar disso, graves riscos de aumento da *arbitrariedade* e da *corrupção*. As garantias constitucionais à influência política, para as atividades subalternas, não são imprescindíveis para a manutenção do Estado de Direito. Por isso, ainda que seja inconveniente, por razões que não cabem neste estudo explicitar, a submissão das atividades subalternas ao regime celetista não fere os princípios básicos do regime de direito público.[33]

O regime celetista não garante a estabilidade, mas isso não significa que não sofra o influxo do princípio da *impessoalidade*. Não pode o empregado ser exonerado sem prévia instauração de *processo administrativo*, em que lhe seja garantida a ampla defesa. Impensável também exonerá-lo sem expressa *moti-*

Cap. V-rodapé 24, p. 281. É posição prevalecente na doutrina, conforme informe José Maria Pinheiro Madeira: "entende a doutrina majoritária que o regime jurídico do pessoal contratado pela Administração Pública para desempenhar, temporariamente, serviços de excepcional interesse público, somente pode ser o regime da Consolidação das Leis do Trabalho, aliás, o único que se aperfeiçoa com o caráter temporário da contratação" (*Servidor Público na Atualidade*, 8ª ed., p. 31). Nesse ponto, discordo da doutrina majoritária: a contratação temporária não me parece incompatível com o regime estatutário. Nesse caso, por óbvio, a estabilidade do servidor não impede sua exoneração no *termo final* do vínculo.

31. A feliz imagem é, segundo informa Celso Antônio Bandeira de Mello, de Geraldo Ataliba (*Curso de Direito Administrativo*, 27ª ed., p. 798). O intérprete deve presumir absoluta *racionalidade* no sistema normativo. Não faria sentido a previsão de tantas regras protetoras dos servidores, se, facilmente, essas regras pudessem ser afastadas pelo legislador.

32. E expressão é de Maria João Estorninho, *A Fuga para o Direito Privado*.

33. Essa é a lição do benemérito Celso Antônio Bandeira de Mello: "Que atividades seriam estas, passíveis de comportar regime trabalhista, se a lei assim decidir? Só poderiam ser aquelas que – mesmo desempenhadas sem as garantias específicas do regime de cargo – não comprometeriam os objetivos (já referidos) em vista dos quais se impõe o regime de cargo como sendo o normal, o prevalente. Seriam, portanto, as correspondentes à prestação de *serviços materiais subalternos*, próprios dos serventes, motoristas, artífices, jardineiros ou mesmo de mecanógrafos, digitadores etc., pois o modesto âmbito de atuação destes agentes não introduz riscos para a impessoalidade da ação do Estado em relação aos administrados caso lhes faltem as garantias inerentes ao regime de cargo" (*Curso de Direito Administrativo*, 27ª ed., p. 264).

vação. A Súmula 390 do TST incide, ao menos no plano sintático, num equívoco:[34] o empregado público, quando o vínculo empregatício for válido, não é estável. Ela é correta quando houver invalidade do vínculo: o emprego público for uma *contrafação* de cargo público, mas nesse caso, a Justiça do Trabalho seria incompetente para conhecer a matéria.[35] Sem embargo, reitero: a dispensa do empregado público não segue regime idêntico à dispensa imotivada do empregado nas relações privadas, faz-se necessária a instauração de processo administrativo e uma razão objetiva e impessoal para dispensa explicitada em motivação expressa.

O princípio da estabilidade é amesquinhado por uma das causas do amesquinhamento do princípio do concurso público: a deturpação dos *cargos em comissão*. É próprio desses cargos a exoneração *ad nutum*. Prevalece na doutrina, ainda hoje, o entendimento de que essa exoneração prescinde de motivação.[36] Logo, quando o legislador pretende fugir da garantia da estabilidade, cria um cargo em comissão. Tornou-se uma praxe na administração brasileira: "quando o estável não faz, sempre há um comissionado que faz". Ora, essa situação decorre de uma *deturpação*: os cargos em comissão são próprios para os casos de *inexigibilidade de concurso* por *falta de pressuposto fático*. Fora dessas hipóteses, configuram não apenas *burla* ao *princípio do concurso*, mas burla ao *princípio da estabilidade*. Sem a garantia constitucional da estabilidade, o agente comissionado fica à mercê do constrangimento político e, para não perder seu ganha-pão, acaba, como quase qualquer pessoa em situação idêntica acabaria, cedendo ao descumprimento do Direito.

Muito ainda poderia ser dito sobre as *garantias constitucionais* dos *servidores públicos*. A previsão da *aposentaria integral*, a previsão da *revisão anual da remuneração*, temas que não serão desenvolvidos neste estudo, são regras constitucionais necessárias para o ótimo desenvolvimento da *função pública*. Um Estado com funcionalismo público *enfraquecido* é um Estado *fraco*, não preparado para a influência do poder econômico e do poder político. E, no presente momento histórico, o poder político é comumente sobrepujado pelo econômico. As considerações aqui apresentadas são marcadas por uma ideia-chave: as regras constitucionais relativas ao regime dos servidores públicos não são privilégios de uma classe, são garantias dos administrados, imprescindíveis para a manutenção do Estado de Direito. Todo enfraquecimento dessas regras, seja efetuado por reforma constitucional, por lei infraconstitucional ou por norma administrativa, deve ser examinado com

34. "I – O servidor público celetista da administração direta, autárquica ou fundacional é beneficiário da estabilidade prevista no art. 41 da CF/1988. II – Ao empregado de empresa pública ou de sociedade de economia mista, ainda que admitido mediante aprovação em concurso público, não é garantida a estabilidade prevista no art. 41 da CF/1988."

35. O STF na Medida Cautelar em ação direta de inconstitucionalidade 3.395 MC-DF, j. 5.4.2006, *DJ* 10.11.2006, p. 49, Rel. Ministro Cezar Peluso deferiu liminar para fixar a exegese do art. 114, I, da CF/1988, com a redação dada pela Emenda 45/2004, no sentido de que ele não abrange — e, portanto, não é da competência da Justiça do Trabalho — as causas instauradas entre o Poder Público e o servidor que lhe seja vinculado por relação jurídico-estatutária. Sobre o tema, v., por todos: Arnaldo Silva Júnior, *Dos Servidores Públicos Municipais*, pp. 35-39.

36. Oxalá o tema seja revisto no Brasil. Na doutrina estrangeira, o tema há tempos é rediscutido. Consulte: Juan Igartua Salaverría, *La Motivación en los Nombramientos Discrecionales*.

a máxima cautela. São regras vinculadas aos princípios estruturantes do sistema jurídico, de modo que a afetação delas repercute nos valores mais importantes do sistema. Por tudo isso, em não raras vezes, o enfraquecimento dessas regras afeta cláusulas pétreas, é inconstitucional e, portanto, inválido.

Referências bibliográficas

BANDEIRA DE MELLO, Celso Antônio. *Curso de Direito Administrativo*. 27ª ed. São Paulo, Malheiros Editores, 2010.

______. "Servidores públicos: aspectos constitucionais". *Estudos de Direito Público – Revista da Associação dos Advogados da Prefeitura do Município de São Paulo*, vol. 8, pp. 81-92, São Paulo, ano IV/V, jul.-dez./1985 e jan.-jul./1986.

______. "Criação de secretarias municipais: inconstitucionalidade do art. 43 da Lei Orgânica dos Municípios do Estado de São Paulo". *Revista de Direito Público* (*RDP*), vol. 15, pp. 284-288, São Paulo, ano IV, jan.-mar./1971.

______. *Apontamentos sobre os Agentes e Órgãos Públicos*. 2ª tir. São Paulo, Ed. RT, 1975.

BORDIEU, Pierre. *Sobre a Televisão*. Trad. Maria Lúcia Machado. Rio de Janeiro, Zahar, 1997.

BRITTO, Carlos Ayres. *Teoria da Constituição*. Rio de Janeiro, Forense, 2003.

CANOTILHO, José Joaquim Gomes. *Direito Constitucional e Teoria da Constituição*. 4ª ed. Coimbra, Almedina, 2000.

______; MOREIRA, Vital. *Constituição da República Portuguesa Anotada*. vol. 1, arts. 1º a 107. São Paulo, Ed. RT; Coimbra, Coimbra Editora, 2007.

DALLARI, Adilson Abreu. *Regime Constitucional dos Servidores Públicos*. 2ª ed. São Paulo, Ed. RT, 1990.

ESTORNINHO, Maria João. *A Fuga para o Direito Privado*. Coimbra, Almedina, 1999.

FREITAS, Juarez. *Discricionariedade Administrativa e o Direito Fundamental à Boa Administração Pública*. São Paulo, Malheiros Editores, 2007.

IGARTUA SALAVERRÍA, Juan. *La Motivación en los Nombramientos Discrecionales*. Navarra, Thompson-Civitas, 2007.

MADEIRA, José Maria Pinheiro. *Servidor Público na Atualidade*. 8ª ed. Rio de Janeiro, Elsevier, 2010.

MAGANO, Octavio Bueno. *Direito Individual do Trabalho*. 4ª ed. São Paulo, LTr, 1993.

MAIA, Márcio Barbosa; QUEIROZ, Ronaldo Pinheiro de. *O Regime Jurídico do Concurso Público e seu Controle Jurisdicional*. São Paulo, Saraiva, 2007.

MARTINS, Ricardo Marçondes. *Efeitos dos Vícios do Ato Administrativo*. São Paulo, Malheiros Editores, 2008.

______. *Abuso de Direito e Constitucionalização do Direito Privado*. São Paulo, Malheiros Editores, 2010.

______. "Dispensa de licitação e discricionariedade", in SCHWARZ, Rodrigo Garcia (coord.). *Direito Administrativo Contemporâneo*. São Paulo, Elsevier, 2010, pp. 263-278.

MOTTA, Fabrício (coord.). *Concurso Público e Constituição*. 1ª ed., 2ª tir. Belo Horizonte, Fórum, 2007.

MÜLLER, Friedrich. *Teoria Estruturante do Direito* I. Trad. Peter Naumann e Eurides Avance de Souza. São Paulo, Ed. RT, 2008.

RIVERO, Jean. "Los principios del derecho en el derecho administrativo francés contemporáneo". *Revista de Administración Pública* (*RAP*), n. 6, pp. 289-300, Madri, ano II, set.-dez./1951.

SAINZ MORENO, Fernando. *Conceptos Jurídicos, Interpretación y Discrecionalidad Administrativa*. Madri, Civitas, 1976.

SANTI ROMANO. *Princípios de Direito Constitucional Geral*. Trad. Maria Helena Diniz. São Paulo, Ed. RT, 1977.

SCHWARZ, Rodrigo Garcia. *Direito do Trabalho*. 2ª ed. Rio de Janeiro, Elsevier, 2009.

SILVA JÚNIOR, Arnaldo. *Dos Servidores Públicos Municipais*. Belo Horizonte, Del Rey, 2009.

SPARAPANI, Priscilia. *A Estabilidade do Servidor Público Civil Após a Emenda Constitucional n. 19/1998*. Dissertação (Mestrado em Direito), Pontifícia Universidade Católica de São Paulo, São Paulo, 2008, 209 f.

PARECERES

ASSOCIAÇÃO COM EMPRESA PRIVADA SEM LICITAÇÃO PARA CONSTITUÍREM SOCIEDADE DE PROPÓSITOS ESPECÍFICOS QUE DISPUTARÁ LICITAÇÃO DE CONCESSÃO DE SERVIÇO PÚBLICO: INVALIDADE. INCONSTITUCIONALIDADE DO ART. 32 E §§ DA LEI 9.074/1995

Celso Antônio Bandeira de Mello

Professor Titular de Direito Administrativo
e Professor Emérito da PUC/SP

A empresa "X", por seu ilustre advogado formula-nos a seguinte

Consulta

I – Empresa estatal pode, para fins de colher preços em vista de participar de certame licitatório, travar, sem licitação, pré-contratos de fornecimento de bens e serviços com terceiros e, se viesse a vencer dito certame, firmar com eles os ulteriores contratos definitivos?

II – Empresa estatal poderia, sem prévio certame licitatório, escolher livremente empresa privada para com ela associar-se em vista da constituição de empresa de propósitos específicos para a qual viria a ser outorgada concessão de serviço público?

Às indagações respondo nos termos que seguem.

Parecer

1. É sabido e ressabido que o Poder Público, em quaisquer de suas esferas – federal, estadual, distrital e municipal – tanto como as entidades de suas administrações indiretas são obrigados a um procedimento seletivo prévio quando desejem constituir vínculos com terceiros neles interessados, ensejando-lhes a possibilidade de disputarem isonomicamente o desfrute de situação que não possa ser dispensada generalizadamente a todos os pretendentes.

A licitação é o mais comum e disseminado destes procedimentos prévios e é a regra geral quando os sujeitos governamentais queiram adquirir, alienar ou locar bens, contratar a realização de obras ou serviços, outorgar concessões, permissões de obra, serviço ou de uso exclusivo de bem público. Notoriamente, perante tais situações ditas pessoas estão adstritas a promovê-la.

De fora parte a expressa exigência constitucional, como ao diante se dirá, e os ditames legais que a fazem obrigatória, o simples princípio da igualdade, pedra angular do Estado Democrático de Direito e insculpido no art. 5º da Lei Magna, seria mais do que bastante para impor sua indeclinável realização, ainda que inexistissem os preceitos normativos que lhe reclamam a positividade.

Nunca é demais encarecer que a *igualdade de todos* em face do Poder Público está na raiz mesma do moderno Estado Democrático e constitui-se, sem dúvida alguma, em objetivo de supina importância. Relembre-se que o próprio princípio da *legalidade* é um meio para colocar a isonomia a bom recato. Não sem razão, o lema da Revolução Francesa – movimento instaurador das ideias do Estado de Direito no Continente europeu – era "Liberté, *Egalité*, Fraternité", e não "Liberté, *Légalité*, Fraternité".

Aliás, este valor – a isonomia – que a ordem normativa esmera-se em proteger, está estampado no Texto Constitucional do País, *não apenas na implicitude que advém do princípio da legalidade, e na mencionada consagração expressa* na própria abertura do título relativo aos "Direitos e Garantias Fundamentais" (art. 5º), como especificamente na qualidade de cânone básico regedor da Administração, no art. 37, ao se consagrar ali o princípio da *impessoalidade*. Deveras, por via dele, almejou-se que houvesse uma regra só, a mesma para todos os colhidos por sua abrangência e efeitos, embargando-se então as perseguições, os favoritismos, as benesses para uns em detrimento de outros, vale dizer, o arbítrio, cuja eliminação é precisamente o objetivo máximo do Estado de Direito.

2. Ademais, a licitação é reclamada por outro princípio constitucional de assinalada relevância: o princípio da moralidade administrativa, bem jurídico ao qual nosso sistema constitucional atribuiu o mais subido realce, pois o enfatizou em, pelo menos quatro oportunidades. A saber:

(a) no art. 5º, item LXXIII, segundo cujos termos: "qualquer cidadão é parte legítima para propor ação popular que vise a anular ato lesivo ao patrimônio público ou de entidade de que o Estado participe, à *moralidade administrativa*, ao meio ambiente e ao patrimônio histórico e cultural, ficando o autor, salvo comprovada má-fé, isento de custas judiciais e do ônus da sucumbência";

(b) no art. 37, *caput*, ao erigir a moralidade em princípio assujeitador da administração direta, indireta ou fundacional;

(c) no § 4º do mesmo art. 37, ao dispor que: "Os atos de improbidade administrativa importarão a suspensão dos direitos políticos, a perda da função pública, a indisponibilidade dos bens e o ressarcimento ao erário, na forma e gradação previstas em lei, sem prejuízo da ação penal cabível";

(d) no art. 85, ao enunciar como crime de responsabilidade, ensejador do *impeachment* do Presidente da República, a prática de atos que atentem contra: "V – a probidade na administração".

Se não existisse o dever de licitar, não padece dúvida que os administradores públicos podendo, a seu bel-prazer, entregar a quem desejassem os negócios a serem travados com particulares, se o desejassem fariam disto um meio de captação de proveitos pessoais, em detrimento da moralidade administrativa e com inevitável sacrifício da qualidade do atendimento do interesse público que deveria ser buscado naquelas relações. Assim, é livre de qualquer dúvida ou entredúvida que a licitação é um instrumento indispensável para proteger-se a moralidade administrativa.

3. Até agora, foram postos em saliência preceitos que atinam a um dos ângulos da questão enfocada, mas há outro aspecto a ser salientado e ao qual alude procedentemente a lei nacional de licitações, Lei 8.666, de 21.6.1993. Esta, logo em seu art. 3º, indica quais são os objetivos da licitação: "A licitação destina-se a garantir a observância do princípio constitucional da isonomia e a selecionar a proposta mais vantajosa para a Administração (...)".

Com efeito, a licitação, está animada pela correta convicção de que por via da competição instaurada entre os afluentes ao certame poderá abicar no melhor negócio possível para satisfação do interesse público. Ou seja: estriba-se também na ideia óbvia de que os concorrentes, movidos pelo empenho em vencer o certame, se esforçarão por superar-se reciprocamente na oferta de vantagens ao promotor da licitação.

Então, por via deste expediente, não só se assegura o princípio da igualdade; não apenas se forceja por assegurar a moralidade administrativa, contrapondo-se tanto a perseguições como – e sobretudo – a favoritismos que, se fora livre a contratação, poderiam existir, motivados pelas mais diversas razões, desde as partidárias ou de amizade até as mais interesseiras e desonestas, como também, o que é de fundamental importância para a defesa de interesses administrativos, concorre-se decisivamente para a captação do negócio mais vantajoso para as conveniências públicas, obsequiando-se dessarte o "princípio da boa administração" conhecido da doutrina italiana e que, entre nós, está consagrado sob a denominação menos feliz de "princípio da eficiência".

4. Sempre é oportuno enfatizar a importância dos princípios para a intelecção da ordem jurídica. Ao respeito, de outra feita averbamos:

"Violar um princípio é muito mais grave que transgredir uma norma. A desatenção ao princípio implica ofensa não apenas a um específico mandamento obrigatório mas a todo o sistema de comandos. É a mais grave forma de ilegalidade ou inconstitucionalidade, conforme o escalão do princípio atingido, porque representa insurgência contra todo o sistema, subversão de seus valores fundamentais, contumélia irremissível a seu arcabouço lógico e corrosão de sua estrutura mestra.

"Isto porque, com ofendê-lo, abatem-se as vigas que o sustém e alui-se a estrutura neles esforçada."

A assertiva se justifica porquanto: "Princípio é, por definição, mandamento nuclear de um sistema, verdadeiro alicerce dele, disposição fundamental que se irradia sobre diferentes normas, compondo-lhes o espírito e servindo de critério para sua exata compreensão e inteligência, exatamente por definir a lógica e a racionalidade do sistema normativo, no que lhe confere a tônica e lhe dá sentido harmônico. É o conhecimento dos princípios que preside a intelecção das diferentes partes componentes do todo unitário que há por nome sistema jurídico positivo".[1]

Deveras, nos princípios se encontram as direções estimativas que obrigatoriamente conformam de modo completo quaisquer atos a eles submetidos, como bem anotou Agustín Gordillo, doutor da maior suposição, ao apostilar: "Diremos entonces que los principios de derecho público contenidos en la Constitución son normas jurídicas pero no solo eso; mientras que la norma es un marco dentro del cual existe una cierta libertad, el principio tiene sustancia integral".

E a breve trecho: "La norma es límite, el principio es límite y contenido. La norma da a la ley la facultad de interpretarla o aplicarla en más de un sentido, y el acto administrativo la facultad de interpretar la ley en más de un sentido; pero el principio establece una dirección estimativa, un sentido axiológico, de valoración, de espíritu".[2]

5. Sem embargo, sejam quais forem estes múltiplos assentos principiológicos do dever de licitar, de toda sorte, o fato é que o art. 37, XXI, da Constituição Federal o impõe de maneira explícita, ineludível e peremptória, ao estatuir:

"A administração pública direta e indireta de qualquer dos Poderes da União, dos Estados, do Distrito Federal e dos Municípios obedecerá aos princípios de legalidade, impessoalidade, moralidade, publicidade e eficiência e, também, ao seguinte:

"(...);

"XXI – Ressalvados os casos especificados na legislação, as obras, serviços, compras e alienações serão contratados mediante *processo de licitação pública* que assegure igualdade de condições a todos os concorrentes, com cláusulas que estabeleçam obrigações de pagamento, mantidas as condições efetivas da proposta, nos termos da lei, o qual somente permitirá as exigências de qualificação técnica e econômica indispensáveis à garantia do cumprimento das obrigações."

É, então, claro a todas as luzes que a Lei Maior instituiu como *regra geral* o dever de o Poder Público realizar previamente licitação pública para poder travar os aludidos contratos, valendo enfatizar que o disposto no preceptivo citado abrange, como resulta do *caput* do preceptivo, tanto a Administração direta quanto a indireta.

6. Não se imagine que o fato do inciso XXI, declarar "ressalvados os casos especificados na legislação", aporte algum enfraquecimento relevante no rigor da regra em apreço, pois é óbvio que da ressalva em questão só se pode extrair a possibilidade de afastamento do certame licitatório quando, em intelecção razoável, sua realização seria, pela natureza das coisas ou por razões de tomo compreensivelmente havida como inexequível ou despicienda.

Deveras, se o legislador pudesse arredar, ao seu talante, a obrigação de licitar, sem que para tanto comparecessem motivos de relevância indiscutível, é óbvio que o dever em causa não teria força constitucional, mas meramente legal, visto que se imporia ou não ao sabor do legislador, ao arbítrio deste. Ora, ninguém de bom-senso adotaria tal interpretação, pena de irrogar ao constituinte a rematada tolice de incluir um dispositivo de valência substancialmente nula. Eis pois, que as situações em que pode ser postergada a

1. *Curso de Direito Administrativo*, 22ª ed., Malheiros Editores, 2007, pp. 922 e 923.

2. *Introducción al Derecho Administrativo*, 2ª ed., Buenos Aires, Abeledo-Perrot, 1966, pp. 176-177.

licitação são excepcionais, de modo que, afora os casos entre nós conhecidos como de inexigibilidade, não podem ser erigidas hipóteses de dispensa senão quando, em intelecção razoável, tenha-se de convir que para tanto concorrem razões de indiscutível procedência.

Com efeito, ninguém imaginaria que o art. 37, XXI, ao fixar o princípio geral da obrigatoriedade de licitação com ressalva dos casos especificados na legislação, abriu a possibilidade de que esta, sem peias ou limites lógicos e juridicamente defensáveis, pudesse, a seu talante, promover a subversão ou o desnaturamento do sentido informador do comando em apreço.

Se fosse admissível tão desabrida intelecção, incidir-se-ia no disparate de concluir que a norma em apreço seria uma quase inutilidade, de valência subalterna, já que sua positividade não dependeria de sua força própria, a constitucional, mas daquela que o Legislativo ordinário lhe quisesse emprestar.

7. Foi o que de outra feita averbamos, ao nos reportarmos ao precitado art. 37, XXI, nos seguintes termos: "Evidentemente, aí não se concedeu um aval para que a lei exima de licitação os casos que bem entenda. É óbvio que se assim fosse o legislador ordinário, a seu talante, faria ou não imperar a clara opção constitucional em prol da licitação como regra e regra demandada pela própria noção de república ou de Estado democrático de direito. O que decorre da ressalva inicial do preceptivo em causa é que a lei permitira contratação direta seja quando inexistirem as condições objetivas propiciatórias da disputa útil em que se substancia este procedimento, seja quando realizá-lo implicaria menoscabar a própria realização de interesses públicos".[3]

Também Joel de Menezes Niebuhr observa que: "(...) o legislador não decide dispensar a licitação com liberdade absoluta. A dispensa – foi dito mais de uma vez – pressupõe que a realização do certame acarrete sacrifícios ou prejuízos de monta a valores relacionados ao interesse público".[4]

E pouco adiante arrematou: "Então, é forçoso concluir que o legislador só está habilitado a dispensar licitação pública diante de hipótese em que a realização dela acarrete efetivamente gravame de monta ao interesse público, cuja razoabilidade não autorize suportá-lo. Em resumo, somente nestes casos, plenamente justificáveis, para proteger o interesse público, é que o legislador tem a liberdade de criar hipótese de dispensa".

O mesmo autor colaciona ainda, na mesma linha, dois oportuníssimos comentos, de Adilson Dallari e de Carlos Ari Sundfeld, que merecem transcrição. Disse o primeiro deles: "É preciso, porém, deixar uma coisa bastante clara: não é dado ao legislador, arbitrariamente, criar hipótese de dispensa de licitação, porque a licitação é uma exigência constitucional. Se o elemento tomado em consideração para que seja feita essa dispensa não for pertinente, não for razoável ou compatível com o princípio da igualdade, a lei será inconstitucional. A dispensa indevidamente dada pela lei não pode valer perante a Constituição. Portanto, não é dado ao legislador dispensar licitação ao seu talante, à sua vontade, se esse fator de discrímen, se o elemento tomado em consideração não for relevante e não tiver

3. In "Pressupostos da licitação", na obra coletiva *Licitação e Contratos Administrativos, Temas Controvertidos*, coordenada por Armando Verri Junior e outros, Ed. RT, 1999, p. 129.

4. *Dispensa e Inexigibilidade de Licitação Pública*, Dialética, 2003, p. 136.

abrigo constitucional, se não for razoável, pelo menos, à luz da Constituição".[5]

O segundo prelecionou: "O legislador tem o poder, conferido pelo Constituinte, de indicar situações de dispensa. No entanto, sob pena de inconstitucionalidade, há de usá-lo sem desvios ou excessos, pois não dispõe de cheque em branco para, sem justificativa razoável, excepcionar o princípio geral da obrigatoriedade da licitação. Não fosse assim, a eficácia da imposição constitucional ficaria dependente dos desejos do legislador, em inversão total da ordem normativa".[6]

Evidentemente, então, aí não se concedeu um aval para que a lei exima de licitação os casos que bem entenda, pois, a ser deste modo, o legislador ordinário, a seu livre alvedrio, faria ou não imperar a clara opção constitucional em prol da licitação como regra e regra demandada pela própria noção de República ou de Estado Democrático de Direito. O que decorre da ressalva inicial do preceptivo em causa é que a lei permitirá contratação direta seja quando inexistirem as condições objetivas propiciatórias da disputa útil em que se substancia este procedimento, seja quando realizá-lo implicaria menoscabar a própria realização de interesses públicos.

Dessarte, não cabe dúvida ou entredúvida de que o Poder Público para eximir-se do dever de licitar necessitaria estar perante situação cuja compostura justificasse logicamente tal isenção, na conformidade de parâmetros de razoabilidade, ao lume dos quais fosse perceptível que a exceção daí derivada não comprometeria a higidez da regra, não lhe ofenderia a razão de ser nem se incompatibilizaria com seus fundamentos jurídicos e racionais.

5. *Apud* Joel Niebuhr, ob. cit., pp. 136-137.

6. *Apud* Joel Niebuhr, ob. cit., p. 137.

8. Assinale-se, derradeiramente que o Texto Constitucional ainda é mais enfático na imposição do dever de licitar quando em pauta a outorga de permissões e concessões de serviço público, posto que o art. 175 dispõe: "Incumbe ao Poder Público, na forma da lei, diretamente ou sob regime de concessão ou permissão, *sempre através de licitação*, a prestação de serviços públicos".

Perante estes institutos, o constituinte houve por bem não apenas renovar o dever da adoção de procedimento licitatório prévio, reforçando, pois a dicção do art. 37, como encareceu sua necessidade por meio de linguagem ainda mais cortante ao servir-se de dicção bastante radical, por estabelecer que o Poder Público para servir-se de permissão de serviço público ou concessão de serviço público teria de fazê-lo "*sempre através de licitação*".

9. É ao lume destes suportes teóricos que se haverão de examinar as duas indagações da Consulta, as quais, em face deles, apresentam-se, já a um primeiro súbito de vista, como naturalmente resolutas.

Deveras, por tudo quanto foi colhido do Texto Constitucional e dos princípios nele residentes é óbvio que uma entidade estatal prestadora de serviço público participante de concorrência jamais poderia eleger com liberdade alguma empresa para apenas nela colher preços e firmar pré-contratos para fornecimento de bens e serviços, contratos estes que se tornariam definitivos caso a estatal obtivesse sucesso no certame. Trata-se de algo de evidência solar, pois sobre postergar-se nisto, sem nenhuma razão prestante, o princípio da licitação, tal procedimento estaria a traduzir um favorecimento óbvio a uma dada empresa, com postergação dos princípios da igualdade, da busca do melhor negócio e com evidente risco para o princípio da moralidade administrativa, podendo-se dizer que nisto estaria ocorrendo uma agressão à escala vista ao princípio da impessoalidade a que alude o *caput* do art. 37.

Com efeito: é claro a todas as luzes que o interesse público seria atendido se a estatal buscasse obter as cotações mais baixas encontráveis por via de uma competição entre as interessadas e não se, inversamente, sem qualquer razão prestante, decidisse convidar uma empresa decidindo-se benemerentemente em favor dela. Foi todavia, por este rumo, inadmissível que enveredou a Lei n. 9.074, de 7.7.1995, ao dispor em seu art. 32 e §§ que:

"A empresa estatal que participe, na qualidade de licitante, de concorrência para concessão e permissão de serviço público, poderá, para compor sua proposta, colher preços de bens ou serviços fornecidos por terceiros e assinar pré-contratos com dispensa de licitação.

"§ 1º. Os pré-contratos conterão, obrigatoriamente, cláusula resolutiva de pleno direito, sem penalidades ou indenizações, no caso de outro licitante ser declarado vencedor.

"§ 2º. Declarada vencedora a proposta referida neste artigo, os contratos definitivos, firmados entre a empresa estatal e os fornecedores de bens e serviços, serão, obrigatoriamente, submetidos à apreciação dos competentes órgãos de controle externo e de fiscalização específica".

Eis, pois, que o art. 32 e parágrafos "supra" transcritos, ao autorizarem a postergação do certame e contratação direta na hipótese ali contemplada, ofenderam à escala vista o art. 37 da Constituição incorrendo em grosseira inconstitucionalidade, por não existirem fundamentos sólidos que permitiriam a absolvição do dever de licitar em casos desta ordem.

10. Muito mais evidente, ainda, seria a invalidade da conduta de empresa estatal que, dessarte almejasse associar-se a empresa privada para fins de constituir com ela sociedade de propósitos específicos destinada a receber concessão de serviço público de exploração de energia elétrica.

Com efeito, ao associar-se, sem licitação, com empresa estatal, viria a sociedade privada a ganhar a possibilidade de disputar certame para obter concessão *em situação que estaria juridicamente fora de seu alcance*; qual seja, na qualidade de associada de uma estatal. Faltando-lhe a titulação jurídica para dita sociedade, que só poderia ter obtido ao cabo de procedimento licitatório em que houvesse sido vencedora, evidentemente não poderia ao depois vir a se beneficiar de uma concessão (em caso de vitória da sociedade de propósitos específicos) a que teria acedido sem poder aceder a ela.

Em suma: mesmo a um primeiro súbito de vista salta aos olhos a grosseira inconstitucionalidade que se constituiria na associação, sem procedimento licitatório prévio, de empresa estatal com empresa privada, vício este cuja escandalosa evidência se exponenciaria ao máximo se dita associação se destinasse a constituir empresa de propósitos específicos para receber concessão de serviço público da qual a empresa privada se beneficiaria sem ter participado de licitação que a habilitasse ulteriormente à disputa da concessão.

11. Cumpre notar que a lei nacional de licitações e contratos (8.666 prémencionada) explicitamente manifesta o propósito de colocar em seu âmbito de incidência um larguíssimo espectro de relações entre Administração e terceiros. Com efeito, seu art. 2º, parágrafo único estabeleceu que: "Para os fins desta lei considera-se contrato qualquer ajuste entre órgãos ou entidades da Administração Pública e particulares, em que haja um acordo de vontade para a formação de vínculo e a estipulação de obrigações recíprocas, seja qual for a denominação utilizada". É certo, ainda que sociedade é um tipo de contrato e que se para simples fornecimento de bens é exigida licitação com muito maior razão haver-se-á de exigi-la para um tipo de contrato que estabelece entre as partes um vínculo ainda muito mais estreito e comprometedor, como ocorre no contrato de sociedade.

Seja como for, o que jamais se poderia por em dúvida é que os cânones fundamentais, constitucionalmente consagrados, da isonomia, da impessoalidade da Administração, da moralidade e da eficiência ou boa administração inadversavelmente exigiriam licitação nas hipóteses submetidas à Consulta.

12. Isto tudo posto e considerado, às indagações da Consulta respondo:

I – Empresa estatal não pode, para os fins de colher preços em vista de participar de certame licitatório, travar, sem licitação, pré-contratos de fornecimento de bens e serviços com terceiros e, se viesse a vencer dito certame, firmar com eles os ulteriores contratos definitivos. Fazê-lo corresponderia a ofender o princípio da igualdade, com sérios riscos para o princípio da moralidade e a postergar inadmissivelmente a busca do negócio mais vantajoso para o Poder Público, agravando então o princípio da "boa administração", consagrado entre nós, com o nome de princípio da eficiência.

II – Empresa estatal nunca poderia, sem prévio certame licitatório, escolher livremente empresa privada para com ela associar-se em vista da constituição de empresa de propósitos específicos que receberia concessão de serviço público. Fazê-lo, implicaria incorrer em todas as violações ao direito assinaladas na resposta anterior.

É o meu parecer.

São Paulo, 28 de agosto de 2007.

VENCIMENTOS – AGENTE FISCAL DE RENDAS DO ESTADO DE SÃO PAULO (AFR) – IMPOSSIBILIDADE DE REDUÇÃO DOS SEUS VENCIMENTOS POR ATO ESTATAL SUPERVENIENTE À POSSE – NASCIMENTO DO DIREITO SUBJETIVO À PERCEPÇÃO DE VALORES DEVIDOS AOS AFRS – NATUREZA JURÍDICA DE VALORES DEVIDOS A TÍTULO DE *PRO LABORE* E PRÊMIO DE PRODUTIVIDADE

Maurício Zockun

Doutor em Direito Administrativo pela PUC/SP. Mestre em Direito Tributário pela PUC/SP. Professor de Direito Administrativo na PUC/SP. Advogado

Consulta. Parecer: I. Natureza jurídica das funções previstas no art. 2º da LCE 1.059/2008; II. Forma de início do exercício das funções do art. 2º, "caput", da LCE 1.059/2008; III. Nascimento do direito à percepção do "pro labore" e prêmio de produtividade; IV. A natureza dos valores devidos a título de "pro labore" e prêmio de produtividade; V. Houve redução no pagamento dos vencimentos aos "Novos AFRs".

Consulta

O Sindicato dos Agentes Fiscais de Rendas do Estado de São Paulo, por meio do seu ilustre advogado, Dr. Thiago Durante da Costa, consulta-me a respeito da legitimidade da aplicação dos padrões de vencimentos prescritos na Resolução do Secretário da Fazenda (*Resolução SF*) 33, de 8.4.2010 [publicada no Diário Oficial do Estado de São Paulo (*DOE*) de 9.4.2010] aos candidatos nomeados pelo Decreto do Governador de 9.2.2010 para o cargo de Agente Fiscal de Rendas (*AFR*), Nível Básico, SQC-III-QSF (publicado no *DOE* de 10.2.2010) ("*Novos AFRs*").

Para tanto esclarece que a Lei Complementar estadual 1.059, de 18.9.2008 (*LCE 1.059/2008*), ao dispor sobre as atribuições do AFR e a sistemática de sua remuneração, prevê que (i) essa função estatal (art. 2º)[1] será exercitada por agentes organizados em carreira (art. 3º, parágrafo único); (ii) as classes dessa carreira atribuem aos seus ocupantes distintos níveis remuneratórios (art. 3º, parágrafo único); (iii) essa carreira é composta por sete classes (iniciando-se no *nível básico*[2] e, passando pelos *níveis I a V*, tendo na cúspide o *nível VI*); (iv) concluído o estágio probatório, o servidor lotado na primeira classe da carreira será automaticamente alçado à próxima classe (*nível I*);[3] (v) as funções de Coordenador da Administração Tributária, Diretor, Delegado e Inspetor devem ser providas por AFRs que estejam há, pelo menos, cinco anos no cargo,[4] sem prejuízo de requisitos adicionais a serem estabelecidos pelo Secretário da Fazenda;[5] (vi) a remuneração do AFR é composta por uma parcela fixa e outra variável, acrescida de novas vantagens pecuniárias;[6] (vii) a parcela fixa da remuneração do AFR é mensurada em quotas[7] de acordo com sua classe na carreira;[8] (viii) a parcela variável compreende os prêmios de produtividade[9] e outras a serem estabelecidas em lei; (ix) as demais vantagens pecuniárias, em rol exemplificativo, compreendem adicional por tempo de serviço, sexta-parte, décimo-terceiro salário, *pro labore*,[10] adicional de transporte, verbas indenizatórias,[11] diárias e gratificação de representação; (x) há previsão de participação dos AFRs nos resultados da arrecadação, que, segundo a LCE 1.059/2008, não integra a

1. Segundo esse dispositivo legal compete ao AFR exercer a fiscalização direta dos tributos estaduais e as funções relacionadas com a coordenadoria, direção, inspeção, controle da arrecadação de tributos, chefia, encarregatura, supervisão, assessoramento, assistência, planejamento da ação fiscal, consultoria e orientação tributária, representação junto a órgãos julgadores, julgamento em primeira instância do contencioso administrativo tributário, correição da fiscalização tributária, gestão de projetos relacionados à administração tributária, planejamento estratégico da Coordenadoria da Administração Tributária, e outras atividades ou funções que venham a ser criadas por lei ou regulamento.

2. De acordo com o art. 6º da LCE 1.059/2008, os candidatos que forem providos nos cargos de AFR em investidura originária serão enquadrados no *nível básico* da carreira.

3. Art. 11 da LCE 1.059/2008. Ainda que os AFRs em estágio probatório por ocasião da publicação da LCE 1.059/2008 tenham direito de ser automaticamente providos na classe imediatamente superior (nível II), nos termos do art. 1º do Ato das Disposições Transitórias da LCE 1.059/2008.

4. Art. 12 da LCE 1.059/2008.

5. Art. 12, parágrafo único, da LCE 1.059/2008.

6. Art. 15 da LCE 1.059/2008.

7. Segundo o art. 16 da LCE 1.059/2008, o valor de cada quota correspondia a R$ 1,2375, atualizado mensalmente de acordo com o valor da arrecadação.

8. Art. 15, I e Anexo I, à LCE 1.059/2008.

9. Disciplinado no art. 17 da LCE 1.089/2008, limitado ao teto de 3.600 quotas.

10. Segundo o art. 18 da LCE 1.059/2008 o *pro labore* pretende remunerar as funções desempenhadas pelos AFRs descritas no art. 2º, *caput*, da LCE 1.059/2008, até o limite máximo mensal não superior a 2.400 quotas.

11. Segundo o art. 20 da LCE 1.059/2008, a esse título é devido ao AFR incumbido de fiscalizar mercadorias em trânsito nas divisas do Estado de São Paulo, no montante de 800 quotas.

remuneração desses agentes públicos;[12] e (xi) ascende-se do *nível I* aos níveis mais elevados da carreira de AFRs por merecimento, observado certos requisitos.

Informa, ainda, que no *DOE* do dia 25.10.2008 publicaram-se duas Resoluções confeccionadas pelo Secretário da Fazenda do Estado de São Paulo.

A primeira (Resolução SF 54, de 23.10.2008), veiculada no *DOE* antes da posse dos "Novos AFRs", dispôs sobre o prêmio de produtividade. Nela se previu que, até a fixação do sistema de avaliação da produtividade dos AFRs (arts. 1º, 7º, parágrafo único e 1º e 2º Das Disposições Transitórias da Resolução SF 54/2008), os AFRs no exercício das funções referidas no art. 2º da LCE 1.059/2008 fariam jus à integralidade das seguintes quotas a título de prêmio de produtividade:[13]

QUOTAS POR PRÊMIO DE PRODUTIVIDADE, PELO EXERCÍCIO DE FUNÇÃO

Item	Funções	Quotas
1	Coordenador da Administração Tributária	3.600
2	Assessor Fiscal IV	3.590
3	Coordenador Adjunto da Administração Tributária	3.585
4	Coordenador Adjunto Assuntos Administrativos	3.585
5	Presidente e Vice-Presidente do TIT	3.570
6	Diretor	3.570
7	Assessor Fiscal III	3.570
8	Diretor Adjunto	3.480
9	Diretor Adjunto – Secretário	3.480
10	Delegado Regional Tributário	3.450
11	Delegado Tributário de Julgamento	3.450
12	Representante Fiscal Regional Chefe	3.450
13	Assistente Fiscal Chefe II	3.400
14	Assistente Fiscal V	3.400
15	Consultor Tributário Chefe – COTEPE	3.400
16	Assessor Fiscal II	3.375
17	Assistente Fiscal IV	3.375
18	Corregedor Fiscal	3.375
19	Assistente Fiscal Chefe I	3.375
20	Representante Fiscal Chefe de 2ª Instância	3.375
21	Supervisor Fiscalização	3.375
22	Consultor Tributário Chefe	3.375
23	Inspetor Fiscal	3.375
24	Consultor Tributário	3.300
25	Assessor Fiscal I	3.300
26	Assistente Fiscal III	3.300
27	Representante Fiscal de 2ª Instância	3.300
28	Chefe	3.300
29	Assistente Fiscal II	3.280
30	Representante Fiscal Regional	3.280
31	Julgador Fiscal	3.280
32	Asslstente Flscal I	3.255

12. Arts. 1º, II, e 26 a 38 da LCE 1.059/2008, segundo os quais o valor mensal a ser pago a esse título correspondente até, no máximo, 4.800 quotas.

13. E aos AFRs que atuem na fiscalização direta de tributos, esses valores correspondem a 75% de 3.600 quotas.

A segunda (Resolução SF 55, de 23.10.2008), também veiculada no *DOE* antes da posse dos "Novos AFRs", dispôs sobre a remuneração a título de *pro labore* nas seguintes magnitudes:

QUOTAS A TÍTULO DE *PRO LABORE*

Item	Funções	Quotas
1	Coordenador da Administração Tributária	2.400
2	Assessor Fiscal IV	2.360
3	Coordenador Adjunto da Administração Tributária	2.280
4	Coordenador Adjunto Assuntos Administrativos	2.280
5	Presidente e Vice-Presidente do TIT	2.160
6	Diretor	2.160
7	Assessor Fiscal III	2.160
8	Diretor Adjunto	2.070
9	Diretor Adjunto – Secretário	2.070
10	Delegado Regional Tributário	1.980
11	Delegado Tributário de Julgamento	1.980
12	Representante Fiscal Regional Chefe	1.980
13	Assistente Fiscal Chefe II	1.920
14	Assistente Fiscal V	1.920
15	Consultor Tributário Chefe – COTEPE	1.920
16	Assessor Fiscal II	1.800
17	Assistente Fiscal IV	1.800
18	Corregedor Fiscal	1.800
19	Assistente Fiscal Chefe I	1.800
20	Representante Fiscal Chefe de 2ª Instância	1.800
21	Supervisor Fiscalização	1.800
22	Consultor Tributário Chefe	1.800
23	Inspetor Fiscal	1.800
24	Consultor Tributário	1.680
25	Assessor Fiscal I	1.680
26	Assistente Fiscal III	1.680
27	Representante Fiscal de 2ª Instância	1.680
28	Chefe	1.680
29	Assistente Fiscal II	1.610
30	Representante Fiscal Regional	1.610
31	Julgador Fiscal	1.610
32	Assistente Fiscal I	1.540

Informa, ainda, que no dia 9.4.2010 o Secretário da Fazenda do Estado de São Paulo fez publicar a Resolução SF 33, de 8.4.2010, revendo a disciplina dessas parcelas remuneratórias, inclusive em relação aos "Novos AFRs".

Para tanto, a Resolução SF 33/2010 criou novas funções para acomodar os "Novos AFRs",[14] a saber: (i) assistente fiscal – *função básica*; (ii) assessor fiscal – *função básica*; (iii) consultor tributário – *função básica*; (iv) julgador fiscal – *função básica*; e (v) representante fiscal – *função básica*.

14. O que é referido de modo explícito no art. 1º, § 1º, da Resolução SF 33/2010.

E, ao assim estabelecer, revogou as disciplinas remuneratórias veiculadas nas Resoluções SF 54/2008 e 55/2008, que atribuíam aos ocupantes dessas funções maior número de quotas a título de prêmio de produtividade e *pro labore*.[15] E, por força disso, esse passou a ser o novo regime remuneratório do prêmio de produtividade e *pro labore*:

QUOTAS POR PRÊMIO DE PRODUTIVIDADE, PELO EXERCÍCIO DE FUNÇÃO

Item	Funções	Quotas
1	Coordenador da Administração Tributária	3.600
2	Assessor Fiscal IV	3.590
3	Coordenador Adjunto da Administração Tributária	3.585
4	Coordenador Adjunto Assuntos Administrativos	3.585
5	Presidente e Vice-Presidente do TIT	3.570
6	Diretor	3.570
7	Assessor Fiscal III	3.570
8	Diretor Adjunto	3.480
9	Delegado Regional Tributário	3.450
10	Delegado Tributário de Julgamento	3.450
11	Representante Fiscal Chefe	3.450
12	Assistente Fiscal Chefe II	3.400
13	Assistente Fiscal V	3.400
14	Consultor Tributário Chefe – COTEPE	3.400
15	Assessor Fiscal II	3.375
16	Assistente Fiscal IV	3.375
17	Corregedor Fiscal	3.375
18	Assistente Fiscal Chefe I	3.375
19	Representante Fiscal Chefe de Assistência	3.375
20	Supervisor Fiscalização	3.375
21	Consultor Tributário Chefe	3.375
22	Inspetor Fiscal	3.375
23	Consultor Tributário	3.300
24	Assessor Fiscal I	3.300
25	Assistente Fiscal III	3.300
26	Juiz com dedicação exclusiva	3.300
27	Representante Fiscal	3.300
28	Chefe	3.300
29	Assistente Fiscal II	3.280
30	Julgador Fiscal	3.280
31	Assistente Fiscal I	3.255
32	Assistente Fiscal – Função básica	3.170
33	Assessor Fiscal – Função básica	3.170
34	Consultor Tributário – Função básica	3.170
35	Julgador Fiscal – Função básica	3.170
36	Representante Fiscal – Função básica	3.170

15. O art. 1º, *caput* e o art. 2º, *caput*, da Resolução SF 33/2010 revogaram explicitamente a disciplina remuneratória relativa ao *pro labore* e ao prêmio de produtividade objeto, respectivamente, do Anexo I referido no art. 1º da Resolução SF 55/2008 e da Tabela referida no art. 7º da Resolução SF 54/2008.

QUOTAS A TÍTULO DE *PRO LABORE*

Item	Funções	Quotas
1	Coordenador da Administração Tributária	2.400
2	Assessor Fiscal IV	2.360
3	Coordenador Adjunto da Administração Tributária	2.280
4	Coordenador Adjunto Assuntos Administrativos	2.280
5	Presidente e Vice-Presidente do TIT	2.160
6	Diretor	2.160
7	Assessor Fiscal III	2.160
8	Diretor Adjunto	2.070
9	Delegado Regional Tributário	1.980
10	Delegado Tributário de Julgamento	1.980
11	Representante Fiscal Chefe	1.980
12	Assistente Fiscal Chefe II	1.920
13	Assistente Fiscal V	1.920
14	Consultor Tributário Chefe - COTEPE	1.920
15	Assessor Fiscal II	1.800
16	Assistente Fiscal IV	1.800
17	Corregedor Fiscal	1.800
18	Assistente Fiscal Chefe I	1.800
19	Representante Fiscal Chefe de Assistência	1.800
20	Supervisor Fiscalização	1.800
21	Consultor Tributário Chefe	1.800
22	Inspetor Fiscal	1.800
23	Consultor Tributário	1.680
24	Assessor Fiscal I	1.680
25	Assistente Fiscal III	1.680
26	Juiz com dedicação exclusiva	1.680
27	Representante Fiscal	1.680
28	Chefe	1.680
29	Assistente Fiscal II	1.610
30	Julgador Fiscal	1.610
31	Assistente Fiscal I	1.540
32	Assistente Fiscal – Função básica	1.500
33	Assessor Fiscal – Função básica	1.500
34	Consultor Tributário – Função básica	1.500
35	Julgador Fiscal – Função básica	1.500
36	Representante Fiscal – Função básica	1.500

Esclarece, ademais, que, ao tomarem posse, os "Novos AFRs" passaram a exercer atividades externas ou internas aos órgãos no qual estavam lotados. Na primeira hipótese atuava-se na fiscalização direta de tributos, ao passo que na segunda o desempenho funcional se dava em atividade diversa.

Encaminhou, ainda, atos administrativos editados após a Resolução SF 33/2010, por meio dos quais a Administração Tributária Estadual designou parte dos "Novos AFRs" para o desempenho das funções de assistente fiscal – *função básica*; julgador fiscal – *função básica*; assessor fiscal – *função básica*; consultor tributário – *função básica*; e representante fiscal – *função básica*. Entretanto, os noticiados atos preveem a irradiação dos seus efeitos ao momento em que essas atividades passaram a ser concretamente desempenhadas pelos "Novos AFRs", o que se deu sob a vigência das Resoluções

SF 54/2008 e 55/2008 e não da Resolução SF 33/2010.

Informa, por fim, que impetrou mandado de segurança coletivo buscando o reconhecimento da ilegalidade da criação das funções de (i) representante fiscal – *função básica* e (ii) julgador fiscal – *função básica*, eis que os vencimentos atribuídos aos "Novos AFRs" que exercem esses encargos são inferiores aos pagos aos AFRs que, sob titulação jurídica diversa, desempenham as mesmas atividades.

Em razão disso a Consulente questiona a legitimidade da aplicação das prescrições veiculadas na Resolução SF 33/2010 aos "Novos AFRs", especialmente no que se refere à fixação do número de quotas a que eles fazem *jus* a título de prêmio de produtividade e *pro labore*. E isso tendo em conta que, à época da sua nomeação e posse, a disciplina jurídica dessas parcelas remuneratórias era ditada pelas Resoluções SF 54/2008 e 55/2008.

Parecer

1. A questão colocada sob Consulta exige, de forma lógica e cronológica, a apreciação dos seguintes temas: (i) as competências assinaladas no art. 2º, *caput*, da LCE 1.059/2008 qualificam-se como *funções de confiança* volvidas, nos termos do art. 37, V, da Constituição da República às atribuições de direção, chefia ou assessoramento?; (ii) os "Novos AFRs" podem exercer as competências prescritas no art. 2º, *caput*, da LCE 1.059/2008 por meio de nomeação ou, pelo contrário, por outro ato administrativo decorrente do regime estatutário a que os AFRs estão submetidos?; (iii) a partir de quando nasce para os "Novos AFRs" o direito subjetivo à percepção de valores devidos a título de *pro labore* e prêmio de produtividade? No exercício das funções previstas no art. 2º, *caput*, da LCE 1.059/2008 ou na formalização, pelo Estado, do seu exercício?; (iv) qual a natureza jurídica dos valores devidos a título de *pro labore* e prêmio de produtividade?; e (v) o art. 37, XV, da Constituição da República aplica-se na hipótese de redução dos valores pagos aos "Novos ARFs" a título de *pro labore* e prêmio de produtividade?

I. Natureza jurídica das funções previstas no art. 2º da LCE 1.059/2008

2. O art. 37, V, da Constituição da República assinala que as competências públicas relativas à direção, chefia ou assessoramento podem ser desempenhadas por particulares ou servidores públicos, hipótese em que esses plexos de atribuição são constitucionalmente designados de *cargo de provimento comissionado* e *função de confiança.*

Segundo a Constituição Nacional, a ubicação do nomeado no exercício dessas competências se aperfeiçoa, precipuamente, em razão da confiança que nele deposita o nomeante. Daí porque, desfeito esse liame subjetivo, o vínculo funcional poderá[16] ter, e em regra tem, o mesmo destino.

Entretanto, essa especial forma de provimento e desfazimento de vínculo funcional se legitima quando a competência a ser desempenhada pelo agente público for volvida à direção, chefia ou assessoramento.

3. Todavia, nem sempre onde a lei assinala a existência de *função* há, por imposição lógica, *função de confiança*. Por vezes o emprego da locução *função* pretende referir uma competência atribuída ao ocupante de cargo de provimento efetivo ou ao empregado público; em

16. E aqui se diz poderá, pois, não raras vezes, o nomeado permanece desempenhando as atividades de direção, chefia ou assessoramento após a saída do agente que o nomeou.

outras hipóteses é expressão sinônima de *função de confiança*.[17]

Nesse contexto questiona-se: as atribuições rotuladas como *funções* pelo art. 2º, *caput*, da LCE 1.059/2008 qualificam-se como *funções de confiança* (a exigir, portanto, *provimento originário* para o seu desempenho)[18] ou, pelo contrário, trata-se de competência funcional exercitável por servidor estatal[19] em razão do exercício de sujeição especial (ou *supremacia especial*)[20] ou apenas em razão de provimento derivado?

4. O exame das disposições normativas que tratam do assunto revela que as atribuições funcionais rotuladas pelo art. 2º da LCE 1.059/2008 como *função* ora tipificam *função de confiança* ora atividade funcional típica de cargo ou emprego público. Chega-se a essa conclusão examinando-se as disposições legais e regulamentares que pretenderam fixar concretamente as prerrogativas funcionais dos exercente das atribuições (ou *funções*) prevista no art. 2º, *caput*, da LCE 1.059/2008.

No que interessa ao deslinde da Consulta formulada, o art. 6º, XVIII, do Decreto estadual 54.486 prevê que aos *assistentes fiscais* pode ser atribuída competência de julgamento. Já o art. 7º, I a V, do mesmo Decreto comina a esses agentes as seguintes atribuições: (i) assistir o Delegado Tributário de Julgamento no desempenho de suas competências; (ii) examinar, estudar e preparar os expedientes submetidos ou encaminhados ao Delegado Tributário de Julgamento; (iii) elaborar pareceres, projetos, planos e relatórios relativos às finalidades da Delegacia Tributária de Julgamento; (iv) propor modificações para o aprimoramento da metodologia de julgamento; (v) exercer outras atribuições conferidas por ato do Delegado Tributário de Julgamento. Note-se, portanto, que as atribuições prescritas nesse diploma normativo conferem ao seu ocupante o exercício de atividade *eminentemente técnica*, não se qualificando, pois, como atividade de direção, chefia ou assessoramento.

Ao *julgador tributário* o art. 14 do Decreto estadual 54.486 também comina atribuições de índole precipuamente técnicas, tais como: (i) julgamento de processos administrativos; (ii) encargo de determinar diligências necessárias à instrução e ao saneamento dos processos; (iii) interpor recurso de ofício; (iv) propor medidas ao superior imediato com vistas ao aperfeiçoamento dos julgamentos; (v) praticar os

17. Nesse sentido: Hely Lopes Meirelles (*Direito Administrativo Brasileiro*, 15ª ed., São Paulo, Ed. RT, 1989, pp. 356 e 357), Cármen Lúcia Antunes Rocha (*Princípios Constitucionais dos Servidores Públicos*, 1ª ed., São Paulo, Saraiva, 1999, p. 117) e José dos Santos Carvalho Filho (*Manual de Direito Administrativo*, 22ª ed., Rio de Janeiro, Lumen Juris, 2009, p. 581).

18. Nesse sentido: José dos Santos Carvalho Filho (*Manual de Direito Administrativo*, 22ª ed., cit., p. 588) e Maria Sylvia Zanella Di Pietro (*Direito Administrativo*, 22ª ed., São Paulo, Atlas, 2009, p. 600).

19. Utilizamos a expressão servidor estatal do mesmo modo que Celso Antônio Bandeira de Mello (*Curso de Direito Administrativo*, 27ª ed., São Paulo, Malheiros Editores, 2010). Ou seja, como categoria que abarca servidor público e empregado público.

20. Na sujeição especial a Administração extrai seus poderes não diretamente da lei, mas de um vínculo específico travado com o particular. E nesses casos, o servidor pode ser *unilateralmente* deslocado de uma atividade que realizada para outra, sem a necessidade de previsão legal. Dentre os que admitem essa solução: Maurício Zockun ("A natureza jurídica das *taxas* destinadas ao Fundo de Fiscalização das Telecomunicações (FISTEL)", in *Tributação nas Telecomunicações*, São Paulo, Quartier Latin, 2004, pp. 279 a 296) e Celso Antônio Bandeira de Mello ("Apontamentos sobre o poder de polícia", in *Revista de Direito Público* 9/54-68, São Paulo, Ed. RT).

atos inerentes às suas funções, inclusive o de atualizar o sistema de informações do contencioso administrativo, relativamente a julgamento efetuado; (vi) determinar a formação de expediente em apartado do processo administrativo tributário, nos casos previstos nesse regulamento; e (vii) exercer outras competências conferidas por ato do Delegado Tributário de Julgamento. Note-se que, nas funções acima, não se contempla a prática de atos de direção, chefia ou assessoramento.

O exame da legislação revela, outrossim, que aos *representantes fiscais* foram atribuídas competências de índole *estritamente técnica* (a afastar do seu âmbito de atribuições as *funções de confiança* a que alude o art. 37, V, da Constituição da República). Assim se concluí pelo exame da Lei paulista 13.749/2009, que assinala aos ocupantes dessa função o encargo de (i) defender a legislação e os interesses da Fazenda Pública do Estado, no que se refere aos créditos tributários originários de auto de infração, no processo administrativo tributário; (ii) propor ao Coordenador da Administração Tributária a previsão de metas de desempenho, que objetivem maior celeridade processual em função do número de processos por julgar, do valor do crédito tributário reclamado ou da gravidade da infração capitulada; (iii) promover diligências para saneamento ou aperfeiçoamento da instrução do processo, quando necessário; (iv) manifestar-se sobre diligência realizada no prazo de 30 (trinta) dias; (v) interpor, pela Fazenda Pública do Estado, os recursos cabíveis; (vi) apresentar pedido de reforma do julgado administrativo; (vii) elaborar parecer em recurso de ofício; (viii) contra-arrazoar o recurso interposto pelo autuado, produzindo parecer fundamentado sobre a procedência da reclamação tributária; (ix) verificar o cumprimento das metas de desempenho previstas, mediante a análise dos relatórios de produtividade referentes a processos julgados; (x) propor ao Presidente do TIT a adoção de medidas julgadas necessárias ao bom andamento dos trabalhos (art. 72, I a XIII).

A mesma *atribuição* de índole *técnica* foi assinala aos *consultores tributários* pelo art. 31 do Decreto estadual 44.566/1999. Esse dispositivo comina aos agentes exercentes dessa competência (i) proceder ao estudo, elaboração e interpretação da legislação tributária aplicando seus efeitos em pendências com os contribuintes; (ii) definir a estratégia da legislação, avaliação de seus efeitos práticos e seu controle prévio; e (iii) responder às consultas formuladas por clientes internos e externos sobre a legislação tributária em vigor.

Por fim, remanesceria tratar da *assessoria fiscal*. Essa função poderia, em tese, pretender designar uma atribuição de apoio (i) à função de direção ou chefia ou (ii) às funções técnicas.

Deveras, à mingua de uma definição precisa das atividades desempenhadas pela *assessoria fiscal* (pois, ora poderá caracterizar apoio ao exercício de função técnica – art. 15, I, do Decreto estadual 54.486 – ou à função de direção ou chefia – art. 8º, I, do Decreto estadual 54.486), somente ao exame da hipótese concreta é que se poderá aferir a natureza da atividade desempenhada pelos AFRs que prestam *assessoria fiscal*.

Isso porque, como bem assinala Cármen Lúcia Antunes Rocha a expressão "assessoramento", referida no art. 37, V, da Constituição da República, só poderia significar atividade de apoio às atribuições de direção ou chefia. Isso porque o exercente dessa competência ostenta "(...) uma qualidade pessoal que o vincula, direta e precariamente, a determinadas diretrizes políticas e administrativas dos governantes de um dado momento". O que significa dizer que "(...) o elo de vinculação pessoal identifica o agente que é indicado para o exercício da função e denota sua ligação com a política ou com as diretrizes administrativas estabelecidas". Daí porque, arremata com indiscutível acerto que "Nem há de se considerar de confiança o que precisa ser tratado e provido segundo exigências e critérios profissionais insuperáveis".[21]

5. Logo, se as atividades a serem desempenhadas a título de *assistente fiscal, julgador fiscal, assessor fiscal, consultor tributário* e *representante fiscal* são de índole técnicas (e não política),[22] não se pode qualificá-las como *função de confiança* (art. 37, V, da Constituição da República). São, pelo contrário, *funções* inerentes ao cargo de AFR.[23]

II. Forma de início do exercício das funções do art. 2º, "caput", da LCE 1.059/2008

6. Ora, se (i) as funções de *assistente fiscal, julgador fiscal, assessor fiscal, consultor tributário* e *representante fiscal* conferem aos seus ocupantes o desempenho de uma atividade estritamente técnica, não sendo, por isso, qualificadas como *função de confiança*, o servidor nelas não é investido em provimento originário. É dizer, não há necessidade de *nomeação* para o início dessas atribuições (o que seria exigível, por exemplo, para o exercício de qualquer espécie de *função de confiança*).

Além disso, essas funções *não são* atribuíveis aos AFRs em razão de promoção, progressão ou ascensão funcional. Com efeito, dentre as funções previstas no art. 2º, *caput*, da LCE 1.059/2008 reservou-se aos AFRs com mais de 5 anos de efetivo *apenas* exercício das atividades de Coordenador da Administração Tributária, Diretor, Delegado e Inspetor.[24] Logo, as funções de *assistente fiscal, julgador fiscal, assessor fiscal, consultor tributário* e *representante fiscal* podem ser ocupadas pelos AFRs, independentemente da sua classe funcional.

Segue-se daí que o exercício dessas atribuições não exige nova investidura (originária ou derivada). Isso porque o AFR não será deslocado de um cargo funcional para outro (ou, como prefere a doutrina, não haverá deslocamento do servidor entre diferentes *quadros funcionais*)[25] já que as atividades de *assistente fiscal, julgador fiscal, assessor fiscal, consultor tributário* e *representante fiscal* estão contidas nas competências do AFR, podendo ser desempenhada independente do nível de lotação do seu ocupante na carreira.

7. Essas considerações levam à conclusão no sentido de que qualquer AFR, aí se incluindo os "Novos AFRs", podem ser livremente alocados nessas *funções* por ato de *remoção*.[26] Essa, todavia, não é

21. *Princípios Constitucionais dos Servidores Públicos*, 1ª ed., cit., p. 177. Há tempos sustentamos essa posição, como se pode verificar pelo exame do acórdão da Ação Direta de Inconstitucionalidade 173.414, em trâmite no TJSP.

22. Quanto à *assessoria técnica*, considera-se, na hipótese, que o seu ocupante estará desempenhando atividade técnica (mas essa pode não ser a situação concreta).

23. Na acepção que lhe dá a boa doutrina do direito administrativo, referida na nota 17 acima.

24. Ainda que essa condição de habilitação possa ser alterada pelo Secretário da Fazenda, a teor do permissivo do art. 12, parágrafo único, da LCE 1.059/2008.

25. José dos Santos Carvalho Filho (*Manual de Direito Administrativo*, 22ª ed., cit., p. 580) e Celso Antônio Bandeira de Mello (*Curso de Direito Administrativo*, 27ª ed., cit., p. 308).

26. Para José dos Santos Carvalho Filho a *remoção* não enseja a investidura em novo car-

a nomenclatura utilizada pela Administração Tributária Estadual que, ao remover os "Novos AFRs" para as funções de *assistente fiscal, julgador fiscal, assessor fiscal, consultor tributário* e *representante fiscal*, diz que o fez a título de ***designação***.

III. Nascimento do direito à percepção do "pro labore" e prêmio de produtividade

8. Uma vez criada a carreira, os cargos nela previstos são distribuídos entre os órgãos eventualmente existentes de acordo com as funções a serem neles desempenhadas. É dizer, deve-se estabelecer um *quadro funcional*, ainda que isso nem sempre ocorra, especialmente nas pessoas políticas menos organizadas.[27]

A remoção de um AFR de uma função para outra só é possível se houver vaga disponível na lotação de destino.[28] É dizer, é possível haver remoção se as vagas do quadro funcional da entidade ou órgão destinatário não estiverem preenchidas.

9. Por esta razão, não há direito subjetivo de os "Novos AFRs" serem automaticamente lotados em funções de *assistente fiscal, julgador fiscal, assessor fiscal, consultor tributário* ou *representante fiscal*. Primeiro porque, se assim fosse, não existiriam AFRs incumbidos da fiscalização direta de tributos.[29] Segundo porque, à época da posse dos "Novos AFRs", vigia a Resolução SF 98/2009 prevendo a existência de 1.490 vagas para o desempenho de todas as funções a que alude o art. 2º, *caput*, da LCE 1.059/2008 (dentro de uma carreira de 4.750 cargos).[30]

Assim, os "Novos AFRs" poderiam ser lotados na função de *assistente fiscal, julgador fiscal, assessor fiscal, consultor tributário* ou *representante fiscal* se houvesse vaga disponível e ato da administração designando-os para essas funções (raciocínio, aliás, aplicável a qualquer integrante da carreira de AFR e não apenas aos "Novos AFRs").

10. Sem prejuízo disto, surge para os AFRs o direito subjetivo à percepção dos valores devidos a título de *pro labore* a partir do instante em que eles passem, por determinação de autoridade, a desempenhar concretamente as funções descritas no art. 2º, *caput*, da LCE 1.059/2008.

Para este fim pouco importa saber se o ato de remoção ou designação foi produzido concomitante ou posteriormente ao início dessas funções pelo AFR. É o

go, havendo apenas o deslocamento do servidor dentro de um mesmo quadro funcional. Por isso mesmo não se trata de forma de provimento (*Manual de Direito Administrativo*, 22ª ed., cit., p. 589). No mesmo sentido: Regis Fernandes de Oliveira, ainda que utilize apenas a expressão *remoção* (*Servidores Públicos*, 1ª ed., São Paulo, Malheiros Editores, 2004, p. 97).

Registre-se, por fim, que o art. 36 da Lei federal 8.112 emprega *remoção* para designar o deslocamento do servidor dentre do mesmo quadro, ainda que a utilização dessa nomenclatura para designar essa situação não seja pacífica, como anotou Maria Sylvia Zanella Di Pietro (*Direito Administrativo*, 22ª ed., cit., pp. 600 a 605).

27. Como acertadamente registra José dos Santos Carvalho Filho (*Manual de Direito Administrativo*, 22ª ed., cit., p. 580).

28. A remoção de um servidor, existindo ou não vaga para a localidade ou função de destino, só se dá em caráter excepcional, tais como: por motivo de saúde, para manutenção da unidade familiar etc.

29. Ainda que, em tese, possa existir cumulação de funções de fiscalização com as de *assistente fiscal, julgador fiscal, assessor fiscal, consultor tributário* e *representante fiscal*.

30. Atualmente vigora um *quadro funcional* da carreira de AFR diverso (o que se deu pela Portaria CAT 49/2010, editada após a nomeação e posse dos "Novos AFRs").

início da atividade funcional – e não sua declaração jurídica – que faz nascer para o servidor o direito à percepção da correspondente remuneração.

E nem poderia ser de outro modo. Isso sob pena de, ao assim se admitir, exigir-se do agente público o desempenho de uma atividade laboral sem qualquer espécie de contrapartida pecuniária. E não há trabalho gratuito no desempenho de função pública, cujo vínculo é profissional e sob dependência econômica do Estado.[31]

11. Logo, se o início da atividade funcional pelo AFR deu-se, a pedido da autoridade, mas *antes* da formalização ou publicação do ato jurídico que o removeu ou designou, a exteriorização da vontade do Estado tem, na hipótese, natureza declaratória (e não constitutiva).

É dizer, a publicação do ato de remoção ou designação apenas declara (de modo pretérito, portanto) o início do desempenho da função pelo AFR. E ao assim fazê-lo, também reconhece que os direitos do AFR advindos do desempenho daquela atividade nasceram ao tempo do seu labor (e não da edição do ato que formalmente o designou no exercício desse encargo público).

12. Nesse ponto registre-se que as autoridades estaduais agiram com a esperada lisura e boa-fé. Isso porque as designações (ou remoções) dos "Novos AFRs" para o desempenho das funções de *assistente fiscal*, *julgador fiscal*, *assessor fiscal*, *consultor tributário* e *representante fiscal* expressamente assinalam que o início dessas atividade deu-se ao tempo em que ainda estava em vigor as Resoluções SF 54/2008 e 55/2008.

Isso, no entanto, não é dito de modo expresso. Deveras, nesses atos assinalou-se o direito dos "Novos AFRs" à percepção do *pro labore* e do prêmio de produtividade, nos termos da Resolução SF 33, de 2010 (publicada no *DOE* de 9.4.2010), mas, *ao mesmo tempo*, registram que o concreto início dessas atividades pelos referidos agentes públicos deu-se em data anterior a 9.4.2010.

Assim, os "Novos AFRs" incorporaram em seu patrimônio o direito ao recebimentos dessas parcelas remuneratórias com o início das funções previstas no art. 2º, *caput*, da LCE 1.059/2008 e não na data em que se publicou a designação ou remoção para o exercício desses encargos.

13. A boa técnica do legislador paulista revela, de modo translúcido, esse direito dos AFRs. Com efeito, ao tratar do *pro labore*, mas cujo pensamento se espraia à percepção de todos os valores devidos a título de contraprestação de trabalho, o art. 18, *caput*, da LCE 1.059/2008 assina que "Ao Agente Fiscal de Rendas que *exerça* qualquer das funções abrangidas pelo *caput* do art. 2º desta Lei Complementar, com exceção da fiscalização direta de tributos, fica atribuído *pro labore*".

A lei reconhece que o direito dos AFRs à percepção de valores a título de *pro labore* surge a partir do momento em que a atividade funcional passa a ser concretamente exercida (e, como se poderia erroneamente supor, com a sua designação para o seu exercício).

14. Seria desejável que o *exercício* das funções em pauta e a *designação* para

31. Essa obviedade é poucas vezes assinalada de modo expresso na doutrina. Todavia, ciente da necessidade de enfatizar o óbvio – convenientemente esquecido em certos momentos – Ivan Barbosa Rigolin apontou-lhe o fundamento constitucional com o seguinte magistério "É desnecessário enfatizar sobre a proibição de a Administração a título gratuito. A relação profissional é, antes de mais nada, onerosa, cabendo lembrar o texto dos incs. IV, V, VI, VII, além de outros aplicáveis aos servidores, todos do art. 7º da Carta, que asseguram a percepção de remuneração pelo trabalho em razão de seu trabalho" (*O Servidor Público na Constituição de 1988*, São Paulo, Saraiva, 1989, p. 144).

o seu desempenho ocorressem ao mesmo tempo. No entanto, ciente da possibilidade material de essas providências se aperfeiçoarem em momentos cronológicos distintos, a lei paulista pedagogicamente acautelou o direito dos AFRs. Disse-o que o nascimento ao *pro labore* se dá com o exercício material das funções previstas no art. 2º, *caput*, da LCE 1.059/2008 e não com o ato de *designação* ou *remoção*.

IV. A natureza dos valores devidos a título de "pro labore" e prêmio de produtividade

15. Há indiscutível confusão e baralhamento nos termos empregados pela Constituição da República para designar os valores que devem ser entregues aos agentes públicos pelo desempenho de uma função estatal.[32]

16. Para os fins da Consulta importa registrar que o *pro labore* é devido aos AFRs que exerçam uma das funções descritas no art. 2º, *caput*, da LCE 1.059/2008 (sejam elas técnicas ou afetas à direção e chefia). Enquanto perdurar a designação ou remoção do AFR para o desempenho dessas atividades, há dever de o Estado pagar essa quantia (conforme expressamente assinala o art. 18, § 2º, da LCE 1.059/2008). Trata-se, por isso mesmo, de parcela remuneratória[33] paga ao servidor enquanto perdurar a designação, remoção ou nomeação.

17. Situação diversa ocorre em relação ao prêmio de produtividade. Trata-se de parcela remuneratória devida em favor de todos AFRs,[34] apurada e atribuída mensalmente a eles por meio da aplicação de uma metodologia cuja disciplina está a cargo do Secretário da Fazendo do Estado de São Paulo.

Entretanto, como o Secretário da Fazenda do Estado de São Paulo ainda não elaborou a metodologia necessária à mensuração dos valores devidos a título de prêmio de produtividade, o art. 2º, *caput*, da Resolução SF 54/2008 prevê o pagamento desses valores no limite máximo das quotas a eles atribuíveis em regulamento.

Assim, *nos dias que correm*, os AFRs que desempenham funções previstas no art. 2º, *caput*, da LCE 1.059/2008 têm, de acordo com a sua classe funcional, percebido *todas as quotas* previstas nos anexos das Resoluções SF 54/2008 e 33/2010 a título de prêmio de produtividade. O mesmo se diga em relação aos AFRs que atuam na fiscalização direta de tributos, que vêm recebendo, a esse título, remuneração correspondente a 2.700 quotas.

Vê-se, pois, que a despeito de o prêmio de produtividade ser concebido como parcela remuneratória a ser paga em valor incerto e periodicidade indeterminada,[35] atualmente é pago em periodicidade certa e valor determinado.

18. Por estas razões, a remuneração devida a título de (i) *pro labore* se qualifica como vencimentos; e (ii) prêmio

32. Fala-se em remuneração, subsídio, vantagens pessoais, outras espécies remuneratórias, vencimento, acréscimos pecuniários, vencimentos dentre outros.

33. Aqui se emprega remuneração como gênero que abarca *todas* as espécies remuneratórias. E nesse ponto, não há divergência na boa doutrina do direito administrativo.

34. A despeito de os AFRs que atuam na fiscalização direta de tributos perceberem esses valores por meio de uma sistemática especial.

35. E que, a depender dos critérios a serem fixados pelo Secretário da Fazenda, nem ao menos poderá ser paga concretamente caso não se atinja patamar satisfatório de produtividade.

de produtividade, *enquanto for pago* de modo certo e determinado, também se qualifica como vencimentos. Mas há uma necessária explicação para que demonstre o acerto da conclusão atingida.

Remuneração corresponde à totalidade de valores percebidos pelo servidor em razão do trabalho.[36] *Vencimento* é retribuição pelo exercício do cargo,[37] ao passo que outros entendem que engloba função ou emprego público.[38] *Subsídio* é remuneração devida ao agente público em parcela única, sem o acréscimo de nenhuma outra espécie remuneratória.[39] *Vencimentos* correspondem ao vencimento acrescido de valores pagos em caráter fixo e permanente,[40] tais como as vantagens pecuniárias[41] e adicionais,[42] o que, para alguns, é expressão sinônima de remuneração.[43] *Vantagens pecuniárias* são pagas em razão de situação fática específica, que pressupõe (e se sobrepõe) ao trabalho, ainda que o seu exercício ocorra por certo período.[44] *Gratificações* são devidas pelo desempenho da função estatal em situações anormais ou em razão da condição especial do servidor (como, por exemplo, exercício de cargo de provimento comissionado e função de confiança),[45] não se incluindo no conceito de vencimentos, mas sim de remuneração.[46]

36. Nesse sentido: José dos Santos Carvalho Filho (*Manual de Direito Administrativo*, 22ª ed., cit., p. 697); Cármen Lúcia Antunes Rocha (*Princípios Constitucionais dos Servidores Públicos*, 1ª ed., cit., p. 305); Diógenes Gasparini (*Direito Administrativo*, 11ª ed., São Paulo, Saraiva, 2006, p. 187); e José Afonso da Silva (*Comentário Contextual à Constituição*, 3ª ed., São Paulo, Malheiros Editores, 2007, p. 340).

37. Nesse sentido: José dos Santos Carvalho Filho (*Manual de Direito Administrativo*, 22ª ed., cit., p. 697); Regis Fernandes de Oliveira (*Servidores Públicos*, 1ª ed., cit., p. 55); Diógenes Gasparini (*Direito Administrativo*, 11ª ed., cit., p. 188); e Celso Antônio Bandeira de Mello (*Curso de Direito Administrativo*, 27ª ed., cit., p. 313).

38. Nesse sentido: Cármen Lúcia Antunes Rocha (*Princípios Constitucionais dos Servidores Públicos*, 1ª ed., cit., p. 305).

39. Nesse sentido: José dos Santos Carvalho Filho (*Manual de Direito Administrativo*, 22ª ed., cit., p. 698); Cármen Lúcia Antunes Rocha (*Princípios Constitucionais dos Servidores Públicos*, 1ª ed., cit., p. 307); Maria Sylvia Zanella Di Pietro (*Direito Administrativo*, 22ª ed., cit., p. 534); e Celso Antônio Bandeira de Mello (*Curso de Direito Administrativo*, 27ª ed., cit., p. 313).

40. Nesse sentido: Cármen Lúcia Antunes Rocha (*Princípios Constitucionais dos Servidores Públicos*, 1ª ed., cit., p. 306).

41. Nesse sentido: Regis Fernandes de Oliveira (*Servidores Públicos*, 1ª ed., cit., p. 56).

42. Nesse sentido: Diógenes Gasparini (*Direito Administrativo*, 11ª ed., cit., p. 188); e José Afonso da Silva (*Comentário Contextual à Constituição*, 3ª ed., cit., p. 343).

43. Nesse sentido: Regis Fernandes de Oliveira (*Servidores Públicos*, 1ª ed., cit., p. 57); José dos Santos Carvalho Filho (*Manual de Direito Administrativo*, 22ª ed., cit., p. 697, nota de rodapé 369); Maria Sylvia Zanella Di Pietro (*Direito Administrativo*, 22ª ed., cit., p. 543); Diógenes Gasparini (*Direito Administrativo*, São Paulo, 11ª ed., cit., p. 193); e Celso Antônio Bandeira de Mello (*Curso de Direito Administrativo*, 27ª ed., cit., p. 313).

44. Nesse sentido: José dos Santos Carvalho Filho (*Manual de Direito Administrativo*, 22ª ed., cit., p. 699) e José Afonso da Silva, que considera os valores pagos a título transitório (*ex facto officio*), como *adicionais* integrantes do conceito de *vencimentos* (*Comentário Contextual à Constituição*, 3ª ed., cit., p. 343).

45. José Afonso da Silva (*Comentário Contextual à Constituição*, 3ª ed., cit., p. 343) e José dos Santos Carvalho Filho (*Manual de Direito Administrativo*, 22ª ed., cit., pp. 699 e 700).

46. José Afonso da Silva (*Comentário Contextual à Constituição*, 3ª ed., cit., p. 343); Diógenes Gasparini (*Direito Administrativo*, 11ª ed., cit., p. 193) e José dos Santos Carvalho Filho (*Manual de Direito Administrativo*, 22ª ed., cit., p. 706).

19. À luz desses parâmetros o *pro labore* se qualifica como parcela remuneratória paga *ex facto officio* a título de *vantagem pessoal* ou *adicional*, no acertado magistério de José Afonso da Silva. Daí porque, permanecendo inalteradas as circunstâncias que justificam e determinam o seu pagamento, esses valores integram os vencimentos devidos aos servidores e, por via de consequência, sua remuneração. Assim, conservando-se os AFRs no desempenho de uma das funções previstas no art. 2º, *caput*, da LCE 1.059/2008, o *pro labore* será pago a título de *adicional* remuneratório e, nesta condição, é uma parcela integrante dos seus vencimentos.

O mesmo se pode dizer em relação ao prêmio de produtividade que, por ainda não ter sido implantada a metodologia para sua aferição, é pago indistintamente a todos os AFRs, de forma certa, determinada, periódica e habitual. Trata-se, nas atuais condições, de uma *vantagem pessoal*.

A partir da implantação da noticiada metodologia, sua natureza jurídica será alterada, passando a qualificar-se como *gratificação* (já que de valor incerto e de pagamento, em tese, eventual) e, portanto, excluída do conceito de vencimentos.

V. Houve redução no pagamento dos vencimentos aos "Novos AFRs"

20. O art. 37, XV, da Constituição da República assinala que o subsídio e os vencimentos são irredutíveis. Logo, vê-se que os valores integrantes do conceito de vencimentos, tais como o vencimento, as vantagens pecuniárias e os adicionais, são irredutíveis, pois se incorporam ao patrimônio do agente público como ato jurídico perfeito.

Se, em nosso juízo, (i) os valores pagos a título de *pro labore* e os atualmente devidos em razão do prêmio de produtividade *integram o conceito de vencimentos*; (ii) substancial parcela dos "Novos AFRs" exerciam funções de *assistente fiscal*, *julgador fiscal*, *assessor fiscal*, *consultor tributário* ou *representante fiscal*, contempladas no art. 2º, *caput*, da LCE 1.059/2008 *na vigência* das Resoluções SF 54/2008 e 55/2008 (e, portanto, antes das alterações nelas promovidas pela Resolução SF 33/2010); (iii) o exercício dessas funções ensejava o dever de o Estado de São Paulo pagar valores a título de *pro labore* e prêmio de produtividade e, por fim, (iv) o exercício das funções referidas acima teve seu *sistema remuneratório* (outrora previsto nas Resoluções SF 54/2008 e 55/2008) *alterado* pela Resolução SF 33/2010, a *resposta à Consulta* é de uma *singela franciscana*:

Haverá burla ao art. 37, XV, da Constituição da República se a Resolução SF 33/2010 *mitigou nominalmente* o que vinha sendo pago aos "Novos AFRs", sob a égide das nas Resoluções SF 54/2008 e 55/2008, a título de *pro labore* e prêmio de produtividade pelo exercício das funções de *assistente fiscal*, *julgador fiscal*, *assessor fiscal*, *consultor tributário* ou *representante fiscal*.

21. A análise comparativa dos quadros abaixo revela, para além de qualquer sombra de dúvida, essa proibida mitigação remuneratória.

Tome-se, de um lado, o ***menor*** *número de quotas* a que os ocupantes das funções de *assistente fiscal*, *julgador fiscal*, *assessor fiscal*, *consultor tributário* ou *representante fiscal* faziam jus a título de *pro labore* e prêmio de produtividade à época das Resoluções SF 54/2008 e 55/2008. Compare-se, de outro lado, as quotas devidas a esse título aos "Novos AFRs" pelo desempenho das mesmas funções, acrescidas pelo adjetivação "Função básica", classe na qual os "Novos AFRs" foram inseridos na carreira de AFR pela Resolução SF 33/2010:

QUOTAS POR PRÊMIO DE PRODUTIVIDADE, PELO EXERCÍCIO DE FUNÇÃO – RESOLUÇÃO SF 54/2008

Item	Funções	Quotas
24	Consultor Tributário	3.300
25	Assessor Fiscal I	3.300
32	Assistente Fiscal I	3.255
31	Julgador Fiscal	3.280
27	Representante Fiscal de 2ª Instância	3.300
30	Representante Fiscal Regional	3.280

QUOTAS POR PRÊMIO DE PRODUTIVIDADE, PELO EXERCÍCIO DE FUNÇÃO – RESOLUÇÃO SF 33/2010

Item	Funções	Quotas
34	Consultor Tributário – Função básica	3.170
33	Assessor Fiscal – Função básica	3.170
32	Assistente Fiscal – Função básica	3.170
35	Julgador Fiscal – Função básica	3.170
36	Representante Fiscal – Função básica	3.170

***PRO LABORE* – RESOLUÇÃO SF 55/2008**

Item	Funções	Quotas
24	Consultor Tributário	1.680
25	Assessor Fiscal I	1.680
32	Assistente Fiscal I	1.540
31	Julgador Fiscal	1.620
27	Representante Fiscal de 2ª Instância	1.680
30	Representante Fiscal Regional	1.610

***PRO LABORE* – RESOLUÇÃO SF 33/2010**

Item	Funções	Quotas
34	Consultor Tributário – Função básica	1.500
33	Assessor Fiscal – Função básica	1.500
32	Assistente Fiscal – Função básica	1.500
35	Julgador Fiscal – Função básica	1.500
36	Representante Fiscal – Função básica	1.500

22. Considerando-se que o *valor da quota* está *inalterado* desde a edição das Resoluções SF 54/2008 e 55/2008 (fixada em R$ 1,2375 pela Resolução SF 52/2008), isso significa dizer que houve ***redução nominal*** de parcela dos vencimentos pagos aos "Novos AFRs" em razão da supressão, perpetrada pela Resolução SF 33/2010, do *número de quotas* atribuíveis a título de *pro labore* e prêmio de produtividade *aos níveis mais baixos das funções* de *assistente fiscal*, *julgador fiscal*, *assessor fiscal*, *consultor tributário* ou *representante fiscal*.[47]

47. Classe na qual considerável parcela dos "Novos ARFs" estavam faticamente e juridicamente inseridos na vigência das Resoluções SF 54/2008 e 55/2008.

E esta circunstância caracteriza *flagrante* violação ao art. 37, XV, da Constituição da República, desde que, nos limites da Consulta formulada, sob a égide da Resolução 33/2010 os "Novos AFRs" continuem a exercer as *mesmas atribuições funcionais* desempenhadas por força das remoções (ou designações) operadas na constância das Resoluções SF 54/2008 e 55/2008.

É o que me parece, salvo melhor juízo.

São Paulo, 11 de janeiro de 2011.

ESTUDOS E COMENTÁRIOS

DEVIDO PROCESSO LEGAL SUBSTANTIVO: ENTRE O PASSADO E O FUTURO

Angelo Augusto Costa

Mestre e Doutorando em Direito do Estado
na Pontifícia Universidade Católica de São Paulo (PUC/SP).
Procurador da República

1. Introdução: o declínio e a virada conceitual possível. 2. Breve histórico do devido processo legal substantivo: de sua origem à recepção inicial na doutrina brasileira. 3. A jurisprudência do Supremo Tribunal Federal: o devido processo legal na década de 1990. 4. A proibição da arbitrariedade como o conteúdo jurídico do devido processo legal substantivo na Constituição brasileira.

1. Introdução: o declínio e a virada conceitual possível

A doutrina do devido processo legal substantivo se acha em crise no Brasil. Depois de uma intensa aplicação pelos tribunais e de vários trabalhos doutrinários na década de 1990 sob o influxo da positivação da cláusula do devido processo legal no art. 5º, LIV, da Constituição de 1988, os anos 2000 foram de escassa produção acadêmica e pouca citação em julgados do Supremo Tribunal Federal.[1] A influência crescente do direito constitucional dos países europeus sobre nosso ordenamento, a perda relativa de prestígio

1. Não dispomos de dados empíricos rigorosos, porém uma pesquisa semântica realizada no banco de dados do STF em fevereiro de 2008 revela que o número e a relevância dos acórdãos que se valem – ao menos nominalmente – do devido processo legal são pequenas, se comparadas com a década de 1990.

das construções teóricas americanas e a menor importância do *substantive due process* como parâmetro de controle de constitucionalidade na jurisprudência da própria Suprema Corte dos Estados Unidos resultaram no abandono da velha teoria pelo STF. Cabe, portanto, perguntar: haveria futuro para ela?

A resposta depende fundamentalmente da análise da história e do conteúdo jurídico da norma resultante do art. 5º, LIV, da Constituição. Desde que, no século XIX, o direito constitucional americano atribuiu um caráter substantivo ao *due process*, o conteúdo normativo desse princípio na jurisprudência da Suprema Corte variou muito, de modo que se pode concluir por uma correlação forte entre as condições históricas, econômicas e sociais e o significado da cláusula. Esse parece ser também o caso brasileiro. A cada temporalidade corresponde uma nova função e, portanto, um novo sentido para o devido processo substantivo. Isso é possível, como veremos, porque o *due process*, em rigor, é uma norma de segundo grau, que dispõe sobre a aplicação de outras normas jurídicas e pode ser considerada uma norma formal ou de estrutura. Descobrir essa função hoje, no direito brasileiro, constitui o único meio de reabilitar o princípio.

Nas condições atuais, sob um texto constitucional analítico e detalhista ao extremo, que contém um catálogo extenso de direitos fundamentais e uma parte dogmática que supera – e muito – as normas de organização e competência tradicionalmente inseridas nas Constituições, deve-se buscar renovadas possibilidades hermenêuticas na virtualidade do texto do art. 5º, LIV, da Constituição brasileira. Assim, propomos interpretar o devido processo legal, em sentido substantivo, como uma cláusula geral de interdição da arbitrariedade, ou seja, uma exigência normativa de justificação racional para os atos do Poder Público. O *processo* a que se refere o art. 5º, LIV, tornar-se-ia, de tal modo, também o *processo* de cognição, volição e argumentação, de oferecimento de razões fáticas e normativas para as decisões legislativas, judiciais e administrativas. Sugere-se uma virada conceitual que, dentre outras consequências, pode fazer do devido processo substantivo o fundamento normativo concreto no direito brasileiro para a adoção de uma teoria dos princípios que incorpore a ideia de ponderação ligada a uma teoria da argumentação jurídica (caso particular de uma teoria geral da argumentação).

Não seria pequeno, de acordo com essa proposta, o rendimento teórico do devido processo legal substantivo. Dentre outras aplicações, o conceito se mostra capaz de organizar na forma lógica de sistema – ao menos tendencialmente – as técnicas de identificação dos limites do exercício de competências administrativas discricionárias.[2] Depois, ao ser compatível com uma teoria dos princípios baseada na ponderação, fornece uma razão adicional para a aplicação, entre nós, do postulado da proporcionalidade.[3] Por fim, o devido processo legal, em sentido substantivo, pode iluminar as relações entre direitos substantivos e procedimentais (ou proces-

2. V. Angelo Augusto Costa, *Devido Processo Legal e Redução da Discricionariedade Administrativa*, São Paulo, PUC/SP, 2008 (Dissertação de Mestrado).

3. Há alguma controvérsia na Alemanha sobre a *sedes materiæ* do princípio da proporcionalidade na Lei Fundamental. Para Alexy, o princípio da proporcionalidade decorre logicamente do caráter de princípio das normas jusfundamentais. Outros autores consideram-no implícito no postulado do Estado Democrático de Direito. Seja como for, o princípio da proporcionalidade pode fundar-se também, ao menos entre nós, no devido processo legal.

suais) de maneira bem mais satisfatória do que outros conceitos jurídicos.

É preciso, antes de tudo, abandonar um compreensível preconceito com o devido processo legal substantivo que está na base de sua decadência tanto nos Estados Unidos, onde surgiu, quanto no Brasil. Trata-se, com efeito, de uma cláusula excessivamente aberta, que evoca até mesmo uma possível contradição em termos.[4] Ocorre que precisamente por isso ela tem a flexibilidade necessária para adaptar-se a diferentes condições históricas, culturais, políticas e econômicas. Apesar das dificuldades teóricas e práticas, que não são poucas, a aplicação da cláusula *due process* pode ainda dar boas respostas aos problemas centrais da sempre difícil relação entre autoridade e liberdade numa sociedade em permanente transformação. Tentaremos a seguir lançar algumas bases, fundadas na história do instituto desde suas origens inglesas, e na jurisprudência brasileira do Supremo, para nossa tentativa de reconstrução de um princípio hoje cada vez mais esquecido pelos tribunais e pela doutrina.

Primeiro, mediante a breve descrição de seu histórico no direito americano e de sua recepção na doutrina brasileira anterior à Constituição de 1988, afirmamos a continuidade, inserida numa tradição respeitável, do devido processo substantivo no Brasil. A importância dessa análise reside, sobretudo, em evitar-se o erro comum de incorporar a nosso ordenamento conceitos e teorias de origem estrangeira sem uma prévia e rigorosa verificação de sua compatibilidade com a tradição brasileira – que pode até não ser muito brilhante, nem original, mas é a linguagem comum na qual as autoridades normativas e os profissionais do direito se comunicam e produzem normas e discursos sobre normas.

Em segundo lugar, veremos que, com o fato inédito da positivação da cláusula do devido do processo legal no sistema jurídico brasileiro, o Supremo Tribunal Federal se valeu expressamente do conceito de devido processo substantivo para declarar a inconstitucionalidade de normas jurídicas na primeira década de vigência da Constituição. Além disso, em outras ocasiões o Supremo permitiu-se o exame da constitucionalidade de leis à luz do *substantive due process*. Nessa jurisprudência se contém o reconhecimento expresso de que o art. 5º, LIV, da Constituição nos fez enfim, sem dúvida alguma, legítimos herdeiros da rica e longa tradição americana.

Na discussão dos precedentes do Supremo tem-se, pois, o ponto de partida obrigatório para a reconstrução do devido processo legal em sentido substantivo, agora como uma norma geral de proibição da arbitrariedade, não apenas na atividade legiferante, mas também no exercício das outras funções estatais, ou seja, administração e jurisdição. A análise estrutural e funcional dos argumentos da Corte na aplicação do princípio do devido processo substantivo mostra que é possível atribuir ao texto do art. 5º, LIV, da Constituição o significado de uma norma que prescreve o dever de justificação racional de todos os atos do Poder Público.

Entretanto, do fato de um significado normativo ser possível de acordo com a jurisprudência do Supremo não se segue que ele seja necessário no sistema jurídico. Caso o devido processo legal no sentido substantivo, entendido como interdição geral do arbítrio, não seja necessário para o sistema brasileiro, não haverá nenhuma boa razão para insistir em sua aplicação, ainda que sustentada pela história e pelos precedentes do STF. Terá sido melhor,

4. John Hart Ely, *Democracy and Distrust*, Cambridge, MA, Harvard University Press, 1981.

então, que ele não avançasse pelos anos 2000. Por isso, encerramos a argumentação com uma tentativa de demonstrar que, em razão do consenso de que o direito brasileiro proíbe a arbitrariedade no exercício de qualquer dever-poder público, seja ele administrativo, judicial ou legislativo, bem como da inexistência de um texto normativo específico que apóie essa conclusão, o devido processo legal do art. 5º, LIV, torna-se candidato natural a fundamentar, com um grande potencial de rendimento teórico, uma tal proibição.

2. Breve histórico do devido processo legal substantivo: de sua origem à recepção inicial na doutrina brasileira

A ideia de que os direitos substantivos devem ser protegidos mediante um processo justo nada tem de controversa. Cuida-se aí do devido processo legal em sua acepção original, ou seja, na interpolação que alterou, numa lei sobre as liberdades da cidade de Londres de 1354, a expressão *per legem terrœ* do art. 39 da Magna Carta por *due process of law*.[5] Esse conceito, sobre ser não problemático, tem recebido a maior atenção possível da doutrina brasileira, em razão de sua função de síntese de todas as garantias processuais. Menor em importância fora dos Estados Unidos, contudo, é a produção a respeito do "devido processo substantivo".

Por um desvio de percurso, atribuído à lenta elaboração jurisprudencial da Suprema Corte dos Estados Unidos no século XIX e início do século passado, a cláusula do devido processo legal – presente na maioria das Constituições das 13 ex-colônias britânicas e, depois, em 1791, incluída na 5ª Emenda à Constituição americana (aplicável apenas à União), bem como repetida na 14ª Emenda, de 1868 (aplicável aos Estados) – adquiriu um sentido muito diferente na América do que o havido e mantido na Inglaterra. Ela conformou-se, do outro lado do Atlântico, como instrumento de proteção direta de direitos substantivos contra a atividade legislativa. Passou-se a exigir mais que uma aplicação não arbitrária do direito. Era preciso que a própria regra de direito estivesse livre de arbitrariedades.

Primeiro, a Suprema Corte tratou dos direitos econômicos, numa série de casos que discutiam a liberdade contratual, depois voltou-se para os direitos pessoais (as liberdades de imprensa e culto, por exemplo), no sentido de estender a aplicação do *Bill of Rights* (as dez primeiras emendas à Constituição) aos Estados.[6]

5. Carlos Roberto Siqueira Castro, *O Devido Processo Legal e os Princípios da Razoabilidade e da Proporcionalidade*, pp. 7-9. V. também Orlando Bitar, *Obras Completas de Orlando Bitar*, pp. 445-666. Sobre o *due process*, v. os §§ 162-173. Há um breve histórico do *due process* também em Luís Roberto Barroso, *Interpretação e Aplicação da Constituição*, pp. 213-220. V. sobre *due process of law* e *law of the land*, Edward Coke, *The Second Part of the Institutes of the Laws of England*, p. 50. Em diversas outras passagens, *Sir* Edward Coke assimila *lex terrœ* e *processe of law*, na ortografia da época. V. também Thomas M. Cooley, *A Treatise on the Constitutional Limitations*, pp. 430-437. Para uma visão crítica da leitura que equiparou *due process of law* a *law of the land*, v. Keith Jurrow, "Untimely thoughts: a reconsideration of the origins of due process of law", in *The American Journal of Legal History*, vol. 19, n. 4, out./1975, pp. 265-279.

6. A razão para essa extensão foi pragmática. No sistema americano, a Suprema Corte não conhece de violações do direito estadual. Assim, a constitucionalidade das leis estaduais, em face das Constituições estaduais, não pode ser objeto da jurisdição da Corte. Não havendo, no catálogo de direitos fundamentais das dez primeiras emen-

Essa extensão do campo de incidência do catálogo de direitos fundamentais, pela cláusula *due process of law* da 14ª Emenda, valeu-se da construção da noção de "devido processo legal" como síntese das barreiras ao exercício arbitrário do poder estatal que incluiria os direitos substantivos reconhecidos pela tradição e história da nação americana.

Apesar de ter sofrido duras críticas desde o início, a noção de que a 5ª e a 14ª Emendas incorporam uma exigência de "devido processo substantivo", no sentido de proibição da arbitrariedade, venceu nos tribunais americanos. É verdade que, nas duas últimas décadas, a Suprema Corte tem restringido cada vez mais o alcance da cláusula, de modo que hoje praticamente só se aplica ao universo, bastante limitado, de escolhas personalíssimas no âmbito familiar e individual interditado à intervenção do Estado.[7] Mas o fato de o *due process of law* cumprir a função de sustentar as "novas" liberdades, decorrentes das mudanças sociais e culturais, e não as "velhas", objeto de normas constitucionais específicas, tem um duplo significado. Se, de um lado, limita sua aplicação prática no dia-a-dia dos tribunais, de outro abre espaço para seu desenvolvimento futuro.

No Brasil a cláusula do devido processo legal, no sentido estritamente processual, era considerada implícita nas Constituições anteriores a 1988. Foi o texto em vigor que, por iniciativa do deputado Vivaldo Barbosa, acolheu no art. 5º, LIV, a norma quase com a mesma redação que serviu de base a todo o desenvolvimento do devido processo legal substantivo no direito americano. Antes disso havia uma rica tradição na jurisprudência dos tribunais federais de organizar os direitos processuais sob um conceito-síntese, avançando, em alguns casos, na direção do reconhecimento do *substantive due process of law*.

Mas foi na doutrina brasileira que primeiro teve alguma repercussão a ideia de um devido processo substantivo como proibição genérica da arbitrariedade do Poder Público. Em 1946, em parecer sobre inconstitucionalidade uma norma que exigia, na composição de refrescos e outras bebidas, um percentual mínimo de sementes de guaraná para o uso da denominação genérica "guaraná" (Decreto-lei n. 6.425, de 14 de abril de 1944), Francisco

das à Constituição americana, nenhuma indicação de que elas se aplicam aos Estados, a Suprema Corte não teria competência para declarar a inconstitucionalidade, por exemplo, de uma lei estadual que violasse a liberdade de expressão (1ª Emenda). Isso seria questão de direito local. Mas a utilização da 14ª Emenda como "cláusula de extensão" do catálogo aos Estados transforma, *ipso jure*, qualquer violação estadual à liberdade de imprensa da 1ª Emenda numa questão constitucional federal, passível de ser conhecida pela Corte. Assim, o devido processo legal, na qualidade de técnica de "extensão", cumpriu a função de ampliar a jurisdição da Suprema Corte sobre as leis estaduais.

7. Nas palavras do Juiz Stevens, em voto proferido no caso *Collins vs. Harker Heights*, 503 U.S. 115 (1992), "as a general matter, the Court has always been reluctant to expand the concept of substantive due process of law, because guideposts for responsible decision making in this unchartered area are scarce and open-ended". No caso *Albright vs. Oliver*, 510 U.S. 266 (1994), a Corte – em voto do então *Chief Justice* Willian Rehnquist – entendeu que "where a particular amendment provides an explicit textual source of constitutional protection against a particular sort of government behavior, that Amendment, not the more generalized notion of 'substantive due process', must be the guide for analyzing these claims"; ou seja, depois de realizada a incorporação de uma garantia na 14ª Emenda, é a emenda incorporada, e não a cláusula *due process*, que serve de parâmetro para a análise do ato estatal.

Campos elaborou um argumento de violação à norma da "igualdade na lei" (direito geral de igualdade, previsto, então, no art. 141, § 3º, da Constituição de 1946) como proteção contra as discriminações arbitrárias operadas pelo legislador.

No curso da argumentação, Campos se volta para o direito americano, no qual encontra subsídios para afirmar que "não há dúvida (...) de que nos Estados Unidos a Constituição consagra, mediante o *due process of law*, a igualdade perante a lei", que Campos identifica com a proteção contra a legislação arbitrária, vale dizer, leis que discriminem "negócios, coisas ou pessoas" sem que "haja entre elas diferenças razoáveis ou que exijam, por sua natureza, medidas singulares ou diferenciais". Anota com clarividência (e um pouco de presciência) a identidade de sentido – que a Suprema Corte reconheceria no caso *Bolling vs. Sharpe*, 347 U.S. 497 (1954), contemporâneo ao parecer, mas não citado – entre o *due process of law* da 5ª Emenda (que se aplica somente à União) e a *equal protection* da 14ª Emenda (que se aplica somente aos Estados).

Assim, para chegar à conclusão de que discriminações arbitrárias operadas pelo legislador se achavam proibidas na Constituição de 1946, Francisco Campos apoiou-se também na cláusula *due process* da Constituição americana, à qual atribuiu, sem mencionar expressamente, uma dimensão ou perspectiva substantiva, de proteção dos direitos fundamentais não apenas processuais. Isso revela que a construção de Campos para a "igualdade perante a lei", como justificativa do argumento de que o Decreto-lei n. 6.425, de 14 de abril de 1944, estabelecia um "regime de exceção" para as bebidas que usavam o nome "guaraná", tinha um correspondente homólogo na doutrina do *due process*.

Em outras palavras, no argumento de Campos o princípio da igualdade da Constituição brasileira de 1946 cumpria a mesma função do devido processo legal nos Estados Unidos e, portanto, não haveria incompatibilidade entre nosso sistema jurídico e o controle "substantivo" de constitucionalidade dos atos normativos proporcionado pela cláusula *due process of law*. Não contava o direito brasileiro – ao contrário do que ocorre hoje – com o respectivo texto, de maneira que era preciso fiar-se na "igualdade perante a lei", reconstruída no sentido de igualdade *na* lei e, por conseguinte, de proteção contra qualquer discriminação arbitrária, para justificar a penetração no conteúdo substancial das diferenciações realizadas pelo legislador.

Alguns anos mais tarde, ao enfrentar o problema da lei arbitrária sob a Constituição de 1946, San Tiago Dantas chegou à mesma conclusão, porém de modo mais explícito. Em artigo sobre a limitação constitucional do Poder Legislativo, com a finalidade de encontrar o fundamento para recusar aplicação à "lei arbitrária",[8] San Tiago Dantas define a lei arbitrária como aquela que, embora reunindo formalmente todos os elementos da lei, "fere a consciência jurídica pelo tratamento arbitrário e caprichoso que impõe a certos casos, determinados em gênero ou espécie". Isso ocorre quando o "Poder Legislativo resolve criar para um gênero de casos, ou mesmo para casos concretos determinados, uma norma especial, diferente da que rege os casos gerais". Se à lei é impossível não diferenciar, a diferenciação "muitas vezes se justifica e satisfaz a consciência jurídica". Há casos, no entanto, em que

8. Francisco Clementino de San Tiago Dantas, "Igualdade perante a lei e *due process of law*: contribuição ao estudo da limitação constitucional do Poder Legislativo". As citações que fazemos são todas da 1ª edição, de 1953. Por isso optamos por manter a ortografia original.

"sentimos que *[a discriminação]* é arbitrária, e que os princípios do direito se insurgem contra o seu reconhecimento e aplicação".

Ele propõe-se a responder duas indagações: (1) qual o critério jurídico para distinguir a lei arbitrária da lei especial justificada?; (2) pode um tal critério, se houver, autorizar a recusa da aplicação da lei arbitrária pelo Poder Judiciário?

Primeiro, observa San Tiago Dantas que o limite do Poder Legislativo é a "esfera irredutível dos direitos individuais, que a todos assegura igual tratamento perante a lei". Esse "sistema de direitos individuais", baseado no princípio da igualdade, pode, contudo, entrar em conflito com a faculdade de fazer "leis de exceção adequadas a espécies e situações particulares". Haveria, portanto, uma necessidade de "cingir a norma legislativa ao caso concreto" que se acentua com a "intervenção do Estado nas atividades econômicas".

Seria preciso encontrar um "processo técnico de sujeição material da lei aos princípios superiores do *direito*" que ajustasse os direitos individuais e as exigências de discriminação entre pessoas, situações e bens, ditadas sobretudo pela "política econômica do Estado moderno". Esse meio técnico destinado a repelir "as criações legislativas contrárias aos princípios fundamentais ou ao método de elaboração substancial do sistema positivo", na opinião de San Tiago Dantas, é precisamente o *due process of law*.

O *due process of law*, portanto, constitui o instrumento para assegurar a submissão do Poder Legislativo ao "direito". Mas que "direito"? Aqui San Tiago Dantas apela a uma linguagem obscura. Ele se refere ao direito natural, um candidato óbvio, mas também aos "princípios gerais do Direito", que seriam uma "síntese das normas dentro de certos limites históricos" cuja violação produziria "a sensação íntima do arbitrário". Esses "princípios gerais do Direito", contudo, não estariam necessariamente na Constituição. Aliás, o "positivismo jurídico" sofre implacável crítica de San Tiago Dantas, por "haver predisposto a ciência do Direito a negar que uma lei possa ser contrária ao Direito". A negação se deve, prossegue o argumento, à proposição teórica dos positivistas segundo a qual "o (...) comando *[da lei]* só não será jurídico se incompatível com outra lei hierarquicamente superior (inconstitucionalidade)".

É muito difícil entender esse conceito de "direito", que deve ser visto não como "um direito fixado em regras e comandos precisos", mas "como síntese, como corpo de princípios, como método de criação normativa, e ainda, como tradição" e que não estaria disposto numa "lei hierarquicamente superior", ou seja, não repousaria no texto constitucional. De todo modo, o *due process of law*, associado ao controle de constitucionalidade, fornece na opinião do jurista os instrumentos necessários para afastar a aplicação da lei arbitrária: "a lei que não pode ser considerada *law of the land* é a lei contrária ao direito".

Uma vez identificado o "critério técnico-jurídico" para distinguir a lei arbitrária – o *due process of law* –, cumpre responder à segunda pergunta. Ele a reformula nos seguintes termos: "é (...) lícito ao tribunal brasileiro levar o exame das leis elaboradas pelo Parlamento até os limites a que chegam as Côrtes americanas?". De modo mais preciso – e mais interessante –, San Tiago Dantas indaga se "(...) no sistema constitucional brasileiro *[haveria]* algo que possa facultar à jurisprudência a criação de um mecanismo semelhante ao *due process of law*?".

A resposta é afirmativa. De um lado, havia no sistema brasileiro norma sobre o controle judicial de constitucionalidade das leis. De outro, o art. 141, § 1º, da Constituição de 1946, dispunha que "todos são iguais perante a lei". Assim como Francisco Campos, San Tiago Dantas afasta o caráter programático do princípio da igualdade. Depois, afirma que "a lei raramente colhe no mesmo comando todos os indivíduos", o que reclama "uma construção teórica" em cujo eixo, por derivação de um conceito mais restrito de Estado de Direito, se encontraria o "conceito de igualdade".[9]

A construção de San Tiago Dantas pode ser resumida em duas proposições: (1) a lei "individual", que tem a "forma de lei e o conteúdo de um ato administrativo", somente pode ser reputada válida se forem "conformes a leis gerais preexistentes", sob pena de inconstitucionalidade; (2) em sendo geral a lei, ou seja, aplicando-se seu preceito "a qualquer indivíduo que se venha a encontrar na situação típica nela considerada", e fazendo ela diferenciações entre classes de pessoas, de bens e de relações jurídicas, deve-se recorrer à "consciência geral" ou a "nosso sentimento jurídico" para verificar "sobre a base de um exame subjetivo do valor igualitário da lei", se a diferenciação operada pela lei "corresponde, no nosso sentir, a um *reajustamento proporcional de situações desiguais*".

Trata-se de uma construção muito insatisfatória, que atribui a uma função de "sentimento", puramente subjetiva, o juízo sobre o "reajuste de situações desiguais" da discriminação operada na lei. Na prática, pode-se dizer que esse entendimento faz um convite aberto aos juízes para decidir graves questões de inconstitucionalidade dos atos do Poder Legislativo de acordo com suas convicções ideológicas mais pessoais.

Dado que as preferências ou inclinações subjetivas dos magistrados e demais participantes do processo de aplicação judicial da ordem jurídica, inclusive os juristas responsáveis pela produção de opiniões doutrinárias (e pela formação, em última análise, das opiniões dos juízes), não estão sujeitas à aprovação popular, o argumento de San Tiago Dantas, no que se refere às leis arbitrárias que contêm prescrições gerais e abstratas, revela-se aparentemente incompatível com o princípio democrático[10] e, por que não dizer, com a finalidade

9. Esse conceito de Estado de Direito foi assim enunciado por San Tiago Dantas: "*[no Estado de Direito]* o edifício do Estado é concebido como um sistema fechado, em que tôdas as peças movem e são movidas conforme normas jurídicas, e nenhum órgão de poder ou fonte de autoridade escapa ao limite, ou foge ao compasso de uma regra". Por isso ele diz, com certo exagero, que "um Estado onde o Poder Legislativo escapasse ao contrôle de outro Poder, como a Grã-Bretanha, poderia ser um Estado democrático, mas não um Estado de Direito".

10. Para ser justo com San Tiago Dantas, precisamos refinar um pouco o argumento. Parece claro que a Constituição de 1946 – ou a de 1988 – poderia ter atribuído aos tribunais competência para declarar a inconstitucionalidade das leis segundo um critério subjetivo de "justiça" dos magistrados. Afinal, o poder constituinte tudo pode, menos deixar de poder (v., para uma comparação interessante, Carlos Ayres Britto, *Teoria da Constituição*, pp. 5-28). Ocorre que não há texto constitucional expresso nesse sentido, o que implica a necessidade de fundamentar eventual norma atributiva de competência em pelo menos uma disposição constitucional, à maneira das normas "implícitas", função que, teoricamente, poderia ser cumprida pela cláusula do "devido processo legal". Tudo, no entanto, leva a crer que nem a Constituição de 1946 nem a atual conferiram implicitamente, pela cláusula da "igualdade perante a lei" ou do "devido processo legal", esse poder aos juízes. Ambas as Constituições situam a fonte do poder no povo, em fórmulas que são conhecidas

do Estado de Direito na precisa definição que lhe deu o próprio San Tiago Dantas:

"O Judiciário está sujeito à lei, que aplica, e que não pode suprir com criações suas; o Executivo está também sob a censura das leis, que dispõem abstratamente sôbre as matérias em que lhe cabe concretizar; e suas transgressões são sujeitas ao contrôle dos tribunais; o próprio Legislativo, por sua vez, legisla sob a censura de normas, não só relativas ao processo de legislar, como à própria substância das normas editadas; e o Judiciário exerce afinal o seu contrôle sôbre o órgão criador da lei, a que está submetido. *O moto-contínuo jurídico, eis o alvo a que tende o Estado de Direito*" (grifamos).

De todo modo, San Tiago Dantas, ao final, identifica "igualdade perante a lei" e "due process of law" em termos que não deixam a menor dúvida: "a lei arbitrária, que a Côrte Suprema não considera *due process of law*, também não é aplicável pelo Supremo Tribunal, por ferir o princípio da igualdade perante a lei". Encontra o jurista, desse modo, uma correspondência funcional entre o princípio da igualdade e o devido processo substantivo no controle das "leis arbitrárias", o que reforça o argumento pela recepção na doutrina brasileira do conceito geral de *substantive due process of law* muito antes mesmo de nosso texto constitucional vir a prever expressamente essa cláusula. A própria crítica que se pode fazer à concepção de "igualdade perante a lei" de San Tiago Dantas tem muito da crítica historicamente dirigida nos Estados Unidos à doutrina do devido processo substantivo.[11]

dos brasileiros por sua eloquência quase vazia se não por sua evidente força normativa: "todo o poder emana do povo" (CF, art. 1º, parágrafo único; art. 1º da Constituição de 1946). Ambas desenham um sistema de freios e contrapesos – altamente imperfeito, é verdade – que aloca a maior parcela de responsabilidade pelas decisões relevantes para a vida dos cidadãos em órgãos eleitos (princípio da legalidade e lei como ato complexo do Congresso e do Presidente da República) e nas comunidades menores (federalismo e autonomia municipal), segundo um modelo de democracia representativa que submete à aprovação popular periódica a composição dos órgãos a que se comete o encargo de decidir. De outro lado, os juízes brasileiros não são eleitos (a maioria é nomeada por critérios exclusivamente técnicos e profissionais: só nas últimas instâncias é que o critério político se faz sentir) e não perdem seus cargos senão por decisão judicial, exceto os Ministros do Supremo (que respondem, no Senado Federal, por crime de responsabilidade). Além disso, nenhum concurso ou processo seletivo de professores nas faculdades de direito – onde se formam os juízes, membros do Ministério Público, advogados e outros participantes do processo judicial, e de onde se espera a produção do conhecimento que sirva de base à formação da "consciência jurídica" – conta com a participação de estranhos à academia ou submete-se ao crivo das urnas. Logo, o critério "subjetivo" dos juízes – que é também, em parte, o dos juristas – não pode sobrepor-se ao critério "subjetivo" dos legisladores quanto à "justiça" ou "compatibilidade com o Direito" de uma medida legislativa qualquer. É preciso ir além do subjetivismo pregado por San Tiago Dantas e que tanto se censurou também na história do *due process* nos Estados Unidos. O remédio contra a possível tirania – ou, o que dá no mesmo, a omissão – do Legislativo e do Executivo não pode ser o quase certo governo pelo Judiciário. A tarefa de dotar as cláusulas abertas da Constituição, como "devido processo legal", de um conteúdo objetivo, ou pelo menos intersubjetivamente aceito, seguramente não é simples, mas é uma importante garantia – talvez a única – contra a destruição da democracia a pretexto de salvaguardar determinados interesses considerados "vitais" para a própria democracia. A atribuição de poderes virtualmente ilimitados a juízes politicamente irresponsáveis – mesmo com a melhor das intenções – sabe-se perfeitamente como começa, mas não se sabe se, nem onde, termina.

11. Edward S. Corwin, *A Constituição Norte-Americana e seu Significado Atual*, p. 306. Nessa

3. *A jurisprudência do Supremo Tribunal Federal: o devido processo legal na década de 1990*

A jurisprudência do Supremo Tribunal Federal demorou algum tempo para fazer sua a doutrina do devido processo legal em sentido substantivo. Apenas depois da Constituição de 1988 é que, de modo expresso e sem meias palavras, o Supremo declarou a inconstitucionalidade de leis com base no *substantive due process*. Quando o fez, concentrou-se em algumas matérias: o direito eleitoral e administrativo, neste último com ênfase no poder de polícia e no regime jurídico dos servidores públicos.

Entretanto, a Corte nunca desenvolveu uma estrutura de aplicação dessa norma. Às vezes se refere a ele como o fundamento específico, na Constituição brasileira, da proporcionalidade e da razoabilidade – duas pautas normativas que jamais foram distinguidas de modo adequado pelo tribunal, apesar de seu largo uso –, às vezes ele aparece com alguma autonomia. Há Ministros, como Celso de Mello, que assemelham a violação ao *due process* a um desvio de poder legislativo, trazendo para o controle de constitucionalidade a técnica do direito administrativo, criada pelo Conselho de Estado francês no caso Lesbats, de 1864, e que teve extraordinária divulgação e repercussão no Brasil. A imprecisão, a hesitação do tribunal e a falta de um referencial teórico mais sólido reduziram aos poucos os casos de aplicação do devido processo substantivo, o que parece refletir, ademais, o caráter analítico e dogmático do texto constitucional brasileiro, que dispensaria o recurso a cláusulas mais gerais na proteção a direitos substantivos.

Apesar de todas as dificuldades, os precedentes do Supremo oferecem uma argumentação na qual o texto do art. 5º, LIV, da Constituição ocupa um lugar central. Ela pode ser analisada e revelar seus traços estruturais, funcionais e materiais. Mesmo não enunciados com a necessária precisão, os argumentos do Supremo servem de ponto de partida irrenunciável para uma reconstrução do devido processo legal em sentido substantivo, pois são o reconhecimento de que o princípio vale entre nós, ao menos em parte, com a fisionomia que lhe deram a história e a prática da jurisdição constitucional americana.

A leitura da maioria dos casos sugere, com efeito, que o devido processo legal, na jurisdição constitucional brasileira, tem sido concebido como uma norma sobre a aplicação de outras normas (norma de segundo grau), ou seja, uma norma jurídica cujo conteúdo de dever ser consiste na prescrição de que as normas com pretensão de regular diretamente o caso devem ser aplicadas de uma determinada maneira. Isso o aproxima do princípio da proporcionalidade e sugere a validade no sistema brasileiro de uma norma geral, de extração constitucional, que dispõe sobre o *processo* de interpretação e aplicação do direito: uma norma que exige do aplicador uma determinada conduta, e do fato da aplicação em si, determinados atributos.

A legislação eleitoral e partidária foi o laboratório do devido processo legal

passagem, Corwin – que sempre foi um crítico duríssimo do devido processo substantivo – afirma resignado que: "em consequência da doutrina moderna do *due process of law* como 'lei razoável', *o contrôle judicial deixou de ter limites definidos e definíveis*; e embora varie consideravelmente, em cada caso, o reexame a que a Côrte Suprema submeterá a justificativa de fato de uma lei, sob as cláusulas de *due process* da Constituição, essa matéria depende, em última análise, apenas do arbítrio da própria Côrte e de nada mais" (grifo no original).

substantivo na jurisprudência do Supremo. A tradicional prática de produzir leis específicas para regular o processo eleitoral em determinados pleitos – abandonada somente em 1997, com a edição de uma lei geral sobre eleições (Lei n. 9.504/1997) – levava o STF a resolver, a cada dois anos (periodicidade normal das eleições no sistema brasileiro), diversas questões de direito eleitoral. Essas leis continham uma dose elevada de casuísmo, o que abria largo espaço à alegação de que eram arbitrárias. Aí se vê que não é de hoje a tão decantada "judicialização da política".

Por exemplo, na lei das eleições de 1994 (Lei n. 8.713/1993), o STF encontrou uma violação à Constituição nos dispositivos que consideravam, para fins de admissão de partidos políticos à disputa dos cargos de Presidente e Vice-presidente da República, Senador, Governador de Estado e do Distrito Federal e Vice-Governador, fatos do conhecimento do legislador ao tempo da edição da lei.[12] De modo concreto, a lei adotou como critério de exclusão o desempenho eleitoral dos partidos nas eleições de 1990 e a representação parlamentar na Câmara dos Deputados (ou no Legislativo estadual ou distrital) na data da publicação da lei (art. 5º, §§ 1º e 2º, da Lei n. 8.713/1993).

Coube ao Ministro Sydney Sanches observar, com argúcia, que a lei em apreço "está partindo de fatos, já ocorridos, para regular o futuro. Assim, no dia 30 de setembro de 1993, quando entrou em vigor a lei, já se sabia quais os partidos que não poderiam concorrer, quais os que ficariam por ela automaticamente excluídos". Apesar de Sanches revelar-se "simpático à causa da limitação da atuação dos partidos políticos, para que não se chegue aos notórios abusos da prática partidária e eleitoral, no Brasil (...)", ressalvou que "*[a]* lei não é razoável, quando leva em conta o passado dizendo quais os partidos que não podem concorrer".

Esse argumento foi decisivo para que o Ministro Moreira Alves afirmasse de modo categórico em dois parágrafos, que convém destacar:

"(...) o problema capital que se apresenta, em face desta lei, é que ela fere, com relação aos dispositivos que estão sendo impugnados, o princípio constitucional do devido processo legal, que, evidentemente, não é apenas o processo previsto em lei, mas abarca as hipóteses em que falta razoabilidade à lei.

"Ora, os dispositivos em causa partem de fatos passados, e portanto já conhecidos do legislador quando da elaboração dessa lei, para criar impedimentos futuros em relação a eles, constituindo-se, assim, em verdadeiros preceitos *ad hoc*, por terem como destinatários não a generalidade dos partidos, mas apenas aqueles relacionados com esses fatos passados, e, por isso, lhes cerceiam a liberdade por esse procedimento legal que é de todo desarrazoado."

Em que sentido a lei impugnada "fere (...) o princípio constitucional do devido processo legal", por conter preceitos cujos "destinatários não *[são]* a generalidade dos partidos, mas apenas aqueles relacionados com esses fatos passados"? Pode-se responder que o *due process of law* foi empregado, aqui, como proibição de "leis com endereço certo", ou seja, de leis que, sob a aparência de generalidade, colhem pessoas, situações e bens perfeitamente individualizados e cuja individualidade provavelmente foi representada pelo legislador quando da produção normativa. Poderia ter-se construído a inconstitucionalidade, se fosse o caso, como violação de um "direito geral

12. ADI 966-4-DF, Tribunal Pleno, Rel. Ministro Marco Aurélio, j. 11.5.1994, *DJU* 25.8.1995.

de igualdade", implícito na cláusula do art. 5º, *caput*, da CF, ao lado do art. 5º, LIV, da CF, pois a discriminação arbitrária resulta na privação de um bem a algum sujeito jurídico (e, quase sempre, na atribuição desse mesmo bem a outrem).[13]

Ao tomar como critério fatos sabidos pelo legislador, a lei na verdade dirigia-se, na opinião dos Ministros citados, aos partidos políticos A, B e C, cujo desempenho eleitoral (ou representação parlamentar) era de conhecimento geral, e não a todo e qualquer partido que pudesse vir a estar na situação descrita no antecedente da norma. Na verdade, a definição dos sujeitos a que se aplicaria a proibição estatuída no consequente se deu de tal modo que não era possível – na opinião do Supremo – predicar generalidade à lei.

Em outro caso sobre a mesma lei, o Supremo reconheceu a validade, perante a Constituição, do art. 9º, que fixou prazo de atendimento de duas condições de elegibilidade: a filiação deferida pelo respectivo partido até cem dias após a publicação da lei (inciso I); e o domicílio eleitoral na circunscrição na qual pretende concorrer pelo menos desde 31 de dezembro de 1993 (inciso II).[14] Deve-se observar que, curiosamente, o autor da ação (Partido Social Cristão) não chegou a invocar a "irrazoabilidade de seu conteúdo normativo", mas o Ministro Celso de Mello, Relator, analisou a compatibilidade da norma com a Constituição também sob esse aspecto.[15]

Ele entendeu que esse dispositivo legal "fixou uma disciplina normativa de caráter nitidamente prospectivo" e, assim, "não criou obstáculos materiais que impedissem a livre opção dos candidatos quanto à sua própria vinculação a determinados partidos ou à fixação de seu domicílio". Ele acrescentou que "a norma legal em questão não criou condições que, refletindo situações definitivamente consolidadas no passado, tornassem inviável, ante a irreversibilidade do decurso do tempo, o implemento desses requisitos". Desse modo, conclui: "Vê-se, do simples cotejo entre a data de vigência da Lei n. 8.713 (1º.10.1993) e os prazos assinalados na norma ora impugnada (31.12.1993, em caso de domicílio eleitoral, e 9.1.1994, na hipótese de filiação partidária), que o legislador não ofendeu o princípio do devido processo legal, analisado na perspectiva de sua projeção material (*substantive due process of law*)".

Então o Ministro faz uma longa e interessante digressão sobre o que, a seu ver, seria o conteúdo normativo do devido processo substantivo no direito brasileiro. A cláusula *due process* em sua dimensão substantiva "atua como decisivo obstáculo à edição de atos legislativos de conteúdo arbitrário". Em seguida, enuncia o fundamento do devido processo em sentido material como a "necessidade de proteger os direitos e as liberdades das pessoas contra qualquer modalidade de legislação que se revele opressiva ou destituída do necessário coeficiente de razoabilidade".

O Ministro Celso de Mello relaciona essa cláusula ao "abuso de poder legislati-

13. Sobre o princípio da igualdade no direito brasileiro, v. o pequeno e valiosíssimo ensaio: Celso Antônio Bandeira de Mello, *O Conteúdo Jurídico do Princípio da Igualdade*, *passim*.

14. ADI 1.063-8, Tribunal Pleno, j. 18.5.1994, *DJU* 27.4.2001. Publicada em *RTJ* 178/22.

15. Cumpre ressaltar que, o Supremo entende que o controle abstrato de constitucionalidade não está vinculado à causa de pedir. Logo, o tribunal pode declarar a inconstitucionalidade – ou a constitucionalidade – de uma norma por qualquer fundamento, ainda que não alegado na petição inicial.

vo", que significa, "dentro da perspectiva da extensão da teoria do desvio de poder *[à função legislativa]*", que o Poder Legislativo "não dispõe de competência para legislar (...) de forma imoderada e irresponsável, gerando (...) absoluta distorção e (...) subversão dos fins que regem o desempenho da função estatal". Lembra Caio Tácito, pioneiro no estudo do desvio de poder aplicado à função legiferante, para afirmar que "mesmo nas hipóteses de seu discricionário exercício, a atividade legislativa deve desenvolver-se em estreita relação de harmonia com o interesse público".

Isso ocorreria "especialmente naquelas situações em que a lei se reduz à condição de deliberação estatal totalmente inexequível", o que poderia comprometer "a própria função jurídico-constitucional dessa espécie normativa". Como a norma impugnada não criava situação inexequível, revelou-se "quanto ao seu intrínseco conteúdo, obsequiosa para com a cláusula do *substantive due process of law*".

Refazendo o itinerário da decisão, o Supremo – pela voz de Celso de Mello – entendeu que o art. 9º da Lei n. 8.713/1993 operou uma definição de marcos temporais "razoáveis" para a fixação de domicílio eleitoral e filiação partidária, que são condições de elegibilidade previstas na Constituição (art. 14, § 1º, IV e V). A razoabilidade – ou, o que dá no mesmo, a não arbitrariedade – do esquema de regulação, no ponto, estava em que as pessoas interessadas em se candidatar dispunham do tempo necessário – entre a vigência da lei e os prazos fatais nela previstos – para satisfazer as condições (constitucionais) de elegibilidade. Por isso, a "deliberação estatal" consubstanciada no texto legal era "exequível", para usar a linguagem do Relator.

Nas eleições municipais de 1996, a Lei n. 9.100/1995 proibiu, no art. 6º, *caput*, as coligações partidárias exclusivamente para as eleições proporcionais (Câmara de Vereadores). De acordo com a norma, os partidos poderiam conjugar esforços nas eleições majoritárias ou nas majoritárias *e* proporcionais, mas não apenas nas proporcionais. O Partido Comunista do Brasil (PCdoB) pediu ao STF a declaração de inconstitucionalidade parcial do dispositivo, mantendo-se apenas a parte que dispunha sobre a possibilidade genérica de coligações. Alegou ofensa à autonomia partidária, na redação original do art. 17, § 1º, da CF, pois "a lei não pode fixar qualquer restrição ao funcionamento partidário".

A decisão do Supremo foi inequívoca no resultado e ambígua na motivação: a proibição de coligações *apenas* para as eleições proporcionais era conforme à Constituição.[16] Por quê? De um lado, o Ministro Celso de Mello, Relator, deixou bem claro que a autonomia partidária: "*não se qualifica* como elemento de restrição ao Congresso Nacional, quando este, no exercício das atribuições que lhe confere o art. 22, I, da Constituição, discipline o processo eleitoral e disponha, como no caso, para efeito da disputa do poder político, sobre as regras gerais que os atores do processo eleitoral deverão observar, *em suas relações externas*, na celebração das coligações partidárias (...)".

De outro, pretendeu-se aplicar o devido processo legal substantivo, para reconhecer que não haveria ofensa também ao "princípio da proporcionalidade, que se qualifica – enquanto coeficiente de aferição da razoabilidade dos atos estatais – como postulado básico de contenção dos excessos do Poder Público". Na opinião do tribunal, expressa no voto do Relator, esse

16. ADI 1.407-2-DF, Tribunal Pleno, j. 7.3.1996, *DJU* 24.11.2000, *RTJ* 176/578.

princípio seria "essencial à racionalidade do Estado Democrático de Direito e imprescindível à tutela mesma das liberdades fundamentais". Seu conteúdo de dever-ser – de novo segundo o Relator – pode-se resumir em que "proíbe o excesso e veda o arbítrio do poder", destinando-se, assim, a "inibir e neutralizar o abuso do Poder Público no exercício das funções que lhe são inerentes".

O princípio da proporcionalidade, então, atua como "verdadeiro parâmetro de aferição da própria constitucionalidade material dos atos estatais", sobretudo nos casos de "imposições restritivas incidentes sobre determinados valores básicos". Essas restrições dependeriam – e aqui o Relator cita Gilmar Ferreira Mendes, que ainda não era Ministro do Supremo – da "legitimidade dos meios e fins perseguidos pela ação do legislador", da "adequação dos meios" para a realização dos objetivos e da "necessidade de sua utilização".

Desnecessário dizer que esses termos não foram definidos claramente, nem relacionados numa estrutura de argumentação que se assemelhasse, mesmo de longe, ao teste de proporcionalidade desenvolvido pelo tribunal constitucional alemão. Ademais, o emprego retórico do princípio da proporcionalidade encerra uma possível contradição: se a autonomia partidária, na opinião da Corte, "não se qualifica como elemento de restrição" da capacidade legislativa da União no que se refere às coligações partidárias, de que restrição "sobre valores básicos" trataria o princípio da proporcionalidade no caso concreto?

Após discorrer sobre a proporcionalidade, o Relator vincula o princípio expressamente à cláusula do devido processo legal (denominado "um dos fundamentos dogmáticos do princípio da proporcionalidade"), que "deve ser entendida, na abrangência de sua noção conceitual, não só sob o aspecto meramente formal, que impõe restrições de caráter ritual à atuação do Poder Público, mas, sobretudo, em sua dimensão material, que atua como decisivo obstáculo à edição de atos legislativos revestidos de conteúdo arbitrário ou irrazoável". Prossegue com a mesma argumentação da ADI 1.063-8, sobre prazos para o implemento de condições de elegibilidade, mas acrescenta a seguinte informação: "A jurisprudência constitucional do Supremo Tribunal Federal, bem por isso, tem censurado a validade jurídica de atos estatais que, desconsiderando as limitações que incidem sobre o poder normativo do Estado, veiculam prescrições que ofendem os padrões de razoabilidade e que se revelam destituídas de causa legítima, exteriorizando abusos inaceitáveis e institucionalizando agravos nocivos e inúteis aos direitos das pessoas".

Na história do devido processo legal substantivo no sistema americano, como vimos, as questões relacionadas ao poder de polícia e regulação econômica tiveram uma importância decisiva. Apesar de as "liberdades econômicas" e restrições à propriedade (estas últimas agora compreendidas, de modo geral, na denominada *takings clause*) não serem mais o foco da Suprema Corte americana, parece inegável que, sem esse desenvolvimento jurisprudencial, talvez a dimensão material do *due process of law* não tivesse sobrevivido aos primeiros – e um tanto desastrados – ensaios de aplicação no século XIX.

Esse conjunto de questões foi enfrentado também pelo Supremo Tribunal Federal – embora em menor escala – sob o ângulo do devido processo substantivo. No julgamento de liminar em ação direta de inconstitucionalidade, promovida pelo Partido Social Liberal (PSL) contra o art. 6º e incisos da Medida Provisória 2.045-4, de 26 de setembro de 2000, que dispunha sobre o registro de arma de fogo, o tribunal, por unanimidade, considerou inconstitucionais os dispositivos e fundamentou sua decisão expressamente no devido processo legal em sentido material (CF, art. 5º, LIV).[17]

As normas atacadas suspendiam, até 31 de dezembro de 2000, o registro de arma de fogo de que tratava o art. 3º da Lei n. 9.437/1997 (antiga lei sobre armas de fogo), exceto para as Forças Armadas, órgãos de segurança pública e de inteligência e empresas de segurança privada regularmente constituídas, nos termos da legislação específica. A petição inicial alegou ofensa a vários dispositivos constitucionais, inclusive ao devido processo legal substantivo, neste caso por ser a norma impugnada, na opinião do autor, "desarrazoada".

No voto que se tornou a decisão do tribunal, o Ministro Moreira Alves considerou primeiro a exposição de motivos do ato normativo, na qual o Ministro da Justiça afirmava que, como "a efetivação da compra só ocorre após expedição do registro", a suspensão deste "impedirá que a violência se alastre, enquanto o Congresso Nacional conclui as discussões a respeito da proibição da venda de arma de fogo em todo o território nacional".

A partir desse texto, o Relator entendeu que o dispositivo impugnado visava a impedir "provisoriamente, (...) de modo indireto, por meio de suspensão do registro que torna ilícita a posse de arma de fogo, a compra e venda de arma dessa natureza em todo o território nacional a qualquer pessoa física ou jurídica que não os entes, órgãos e empresas excetuadas nos três incisos dele". Daí a norma ter operado uma restrição à comercialização de arma de fogo "tão drástica que praticamente a inviabiliza, (...) especialmente no tocante ao comércio varejista, apesar de continuar ela lícita nesse período da suspensão de registro".

A medida estatal era "desarrazoada", porquanto "sem proibir a comercialização de armas de fogo, que continua, portanto, lícita, praticamente a inviabiliza de modo indireto e provisório". Essa provisoriedade, segundo Moreira Alves, tampouco seria adequada "a produzir o resultado almejado (as permanentes segurança individual e coletiva e proteção do direito à vida)", nem atenderia "à proporcionalidade em sentido estrito".

Tem-se uma argumentação que remete à proporcionalidade como recurso apenas retórico, por não aplicar rigorosamente a regra com a estrutura e conteúdo a ela adscritos, mas que pode ser assim reconstruída (com base, repita-se, exclusivamente nas palavras do voto): a medida afetou a liberdade de exercício de atividade econômica (CF, art. 170, *caput* e I, c/c CF, art. 1º, IV), a título de restringir a comercialização de armas de fogo, "de modo tão drástico" que a inviabilizou "de modo indireto e provisório", não obstante "continuar ela lícita nesse período de suspensão do registro". Na opinião do Relator a medida foi, portanto, excessiva. Talvez por isso ele tenha afirmado que a suposta restrição não "atende à proporcionalidade em sentido estrito", já que é comum na doutrina e na jurisprudência identificar-se essa regra parcial da proporcionalidade com a "proibição do excesso".

Antes, porém, o Ministro referiu que, em razão de sua provisoriedade, a suspensão do registro de arma de fogo "não é sequer *[meio]* adequado a produzir o resultado almejado (as permanentes segurança individual e coletiva e proteção ao direito à vida)", o que sugere um teste de adequação, não fosse a errônea representação do fim da norma pelo Ministro. Ao

17. ADI 2.290-3-DF, Tribunal Pleno, Rel. Ministro Moreira Alves, j. 18.10.2000, *DJU* 23.2.2001, e *RTJ* 178/200.

contrário do que entendeu Moreira Alves, a exposição de motivos transcrita em seu voto deixa bem claro que a finalidade da norma não era a "permanente" proteção da "segurança individual e coletiva e (...) ao direito à vida", mas somente, nas exatas palavras do Ministro da Justiça, impedir "que a violência se alastre, *enquanto o Congresso conclui as discussões a respeito da proibição da venda de arma de fogo em todo o território nacional*" (sem grifos no original). No mesmo sentido foram a petição inicial e as informações. Ora, se o fim era delimitado no tempo, natural que um meio de igual natureza seja adequado, ao menos em tese, a realizá-lo, embora não o fosse, por óbvio, em relação a um fim "permanente".

Noutra ocasião, laborando sobre as restrições à atividade econômica, o Supremo afastou a alegação de que a lei dos planos de saúde (Lei n. 9.656/1998, modificada por várias medidas provisórias) ofendia o devido processo legal em sentido substantivo.[18] A ação direta de inconstitucionalidade foi proposta pela Confederação Nacional de Saúde – Hospitais, Estabelecimentos e Serviços (CNS) contra praticamente todo o modelo regulatório do setor definido na lei. Tratava-se de um ataque integral ao próprio esquema de regulação setorial desenhado pelo legislador, considerado "desmedido, desajustado, excessivo e desproporcional".

O Relator, Ministro Maurício Corrêa, analisa o esquema de regulação definido na Lei n. 9.656/1998 em traços impressionistas. Sua conclusão é a de que "as operadoras têm de disponibilizar um modelo geral de serviços médicos e hospitalares, sendo-lhes facultado oferecer ao cliente, além daquele, outras formas opcionais que possam ser de seu interesse". Esse modelo regulatório que "a lei impôs para esse delicado setor social" teria "enquadrado" uma "atividade que operava sem definição precisa" e, por isso, não poderia ser considerado inconstitucional. De acordo com o Relator, numa passagem interessante, "que direito têm essas empresas de reclamar o devido processo legal, quando, atuando sem lei, só celebravam os contratos que eram de seu interesse?".

Examinando a questão financeira e atuarial da regulação, apontada na inicial, o Relator diz que "fica difícil saber quem tem razão". Acerca do prognóstico de que os custos (e os preços) aumentariam com o novo esquema regulatório, desviando para o SUS parte dos consumidores de planos e seguros de saúde e inviabilizando a atividade privada, considerou o Ministro que "a resposta a essa preocupação só poderá ser mensurada com o tempo".

Depois analisa o ressarcimento ao SUS dos atendimentos realizados na rede pública a consumidores dos planos de saúde e não vê "atentado ao devido processo legal" porque "não há nada nos autos relativamente aos preços que serão fixados, se atendem ou não as expectativas da requerente", ou seja, não estariam disponíveis provas de que esse ressarcimento implicaria em diminuição patrimonial indevida das operadoras de planos de saúde. Por fim, entendeu – sem maior aprofundamento – que a prestação caracterizada como ressarcimento não teria natureza jurídica de tributo.

O cerne do argumento de Maurício Corrêa na parte do voto que tratou de possível violação do devido processo legal substantivo pode ser resumido no último parágrafo dedicado ao assunto (sem grifos no original): "*[t]*ratando-se de segmento da maior sensibilidade social, pois envolve a saúde e a vida das pessoas, tenho que as normas impugnadas nesta parte da ação,

18. ADI/MC (Medida Cautelar) 1.931-8-DF, Tribunal Pleno, Rel. Ministro Maurício Corrêa, j. 21.8.2003, *DJU* 28.5.2004, e *RTJ* 190/41.

em face da *anômala condição em que os agentes da requerente operavam nesse mercado*, não violam o devido processo legal, (...) recomendando-se, (...) em virtude de boa dose de conveniência, que os textos atacados sejam mantidos até o julgamento final da ação".

Esse voto foi proferido em 18 de outubro de 1999, mas o julgamento da medida cautelar se completaria apenas em 21 de agosto de 2003, quase quatro anos depois, em razão de pedido de vista do Ministro Nelson Jobim. O voto do Ministro Jobim chama a atenção para a *ratio decidendi* do Supremo ao rejeitar os argumentos da Confederação Nacional da Saúde quanto à inconstitucionalidade de todo o esquema de regulação do setor de planos e seguros de saúde. Após examinar sumariamente o conteúdo normativo dos dispositivos impugnados, disse Jobim que "as normas legais são fortemente intervencionistas no mercado de assistência privada à saúde".

Não obstante, em sua opinião "as regras são absolutamente razoáveis" porque "*[s]*ão consequência, como referiu Maurício, da forma como essas empresas operaram quando do regime de liberdade absoluta de mercado". Lembrou-se da intervenção no mercado de planos de previdência privada, em 1977, quando, segundo Jobim, "havia uma desordem (...), com oferta de planos mirabolantes", o que justificou "forte intervenção naquele mercado para proteger os participantes dos planos de benefícios". A comparação veio em seguida: "*[o]* mesmo se passa, agora, com os planos de saúde".

Está claro, portanto, que a opinião do Supremo assentou-se numa comparação do tipo "antes e depois" entre duas situações: antes da regulação, a "liberdade absoluta de mercado", que seria a "anômala condição em que os agentes da requerente operavam"; depois, a "forte intervenção" na iniciativa privada, necessária para "enquadrar" uma "atividade que operava sem definição precisa" em um "segmento da maior sensibilidade social, por envolver a vida e a saúde das pessoas". Como o argumento da Confederação Nacional da Saúde se baseou em prognósticos sobre o impacto da regulação nos custos e no cálculo atuarial de que dependem os planos de saúde para manter seu equilíbrio financeiro, e essas previsões eram incompatíveis com os estudos do Ministério da Saúde, o tribunal julgou haver "uma boa dose de conveniência" em manter os "textos atacados (...) até o final julgamento da ação". Até porque "a resposta a essa preocupação só poderá ser mensurada com o tempo".[19]

A aplicação do devido processo substantivo a questões de regime jurídico de servidores públicos pode ser exemplificada com o caso da legislação do Estado do Amazonas que concedia vantagem pecuniária no valor correspondente a um terço da remuneração dos servidores públicos, a título de férias, também aos inativos. Entendeu o Supremo que a norma era inconstitucional por ofender "o critério da razoabilidade que atua, enquanto projeção concretizadora da cláusula do *substantive due process of law*, como insuperável limitação ao poder normativo do Estado". Isso ocorreria no caso em que a lei "concede a agentes estatais determinada vantagem pecuniária cuja razão de ser se revela absolutamente destituída de causa".[20]

19. Até o início de 2008, nove anos e meio depois de a Lei n. 9.656/1998 entrar em vigor e quatro anos e meio após a decisão na medida cautelar, o Supremo ainda não havia julgado o mérito da ADI. Hoje o Relator é o Ministro Marco Aurélio, em razão de o Ministro Maurício Corrêa ter assumido, em 2002, a presidência da Corte e, depois, em 2004, se aposentado.

20. ADI 1.158-8-AM, Tribunal Pleno, Rel. Ministro Celso de Mello, j. 19.12.1994, *DJU* 26.5.1995 e *RTJ* 160/140.

O Procurador-Geral da República, na petição inicial da ADI, alegou que a lei amazonense infringiu o CF, art. 40, § 4º, na redação vigente à época (1994), que assegurava a extensão aos inativos de "quaisquer benefícios ou vantagens posteriormente concedidos aos servidores em atividade", pois a vantagem consistente no adicional de um terço, a título de férias, seria "insuscetível, por sua própria natureza, de extensão aos inativos".

Entretanto, o Relator considerou que o dispositivo violado não seria o CF, art. 40, § 4º, pois ele "encerra verdadeira cláusula de garantia instituída em favor dos servidores públicos inativos", com a finalidade de "proteger a situação jurídico-financeira" desses agentes públicos. De acordo com o voto que conduziu a maioria, o CF, art. 40, § 4º, "não parece impedir o legislador de ampliar o rol mínimo de vantagens pecuniárias concedidas a essa categoria de servidores públicos". Um preceito constitucional assim tem "caráter essencialmente benéfico" e não poderia fundamentar uma censura de inconstitucionalidade. Ao contrário, segundo o Ministro Celso de Mello, Relator: "A norma legal ora impugnada, ainda que contenha esdrúxula outorga de adicional de férias a servidor aposentado, parece ajustar-se ao espírito que inspirou o legislador constituinte na formulação da norma de parâmetro invocada pelo Autor como supostamente vulnerada pelo legislador do Estado do Amazonas".

Ademais, prossegue o Relator, a "definição da estrutura dos proventos *[remuneração da inatividade]*" seria "matéria de índole legal", pelo menos no que diz respeito à "especificação das parcelas que os compõem". Essa questão, portanto, se achava inserida na capacidade legislativa genérica do Estado do Amazonas.

Mas haveria, na opinião do Relator, inconstitucionalidade "sob fundamento diverso", qual seja, o "abuso da função legislativa", coibido pela cláusula do devido processo legal em sua dimensão material. A lei do Amazonas, no particular, foi considerada "destituída do necessário coeficiente de razoabilidade". Quem melhor justificou a ausência de razoabilidade foi o curtíssimo voto do Ministro Sepúlveda Pertence: "*[a]* lei questionada remunera férias do aposentado, que, evidentemente, não as tem. Em nome do princípio da moralidade, ou em nome do princípio da igualdade, não se pode conceder remuneração absolutamente despida de causa no serviço público. A lei agride ao princípio da razoabilidade, a meu ver, patentemente" (sem grifos no original).

Veja-se que o Supremo empregou o devido processo legal substantivo para censurar uma lei que ampliou, em vez de restringir, a esfera jurídica de indivíduos em relação jurídica com o Estado (servidores públicos inativos). Isso parece sugerir que o âmbito de aplicação da norma constitucional não se limita às medidas restritivas de direitos (como sucede, em geral, com a proporcionalidade). A ofensa ao *due process* identificada pelo tribunal estava em que a concessão aos inativos de vantagem relativa ao gozo de férias – que servidores aposentados e em disponibilidade não têm – era destituída de causa; poderia ser qualificada como mera liberalidade do Estado, que não se desenvolveu "em estrita relação de harmonia com o interesse público" (Ministro Celso de Mello), ou que violentou "a própria natureza das coisas" (Ministro Sydney Sanches).

O Supremo valeu-se também do devido processo legal substantivo como parâmetro da fiscalização abstrata de constitucionalidade de normas que restringiam o controle jurisdicional de atos administrativos e os recursos no processo administrativo. Em duas ações diretas de inconstitucionalidade, promovidas pelo Conselho Federal da Ordem dos Advogados do Brasil e pela Confederação Nacional da Indústria, impugnou-se a alteração realizada pelos arts. 32 e 33 da Medida Provisória 1.699-41, de 27 de outubro de 1998, no Decreto 70.235/1972, que disciplina o processo administrativo de determinação e exigência de créditos tributários no âmbito federal.[21]

A principal inovação da medida provisória dizia com a exigência de depósito de 30% do valor do crédito tributário definido na decisão administrativa de primeira instância como requisito de admissibilidade de recurso aos Conselhos de Contribuintes, órgãos colegiados do Ministério da Fazenda de composição paritária entre agentes públicos e representantes dos contribuintes, que proferem a decisão final, no âmbito administrativo, sobre o lançamento fiscal e a imposição de multas previstas na legislação tributária federal. Essa norma foi mantida pelo Supremo, com base em sua jurisprudência anterior segundo a qual, além de não haver garantia constitucional de duplo grau de julgamento nos processos administrativos, o depósito não impedia o exercício do direito – de resto, previsto apenas na legislação ordinária – de recorrer das decisões de primeira instância, nem configurava pagamento antecipado de valores que poderiam ser indevidos (*solve et repete*).[22]

A questão que levou o STF, por unanimidade, a invocar o devido processo legal substantivo foi a definição de um prazo de 180 dias, contados da intimação da primeira decisão desfavorável ao sujeito passivo da obrigação tributária, após o qual se extinguiria o direito de "pleitear judicialmente a desconstituição de exigência fiscal fixada (...) no julgamento de litígio em processo administrativo fiscal regulado pelo Decreto 70.235, de 1972".

As entidades que provocaram o Supremo alegaram que a norma ofendia o princípio da isonomia, pois o Fisco teria cinco anos para constituir o crédito tributário e, depois, mais cinco anos para promover a cobrança judicial. Ademais, o prazo "exíguo" imposto aos contribuintes e responsáveis afrontaria o princípio do "livre acesso à Justiça e o da recorribilidade das decisões administrativas", pois o sujeito passivo teria de "optar entre recorrer administrativamente ou ajuizar a ação". Isso implicaria em "falta de razoabilidade quanto à restrição imposta à garantia do livre acesso ao Judiciário". Alegou-se também necessidade de lei complementar.

Para o Ministro Moreira Alves, Relator, era relevante a alegação de "ofensa ao princípio constitucional do devido processo em sentido material, que é o constante do art. 5º, LIV, da Constituição". Isso se devia ao fato de que duas consequências da fixação do prazo decadencial de 180 dias para deduzir em juízo pretensão de desconstituição do ato administrativo de lançamento "ferem a razoabilidade e a

21. ADI 1.922-9 e 1.976-7-DF, Tribunal Pleno, Rel. Ministro Moreira Alves, j. 6.10.1999, *DJU* de 24.11.2000 e *RTJ* 176/138.

22. Posteriormente, o STF declarou a inconstitucionalidade do "depósito recursal" no processo administrativo referente aos créditos previdenciários (art. 126, §§ 1º e 2º, da Lei n. 8.213/1991) com argumentação exatamente oposta. V. RE 389.383-1, Tribunal Pleno, Rel. Ministro Marco Aurélio, *DJU* 29.6.2007. A legislação tributária federal substituiu o depósito em espécie por um "arrolamento de bens e direitos" (art. 33, § 2º, do Decreto 70.235/1972, com a redação dada pela Lei n. 10.522/2002), que se aplica a partir de abril de 2008, igualmente, às contribuições previdenciárias (art. 25, I, da Lei n. 11.457/2007).

proporcionalidade em que se traduzem o princípio constitucional acima referido".

Essas duas consequências, na opinião do Relator, seriam, de um lado, "a de ser esse prazo exíguo prazo de decadência (...) para o exercício do direito de ação sob o fundamento da violação a direito subjetivo (...) quando todos os prazos para esse exercício, inclusive em favor da Fazenda Pública são de prescrição" e, de outro, "a de *[que]*, sendo prazo de decadência, e, portanto, insusceptível de interrupção (...) pode-se ele exaurir-se antes da decisão do recurso *[administrativo]*, ficando o contribuinte, assim, impossibilitado de valer-se do direito de ação, obstruindo-se, dessa forma, o acesso ao Poder Judiciário".

Além disso, teria relevância, segundo o Ministro Moreira Alves, a "desproporcionalidade da extensão dos prazos em favor do contribuinte (180 dias) e da Fazenda (5 anos) para a propositura da ação daquele para impugnar a cobrança do tributo e esta para obtê-la". Esses argumentos foram acolhidos, de modo explícito, pelo Ministro Celso de Mello, que fez consignar em seu voto, após magistral crítica ao abuso na edição de medidas provisórias, que "também se reveste de inquestionável relevância jurídica a alegação de que a norma (...) ofende a cláusula constitucional do *substantive due process of law*".

Por fim, o Ministro Sepúlveda Pertence, em brevíssimo voto, disse (sem grifos no original): "Sr. Presidente, uma vez, temperando o entusiasmo de V. Exa. pelo princípio da moralidade, prometi não invocá-lo nesta Casa. *Felizmente, existe o princípio do devido processo legal, senão não restaria outro*. Realmente, a combinação do art. 33 do Decreto 7.235/1972 *[sic]*, que acabamos de entender válido, com essa imposição da decadência contada da decisão de primeiro grau, é de rara imoralidade".

4. A proibição da arbitrariedade como o conteúdo jurídico do devido processo legal substantivo na Constituição brasileira

A história do devido processo legal substantivo nos Estados Unidos, sua recepção pela doutrina brasileira anterior à Constituição de 1988, ainda que em manifestações relativamente isoladas, e a jurisprudência do Supremo na década de 1990 sugerem fortemente que se pode construir a partir do art. 5º, LIV, do Texto Constitucional uma norma que proíbe a arbitrariedade em todos os âmbitos da atividade estatal. Isso significa que, nesse dispositivo, a Constituição prescreve um dever de adotar um *processo* de volição, argumentação e ideias, a saber, um *processo* de justificação racional das decisões estatais. Esse seria, portanto, o devido *processo* legal em sentido substantivo: um processo capaz de assegurar a racionalidade dos atos do Poder Público, mediante o oferecimento de razões *substantivas* aptas a prover *justificação* dos comportamentos normativos (produção de normas gerais ou individuais) e materiais do Estado, ou de quem lhe faça as vezes.

Se essa interpretação do art. 5º, LIV, se mostra possível à luz de todos os antecedentes históricos e doutrinários e dos precedentes do STF, não se pode, todavia, dizer que ela seja necessária. A adoção do devido processo legal substantivo, no sentido de uma norma geral de vedação do arbítrio, precisa ser ainda justificada. Pensamos que há três boas razões que tornam *necessária* a construção de sentido do devido processo substantivo. Primeira, a inexistência de um texto normativo que, de modo expresso, proíba a arbitrariedade dos poderes públicos na Constituição brasileira. Segunda, o consenso imperturbável, e tão forte que não precisa sequer de comprovação, de que o sistema jurídico brasileiro proscreve o arbítrio estatal. Terceira, a virtual inutilidade do art. 5º, LIV, se compreendido *apenas* como garantia de direitos processuais, dado o caráter analítico do catálogo de direitos fundamentais da Constituição brasileira.

No direito constitucional espanhol há uma norma específica sobre a proibição da arbitrariedade, resultado da atuação do deputado constituinte e professor de direito L. Martín Retortillo sob inspiração de um trabalho de Tomás-Ramón Fernández.[23] Considera-se que a "interdição da arbitrariedade dos poderes públicos" do art. 9.3 da Constituição de 1978 cumpre, dentre outras, a função de reunir sob a mesma categorização os limites substanciais ao exercício das competências discricionárias que devem ser observados pela Administração Pública.[24] Ainda mais, ela traduz as barreiras erguidas ao arbítrio dos Poderes, incluídos o Legislativo e o Judiciário.

A vedação do arbítrio significa que, ao decidir qualquer assunto, o Poder Público deve sempre dar boas razões jurídicas e, quando for o caso, extrajurídicas, justificando seus atos e também, quando provocado, as omissões. As razões jurídicas para a ação (ou omissão, se juridicamente possível) da Administração são, de um lado, normas jurídico-positivas[25] e, de outro, suportes fáticos que, pela incidência das normas, tornam-se fatos jurídicos. O processo de justificação tem por objeto a correlação entre os elementos fáticos e normativos relevantes para a produção do ato legislativo, administrativo ou judicial. Há basicamente três operações que devem ser justificadas. São elas a subsunção, a ponderação e a aplicação de "princípios formais" (outra denominação para as chamadas "normas de estrutura", que são normas sobre a validade de normas jurídicas).

Essas operações podem variar conforme o referencial teórico que se adote. Há autores que rejeitam a ponderação, enquanto outros dedicam pouca, ou nenhuma, atenção ao processo aplicativo dos "princípios formais". Na verdade, o devido processo legal substantivo, entendido como proibição da arbitrariedade, não chega a prescrever a adoção de uma teoria. A prescrição mínima da norma do art. 5º, LIV, da CF, em nossa proposta, é a seguinte: a aplicação de normas jurídicas, sejam elas quais forem, não importa a modalidade, deve ser acompanhada de uma justificação que exclua o produto da vontade arbitrária e caprichosa da autoridade.

Apesar de isso ser matéria suficiente para um amplo consenso dos juristas, falta a uma proibição genérica de arbitrariedade o fundamento constitucional específico no sistema brasileiro.[26] Já vimos, porém,

23. Tomás-Ramón Fernández, *De la Arbitrariedad de la Administración*, pp. 81-99.

24. V., sobre o assunto, Eduardo García de Enterría e Tomás-Ramón Fernández, *Curso de Derecho Administrativo*, p. 404.

25. Para as normas como razões para agir, v. Joseph Raz, *Practical Reason and Norms*, pp. 15-49.

26. Ainda que algumas técnicas de controle da arbitrariedade estejam consagradas na legislação ou decorram da Constituição (como os princípios constitucionais da Administração Pública ou os direitos fundamentais), o conceito-síntese permite localizar *em qualquer caso* a sede constitucional da violação ao ordenamento jurídico, o que potencia o controle de legalidade em controle amplo de juridicidade (legalidade *e* constitucionalidade). Isso proporcionaria, dentre outras coisas, o manejo do recurso extraordinário e da arguição de descumprimento de preceito fundamental, bem como a edição de súmula vinculante, tudo a respeito de matérias que, de outro modo, poderiam não se beneficiar dos mecanismos, ainda

que a jurisprudência do Supremo Tribunal Federal da década de 1990 e do início dos anos 2000, assim como a doutrina mais antiga do direito constitucional, parecem localizá-la na cláusula do devido processo legal (CF, art. 5º, LIV). Hoje pode-se dizer que a Constituição de 1988 submeteu qualquer restrição a direitos ("liberdade" e "bens", tomados no sentido amplo) à observância de um devido processo legal que não se esgota no aspecto procedimental.

Assim, sempre que estiver em jogo um direito, fundamental ou não, a Constituição prescreve, mais do que um processo em sentido formal, o aporte de razões substantivas para as decisões que venham a afetá-lo direta ou indiretamente.[27]

Essa exigência de razões substantivas traduz-se, em termos práticos, no processo (legislativo, judicial e administrativo) em sentido amplo, que pode ser concebido como um processo de ideias, decisão e argumentação – inserido, formalmente, na estrutura de um procedimento – do qual a manifestação estatal constitui o resultado. A correção desse processo implicará a correção do resultado da atividade legislativa, administrativa e judicial (mas não o contrário). Em outras palavras, uma lei, um ato administrativo ou uma decisão judicial estará de acordo com o devido processo legal substantivo quando for sustentado por boas razões. A adequação lógica e normativa do processo de justificação das decisões é o cerne do *devido* processo; ou, ainda, o processo *devido* é o que provê boas razões para uma decisão.

A Constituição de 1988, no art. 5º, LIV, a nosso ver, fez mais do que sintetizar as garantias processuais genéricas aplicáveis aos processos civil, penal e administrativo, e menos do que formular

um pouco tímidos, de *stare decisis*, ou nem mesmo chegar ao Supremo Tribunal Federal. Deve-se lembrar que é possível vislumbrar, *a contrario sensu*, na jurisprudência do STF uma tendência a considerar que toda violação do princípio do devido processo legal em sentido substantivo constituiria ofensa direta à Constituição para fins de admissibilidade do recurso extraordinário pelo CF, art. 102, III, *a*, enquanto o devido processo legal em sentido processual estaria abrangido pelo CF, art. 5º, LV, e se resolveria em ofensa direta a normas processuais, não à Constituição. V.: AI-AgR 513.044-SP, Rel. Ministro Carlos Velloso, *DJU* 8.4.2005; AI-AgR 387.318-RS, Rel. Ministro Carlos Velloso, *DJU* 6.9.2002; RE-AgR 282.258-SC, Rel. Ministro Carlos Velloso, *DJU* 26.3.2004. Nesses casos, o Ministro Carlos Velloso, pela maioria da 2ª Turma do Supremo, afirmou que "o inciso LIV do art. 5º, CF, mencionado diz respeito ao devido processo legal em termos substantivos e não processuais (...) quis a recorrente referir-se ao devido processo legal em termos processuais, CF, art. 5º, LV". Elaborou-se uma distinção, portanto, entre os dois incisos do CF, art. 5º que tratam de devido processo – o LIV e o LV – de tal modo que o devido processo legal expressamente mencionado no primeiro seria *apenas* o material. Deve-se ressaltar que se trata de acórdãos isolados, sem continuidade na jurisprudência posterior do STF, mas que sugerem um caminho a ser trilhado caso se revigore o devido processo legal substantivo.

27. Uma observação interessante: a ampliação arbitrária – e, portanto, antijurídica – da esfera jurídica dos particulares mediante atos administrativos pode resultar em violação, por via indireta, do princípio da igualdade, que tem *status* de princípio constitucional da Administração Pública (CF, art. 37, *caput*) e de direito fundamental (CF, art. 5º, *caput*) e privar, de modo definitivo, a sociedade e o Estado de "bens" coletivos ou distributivos (que excluem de sua fruição todos os outros sujeitos interessados). Assim, não apenas os atos *restritivos* podem afetar a esfera jurídica dos administrados; aliás, o espaço para o arbítrio, nos atos ampliativos, é muito grande num país como o Brasil, ainda pouco acostumado à impessoalidade no trato da coisa pública. Dir-se-ia que a possibilidade de abusos nos atos ampliativos de direito é inversamente proporcional à atenção que lhe dedica a doutrina do direito administrativo.

uma cláusula genérica de proteção de âmbitos de liberdade não compreendidos expressamente no catálogo de direitos fundamentais – para isso, temos o art. 5º, § 2º, da Constituição como regra de extensão do catálogo. Não se trata apenas do devido processo no sentido mais estrito, mas também não se chega a uma fórmula aberta, sem limites definidos, como o *due process of law* do direito americano.

Que a função da cláusula do devido processo legal não pode ser apenas a de reforço de outros direitos processuais se percebe na leitura do extenso catálogo da Constituição de 1988: nada – ou quase nada – do que se pode considerar um "processo justo" foi excluído do sistema de direitos fundamentais. Onde faltava texto, tratou-se de criá-lo. Por exemplo, a Emenda Constitucional 45/2004 acrescentou o direito fundamental à "razoável duração" dos processos, no âmbito judicial e administrativo,[28] o que contribuiu para quiçá eliminar de vez uma das possíveis funções do devido processo legal como reserva de justiça do modo de ser da atividade estatal, que era a de fundamentar de modo autônomo um direito processual não previsto no catálogo.

É claro que se pode, mediante a técnica da adscrição[29] e a aplicação conjunta do art. 5º, LIV, da CF, com o art. 5º, § 2º, da CF, expandir ainda mais o catálogo de direitos e garantias processuais. Desse modo, o Supremo Tribunal Federal estendeu o privilégio contra a autoincriminação a toda espécie de procedimentos, não importando o órgão, a finalidade nem a posição jurídica da pessoa em questão (preso, acusado, investigado, testemunha etc.); reconheceu que há um direito à ordem processual das manifestações da acusação e da defesa no processo penal; fundamentou um direito constitucional ao recurso nos processos administrativos; acolheu a doutrina americana dos "frutos da árvore venenosa" (*fruits of the poisonous tree*), ou das provas ilícitas por derivação; considerou imprescindível a presença do acusado preso a todos os atos processuais, mesmo quando recolhido a estabelecimento penal fora do distrito da culpa.

Se essa fosse, porém, a *única* função do devido processo legal, então seu âmbito de incidência seria muito restrito e, de certo modo, incompatível com a leitura que o próprio Supremo tem feito da cláusula. Não teria quase nenhuma utilidade e a custo justificaria sua presença ostensiva no texto constitucional. Atente-se para a circunstância de que, nos exemplos referidos acima, todos os "novos" direitos fundamentais poderiam ter sido adscritos a normas de garantias processuais específicas em combinação com o CF, art. 5º, § 2º, portanto *sem* o recurso à cláusula mais geral de síntese representada pelo devido processo legal.

Além disso, a norma do art. 5º, LIV, da CF, como vimos antes, foi usada para declarar a inconstitucionalidade de atos legislativos que: tenham "endereço certo", ou seja, discriminem beneficiários e prejudicados de modo individualizado (leis individuais), ainda que o façam sob a aparência de generalidade; tornem inviável temporariamente, sem proibir, o exercício de atividade econômica lícita; concedam vantagens pecuniárias a servidores públicos sem "causa" (relação de adequação entre o motivo legal, o conteúdo da lei e a finalidade da vantagem); fixem prazo exíguo – e diverso do ordinário – para pleitear em juízo a anulação de atos ad-

28. V. a respeito do tema Sílvio Luís Ferreira da Rocha, "Duração razoável dos processos judiciais e administrativos", in *Interesse Público* 39/73-80, set.-out./2006.

29. Robert Alexy, *Teoría de los Derechos Fundamentales*, pp. 66-73.

ministrativos de determinada classe. Com exceção do último, esses casos não seriam facilmente descritos como um reconhecimento, fundado na cláusula do devido processo legal, de direitos ou garantias estritamente processuais.

Do núcleo conceitual do devido processo legal resulta, portanto, que a norma do art. 5º, LIV, da CF, prescreve uma exigência concreta de justificação das decisões estatais que afetem, de qualquer modo, a "liberdade" e os "bens" dos brasileiros e residentes no Brasil.[30] Isso, contudo, ainda pouco esclarece: se a justificação exigida não tiver algumas propriedades – que vão além da mera enunciação formal de razões em apoio da decisão –, o devido processo legal será um tigre de papel na contenção do poder estatal. Que atributos são esses? O atributo fundamental é o da racionalidade: a justificação tem de ser *racional*, deve apoiar-se, em síntese, em razões ordenadas segundo a razão. Implicada nessa observação está a possibilidade, ainda que limitada a um certo universo do discurso (por exemplo, o universo do discurso jurídico, em que as "premissas últimas" estão dadas por uma autoridade socialmente reconhecida), de uma razão prática.[31]

Interpretado desse modo, o devido processo legal substantivo se enriquece. Perde seu caráter excessivamente aberto, quase um convite à projeção das ideias, dos sentimentos e da vontade do aplicador, e passa a circunscrever, com alguma precisão, o âmbito de legitimidade material da produção normativa e da execução material para além da mera invocação de motivos. O maior ou menor grau de precisão, todavia, depende de uma identificação, em cada âmbito de aplicação do princípio, das consequências jurídicas que se lhe seguem. Esse trabalho ainda está por ser feito.[32]

Até lá, contudo, deve-se considerar seriamente a possibilidade de que nossa Constituição, no art. 5º, LIV, ordena ao aplicador do direito a justificação racional de suas decisões ou, dito de outro modo, proscreve o mero arbítrio, o capricho, a vontade pessoal da autoridade jurídica, mesmo quando diante de uma liberdade valorativa extremamente ampla.

30. É o âmbito pessoal de aplicação dos direitos fundamentais na dicção constitucional. Entretanto, a universalidade da "dignidade da pessoa humana" (CF, art. 1º, III) estende aos estrangeiros *não* residentes, que aqui estejam por qualquer motivo, a proteção jusfundamental conectada com esse princípio central da ordem jurídica nacional, fundamento da República Federativa do Brasil, o que inclui, no mínimo, boa parte do catálogo de direitos fundamentais.

31. Robert Alexy, "Sistema jurídico y razón práctica", in Robert Alexy, *El Concepto y la Validez del Derecho*, p. 175. V. também sobre o assunto: Richard Mervyn Hare, *A Linguagem da Moral*, especialmente o Cap. 1; Joseph Raz, *Practical Reason and Norms*, pp. 9-13.

32. Pensamos haver feito uma modesta contribuição à análise do devido processo legal no direito administrativo em Angelo Augusto Costa, *Devido Processo Legal e Redução da Discricionariedade Administrativa*, cit. (dissertação de mestrado).

DISCRICIONARIEDADE ADMINISTRATIVA: CONTROLE DE EXERCÍCIO E CONTROLE DE ATRIBUIÇÃO

RAFAEL MAFFINI

Mestre e Doutor em Direito pela UFRGS.
Professor de Direito Administrativo. Advogado em Porto Alegre

Introdução. I – Discricionariedade administrativa, conceitos jurídicos indeterminados e "controle de exercício". II – Controle de atribuição da discricionariedade. Conclusões. Referências bibliográficas.

Introdução

Tratando da discricionariedade administrativa, Celso Antônio Bandeira de Mello asseverou que sobre tal tema "*já se verteram rios de tinta*".[1] Todavia, nas palavras deste mesmo autor, "em despeito do muito que já se escreveu sobre o assunto, ainda há muito espaço para que muito mais se escreva, pois há tópicos importantes que precisam ser visitados ou revisitados".[2]

A relevância do tema decorre, dentre outras razões, do fato de que a sua correta compreensão induz à adequada delimitação dos limites (extensão e profundidade) do controle jurisdicional da Administração Pública. A incorreta apreensão do que seja a discricionariedade, bem como outros conceitos que lhe são conexos (mérito administrativo, conceitos jurídicos indeterminados, discricionariedade técnica etc.), pode ocasionar dois severos equívocos, infelizmente corriqueiros na jurisprudência pátria: o primeiro deles consiste em se reconhecer, como matéria de mérito administrativo, o que, de fato, consiste em matéria de validade da ação administrativa, com o que o Poder Judiciário fica indevidamente aquém do controle

1. Celso Antônio Bandeira de Mello, *Discricionariedade e Controle Jurisdicional*, 2ª ed., p. 9.

2. Idem, p. 10.

da Administração Pública para o qual se encontra legitimado constitucionalmente, num *non liquet* (expressão utilizada por pretores romanos para não julgar as causas que lhes eram levadas à apreciação) fundamentado erroneamente em argumentos relacionados com a discricionariedade; o outro equívoco, talvez ainda mais grave, consiste no indevido manejo de tais conceitos, com vistas a outorgar ao Poder Judiciário mecanismos de controle de que constitucionalmente não dispõe, intrometendo-se em searas que não são institucionalmente suas.[3]

O presente trabalho pretende cumprir a incitação proposta por Celso Antônio Bandeira de Mello, qual seja, a de que alguns temas seja revisitados sobre discricionariedade e sobre o controle judicial que incide sobre a função estatal de administração pública.

Num primeiro momento, busca-se a compreensão (ou o acordo semântico) sobre o que se deve considerar discricionariedade administrativa, oportunidade na qual serão tecidas algumas considerações acerca do que aqui se denomina *controle de exercício*, assim considerada a sindicabilidade que recai sobre condutas administrativas concretizadas a partir da norma discricionária de atribuição de competência.

Num segundo momento, serão analisados aspectos pertinentes ao que se denominará *controle de atribuição* das normas discricionárias, quando se buscará propostas teóricas acerca do controle de constitucionalidade que afira a compatibilidade das normas discricionárias com a Constituição Federal, em face da própria discricionariedade ou de seu excesso.[4]

Quanto ao "*controle de exercício*", diante da farta produção doutrinária e jurisprudencial sobre o tema, a abordagem será prioritariamente retrospectiva e buscará tão somente a sistematização do tema. Já quanto ao "*controle de atribuição*", a análise será prospectiva e propositiva, justamente pela falta de maior aprofundamento sobre a questão em solo pátrio, a qual contrasta com a relevância do assunto.

I – Discricionariedade administrativa, conceitos jurídicos indeterminados e "controle de exercício"

Nas regras de atribuição de competência discricionária,[5] a lei, diante de uma determinada hipótese legal (suporte fático em abstrato, hipótese de incidência, *fattispecie*, *Tatbestand* etc.), prevê mais de uma consequência jurídica (estatuição, *Rechtsfolge* etc.), sendo, ao menos em princípio, válidas todas essas condutas

3. Uma abordagem mais aprofundada sobre o assunto também pode encontrada em Rafael Maffini, *Direito Administrativo*, 3ª ed., pp. 58-67.

4. A diferença entre as noções de "*controle de exercício*" e "*controle de atribuição*" bem como a própria estrutura das ideias contidas no presente ensaio são extraídas de trabalho desenvolvido por Mariano Bacigalupo, *La Discrecionalidad Administrativa (Estructura Normativa, Control Judicial y Límites Constitucionales de su Atribución)*, 1997.

5. No Direito pátrio, há algumas obras que devem ser consideradas paradigmáticas em tema de discricionariedade administrativa. Além do já citado Celso Antônio Bandeira de Mello (*Discricionariedade e Controle Jurisdicional*), recomendam-se as obras de Diogo de Figueiredo Moreira Neto, *Legitimidade e Discricionariedade*, 4ª ed., 2001; Maria Sylvia Di Pietro, *Discricionariedade Administrativa na Constituição de 1988*, 1991; e Sérgio Guerra, *Discricionariedade e Reflexividade – Uma Nova Teoria sobre as Escolhas Administrativas*, 2008.

administrativas previstas em tal margem legal de liberdade. Assim, na concretização de regras discricionárias, o administrador, deparando-se com a concretização da hipótese legal, terá de eleger, portanto, uma dentre as várias consequências validamente previstas na norma. Tal eleição deve, por óbvio, ocorrer segundo a ordem jurídica e seguir critérios de conveniência e oportunidade, ou seja, de mérito administrativo.

Em outras palavras, nas regras discricionárias, a lei outorga certa margem de liberdade ao administrador, que deverá, por óbvio, exercê-la validamente, sob pena de ser possível o controle jurisdicional, não do mérito administrativo, mas da juridicidade da ação administrativa, noção essa que, em linhas gerais, impõe sejam as condutas administrativas consentâneas com a lei e com o Direito.[6] O tema tem ensejado novas discussões por uma razão muito simples. Num passado não tão remoto, o único vetor da validade da ação administrativa correspondia à estrita legalidade, de sorte que bastava a Administração Pública agir de acordo com a lei formalmente considerada para que se chegasse à automática conclusão de que a conduta administrativa em tela deveria ser considerada válida. Com o passar do tempo, e a Constituição Federal vigente é um verdadeiro marco simbólico disso, outros princípios, diretamente relacionados com aspectos substanciais das ações estatais (moralidade, razoabilidade, impessoalidade etc.), foram sendo reconhecidos como elementos de definição da validade dos atos administrativos. Diante de tal nova perspectiva, de legalidade ampla ou juridicidade, toda a principiologia, e não somente a legalidade estrita, passou a fundamentar o controle judicial das condutas discricionárias, com o que se ampliou significativamente o espectro de temas controláveis.

Poder-se-ia dizer, em outras palavras, que o Poder Judiciário sempre foi legitimado a promover o controle da validade das condutas administrativas discricionárias. O que evoluiu foi justamente a definição de validade, que outrora se restringia a meros aspectos formais de legalidade estrita e que, atualmente, relaciona-se com aspectos mais abrangentes, de cunho formal e substancial, determinados por toda a gama de princípios integrantes da noção de juridicidade administrativa. Assim, seria possível afirmar que o Poder Judiciário não pode promover o controle *do* mérito administrativo, no sentido de não poder se intrometer em questões administrativas de conveniência e oportunidade propriamente ditas; poderá, contudo, fazer o controle *no* mérito administrativo, no sentido de que está legitimado a realizar o controle da validade formal e substancial das decisões discricionárias, mesmo que para isso tenha de analisar a escolha que foi realizada pela Administração Pública. O que há de estar suficientemente esclarecido é que não mais se pode tratar a discricionariedade ou o mérito administrativo como círculos

6. Tal noção de juridicidade administrativa pode ser aprofundada em Paulo Otero, *Legalidade e Administração Pública. O Sentido da Vinculação Administrativa à Juridicidade*, 2003; Adolf Merkl, *Teoría General del Derecho Administrativo*, 1980. Na doutrina brasileira, v. Cármen Lúcia Antunes Rocha, *Princípios Constitucionais da Administração Pública*, 1994. Tal noção encontra positivação em solo pátrio no art. 2º, parágrafo único, I, da Lei n. 9.784/1999 ("nos processos administrativos serão observados, entre outros, os critérios de: ... I – atuação conforme a lei e o Direito"), o qual teve inegável inspiração no art. 20, III, da Lei Fundamental da República Federal da Alemanha, o qual prevê que "o Poder Legislativo está subordinado à ordem constitucional; os Poderes Executivo e Judicial obedecem à lei a ao Direito".

de imunidade de poder.[7] Toda e qualquer atuação estatal, inclusive a discricionária, está sujeita à ordem jurídica e, assim, ao controle jurisdicional da observância a tal submissão.

Imperioso não se confundir discricionariedade administrativa com a noção de "conceitos jurídicos indeterminados", os quais, segundo Eros Grau, são aqueles "cujos termos são ambíguos ou imprecisos – especialmente imprecisos –, razão pela qual necessitam ser completados por quem os aplique".[8] Seriam exemplos de conceitos jurídicos indeterminados algumas expressões costumeiramente encontradas em normas constitucionais e legais de atribuição de competência, tais como *interesse público*, *urgência*, *notório saber*, *ilibada conduta*, *relevância*, *iminente perigo público*, dentre tantos outros.

Os conceitos jurídicos indeterminados possuem, incontroversamente, uma margem interpretativa a ser preenchida em cada caso concreto pelo administrador quando da aplicação da regra legal em que está inserido. A questão que se põe é a de se saber se a presença de um conceito jurídico indeterminado em regras de atribuição de competência geraria uma outra espécie de discricionariedade – intelectiva, não volitiva, como a acima estudada. Tal discussão vem de há muito tempo no Direito Administrativo. Além disso, encontram-se na doutrina setores importantes que vislumbram nos conceitos jurídicos indeterminados uma espécie de discricionariedade, bem como outros setores, não menos importantes, que rechaçam tal condição. Quer parecer que a razão está com aqueles que diferenciam a discricionariedade dos conceitos jurídicos indeterminados. Aquela (a discricionariedade) permite ao administrador que produza um juízo de valor, ou seja, que pratique um ato de vontade (obviamente, tal vontade é funcional e deve ser orientada à satisfação do interesse público), escolhendo uma dentre várias formas de ação legalmente previstas; estes (os conceitos jurídicos indeterminados) ensejam que o administrador produza um juízo de interpretação, no sentido de que, na aplicação da regra, o administrador promoverá um ato de inteligência. Não se podendo confundir *escolha* com *interpretação*, também não se apresenta possível a confusão entre a discricionariedade e os conceitos jurídicos indeterminados. Esta, aliás, vem sendo a posição do STF.[9]

No que tange ao controle jurisdicional da concretização, pelo administrador, dos conceitos jurídicos indeterminados, esse deve ter uma dimensão ainda maior

7. V., por todos, Eduardo García Enterría, *La Lucha Contra las Immunidades del Poder*, 3ª ed., 1995.

8. Eros Grau, *O Direito Posto e o Direito Pressuposto*, 5ª ed., p. 200. Para aprofundamento sobre o tema: v. António Francisco de Sousa, *Conceitos Indeterminados no Direito Administrativo*, 1994 e Fernando Sainz Moreno, *Conceptos Jurídicos, Interpretación y Discrecionalidad Administrativa*, 1976.

9. Neste sentido, v., p. ex.: Recurso em Mandado de Segurança 24.699, Rel. Ministro Eros Grau, j. 30.11.2004. Do voto condutor do Relator, extrai-se a seguinte passagem: "Em outros termos: a autoridade administrativa está autorizada a atuar discricionariamente apenas, única e exclusivamente, quando norma jurídica válida expressamente a ela atribuir essa livre atuação. Insisto em que a discricionariedade resulta de expressa atribuição normativa à autoridade administrativa, e não da circunstância de serem ambíguos, equívocos ou suscetíveis de receberem especificações diversas os vocábulos usados nos textos normativos, dos quais resultam, por obra da interpretação, as normas jurídicas. Comete erro quem confunde discricionariedade e interpretação do direito".

do que aquela existente em relação à discricionariedade administrativa. Como já foi dito, na discricionariedade, sendo a decisão validamente promovida, existirá um espaço que é de alçada exclusiva da Administração Pública, qual seja, a valoração válida da conveniência e oportunidade (mérito administrativo). O controle jurisdicional de condutas administrativas discricionárias restringe-se a questões de validade, ainda que entendidas de forma a abarcarem não só a estrita legalidade, mas também a principiologia do Direito Administrativo. Já no que diz com os conceitos jurídicos indeterminados, tratando-se de questão de interpretação jurídica (não de escolha administrativa), o controle jurisdicional tem a plena sindicabilidade da correção de tal interpretação, por se tratar de questão inteiramente relacionada com a validade da ação administrativa.

Retomando-se à questão do *controle de exercício*, ou seja, da concretização das normas discricionárias, não se pode negar que o controle judicial da atividade administrativa consiste em um importante instrumento de controle horizontal, assim considerado um mecanismo recíproco de controle entre os poderes do Estado.[10] Ou seja, afigura-se inegável que o controle jurisdicional da Administração Pública dá concreção ao sistema de freios e contrapesos (*checks and balances*), que, por seu turno, dá sustentáculo à tripartição funcional de poderes, nos moldes do que é estabelecido nos arts. 2º e 60, § 4º, III, ambos da Constituição Federal.

No entanto, o controle judicial da Administração Pública não pode ser considerado um mero instrumento do sistema de equilíbrio funcional de poderes. Tal perspectiva não se coaduna com a Constituição vigente, que teve uma flagrante intenção de prestigiar o cidadão, colocando-o em posição proeminente no sistema jurídico, na medida em que lhe conferiu um extenso e significativo conjunto de Direito Fundamentais.

A propósito disso, a simples análise da topografia do texto da Constituição Federal, onde se pode encontrar o catálogo de Direito Fundamentais antes mesmo da organização do Estado, induz à conclusão de que a atual ordem jurídica constitucional exige que se interprete a atuação estatal à luz dos Direito Fundamentais e não o contrário. Ou seja, o Estado Social e Democrático de Direito deve verter sua atividade com base nos limites advindos dos Direitos e Garantias Fundamentais, não bastando, pois, que sejam tratados como meros adereços contidos no texto da Carta Política. Por tal razão, é plenamente possível afirmar-se que "os direitos fundamentais estão vivenciando o seu melhor momento na história do constitucionalismo pátrio, ao menos no que diz com seu reconhecimento pela ordem jurídica positiva interna".[11]

Propõe-se, assim, a análise do controle jurisdicional da Administração Pública, e também do *controle de exercício* da atividade discricionária, a partir do princípio constitucional que, a um só tempo, prevê o mister institucional do Poder Judiciário e lhe confere limites. Trata-se do princípio da inafastabilidade do controle judicial, insculpido no art. 5º, XXXV, da Constituição Federal, pelo qual "a lei não excluirá da apreciação do Poder Judiciário lesão ou ameaça a direito". Tal princípio constitucional, considerado desde há muito por José Afonso da Silva como a

10. Têmis Limberger, *Atos da Administração Lesivos ao Patrimônio Público*, p. 23.

11. Ingo Wolfgang Sarlet, *A Eficácia dos Direitos Fundamentais*, p. 72.

principal garantia dos direitos subjetivos,[12] deve ser utilizado como vetor interpretativo do controle judicial da função estatal administrativa.

Diante de tal preceito, tem-se que a atuação do Poder Judiciário estará constitucionalmente habilitada e plenamente permitida sempre que se configurar lesão ou ameaça a direitos, mesmo que ocasionadas pela atividade administrativa do Estado. Pode ser afirmado, nesse sentido, que os destinatários da função administrativa possuem uma espécie de direito público subjetivo à atuação da Administração Pública que observe os ditames da lei e do Direito. Há, assim, algumas regras que prevêem o referido direito público subjetivo como, *v.g.*, preceituado no art. 4º, *caput*, da Lei de Licitação,[13] além do já referido art. 2º, parágrafo único, I, da Lei n. 9.784/1999.

Esse direito subjetivo público à juridicidade ou legalidade *lato sensu*, enquanto postulado que transcende aos interesses ou direitos individuais dos administrados, corresponde a um dever de "*legalidade objetiva*" ou de "*validade*" a que está submetido o Estado, ou seja, "à necessidade da existência e da observância de um quadro normativo da acção administrativa por simples razão de interesse público, independentemente, portanto, de saber se as actuações administrativas poderão lesar direitos ou interesses legítimos".[14]

Não se pode negar, pois, a existência de tal "*direito subjetivo à legalidade objetiva*", sob pena de se considerar que a inserção do princípio da legalidade administrativa no texto constitucional fora em vão. Injustificável, pois, qualquer interpretação que, direita ou indiretamente, afaste do Poder Judiciário a apreciação de lesão ou ameaça a direitos, mesmo no caso de atos discricionários, de atos políticos, de atos *interna corporis*, etc.

A tal direito subjetivo corresponde, como já referido, um dever de juridicidade obrigatório à Administração Pública, no sentido de que a mesma fica adstrita a uma atuação não somente obediente das regras jurídicas aplicáveis, mas também de toda a principiologia norteadora do Direito Administrativo. Com isso, há de se considerar que sempre que a atividade administrativa do Estado desgarrar-se das regras e princípios norteadores do Direito Administrativo, tal atividade – inválida, por óbvio – estará infringindo a um direito público subjetivo de um administrado ou de um grupo de administrados e, em última análise, de todo o corpo social sobre o qual a atividade estatal incide.

Aqui, a discricionariedade administrativa, tanto quanto vinculação, expressa um dos modos de concreção do princípio da legalidade. Explicando-se tal afirmação, há de ser pressuposto que a atuação da Administração Pública é adstrita à prévia definição legal de competência. Ou, como se extrai de passagem já celebrizada, "enquanto na administração particular é lícito fazer tudo que a lei não proíbe, na Administração Pública só é permitido fazer o que a lei autoriza". Tal frase, merecedora de elogios por trazer consigo perfeita sín-

12. José Afonso Silva, *Curso de Direito Constitucional Positivo*, 9ª ed., p. 376.

13. "Todos quantos participem da licitação promovida pelos órgãos ou entidades a que se refere o artigo 1º têm direito público subjetivo à fiel observância do pertinente procedimento estabelecido nesta Lei,...".

14. José Manuel Sérvulo Correia, *Legalidade e Autonomia Contratual nos Contratos Administrativos*, p. 293. Também nesse sentido Mário Aroso Almeida, *Anulação de Actos Administrativos e Relações Jurídicas Emergentes*, pp. 160-161.

tese, costuma ser atribuída a Hely Lopes Meirelles.[15] Em verdade, seu conteúdo remonta ao início do século XX, em obra de João Barbalho Uchoa Cavalcanti, acerca da Constituição Federal de 1891.[16] A legalidade da Administração Pública nada mais seria, conforme ensina Diogo Freitas do Amaral,[17] do que o princípio da competência, pelo qual somente seria permitido fazer o admitido em regras de atribuição. Tal princípio da competência é traduzido na expressão latina "*quae non sunt permissa prohibita intelliguntur*",[18] ao contrário do princípio da liberdade, típico do Direito Privado, onde "*permissum videtur in omne quod non prohibitum*".[19]

Assim, é possível vislumbrar um duplo papel ao princípio da legalidade da Administração Pública. De um lado, a legalidade faz-se limite à atividade administrativa, tal como ocorre com as relações jurídicas privadas. De outro, e esta é a peculiaridade do Direito Público, sobretudo do Direito Administrativo, a legalidade administrativa impõe ser a lei a própria fonte de atuação da Administração Pública, isto é, o seu próprio fundamento.[20]

Assim, na concretização de uma norma discricionária, o controle judicial da Administração Pública deve ser vislumbrado a partir do art. 5º, XXXV, da CF/1988. Eis o que aqui se denomina de *controle de exercício* da discricionariedade. Com efeito, no que tange aos atos discricionários, se a providência adotada pela Administração Pública dentre as várias que são postas a sua disposição pela lei, for praticada de forma válida, não estará sendo violado, em princípio, qualquer direito subjetivo do administrado, porquanto inexiste a garantia de que a opção administrativa que será tomada seja aquela que melhor atenda aos anseios pessoais do administrado. Nesse sentido, costuma-se afirmar que o Poder Judiciário não pode imiscuir-se no controle do mérito administrativo. Isto é, não tem o Poder Judiciário legitimação constitucional para dizer que a melhor solução válida seria a opção "x" ou a opção "y". Todavia, se houver, na atuação administrativa discricionária, o cometimento de uma invalidade decorrente de uma praxe imoral, irrazoável, desproporcional, pessoalizada ou simplesmente ilegal, numa acepção estrita, não podem existir dúvidas quanto à possibilidade de o Poder Judiciário ter legitimação para a invalidação de tal comportamento patológico.

15. Hely Lopes Meirelles, *Direito Administrativo Brasileiro*, 24ª ed., p. 82.

16. "De modo que, ao individuo é reconhecido o direito de fazer tudo quanto a lei não tem prohibido, e não póde elle ser obrigado sinão ao que elle lhe impõe. ... Com a autoridade, porém com os funcionários públicos, dá-se justamente o contrario – só podem fazer, nessa qualidade, o que a lei autoriza, como n'outra parte já expozemos. Suas attribuições são somente as que se acham definidas nas leis e nos regulamentos que com ellas se conformam" (João Barbalho Uchôa Cavalcanti, *Constituição Federal Brasileira de 1891 Comentada*, p. 302).

17. Diogo Freitas do Amaral, *Curso de Direito Administrativo*, vol. II, p. 43.

18. "O que não for permitido considera-se que é proibido".

19. "Considera-se permitido tudo o que não estiver proibido".

20. "... na concepção mais recente, a lei não é apenas um limite à actuação da Administração: é também o fundamento da acção administrativa. Quer isto dizer que, hoje em dia, não há um poder livre de a Administração fazer o que bem entender, salvo quando a lei lho proibir; pelo contrário, vigora a regra de que a Administração só pode fazer aquilo que a lei lhe permitir que faça" (Diogo Freitas do Amaral, ob. cit., p. 43). V., ainda no sentido de que a lei é o próprio fundamento de atuação da Administração Pública, Diogo de Figueiredo Moreira Neto, *Curso de Direito Administrativo*, 11ª ed., p. 62.

Tal possibilidade de controle de validade da atuação administrativa discricionária (*controle de exercício*) não pode ser considerada uma intromissão do Poder Judiciário no "*mérito administrativo*", mas sim um controle plenamente justificado na infração ao direito subjetivo que o destinatário da regra discricionária possui à validade da atuação administrativa. Ou seja, o fundamento da possibilidade de o Poder Judiciário invalidar atos administrativos discricionários inválidos – e tal possibilidade é indubitável – está também no art. 5º, XXXV, da CF/1988.

Não se pode olvidar, pois, que o princípio da inafastabilidade do Poder Judiciário "surgiu, em última análise, do desejo de defender o indivíduo contra o Estado".[21] Ocorre que, como já referido, o parâmetro de controle de exercício da atuação discricionária vem se ampliando, em face do próprio redimensionamento da concepção de validade da atividade administrativa. Em efeito, sempre que uma conduta administrativa restar perpetrada à revelia da lei aplicável e do Direito como um todo, tal ação padecerá de um vício de invalidade e deverá ser, em princípio, desconstituída.

Feitas tais ponderações acerca do *controle de exercício* da atividade discricionária, passa-se para o que se qualifica, no presente ensaio, como *controle de atribuição* da discricionariedade.

II – Controle de atribuição da discricionariedade

No tópico anterior, buscou-se dimensionar o controle da discricionariedade, numa perspectiva ampla, pautada pela noção de juridicidade administrativa, concentrando-se, no que se denominou de *controle de exercício*. Esse, por seu turno, pressupõe a existência de uma norma de atribuição discricionária de competência, a qual deverá ser exercida pelo administrador, com a integral observância da lei e do Direito aplicável.

Ou seja, analisou-se a questão do controle da discricionariedade, num momento do fenômeno jurídico que partiu de uma regra legal discricionária até culminar na conduta concreta da Administração Pública que a concretizou. Sobre tal aspecto, ao que parece, doutrina e jurisprudência pátria já se encontram em avançado patamar de compreensão.

Há, contudo, um aspecto ainda inexplorado acerca da discricionariedade e que se apresenta tão ou ainda mais relevante do que o seu *controle de exercício*. Trata-se do *controle de atribuição*, o qual, em suma, consiste na possibilidade de se controlar a constitucionalidade de normas discricionárias em face da própria margem de liberdade que tal norma atribui ao administrador.

Em linhas gerais, tal *controle de atribuição* possui o mesmo fundamento nuclear do *controle de exercício*, qual seja, o princípio da inafastabilidade do controle judicial, insculpido no art. 5º, XXXV, da CF.

Isso porque, se, de um lado, uma conduta administrativa discricionária que seja invalidamente concretizada importa em lesão ou ameaça a direito subjetivo, fazendo-se incidir tal norma constitucional de legitimação do Poder Judiciário, de outro, uma norma legal de índole discricionária que estabelece margem de liberdade demasiada ao administrador, mostrar-se-á inconstitucional justamente por afronta direta e imediata ao art. 5º, XXXV, da CF, uma vez que estará, por certo, afastando

21. José Maria Rosa Tesheiner, *Elementos para uma Teoria Geral do Processo*, p. 33.

do Poder Judiciário o controle de ameaças ou lesões a direitos.

Ilustra-se tal afirmação com um exemplo, em certa medida, caricato: o Supremo Tribunal Federal já assentou a orientação de que se mostra inválida a inserção de questão em concurso público que verse sobre tema não previsto no instrumento convocatório do certame.[22] Imagine-se, a partir disso, que uma determinada norma legal ou infralegal que disponha sobre um determinado concurso público para ingresso em carreiras jurídicas dispusesse que "*poderão ser incluídas questões sobre quaisquer temas encontrados na Ciência do Direito*". Ora, nesse caso, a margem de liberdade é tamanha que se apresentaria absolutamente inviável qualquer controle judicial sobre as questões inseridas no concurso. Ou seja, em situação como tal, a norma discricionária em lume se encontra em total conflito com o art. 5º, XXXV, da CF, pois inviabilizaria, por seu conteúdo normativo, todo e qualquer controle judicial.

Assim, é possível afirmar-se que uma norma discricionária deverá ser considerada inconstitucional tão somente por sua demasia na fixação da margem de liberdade administrativa, ou, por falta de densidade normativa na atribuição de competência ao administrador.

Diante disso, torna-se ainda mais relevante a diferença entre *discricionariedade* e *conceitos jurídicos indeterminados*, tal como proposta no item anterior deste ensaio. Com efeito, tratando-se os *conceitos jurídicos indeterminados* de uma questão, *ultima ratio*, de interpretação jurídica, e sendo, porquanto isso, pleno o controle judicial sobre a interpretação promovida pelo administrador, por mais abstrato e vago o conceito jurídico em questão, ainda assim, o controle jurisdicional não sofrerá qualquer limitação que viole o princípio da inafastabilidade. Já no caso de normas discricionárias, indutoras de uma margem de escolha administrativa, mesmo que tal escolha deva ser pautada pela noção ampla de juridicidade, ainda assim será indevidamente restringido o controle judicial, caso a discricionariedade seja outorgada em excesso pela norma de competência.

Evidentemente, sendo a questão presentemente destacada relacionada com o controle de constitucionalidade, as considerações aqui vertidas têm como destinatários primeiros os legisladores, no sentido de adverti-los que será a sua produção normativa inconsentânea com a ordem constitucional caso dela resulte norma demasiadamente discricionária.

Neste sentido, Mariano Bacigalupo leciona que o princípio da inafastabilidade do controle judicial (ou tutela judicial efetiva, como costumeiramente é denominada na Espanha) impõe também um controle de constitucionalidade da atribuição do poder discricionário (ou da norma de atribuição de competência discricionária), "exigiendo, esta vez del legislador, que programe la actividad administrativa con la densidad normativa necesaria para que el juez contencioso-administrativo pueda fiscalizarla – sin necesidad de rebasar los límites intrínsecos del control jurídico – con la intensidad adecuada a una tutela judicial que, por imperativo constitucional (art. 24.1 CE), ha de ser efectiva".[23]

22. RE 434.708, Rel. Ministro Sepúlveda Pertence, j. 21.6.2005.

23. Mariano Bacigalupo, *La Discrionalidad Administrativa (Estructura Normativa, Control Judicial y Límites Constitucionales de su Atribución)*, p. 222.

Tal ponderação, embora referente ao art. 24.1, da Constituição da Espanha (*todas las personas tienen derecho a obtener tutela efectiva de los jueces y tribunales en el ejercicio de sus derechos e intereses legítimos, sin que, en ningún caso, pueda producirse indefensión*), apresenta-se plenamente aproveitável a uma ordem jurídico-constitucional que possua norma como a contida no art. 5º, XXXV, da Constituição Federal, pelo qual "*a lei não excluirá da apreciação do Poder Judiciário lesão ou ameaça a direito*".

Parece, pois, ser deveras evidente que uma norma demasiadamente discricionária, por sua falta de densidade normativa, afronta ao art. 5º, XXXV, da CF, afigurando-se, por tal razão, inconstitucional.

Neste sentido, adverte Mariano Bacigalupo[24] que, por mais amplo que fosse o *controle de exercício*, no sentido de viabilizar uma sindicabilidade pautada por princípios ou postulados muito abrangentes (*v.g.*, razoabilidade, proporcionalidade, moralidade, etc.), ainda assim, a tutela jurisdicional não seria efetiva, e, por conseguinte, não se estaria respeitando o núcleo essencial subjacente ao Direito Fundamental traduzido pelo princípio da inafastabilidade do controle jurisdicional, caso a norma de atribuição de competência discricionária se apresentasse exageradamente ensejadora de margem de liberdade. Neste caso, não seria o Poder Judiciário, mas o legislador quem estaria vulnerando o art. 5º, XXXV, da CF "*pues es él quien impide (o, mejor dicho, no permite o hace posible) que el juez pueda controlar la actividad administrativa impugnada con la intensidad propia de una tutela judicial efectiva*".

Surge, pois, um problema de árdua solução e que exorbita a pretensão do presente ensaio, qual seja, o de elucidar qual o nível de densidade normativa exigida de uma regra discricionária, para que seja considerada compatível com o princípio da inafastabilidade do controle judicial. Tal problema há de ser solucionado a partir do cotejo de tal princípio com a noção de equilíbrio entre os poderes nos moldes do que é estabelecido nos arts. 2º e 60, § 4º, III, ambos da Constituição Federal.

Parece que tal avaliação, a ser perpetrada tanto no controle concentrado quanto no controle difuso de constitucionalidade, há de ser feita, com os olhos voltados aos Direito Fundamentais do cidadão, o que significa dizer que, em estado de dúvida, há de se dar a interpretação que mais potencialize a proteção dos direitos do cidadão.

Tal priorização dos direitos do cidadão vai ao encontro de uma série de trabalhos que buscam a necessária adaptação do Direito Administrativo a um discurso efetivamente moderno e apto ao seu papel essencial,[25] qual seja o de compatibilizar a existência de prerrogativas públicas, imprescindíveis à atuação estatal, com uma gama de direitos e garantias fundamentais assegurados na Carta Política vigente,[26]

24. Idem, pp. 224-225.

25. Destacam-se, neste sentido: Diogo de Figueiredo Moreira Neto, *Mutações do Direito Administrativo*, 3ª ed., 2007; Patrícia Baptista, *Transformações do Direito Administrativo*, 2003; Gustavo Binenbojm, *Uma Teoria do Direito Administrativo – Direitos Fundamentais, Democracia e Constitucionalização*, 2ª ed., 2008.

26. "Ora, sendo a Administração Pública, em seus vários aspectos, objeto central do direito administrativo, este se caracteriza essencialmente pela busca de um equilíbrio entre as prerrogativas da autoridade e os direitos individuais" (Maria Sylvia Zanella Di Pietro, *Discricionariedade Administrativa na Constituição de 1988*, p. 9).

inserindo o ser humano na condição de aspecto nuclear na ordem jurídica,[27] como se pode extrair da Constituição Federal de 1988, adequadamente concebida como cidadã.

Contudo, sobre tal abordagem da discricionariedade administrativa – que leva em consideração a constitucionalidade da norma de atribuição discricionária pela densidade normativa da atribuição de liberdade ao administrador – muito há de ser desenvolvido, até mesmo porque, como se afirmou, esse trabalho tem uma pretensão meramente prospectiva.

Conclusões

O art. 5º, XXXV, da Constituição Federal, norma essa que condensa o princípio da infastabilidade do controle judicial, ou o Direito Fundamental a uma tutela jurisdicional efetiva em favor do cidadão, atua no controle da discricionariedade administrativa em duas dimensões.

Na primeira e mais conhecida delas, tal princípio atua como fundamento material para a atuação do Poder Judiciário no *controle de exercício* da atuação discricionária, assim compreendido como a possibilidade de controle da atuação administrativa a partir de uma norma de atribuição discricionária de competência. Tal controle, por seu turno, se apresenta muito mais amplo do que no passado, eis que tem como parâmetro não somente a adequação da conduta estatal com a lei, mas também sua compatibilidade com o Direito. Tal pauta de controle, cumpre salientar, apresenta-se bastante ampla, proporcional à abrangência e a extensão da principiologia incidente sobre o Direito Administrativo.

Na segunda dimensão, ainda carente de desenvolvimento em solo pátrio, o princípio da inafastabilidade do controle judicial há de servir como norma constitucional que torna inconstitucional toda e qualquer norma de atribuição de competência discricionária, caso a margem de liberdade atribuída seja demasiadamente ampla, de sorte a carecer de densidade normativa. Assim, uma determinada norma discricionária deveria ser, simplesmente pelo excesso de liberdade que atribui ao administrador, considerada inconstitucional sempre que tal margem de atuação culminasse na impossibilidade de o Poder Judiciário controlar lesões ou ameaças a direitos.

Porto Alegre, junho de 2010.

Referências bibliográficas

ALMEIDA, Mário Aroso. *Anulação de Actos Administrativos e Relações Jurídicas Emergentes*. Coimbra, Almedina, 2002.

AMARAL, Diogo Freitas do. *Curso de Direito Administrativo*, vol. II, reimp. Coimbra, Almedina, 2002.

BACIGALUPO, Mariano. *La Discrionalidad Administrativa (Estructura Normativa, Control Judicial y Límites Constitucionales de su Atribución)*. Madri, Marcial Pons, 1997.

BANDEIRA DE MELLO, Celso Antônio. *Discricionariedade e Controle Jurisdicional*. 2ª ed. São Paulo, Malheiros Editores, 1993.

27. Neste aspecto e também quanto à substituição da necessária supremacia do interesse público sobre particulares por uma constante ponderação entre os interesses públicos com os demais interesses em jogo, remete a precursor: Marçal Justen Filho, "Conceito de interesse público e a 'personalização' do Direito Administrativo", *Revista Trimestral de Direito Público* 26/115-136, São Paulo, Malheiros Editores, 1999.

BAPTISTA, Patrícia. *Transformações do Direito Administrativo*. Rio de Janeiro, Renovar, 2003.

BINENBOJM, Gustavo. *Uma Teoria do Direito Administrativo – Direitos Fundamentais, Democracia e Constitucionalização*. 2ª ed. Rio de Janeiro, Renovar, 2008.

CAVALCANTI, João Barbalho Uchôa. *Constituição Federal Brasileiro, 1891: Comentada*. Brasília, Ed. Senado Federal, 2002.

DI PIETRO, Maria Sylvia. *Discricionariedade Administrativa na Constituição de 1988*. São Paulo, Atlas, 1991.

GARCÍA ENTERRÍA, Eduardo. *La Lucha Contra las Immunidades del Poder*. 3ª ed. Madri, Civitas, 1995.

GRAU, Eros. *O Direito Posto e o Direito Pressuposto*. 5ª ed. São Paulo, Malheiros Editores, 2003.

GUERRA, Sérgio. *Discricionariedade e Reflexividade – Uma Nova Teoria sobre as Escolhas Administrativas*. Belo Horizonte, Fórum, 2008.

JUSTEN FILHO, Marçal. "Conceito de interesse público e a 'personalização' do Direito Administrativo". *Revista Trimestral de Direito Público* 26/1999. São Paulo, Malheiros Editores.

LIMBERGER, Têmis. *Atos da Administração Lesivos ao Patrimônio Público*. Porto Alegre, Livraria do Advogado, 1998.

MAFFINI, Rafael. *Direito Administrativo*. 3ª ed. São Paulo, Ed. RT, 2010.

MEIRELLES, Hely Lopes. *Direito Administrativo Brasileiro*. 24ª ed. São Paulo, Malheiros Editores, 1999.

MERKL, Adolf. *Teoría General del Derecho Administrativo*. México, Nacional, 1980.

MOREIRA NETO, Diogo de Figueiredo. *Curso de Direito Administrativo*. 11ª ed. Rio de Janeiro, Forense, 1998.

______. *Legitimidade e Discricionariedade*. 4ª ed. Rio de Janeiro, Forense, 2001.

______. *Mutações do Direito Administrativo*. 3ª ed. Rio de Janeiro, Renovar, 2007.

MORENO, Fernando Sainz. *Conceptos Jurídicos, Interpretación y Discrecionalidad Administrativa*. Madri, Civitas, 1976.

OTERO, Paulo. *Legalidade e Administração Pública. O Sentido da Vinculação Administrativa à Juridicidade*. Coimbra, Almedina, 2003.

ROCHA, Cármen Lúcia Antunes. *Princípios Constitucionais da Administração Pública*. Belo Horizonte, Del Rey, 1994.

SARLET, Ingo Wolfgang. *A Eficácia dos Direitos Fundamentais*. Porto Alegre, Livraria do Advogado, 1998.

SÉRVULO CORREIA, José Manuel. *Legalidade e Autonomia Contratual nos Contratos Administrativos*. Coimbra, Almedina, 1987.

SILVA, José Afonso. *Curso de Direito Constitucional Positivo*. 9ª ed. São Paulo, Malheiros Editores, 1994.

SOUSA, António Francisco de. *Conceitos Indeterminados no Direito Administrativo*. Coimbra, Almedina, 1994.

TESHEINER, José Maria Rosa. *Elementos para uma Teoria Geral do Processo*. São Paulo, Saraiva, 1993.

SISTEMA DE REGISTRO DE PREÇOS: CABIMENTO NA HIPÓTESE DE RESTRIÇÃO ORÇAMENTÁRIA E NA CONTRATAÇÃO DE SERVIÇOS CONTINUADOS

VIVIANE VIEIRA DA SILVA

Especialista em Direito Administrativo pela Pontifícia Universidade Católica – PUC/SP.
Formada em Direito pela Universidade Federal de Santa Catarina – UFSC e em Administração pela Universidade do Estado de Santa Catarina – UDESC.
Advogada da União

I – Introdução. II – Do cabimento do Sistema de Registro de Preços na contratação de serviços. III – Da adoção do Sistema de Registro de Preços nas hipóteses de restrição orçamentária. IV – Especificidades dos serviços prestados de forma continuada: IV.1 Do período máximo de vigência da ata de registro de preços; IV.2 Da repactuação durante a vigência da ata de registro de preços. V – Conclusão. VI – Bibliografia.

I – Introdução

1. O advogado público, na atuação consultiva junto à Administração Pública, é levado a raciocinar sobre aspectos específicos de determinados institutos jurídicos.

2. O campo das licitações e contratos administrativos apresenta incontáveis situações em que se exige tal raciocínio a fim de orientar e auxiliar o gestor público na escolha da alternativa jurídica que viabilize a prática administrativa dentro dos ditames legais e com a máxima eficiência.

3. O tema deste artigo é resultado de consultas, no âmbito da Administração Pública Federal, sobre a possibilidade jurídica em se adotar o Sistema de Registro de Preços (SRP) nas contratações de serviços continuados e, também, sobre a viabilidade jurídica de utilizar esse sistema nos casos de contingenciamento de recursos públicos – recursos existentes, porém bloqueados – que é uma hipótese diversa daquelas previstas pelo art. 2º, incisos I a IV, do Decreto n. 3.931/2001.

4. O Sistema de Registro de Preços é mecanismo ancilar da Administração Pública para a realização de compras e contratação de serviços de maneira eficiente e célere, autorizando a Administração, mediante licitação nas modalidades concorrência ou pregão, a cotar e registrar o menor preço para determinado produto ou serviço. Além disso, obriga o fornecedor do menor preço registrado a mantê-lo por um período específico, sem, no entanto obrigar a Administração a contratar com o fornecedor, caso a necessidade da Administração se altere ou, ainda, surja preço mais vantajoso para a Administração, do que aquele inicialmente cotado e registrado.

5. O Sistema de Registro de Preços, embora largamente utilizado a partir da regulamentação da previsão contida no art. 15, da Lei n. 8.666/1993, é uma figura antiga no ordenamento jurídico pátrio. Sob a denominação "concorrências permanentes", o Código de Contabilidade Pública da União (Decreto federal n. 4.536/1922) previu, em seu art. 52:

"A inscrição dos fornecedores e seus preços, para o fornecimento de produtos de consumo habitual, nas contabilidades dos Ministérios e nas repartições interessadas, obrigando-os sempre que a Administração os precisasse. Vale anotar que à época só havia julgamento acerca da idoneidade do fornecedor interessado, não havendo disposição sobre a existência de um procedimento de licitação. Como se percebe, suas bases se assemelham às características do SRP, conforme atualmente previsto.

"Posteriormente, quando da edição do Decreto-lei federal n. 200/1967, que dispôs sobre a organização da Administração Federal e estabeleceu diretrizes para a reforma administrativa, não houve qualquer referência ao Registro de Preços.

"De fato, o SRP foi disciplinado pela União, no exercício da competência para legislar sobre normas gerais de licitação, por meio do Decreto-lei federal n. 2.300/1986, em seu art. 14, inciso II, §§ 1º a 3º e após, pela Lei n. 8.666/1993. No âmbito da União, a regulamentação do SRP ocorreu com a edição do Decreto n. 2.743/1998 e depois pelo Decreto n. 3.931/2001, alterado pelo Decreto n. 4.342/2002."[1]

6. A doutrina não diverge quanto ao cabimento do Sistema de Registro de Preços para as compras na Administração Pública, uma vez que o art. 15 da Lei n. 8.666/1993 prevê, expressamente, essa hipótese.

7. Quando, no entanto, se fala da utilização do Sistema de Registro de Preços na prestação de serviços (*continuados* e *não continuados*), a divergência de opiniões aparece, pois a inclusão deste objeto na sistemática do registro de preços se deu por força de um Decreto: o Decreto n. 3.931/2001, que, para alguns autores, teria extrapolado seu poder regulamentar.

8. O segundo problema que se pretende abordar neste artigo é o do cabimento do Sistema de Registro de Preços em uma hipótese não prevista expressamente pelo Decreto n. 3.931/2001, incisos I a IV do art. 2º: nos casos de contingenciamento dos recursos orçamentários aprovados inicialmente, mas bloqueados pela autoridade competente e usualmente liberados (*ao menos na esfera da União*) no último trimestre do exercício financeiro.

1. Cássia Hoshino, "Sistema de Registro de Preços: aspectos polêmicos", in Fabrício Bolzan e Fernanda Marinela (orgs.), *Leituras Complementares de Direito Administrativo: Advocacia Pública*, 2ª ed., pp. 113-150.

II – Do cabimento do Sistema de Registro de Preços na contratação de serviços

9. Antes de analisar o cabimento do Sistema de Registro de Preços fora das hipóteses descritas nos incisos I a IV do art. 2º do Decreto n. 3.931/2001 (mais precisamente nos casos de restrição orçamentária), será abordado o cabimento do Sistema de Registro de Preços quando o objeto a ser eventualmente contratado for a prestação de serviços, *com ênfase na espécie serviços continuados*.

10. O Sistema de Registro de Preços está previsto, na legislação brasileira, nos seguintes dispositivos:

Lei n. 8.666/1993

"Art. 15. As compras, sempre que possível, deverão:(...).

"§ 1º. O registro de preços será precedido de ampla pesquisa de mercado.

"§ 2º. Os preços registrados serão publicados trimestralmente para orientação da Administração, na imprensa oficial.

"§ 3º. O Sistema de Registro de Preços será regulamentado por decreto, atendidas as peculiaridades regionais, observadas as seguintes condições:

"I – seleção feita mediante concorrência;

"II – estipulação prévia do sistema de controle e atualização dos preços registrados;

"III – validade do registro não superior a um ano.

"§ 4º. A existência de preços registrados não obriga a Administração a firmar as contratações que deles poderão advir, ficando-lhe facultada a utilização de outros meios, respeitada a legislação relativa às licitações, sendo assegurado ao beneficiário do registro preferência em igualdade de condições.

"§ 5º. O sistema de controle originado no quadro geral de preços, quando possível, deverá ser informatizado.

"§ 6º. Qualquer cidadão é parte legítima para impugnar preço constante do quadro geral em razão de incompatibilidade desse com o preço vigente no mercado."

Lei n. 10.520/2002

"Art. 11. *As compras e contratações de bens e serviços comuns*, no âmbito da União, dos Estados, do Distrito Federal e dos Municípios, quando efetuadas pelo Sistema de Registro de Preços previsto no art. 15 da Lei n. 8.666, de 21 de junho de 1993, poderão adotar a modalidade de pregão, conforme regulamento específico."

Decreto n. 3.931/2001

"Art. 1º. As contratações *de serviços* e a aquisição de bens, quando efetuadas pelo Sistema de Registro de Preços, no âmbito da Administração Federal direta, autárquica e fundacional, fundos especiais, empresas públicas, sociedades de economia mista e demais entidades controladas, direta ou indiretamente pela União, obedecerão ao disposto neste Decreto. (...).

"Art. 2º. Será adotado, preferencialmente, o SRP nas seguintes hipóteses:

"I – quando, pelas características do bem ou serviço, houver necessidade de contratações frequentes;

"II – quando for mais conveniente a aquisição de bens com previsão de entregas parceladas ou contratação de serviços necessários à Administração para o desempenho de suas atribuições;

"III – quando for conveniente a aquisição de bens ou a contratação de serviços para atendimento a mais de um órgão ou entidade, ou a programas de governo; e

"IV – quando pela natureza do objeto não for possível definir previamente o quantitativo a ser demandado pela Administração."

11. Da leitura sistemática desses dispositivos, verifica-se, de imediato, a aplicabilidade da legislação que rege o Sistema de Registro de Preços às hipóteses de prestação de serviços. Embora o Sistema de Registro de Preços tenha sido primeiramente previsto para as compras (na Lei n. 8.666/1993), outra lei ordinária (qual seja, a Lei n. 10.520/2002) bem como o Decreto regulamentar (Decreto n. 3.931/2001) aumentaram seu âmbito de incidência à prestação de serviços.

12. Dúvida não há, portanto, quanto à possibilidade de utilização do Sistema de Registro de Preços para a eventual contratação de serviços.

13. Ultrapassado o rápido exame sobre a possibilidade de realizar licitação para registrar preços de serviços *lato sensu*, surge a indagação se tal possibilidade envolveria tanto serviços continuados quanto serviços não continuados. Entende-se, nesse aspecto, que a norma vigente não fez qualquer distinção ao prever a adoção do Sistema de Registro de Preços para serviços, tampouco retirou os serviços continuados do âmbito de incidência do Sistema de Registro de Preços.

14. Dessa forma, não cabendo ao intérprete distinguir onde a lei não distinguiu, conclui-se pela possibilidade de realizar licitação para registrar os preços tanto de serviços continuados quanto de serviços não continuados.

15. Além disso, é importante alertar para a menção expressa no Decreto n. 3.931/2001, no art. 4º, § 1º, que "os contratos decorrentes do SRP terão sua vigência conforme as disposições contidas nos instrumentos convocatórios e respectivos contratos, obedecido o ***disposto no art. 57 da Lei n. 8.666, de 1993***".

16. Sabendo-se que o art. 57 da Lei n. 8.666/1993 trata precisamente da duração dos contratos, referindo-se, em seu inciso, à prestação de serviços de forma continuada,[2] demonstrado está o acolhimento, pelo Decreto n. 3.931/2001, dos serviços continuados como passíveis de serem licitados para registro de seus preços.

17. Em interpretação gramatical e sistemática, entende-se que os contratos decorrentes do Sistema de Registro de Preços – SRP poderão ter a duração de 60 (sessenta) meses, se o objeto da contratação for serviço continuado.

18. Em artigo sobre o tema, Jessé Torres e Marinês R. Dotti, brilhantemente elucidaram a questão, *in verbis*:

"*12.5.2 Vigência dos contratos decorrentes do SRP*

"O art. 4º, § 1º, do Decreto n. 3.931/2001 estabelece que a vigência dos contratos decorrentes do SRP obedecerá às disposições contidas nos instrumentos convocatórios e respectivos contratos, e no disposto no art. 57 da Lei n. 8.666/1993. *Significa ser possível licitar-se a formação de SRP para futura contratação de serviços, contínuos ou não. O contrato decorrente, para serviço contínuo, pode ter sua duração prorrogada por iguais e sucessivos períodos, até o limite de sessenta meses, desde que observadas as seguintes condições* (grifo não consta do original): (a) haja interesse da Administração e do fornecedor registrado na prorrogação; (b) seja verificado em pesquisa que os preços contratados permanecem vantajosos para a Adminis-

2. "Art. 57. A duração dos contratos regidos por esta Lei ficará adstrita à vigência dos respectivos créditos orçamentários, exceto quanto aos relativos: (...). II – à prestação de serviços a serem executados de forma contínua, que poderão ter a sua duração prorrogada por iguais e sucessivos períodos com vistas à obtenção de preços e condições mais vantajosas para a administração, limitada a sessenta meses."

tração; (c) seja justificada e motivada por escrito, nos autos do processo; (d) seja previamente autorizada pela autoridade competente; (e) ocorra dentro do prazo de vigência contratual; (f) seja comprovado que o fornecedor registrado mantém as condições iniciais de habilitação; (g) inexistam impedimentos deste em contratar com o Poder Público; (h) haja na lei orçamentária do exercício da prorrogação do contrato, dotações suficientes para o custeio das respectivas despesas, ou condicionamento da validade e eficácia da prorrogação à referida disponibilidade; (i) seja formalizada por meio de termo aditivo, previamente analisado e aprovado pela assessoria jurídica, com publicação de seu resumo na imprensa oficial."[3]

19. Ainda sobre o cabimento do Sistema de Registro de Preços para eventuais futuras contrações de serviços continuados, existem os abalizados ensinamentos de Marçal e Bittencourt, abaixo transcritos, respectivamente:

"Mas há situações diversas, em que a dimensão dos serviços é impossível de ser determinada de antemão e a aplicação da regra do art. 57, II, não é suficiente para assegurar ao Estado o desempenho satisfatório e eficiente de suas funções. Assim, por exemplo, suponham-se serviços de manutenção de ruas ou limpeza de galerias pluviais. É impossível determinar, antecipadamente, a dimensão, a localização ou a intensidade de tais serviços. Se a Administração realizar licitação com indicação precisa a propósito do objeto, acabará deixando de atender necessidades relevantes para o interesse estatal. Será, inclusive, responsabilizável em face dos usuários pelos defeitos do serviço. Como decorrência, a Administração acabaria produzindo contratação direta, sob modalidade emergencial, por não dispor de registro de preços de serviços e obras. E ninguém negaria que a contratação direta por emergência é muito menos compatível com os princípios constitucionais que disciplinam a atividade administrativa do que o registro de preços.

"A sistemática do registro de preços possibilitaria uma atuação rápida e imediata da Administração Pública, com observância ao princípio da isonomia e garantindo a persecução objetiva da contratação mais vantajosa. Sem o registro de preços na área de obras e serviços, a Administração será constrangida a optar por solução mais vagarosa e menos satisfatória. Essa não é a vontade da Lei n. 8.666."[4]

"Há enorme avanço – e inovação – na permissão da adoção do SRP para contratar serviços. Sem dúvida, por diversas vezes se deparam agentes públicos com pequenos serviços que poderão ser necessários ao longo do tempo, carregados de uma enorme carga de indeterminação, com consequente dificuldade de planejamento, de vez que ocorrem em face de atividade de rotina. A recuperação de instalações, os reparos de equipamentos, os serviços de manutenção, pintura, etc. são exemplos clássicos. Serviços capazes de serem estabelecidos por algum tipo de medição (homem/hora, hora/aula, m^2, km, etc.) são plenamente factíveis a serem licitados através do SRP."[5]

3. Jessé Torres Pereira Junior e Marinês Restelatto Dotti, "Alterações do contrato administrativo: releitura das normas de regência à luz do gerenciamento de riscos, em gestão pública comprometida com resultados", *Revista Fórum de Contratação e Gestão Pública* 88 e *Revista do Tribunal de Contas da União* 111.

4. Marçal Justen Filho, *Comentários à Lei de Licitações e Contratos Administrativos*, 11ª ed., p. 149.

5. Sidney Bittencourt, *Licitação de Registro de Preços: Comentários ao Decreto n. 3.931, de 19 de setembro de 2001*, 2ª ed., p. 36.

20. Afora a ilustrada doutrina, o Tribunal de Contas da União também admite o auxílio do Sistema de Registro de Preços para eventual contratação de serviços continuados. No trecho do Acórdão abaixo transcrito, o objeto da licitação consistia na *contratação de empresa especializada em fornecimento de solução de processamento e armazenamento no modelo locação, contemplando disponibilização de* hardware, software, *sistemas, serviço de instalação, manutenção e suporte e também impressão e pré-impressos*. Hipótese prevista, portanto, no art. 57, IV, da Lei n. 8.666/1993. Verifica-se a seguir, a admissão, pelo TCU, da adoção do Sistema de Registro de Preços para serviços continuados de informática, donde permite-se inferir o cabimento do Sistema de Registro de Preços para serviços continuados em geral, uma vez que a definição[6] legal do serviço continuado é idêntica tanto para serviços de informática quanto para os demais tipos de serviço continuado: é o serviço a ser executado de forma contínua.

21. Eis o que diz o TCU:

"5. Quanto ao prazo de validade do Registro de Preços, verifico que, conquanto o item 2 do edital e o Termo de Referência dispusessem ser o objeto da licitação 'o Registro de Preços, com prazo de até 48 (quarenta e oito) meses', o item 14.1 do instrumento convocatório e o Anexo III, item 2.1, mencionam que a ata de registro de preços teria vigência de doze meses, conforme previsto em lei. Percebe-se, portanto que houve apenas equívoco na redação do edital, porquanto deveria indicar que o prazo de quarenta e oito meses seria, na verdade, o prazo máximo de duração do contrato celebrado com base na ata, cuja validade era de doze meses. Isso porque, enquanto o art. 15, § 3º, inciso III, da Lei 8.666/1993, estabelecera esse prazo para a validade da ata, o art. 57, inciso IV, da mesma lei, fixa o prazo de 48 meses para duração de contratos da natureza dos objetos licitados:

"'Art. 57. A duração dos contratos regidos por esta Lei ficará adstrita à vigência dos respectivos créditos orçamentários, exceto quanto aos relativos: (...).

"'IV – ao aluguel de equipamentos e à utilização de programas de informática, podendo a duração estender-se pelo prazo de até 48 (quarenta e oito) meses após o início da vigência do contrato.'

"6. Resta esclarecido, portanto, que houve incoerência na redação do item editalício, porém sem prejuízos ao andamento do certame, visto que esclarecido aos interessados pelo mesmo meio eletrônico de divulgação do edital, ou seja, via internet. Ademais, a identidade dos prazos com os da lei permitiria fácil conclusão acerca da mera incoerência. Cabe, portanto, efetuar-se a determinação proposta pela secretaria, para que não se repita em futuros editais.

"7. Igualmente assiste razão à unidade técnica no tocante ao exame dos demais pontos tratados nesta representação, razão pela qual acolho como razões de decidir, as ponderações consignadas na instrução, de modo que, não encontrando irregularida-

6. Ensina Diógenes Gasparini que o serviço continuado "por ser de necessidade perene para a Administração Pública, é atividade que não pode ter sua execução paralisada, sem acarretar-lhe danos. É, em suma, aquele serviço cuja continuidade da execução a Administração Pública não pode dispor, sob pena do comprometimento do interesse público. Assim também é definido por Carlos Pinto Coelho Motta (*Eficácia nas Licitações e Contratos*, 6ª ed., Belo Horizonte, Del Rey, 1997, p. 277). Leon Fredja Szklarowsky (*BLC* n. 12, dez./1994, p. 557) entre outros, assevera que serviço de execução contínua 'é o que não se pode interromper, faz-se sucessivamente, sem solução de continuidade' (...) 'é o que exige continuidade'" (fonte: *http://www.direitopublico.com.br/pdf_14/DIALOGO-JURIDICO-14-JUNHO-AGOSTO-2002-DIOGENES-GASPARINI.pdf*).

des ou ilegalidades graves que pudessem comprometer a licitação ou os contratos firmados, anuo às propostas consignadas na instrução da 3ª Secex no sentido de: considerar a representação parcialmente procedente; negar a cautelar pleiteada; e fazer as determinações, que, nessa linha ora proponho a este E. Plenário.

"Feitas essas considerações, acolho o parecer da unidade técnica e manifesto-me por que o Tribunal aprove o acórdão que ora submeto a deliberação deste Colegiado."[7]

III – Da adoção do Sistema de Registro de Preços nas hipóteses de restrição orçamentária

22. A partir desse momento, inicia-se o exame da viabilidade jurídica em adotar o Sistema de Registro de Preços fora das hipóteses previstas nos incisos I a IV do art. 2º do Decreto n. 3.931/2001.

23. Primeiramente, cumpre destacar que reconhecida doutrina considera meramente exemplificativas as hipóteses de cabimento do Sistema de Registro de Preços. Nesse sentido, Jacoby Fernandes,[8] ao comentar o art. 2º do Decreto n. 3.931/2001, *in verbis*: "O artigo contém comando indicativo da aplicação do SRP, servindo como balizador maior de sua aplicação. A norma, de conteúdo meramente exemplificativo, reflete, na verdade, os casos em que, mais frequentemente, se fará a aplicação do sistema".

24. Até mesmo Marçal,[9] que afirma ser o elenco do art. 2º, I a IV, do Decreto n. 3.931/2001 exaustivo, o faz apenas por não conseguir encontrar outra alternativa àquelas previstas pelo Decreto.

25. Diz o autor que: "Em princípio, o elenco do art. 2º do Regulamento é exaustivo. Essa exaustividade deriva, muito mais, da completude lógica da relação ali contida. É pouco provável localizar outra alternativa, além das ali indicadas, para justificar a adoção do SRP".

26. Em seguida, no entanto, o autor insiste pela exaustividade do mencionado rol do art. 2º, entendendo-a como um meio de evitar a utilização, por parte da Administração, do SRP "para hipóteses com as quais não seja compatível".[10]

27. Diante do exposto, pode-se concluir que, em sendo localizada outra hipótese compatível com o Sistema de Registro de Preços, caberá a utilização do Sistema de Registro de Preços.

28. E uma dessas hipóteses é, precisamente, o contingenciamento do crédito orçamentário. Jorge Ulisses Jacoby Fernandes,[11] em obra referência sobre a matéria, compreendendo a dificuldade prática vivenciada pelos ordenadores de despesa, assim defende:

"A necessidade de previsão orçamentária para a realização de certame licitatório é uma exigência da Lei de Licitações. Exigência de índole constitucional e tecnicamente correta.

"Lamentavelmente, porém, o Governo vem provocando verdadeiro contingenciamento do orçamento, liberando cotas trimestrais, e sempre no final do

7. TCU, Plenário, Acórdão n. 2.444.

8. Jorge Ulisses Jacoby Fernandes, *Sistema de Registro de Preços e Pregão Presencial e Eletrônico*, 3ª ed., p. 369.

9. Marçal Justen Filho, *Comentários à Lei de Licitações e Contratos Administrativos*, 11ª ed., p. 189.

10. Idem, p. 189.

11. Jorge Ulisses Jacoby Fernandes, *Sistema de Registro de Preços e Pregão Presencial e Eletrônico*, 3ª ed., pp. 87 e 88.

exercício as maiores cifras, de modo que o gestor acaba devolvendo ao erário cifras que eram efetivamente necessárias ao bom andamento do serviço, apenas por impossibilidade de concretizar, em curto espaço de temo, o longo percurso burocrático da licitação.

"A Lei de Responsabilidade Fiscal procurou estancar esse procedimento, dispondo que, até 30 dias após a aprovação do orçamento, deve o Poder Executivo publicar o cronograma mensal de liberação dos recursos e só em restritas hipóteses fica autorizado a alterá-lo limitando o empenho.

"Com a adoção do Sistema de Registro de Preços, a Administração deixa a proposta mais vantajosa previamente selecionada, ficando no aguardo da aprovação dos recursos orçamentários e financeiros.

"Não há necessidade de que o órgão tenha prévia dotação orçamentária, porque o Sistema de Registro de Preços, ao contrário da licitação convencional, não obriga a Administração Pública, em face à expressa disposição legal nesse sentido."

29. O TCU,[12] da mesma forma, defende que o Sistema de Registro de Preços é uma ferramenta aplicável no enfrentamento das restrições orçamentárias, sejam elas a diminuta disponibilidade orçamentária e financeira ou a liberação fracionada dos créditos orçamentários, notadamente enfrentadas pelos órgãos da Administração. Senão vejamos: "Deste modo, resta cristalino que não há como suscitar situação emergencial; as dificuldades 'orçamentárias eram plenamente previsíveis, e o comportamento de fracionar a aquisição mediante dispensa de procedimento licitatório deu-se por dois anos. Portanto, proporemos a rejeição das razões de justificativas apresentadas pelo Sr. (...). Novamente lembramos que o Sistema de Registro de Preços, previsto no art. 15 da Lei n. 8.666/1993 e regulamentado pelo Decreto n. 2.743, de 21 de agosto de 1998, presta-se bem às dificuldades apresentadas pelo responsável'".[13]

30. Tanto a doutrina quanto a jurisprudência administrativa do TCU perceberam que a não compulsoriedade em disponibilizar recursos orçamentários no momento da assinatura da ata de registro de preços permitiria que se utilizasse a restrição de recursos orçamentários como justificativa a realizar o registro de preços.

31. De fato, a Administração não é obrigada a dispor de recursos orçamentários no momento da assinatura da ata de registro de preços. A Advocacia-Geral da União, inclusive, firmou orientação nesse sentido. Trata-se da Orientação Normativa da AGU n. 20/2009,[14] que reitera a desnecessidade de dotação orçamentária no Sistema de Registro de Preços, obrigando sua demonstração somente quando da assinatura do contrato. Esta Orientação Normativa apresenta o seguinte fundamento:

"O postulado em apreço posiciona-se pela desnecessidade de indicação da dotação orçamentária, de acordo com os atuais precedentes da Corte de Contas, a exemplo do Acórdão 1.279/2008-Plenário. O mesmo entendimento é perfilhado pela doutrina pátria. Para tanto, considera-se que o registro de preços não é uma modalidade de licitação, mas um mecanismo de

12. Acórdão TCU 3.146/2004.

13. O Decreto n. 2.743/1998 foi revogado pelo atual Decreto n. 3.931/2001.

14. ON n. 20/2009: "*Na licitação para registro de preços, a indicação da dotação orçamentária é exigível apenas antes da assinatura do contrato*".

que se vale a Administração para obtenção de preços junto ao mercado fornecedor.

"Demais disso, o enunciado acautela o interesse público no sentido de determinar que as contrações derivadas da utilização do sistema sejam precedidas da indicação dos recursos suficientes para cobertura da despesa pretendida pela Administração.

"Desse modo, garantidas estarão a gestão fiscal responsável e a eficiência proporcionada pelo sistema."[15]

32. Diante das ponderações acima conclui-se, pois, pelo cabimento do Sistema de Registro de Preços ao fundamento da restrição orçamentária, uma vez que é possível firmar a ata de registro de preços sem a existência de dotação orçamentária.

33. Além disso, é importante dizer que não se vislumbra incompatibilidade na utilização do Sistema de Registro de Preços na hipótese de restrição orçamentária pelo contingenciamento. Ademais, ao se adotar o SRP como mecanismo de otimização do emprego do orçamento, a Administração atende, ao nosso sentir, ao princípio da eficiência.[16]

IV – Especificidades dos serviços prestados de forma continuada

IV.1 Do período máximo de vigência da ata de registro de preços

34. A vigência do contrato e a vigência da ata de registro de preços não se confundem. Embora a ata de registro de preços tenha validade máxima de um ano, a contratação dela decorrente terá o prazo de vigência previsto na Lei n. 8.666/1993,[17] desde que o referido contrato seja firmado durante a vigência da ata. Isso ocorre porque o preço registrado somente pode ser exigido enquanto a ata de registro de preços estiver em vigor.

35. Cássia Hoshino, em importante artigo sobre o tema, ensina que: "Outrossim, o prazo de vigência da ata não se confunde com o prazo de vigência dos contratos que dela se originaram. Isto porque os contratos, uma vez celebrados, são independentes da ata de registro de preços e estão submetidos ao regime jurídico dos contratos administrativos previsto na Lei n. 8.666/1993, aplicando-se, pois, o seu art. 57, que trata da duração dos contratos".[18]

36. Essa é a inteligência do próprio Decreto n. 3.931/2001 que previu, conforme dito anteriormente, como prazo de vigência dos contratos originários do SRP, aqueles previstos no edital e no contrato, respeitada a Lei n. 8.666/1993, em seu art. 57.[19]

15. Retirado do sítio eletrônico *www.agu.gov.br* – pareceres, súmulas e orientações – fundamentação.

16. Este princípio insere-se no amplo conceito de boa administração, que é direito de toda a coletividade e reclama o agir administrativo dentro dos padrões de produtividade e economicidade, sem desprezo ao princípio da legalidade. Muito ao contrário: a eficiência, no campo do direito público, ocorre sob o manto da legalidade.

17. Lei n. 8.666/1993: "Art. 57. A duração dos contratos regidos por esta Lei ficará adstrita à vigência dos respectivos créditos orçamentários, exceto quanto aos relativos: (...); II – à prestação de serviços a serem executados de forma contínua, que poderão ter a sua duração prorrogada por iguais e sucessivos períodos com vistas à obtenção de preços e condições mais vantajosas para a administração, limitada a sessenta meses".

18. Cássia Hoshino, "Sistema de Registro de Preços: aspectos polêmicos", cit., pp. 113-150.

19. "Art. 4º. O prazo de validade da Ata de Registro de Preço não poderá ser superior a um

37. Vale registrar que a AGU firmou entendimento, por meio da Orientação Normativa n. 19/2009, no sentido de que o prazo máximo para a ata de registro de preços é de um ano, incluindo eventual e extraordinária prorrogação neste mesmo limite de um ano.[20]

38. Oportuno transcrever a fundamentação jurídica extraída do próprio *site* da AGU que levou à normatização contida na ON n. 19/2009, *in verbis*:

"*Fundamentação*:

"A Lei n. 8.666, de 1993, estabelece, no art. 15, § 3º, inc. III:

"'Art. 15. As compras, sempre que possível, deverão: (...);

"'II – ser processadas através de Sistema de Registro de Preços; (...).

"'§ 3º. O Sistema de Registro de Preços será regulamentado por decreto, atendidas as 'peculiaridades regionais, observadas as seguintes condições: (...);

"'III – validade do registro não superior a um ano.'

"Igualmente, o art. 4º do Decreto n. 3.931, de 2001, ao regulamentar o referido dispositivo legal, estabelece que o prazo de validade da Ata de Registro de Preços não poderá ser superior a um ano, nele computadas as eventuais prorrogações. Por sua vez, o § 2º do art. 4º do Decreto n. 3.931, de 2001, prescreve que 'é admitida a prorrogação da vigência da Ata, nos termos do art. 57, § 4º, da Lei n. 8.666, de 1993, quando a proposta continuar se mostrando mais vantajosa, satisfeitos os demais requisitos desta norma'.

"Faz-se necessário, ainda, transcrever o art. 57, § 4º, da Lei n. 8.666, de 1993:

"'Art. 57. A duração dos contratos regidos por esta Lei ficará adstrita à vigência dos respectivos créditos orçamentários, exceto quanto aos relativos: (...);

"'II – à prestação de serviços a serem executados de forma contínua, que poderão ter a sua duração prorrogada por iguais e sucessivos períodos com vistas à obtenção de preços e condições mais vantajosas para a administração, limitada a sessenta meses; (...).

"'§ 4º. Em caráter excepcional, devidamente justificado e mediante autorização da autoridade superior, prazo de que trata o inciso II do *caput* deste artigo poderá ser prorrogado por até doze meses.'

"Voltando-se, desse modo, a atenção para o que dispõe o art. 57, § 4º, da Lei n. 8.666, de 1993, porquanto mencionado pelo § 2º do art. 4º do Decreto n. 3.931, de 2001, poder-se-ia supor que se trata de hipótese excepcional de validade do registro de preços por prazo superior a um ano. Este, inclusive, é o posicionamento sustentado por Jorge Ulisses Jacoby Fernandes, que, a prevalecer, levaria à inevitável ilegalidade do citado dispositivo regulamentar.

"De fato, se é certo que o Decreto n. 3.931, de 2001, não pode dispor contrariamente à expressa previsão legal, igualmente certo é que o seu art. 4º, § 2º, não é ilegal, posição sustentada pelo mestre Marçal Justen Filho. Como se verá

ano, computadas neste as eventuais prorrogações. § 1º. Os contratos decorrentes do SRP terão sua vigência conforme as disposições contidas nos instrumentos convocatórios e respectivos contratos, obedecido o disposto no art. 57 da Lei n. 8.666, de 1993."

20. "O prazo de validade da ata de registro de preços é de no máximo um ano, nos termos do art. 15, § 3º, inc. III, da Lei n. 8.666, de 1993, razão porque eventual prorrogação da sua vigência, com fundamento no § 2º do art. 4º do Decreto n. 3.931, de 2001, somente será admitida até o referido limite, e desde que devidamente justificada, mediante autorização da autoridade superior e que a proposta continue se mostrando mais vantajosa."

adiante, tal dispositivo pode ser interpretado em harmonia com o sistema normativo aplicável à espécie.

"Nesse aspecto, deve-se ter em mente que não há, no que se refere ao prazo de validade do registro, um silêncio legislativo. A Lei n. 8.666, de 1993, no seu art. 15, § 3º, inc. III, determinou que o prazo de validade do registro de preços não pode ser superior a um ano. Não por outra razão, portanto, que o Decreto, ao regulamentar o referido dispositivo legal, estabeleceu o mesmo prazo máximo de um ano, nele computadas as eventuais prorrogações (art. 4º, *caput*, do Decreto n. 3.931, de 2001).

"A referência feita pelo Decreto somente pode ser compreendida como alusão à primeira parte do dispositivo legal citado, e não a sua parte final. Assim, seria possível a prorrogação do prazo de vigência da Ata, 'em caráter excepcional, devidamente justificado e mediante autorização da autoridade superior', desde que a proposta continue se mostrando mais vantajosa, observado o prazo máximo de um ano previsto na Lei. Isso porque o próprio dispositivo do Decreto remete à necessidade de que sejam satisfeitos os demais requisitos da norma.

"Veja-se, por outro lado, que a parte final do § 4º do art. 57 da Lei n. 8.666, de 1993 ('o prazo de que trata o inc. II do *caput* deste artigo poderá ser prorrogado por até doze meses'), não guarda nenhuma relação de pertinência com o prazo de validade de licitação para registro de preços, uma vez que disciplina a possibilidade de prorrogação excepcional do prazo de duração máximo de 60 (sessenta) meses, previsto única e exclusivamente para os contratos que envolvam a prestação de serviços contínuos (art. 57, inc. II, da Lei n. 8.666, de 1993), por até 12 (doze) meses.

"Conclui-se, da dicção do Decreto, que a regra de vigência do registro de preços é de doze meses, podendo ser admitida a fixação de prazo menor, desde que mediante justificativa. Neste último caso, único a admitir a prorrogação, condicionada sempre ao limite de um ano, mister que sejam atendidos os requisitos estampados no art. 57, § 4º, da Lei n. 8.666, de 1993, ou seja, 'em caráter excepcional, devidamente justificado e mediante autorização da autoridade superior' e que a proposta continue se mostrando vantajosa.

"Deve-se ter em mente, portanto, que, via de regra, o SRP tem vigência de um ano, sendo perfeitamente possível a fixação de prazo inferior a este. Neste aspecto, é de se observar que duas grandes vantagens do Sistema de Registro de Preços são os ganhos de economia de escala e a redução no número de licitações – vantagens estas que, rotineiramente, levam à opção pelo prazo máximo de vigência (doze meses).

"Sendo certo que a regra, considerados os objetivos a serem alcançados por meio da utilização do SRP, é a fixação do prazo de validade do registro de preços em 12 (doze) meses, afigura-se indispensável que o órgão promotor da licitação, examinando as peculiaridades do caso concreto, assegure-se de que a fixação de prazo inferior ao máximo legal admitido é, de fato, mais vantajoso para a Administração, o que deverá ser feito de forma fundamentada, analisando os aspectos técnicos e econômicos envolvidos.

"Em arremate, justificada, no caso concreto, a fixação de prazo de validade do registro de preços inferior a um ano, poder-se-á admitir, em caráter excepcional, devidamente justificado e mediante autorização da autoridade superior, a sua prorrogação até o prazo máximo de um ano previsto na Lei, desde que a proposta continue se mostrando mais vantajosa."

39. O entendimento perfilhado pela Advocacia-Geral da União não é unânime, existindo reconhecida doutrina que defende que a ata de registro de preços poderá ter duração de até um ano, admitida a prorrogada. Esse é o pensamento, por exemplo, de Jorge Ulisses Jacoby Fernandes.[21]

40. O dissenso tem razão de existir, pois a norma que prevê a prorrogação da ata de registro de preços (Decreto n. 3.931/2001) remete o regramento da prorrogação ao § 4º do art. 57 da Lei n. 8.666/1993 e, conjugando os dois dispositivos, a interpretação de que a ata de registro de preços teria duração de 1 (um) ano, mas poderia ser prorrogada por mais 1 (um) ano, permanece doutrinariamente aceitável.

41. Contudo, *no âmbito da União, essa interpretação não é mais cabível*, uma vez que o Advogado-Geral da União fixou interpretação diversa das normas acima mencionadas, devendo essa interpretação ser seguida pelos órgãos e entidades da Administração Pública Federal, nos moldes do que dispõe o art. 4º, X, da Lei n. 73/1993, *in verbis*:

"Art. 4º. São atribuições do Advogado-Geral da União: (...);

"X – fixar a interpretação da Constituição, das leis, dos tratados e demais atos normativos, a ser uniformemente seguida pelos órgãos e entidades da Administração Federal."

42. Dada a relevância do assunto, entendeu-se necessário e oportuno destacar, detalhadamente, a Orientação Normativa AGU n. 19/2009.

21. Jorge Ulisses Jacoby Fernandes, *Sistema de Registro de Preços e Pregão Presencial e Eletrônico*, 3ª ed., cit.

IV.2 Da repactuação durante a vigência da ata de registro de preços

43. Outro tópico que merece ser abordado – pois pode gerar problemas no decorrer do procedimento administrativo – ***é a repactuação dos preços registrados durante a vigência da ata de registro de preços.***

44. Sabe-se que a repactuação é um mecanismo de recomposição *anual* do equilíbrio econômico-financeiro dos contratos no tocante às variações de custo efetivamente ocorridas. Segundo Marçal[22] "a repactuação assemelha-se ao reajuste, no sentido de ser prevista para ocorrer a cada doze meses ou quando se promover a renovação contratual. Mas aproxima-se da revisão quanto ao seu conteúdo: trata-se de uma discussão ente as partes relativamente às variações de custo efetivamente ocorridas. Não se promove a mera e automática aplicação de um indexador de preços, mas examina-se a real evolução de custos do particular".

45. O termo repactuação,[23] no âmbito da Administração Pública federal, agasalha, especificamente, as contratações de serviços contínuos, subordinadas ao art. 57, inc. II, da Lei n. 8.666/1993.

22. Marçal Justen Filho, *Comentários à Lei de Licitações e Contratos Administrativos*, 11ª ed., p. 763.

23. Sobre o instituto da repactuação, existe normatização da AGU contidas nas Orientações Normativas ns. 24, 25 e 26 que, respectivamente asseveram:

"ON n. 24/2009: O edital e o contrato para prestação de serviço continuado devem conter apenas um evento como marco inicial para a contagem do interregno de um ano para o primeiro reajuste ou repactuação: ou a data da proposta ou a data do orçamento a que a proposta se referir.

46. Conforme definição legal, contida no art. 5º do Decreto n. 2.271/1997 e no art. 37 da Instrução normativa SLTI/MPOG[24] n. 2/2008, a repactuação tem por finalidade adequar, aos novos preços de mercado, os preços dos contratos administrativos de prestação de serviços continuados. Veja-se, abaixo, o conteúdo pertinente das normas mencionadas:

"Art. 5º. Os contratos de que trata este Decreto, que tenham por objeto a prestação de serviços executados de forma contínua poderão, desde que previsto no edital, admitir repactuação visando a adequação aos novos preços de mercado, observados o interregno mínimo de um ano e a demonstrarão analítica da variação dos componentes dos custos do contrato, devidamente justificada."

"Art. 37. A repactuação de preços, como espécie de reajuste contratual, deverá ser utilizada nas contratações de serviços continuados com dedicação exclusiva de mão de obra, desde que seja observado o interregno mínimo de um ano das datas dos orçamentos aos quais a proposta se referir, conforme estabelece o art. 5º do Decreto n. 2.271, de 1997.

"Art. 38. O interregno mínimo de 1 (um) ano para a primeira repactuação será contado a partir: (...);

"II – da data do acordo, convenção ou dissídio coletivo de trabalho ou equivalente, vigente à época da apresentação da proposta, quando a variação dos custos

"ON n. 25/2009: A alteração dos insumos da planilha de preços decorrente de acordo, convenção ou dissídio coletivo de trabalho somente poderá ser objeto de pedido de repactuação contratual.

"ON n. 26/2009: Na contratação de serviço em que a maior parcela do custo for decorrente de mão-de-obra, o edital e o contrato deverão indicar expressamente que o prazo de um ano, para a primeira repactuação, conta-se da data do orçamento a que a proposta se referir."

Esta última orientação normativa (ON n. 26/2009) apresenta como fundamentação expressa (retirada do *site* da AGU) a seguinte argumentação:

"O art. 40, inc. XI, e art. 55, inc. III, da Lei n. 8.666, de 1993, disciplinam o reajustamento de preços nos contratos administrativos. Por outro lado, as Leis ns. 9.069, de 1995, e 10.192, de 2001, vedam a sua previsão nas contratações com vigência inferior a um ano.

"O gênero reajustamento de preços, tomado em sentido amplo, comporta duas espécies: o reajuste de preços em sentido estrito, que se vincula a um índice, e a repactuação de preços, que exige análise detalhada da variação dos custos.

"Na terceirização referida pelo Decreto n. 2.271, de 1997, a atualização do valor do contrato somente poderá ocorrer por meio do instituto da repactuação. Resta, por conseguinte, definir o momento a partir do qual se inicia o cômputo do prazo ânuo ensejador do direito à repactuação.

"Segundo a recente Instrução Normativa SLTI/MP n. 2, de 2008, a primeira repactuação será contada a partir *'da data limite para apresentação das propostas constante do instrumento convocatório ou da data do orçamento a que a proposta se referir, admitindo-se, como termo inicial, a data do acordo, convenção ou dissídio coletivo de trabalho ou equivalente, vigente à época da apresentação da proposta, quando a maior parcela do custo da contratação for decorrente de mão-de-obra e estiver vinculado às datas-base destes instrumentos'*." É importante que se diga que o edital e o contrato devem estabelecer expressamente regra que discipline a contagem do interregno de um ano ensejador da primeira repactuação. Nesse sentido, o Acórdão n. 1.941/2006-Plenário determinou que: "9.1.3.2. estabeleça, nos editais e contratos, de forma clara, se a periodicidade dos reajustes terá como base a data-limite para apresentação da proposta ou a data do orçamento a que esta se referir, conforme determina o art. 40, inciso XI, da Lei n. 8.666/1993". De mesmo teor são os Acórdãos 1.707/2003-Plenário e 474/2005-Plenário.

24. Secretaria de Logística e Tecnologia da Informação do Ministério do Planejamento, Orçamento e Gestão.

for decorrente da mão-de-obra e estiver vinculada às datas-base destes instrumentos. (...).

"§ 4º. A repactuação para reajuste do contrato em razão de novo acordo, dissídio ou convenção coletiva deve repassar integralmente o aumento de custos da mão de obra decorrente desses instrumentos."

"Art. 40. *As repactuações serão precedidas de solicitação da contratada*, acompanhada de demonstração analítica da alteração dos custos, por meio de apresentação da planilha de custos e formação de preços ou do novo acordo convenção ou dissídio coletivo que fundamenta a repactuação, conforme for a variação de custos objeto da repactuação" (*Redação dada pela Instrução Normativa n. 3, de 16 de outubro de 2009*).

47. Considerando que o custo mais expressivo de eventual contratação de serviços continuados será o da mão de obra, naturalmente que a possibilidade de repactuação, ***no caso de acontecer a efetiva contratação****, será respeitada, pois a lei assegura ao licitante vencedor o direito de repactuar o contrato para reajustá-lo em razão de novo acordo, dissídio ou convenção coletiva.*

48. Deve-se, no entanto, refletir sobre o cabimento da repactuação da ata de registro de preços caso o acordo, a convenção ou o dissídio coletivo tenham sido firmados antes da assinatura de uma ata de registro de preços com validade, por exemplo, de um ano.

49. Será que nessa hipótese o licitante vencedor, ao ver completado ***um ano***, a contar do último acordo, convenção ou dissídio coletivo da categoria, cujo serviço será terceirizado, ainda na vigência da ata que ele assinou, poderia pedir a repactuação da ata como forma de manutenção da equação econômico-financeira?

50. Entende-se não haver óbice legal a essa hipótese. A própria Constituição, no art. 37, XXI,[25] determina a manutenção da equação econômico-financeira ao prever que as cláusulas contratuais devem manter as ***condições efetivas da proposta***. Com essa previsão, a Constituição visou a garantir a permanência da ***relação original entre encargos e vantagens do particular***.

51. Assevera Bandeira de Mello,[26] nessa esteira, que "um traço imprescindível do contrato administrativo consiste no resguardo dos interesses do contratante (...) o direito ao equilíbrio econômico-financeiro".

52. Ainda que os dispositivos legais que prevêem a repactuação (tal qual definida pelo Decreto n. 2.271/1997) falem somente na repactuação do contrato administrativo, a finalidade das normas é garantir que o licitante vencedor nunca tenha diminuída a vantajosidade inicialmente prevista e presente na ocasião da proposta. Portanto, deve a Administração prever ***expressa e claramente no edital para registro de preços de serviços continuados, a possibilidade da repactuação da ata de registro de preços, desde que respeitados os requisitos legais***.

53. Novamente, vale-se dos ensinamentos de Jacoby Fernandes,[27] para

25. Art. 37, XXI: "ressalvados os casos especificados na legislação, as obras, serviços, compras e alienações serão contratados mediante processo de licitação pública que assegure igualdade de condições a todos os concorrentes, com cláusulas que estabeleçam obrigações de pagamento, mantidas as condições efetivas da proposta, nos termos da lei, o qual somente permitirá as exigências de qualificação técnica e econômica indispensáveis à garantia do cumprimento das obrigações".

26. Celso Antônio Bandeira de Mello, *Curso de Direito Administrativo*, 22ª ed., p. 601.

27. Jorge Ulisses Jacoby Fernandes, *Sistema de Registro de Preços e Pregão Presencial e Eletrônico*, 3ª ed., pp. 292 e 393.

avalizar a possibilidade da repactuação de preços durante a vigência da ata de registro de preços, desde que o reajuste *lato sensu* respeite o prazo mínimo de um ano a contar da proposta ou da convenção a que a proposta se referir.

54. Ensina o jurista:

"A flexibilidade do SRP é consequência da sua própria natureza. O próprio legislador estabeleceu, no art. 15, § 3º, inc. II, que a regulamentação deverá prever 'estipulação prévia do sistema de controle e atualização de preços'.

"Erigiu dois deveres fundamentais para o regulador:

"Primeiro, de manter controle sobre os preços registrados, em benefício do próprio erário, com o objetivo de evitar as contratações dos preços abusivos;

"Segundo, de manter os preços atualizados, como direito bifronte, tanto em favor do erário como dos contratados.

"(...).

"Efetivamente, não seria recomendável que a regulamentação do SRP deixasse de lado os princípios fundamentais do Direito Administrativo Contratual. (...).

"É imperioso, ainda, ressaltar que o art. 28 da Lei n. 9.069/1995 foi alterado pelo art. 3º da Lei n. 10.192/2001. *O SRP pode ter reajuste se*: (...).

"2. *se o prazo para reajuste for contado a partir da data da proposta.*"

55. Cabe destacar, ainda, a necessidade de fixação, no edital de convocação para registro de preços, do prazo máximo que será permitido ao fornecedor (licitante vencedor) requerer a repactuação que importe em majoração do valor do objeto a ser eventualmente contratado.

56. Jacoby Fernandes[28] defende que o fornecedor deve requerer qualquer majoração de preços (aí incluída, naturalmente, a repactuação) antes que o objeto seja solicitado pela Administração.

57. Leciona o eminente jurista:

"De forma prudente, o Decreto n. 3.931/2001, porém, exigiu que, para exonerar-se das penalidades do inadimplemento – consequência inevitável se frustrada a negociação – *deverá o contratado requerer a majoração, antes do pedido do objeto, por parte da Administração.*

"Essa regra é indispensável para a efetividade do sistema, pois não seria viável a suspensão do processo, após a requisição do objeto com preço registrado, para discussão do cabimento do reequilíbrio, muitas vezes moroso. Se isso fosse possível, restaria vazio de significado a prontidão do SRP."

58. No caso de o fornecedor requerer a repactuação em data posterior à solicitação do objeto pela Administração, ele seria penalizado a não obter o deferimento à pretendida repactuação. Essa "penalização", no entanto, para ser aplicada, ***deve obrigatoriamente vir expressa no edital de convocação para registro de preços, em respeito ao princípio da boa-fé contratual***.

59. A exigência de que o futuro contratado requeira a majoração antes do pedido do objeto também se justifica pelo fato de a Administração não estar obrigada a contratar o licitante vencedor se o valor registrado, no momento em que a contratação se mostrar necessária, não for o mais vantajoso.

A norma que rege o Sistema de Registro de Preços autoriza a Administração a contratar com outro que não o licitante vencedor, se no ato em que solicitar o objeto, o preço registrado não for o mais vantajoso.

A norma também determina que se contrate o licitante vencedor se o preço

28. Idem, p. 295.

registrado, no ato da solicitação do objeto, permanecer compatível com o do mercado.

Se houver permissão a que após ser chamado para contratar, o licitante surpreenda a Administração com o pedido de repactuação, a garantia de contratar o menor preço deixará de existir.

60. Dessa forma, para que a repactuação da ata de registro de preços seja possível, devem ser preenchidos alguns requisitos. Assim, poderá o fornecedor requerer a repactuação desde que:

(I) respeite o interregno mínimo de um ano a contar da data da proposta ou do orçamento ao qual a proposta se referir e

(II) o fornecedor requeira a repactuação, antes do pedido de fornecimento do objeto, por parte da Administração.

Em sendo possível a repactuação, deverá ocorrer o aditamento da ata de registro de preços.

V – Conclusão

61. O Sistema de Registro de Preços é cabível não apenas para a aquisição de bens, mas também para a prestação de serviços.

62. O Sistema de Registro de Preços pode ser utilizado para a eventual contratação de serviços prestados de maneira contínua e não contínua, em razão da previsão contida no art. 4º, § 1º, do Decreto n. 3.931/2001.

63. O Sistema de Registro de Preços pode ser adotado sob o fundamento da restrição orçamentária, inclusive aquela decorrente do contingenciamento do crédito orçamentário anual, pois o rol previsto no art. 2º, I a IV, do Decreto n. 3.931/2001 é exemplificativo.

64. A ata de registro de preços, no âmbito da Administração Pública Federal, em razão da interpretação fixada pelo Advogado-Geral da União na Orientação Normativa n. 19/2009, terá duração máxima de 1 (um) ano, incluindo neste período eventuais prorrogações.

65. A repactuação dos preços registrados na ata de registro de preços poderá ser requerida pelo licitante vencedor desde que (I) respeite o interregno mínimo de um ano a contar da data da proposta ou do orçamento ao qual a proposta se referir e (II) o fornecedor requeira a repactuação, antes do pedido de fornecimento do objeto, por parte da Administração.

2010

VI – Bibliografia

BANDEIRA DE MELLO, Celso Antônio. *Curso de Direito Administrativo*. 22ª ed. rev. e atual. até a EC 53. São Paulo, Malheiros Editores, 2007.

BITTENCOURT, Sidney. *Licitação de Registro de Preços: Comentários ao Decreto n. 3.931, de 19 de setembro de 2001*. 2ª ed. rev. e ampl. Belo Horizonte, Fórum, 2008.

GASPARINI, Diógenes. *Prazo e Prorrogação do Contrato de Serviço Continuado*. Disponível em *http://www.direitopublico.com.br/pdf_14/DIALOGO-JURIDICO-14-JUNHO-AGOSTO-2002-DIOGENES GASPARINI.pdf*.

HOSHINO, Cássia. "Sistema de Registro de Preços: aspectos polêmicos", in BOLZAN, Fabrício, e MARINELA, Fernanda (orgs.). *Leituras Complementares de Direito Administrativo: Advocacia Pública*. 2ª ed. Salvador, Juspodivm, 2009, pp. 113-150.

JACOBY FERNANDES, Jorge Ulisses. *Sistema de Registro de Preços e Pregão Presencial e Eletrônico*. 3ª ed. rev., atual e ampl. Belo Horizonte, Fórum, 2009.

JUSTEN FILHO, Marçal. *Comentários à Lei de Licitações e Contratos Administrativos*. 11ª ed. São Paulo, Dialética, 2005.

PEREIRA JR., Jessé Torres, e DOTTI, Marinês Restelatto. "Alterações do contrato administrativo: releitura das normas de regência à luz do gerenciamento de riscos, em gestão pública comprometida com resultados". *Revista Fórum de Contratação e Gestão Pública* 88/114. Belo Horizonte, Fórum e *Revista do Tribunal de Contas da União* 114.

DA ESCOLHA DE LEILOEIROS OFICIAIS PELA ADMINISTRAÇÃO PÚBLICA PARA A ATUAÇÃO NAS EXECUÇÕES FISCAIS

CAROLINA ZANCANER ZOCKUN

Mestre e Doutoranda em Direito Administrativo
pela Pontifícia Universidade Católica de São Paulo (PUC/SP).
Professora de Direito Administrativo na Faculdade de Direito da PUC/SP.
Associada ao Instituto de Direito Administrativo Paulista – IDAP.
Procuradora da Fazenda Nacional

I – Da regra geral para a escolha de leiloeiros oficiais. II – Da utilização do pregão. III – Da remuneração do leiloeiro oficial. IV – Do tipo de licitação.

I – Da regra geral para a escolha de leiloeiros oficiais

No curso de uma execução em que credor e devedor são particulares, os bens do devedor podem ser penhorados e levados à hasta pública para satisfação de direito patrimonial ou extrapatrimonial do credor.

A hasta pública é, em regra, conduzida por um leiloeiro oficial, que, nos termos do art. 706 do Código de Processo Civil, "*será indicado pelo exequente*".

Do mesmo modo, o art. 98 da Lei n. 8.212/1991 prescreve: "Art. 98. Nas execuções fiscais da dívida ativa do INSS, o leilão judicial dos bens penhorados realizar-se-á por leiloeiro oficial, indicado pelo credor, que procederá à hasta pública".

Assim, cabe ao credor-exequente indicar o leiloeiro de sua predileção.

No que tange às execuções fiscais, cremos que a sistemática adotada para a escolha do leiloeiro há de ser diferente, haja vista o influxo dos princípios de Direito Público que influenciam a cobrança da Dívida Ativa.

Segundo a Lei de Execuções Fiscais (Lei n. 6.830/1980), entende-se por Dívida Ativa da Fazenda Pública aquela definida como tributária ou não tributária, abrangendo atualização monetária, juros e multa de mora e demais encargos previstos em lei ou contrato, em que o polo ativo seja composto pela União, Estados, Distrito Federal, Municípios ou respectivas autarquias.

A Dívida Ativa regularmente inscrita goza da presunção relativa de certeza e liquidez, podendo ser objeto, desde logo, de execução fiscal.

No curso da execução fiscal, o despacho do juiz que deferir a inicial importa ordem para penhora, se não for paga a dívida, nem garantida a execução, por meio de depósito ou fiança.

Assim, uma vez penhorados os bens do devedor, a alienação será feita em leilão público, no lugar designado pelo Juiz, salvo se houver a adjudicação nos termos do art. 685-A do Código de Processo Civil.

O art. 37, *caput*, da Constituição Federal prescreve que a "administração pública direta e indireta de qualquer dos Poderes da União, dos Estados, do Distrito Federal e dos Municípios obedecerá aos princípios de legalidade, *impessoalidade*, moralidade, publicidade e eficiência" (grifamos).

Pois bem, o princípio da impessoalidade "traduz a ideia de que a Administração tem que tratar a todos os administrados sem discriminações, benéficas ou detrimentosas. Nem favoritismo nem perseguições são toleráveis. Simpatias ou animosidades pessoais, políticas ou ideológicas não podem interferir na atuação administrativa e muito menos interesses sectários, de facções ou grupos de qualquer espécie. O princípio em causa não é senão o próprio princípio da igualdade ou isonomia".[1]

Por tal razão, a Administração Pública, em obediência ao princípio da impessoalidade, deve adotar critérios objetivos para a escolha dos leiloeiros oficiais que atuarão na alienação dos bens penhorados nas execuções fiscais.

Como instrumento de concretização do princípio da impessoalidade, temos o instituto da licitação.

A obrigatoriedade de realização da licitação está prevista no art. 37, XXI, da Constituição que estabelece: "ressalvados os casos especificados na legislação, *as obras, serviços, compras e alienações serão contratados mediante processo de licitação pública que assegure igualdade de condições a todos os concorrentes*, com cláusulas que estabeleçam obrigações de pagamento, mantidas as condições efetivas da proposta, nos termos da lei, o qual somente permitirá as exigências de qualificação técnica e econômica indispensáveis à garantia do cumprimento das obrigações" (destacamos).

Para satisfação do interesse público, bem como para prestigiar o princípio da igualdade e da competitividade, faz-se necessária a abertura de um procedimento licitatório para a seleção de quaisquer serviços, dentre os quais os de leiloeiros oficiais.

Deveras, a licitação estriba-se na ideia de competição e visa a alcançar um duplo objetivo: (i) proporcionar às entidades governamentais possibilidades de realizarem o negócio mais vantajoso e (ii) assegurar tratamento isonômico aos interessados em participar da licitação, que deverão preencher apenas os requisitos indispensáveis para o satisfatório cumprimento do contrato.[2]

1. Celso Antônio Bandeira de Mello, *Curso de Direito Administrativo*, 27ª ed., São Paulo, Malheiros Editores, 2010, p. 114.

2. Celso Antônio Bandeira de Mello, *Curso de Direito Administrativo*, 27ª ed., cit., pp. 503-505.

Assim, a forma de escolha de leiloeiros por meio de indicação do Exequente Público deverá ceder passo a um certame licitatório, a fim de prestigiar os princípios constitucionais da Administração Pública.

II – Da utilização do pregão

O uso do pregão tem fundamento na Lei n. 10.520/2002, que estabelece a utilização desta modalidade de licitação apenas para "bens e serviços comuns" (art. 2º, § 1º, da Lei, e art. 1º, *caput*, do Decreto), independentemente do valor estimado para a contratação.

O pregão, então, elege um critério qualitativo ("bens e serviços comuns") para sua utilização, ao passo que nas demais modalidades empregadas para aquisição de serviços, obras ou produtos, o critério de eleição é o quantitativo. É, pois, com base no valor estimado para a contratação que se escolhe entre a concorrência (grande vulto), a tomada de preços (médio vulto) e o convite (pequeno vulto).

Pois bem, consoante dicção do art. 1º, parágrafo único, da Lei n. 10.520/2002, "Consideram-se bens e serviços comuns, para os fins e efeitos deste artigo, aqueles cujos padrões de desempenho e qualidade possam ser objetivamente definidos pelo edital, por meio de especificações usuais no mercado".

Nesta seara, calha transcrever o entendimento de Marçal Justen Filho, para quem o traço caracterizador de um objeto comum é "a padronização de sua configuração, que é viabilizada pela ausência de necessidade especial a ser atendida e pela experiência e tradição do mercado".[3]

No mesmo sentido, Joel de Menezes Niebuhr,[4] afirma que "o que determina a possibilidade da adoção do pregão, o significado de 'bem e serviço comum', é o quanto são usuais no mercado as especificações de dado objeto".

Vera Monteiro[5] explana que a especificação usual no mercado "significa dizer que o fornecimento e o método de produção e execução exigidos no edital relativamente ao objeto ofertado devem envolver uma técnica comum, já conhecida pelo específico mercado de ofertantes do objeto licitado".

Pois bem, o serviço de leiloeiro oficial é um serviço comum, que pode ser prestado por qualquer leiloeiro habilitado.

Assim, existem inúmeras pessoas qualificadas para a realização deste serviço, estando todas vinculadas à Junta Comercial do Estado a qual o leiloeiro está jurisdicionado, consoante disposto no Decreto n. 21.981, de 19 de outubro de 1932.

Não há, pois, dificuldade alguma em se encontrar um leiloeiro oficial, razão pela qual o serviço por ele prestado pode ser, indubitavelmente, considerado um serviço corriqueiro, padronizado, rotineiro ou – na acepção da lei – um serviço *comum*.

Se o serviço é comum pode,[6] consoante dispõe a Lei n. 10.520/2002, ser

3. Marçal Justen Filho, "Pregão: nova modalidade licitatória", *RDA* 221/12, jul.-set./2000.

4. Joel de Menezes Niebuhr, *Pregão Presencial e Eletrônico*, Curitiba, Editora Zênite, 2004, p. 54.

5. Vera Monteiro, *Licitação na Modalidade Pregão*, 2ª ed., São Paulo, Malheiros Editores, 2010, p. 86.

6. Consoante o art. 3º, *caput*, do Anexo I do Decreto 3.555, de 8.8.2000:

"Os contratos celebrados pela União, para a aquisição de bens e serviços comuns, serão precedidos, *prioritariamente*, de licitação pública na licitado por meio do pregão. Isso significa dizer que o comando inscrito no art. 706 do CPC deve ser interpretado de forma restrita quando se tratar de leilões em que o Poder Público é parte, pois a seleção do leiloeiro deve, imperiosamente, observação do republicado e isonômico princípio da licitação.

III – Da remuneração do leiloeiro oficial

O Decreto n. 21.981/1932 é a norma que regulamenta a profissão de leiloeiro oficial e dispõe, em seu art. 24, que:

"Art. 24. *A taxa da comissão dos leiloeiros será regulada por convenção escrita que estabelecerem com os comitentes*, sobre todos ou alguns dos efeitos a vender. Não havendo estipulação prévia, regulará a taxa de cinco por cento sobre móveis, semoventes, mercadorias, joias e outros efeitos e a de três por cento sobre bens imóveis de qualquer natureza.

"Parágrafo único. *Os compradores pagarão obrigatoriamente cinco por cento sobre quaisquer bens arrematados*" (destacamos).

No mesmo sentido, a Lei de Execuções Fiscais, em seu art. 23, § 2º, estabelece caber ao arrematante o pagamento da comissão do leiloeiro e demais despesas indicadas no edital.

Assim, o leiloeiro oficial remunera-se pela comissão incidente sobre o valor dos bens arrematados, sendo que esta poderá ser livremente estipulada pelos comitentes.

Frise-se que o valor da comissão paga pelo arrematante é sempre fixada em 5%, o que possibilita sua negociação, entre os comitentes, a fim de que o credor receba um percentual a ser repassado pelo leiloeiro ao cabo da arrematação judicial.

Isto quer dizer que o arrematante paga sempre 5% sobre o valor dos bens obtidos em leilão, mas este valor não será necessariamente revertido, de forma integral, ao leiloeiro oficial a título de comissão.

Deveras, parcela do percentual de 5% poderá ser destinada ao credor-comitente, conforme prévia estipulação entre as partes.

Diante disto, entendemos que o valor da comissão a ser recebida pelo leiloeiro poderá ser utilizado como critério de julgamento na modalidade pregão, a fim de que a Administração, conferindo a possibilidade de uma disputa isonômica, escolha a proposta mais vantajosa, nos termos a seguir propostos.

Veja que somente se for editada nova norma, de igual ou superior *status* ao Decreto 21.981/1932, revogando a prerrogativa de negociação entre o leiloeiro e o credor, é que se poderá estabelecer um valor fixo a ser recebido pelo leiloeiro a título de comissão.

Caso contrário, é válido o repasse de percentual da comissão ao credor-comitente.

IV – Do tipo de licitação

A Lei n. 10.520/2002, em seu art. 4º, X,[7] prevê que o critério de julgamento do pregão será o menor preço.

modalidade de pregão, que se destina a garantir, por meio de disputa justa entre os interessados, a compra mais econômica, segura e eficiente".

7. "Art. 4º. A fase externa do pregão será iniciada com a convocação dos interessados e observará as seguintes regras: "

(...);

Embora a legislação de regência disponha que o critério de julgamento seja o de menor preço, deve-se fazer uma interpretação sistemática da expressão "menor preço", já que, repita-se, a licitação é o meio apto para o atingimento do interesse público que, no caso concreto, dá-se pela obtenção da *proposta mais vantajosa.*

A proposta mais vantajosa restará caracterizada pelo licitante que oferecer o *maior percentual de repasse à Administração Pública* sobre a comissão de 5% auferida dos arrematantes de todos os bens leiloados, com fundamento no art. 24 do Decreto n. 21.981/1932.

Logo, o licitante vencedor será aquele que oferecer o maior percentual de repasse sobre o valor da comissão a ser paga pelo arrematante.

Este tipo de licitação "maior percentual de repasse" está plenamente condizente com a satisfação do interesse público a ser salvaguardado pela licitação e adequa-se ao procedimento do pregão.

Vê-se, pois, que este critério é claramente objetivo. Aliás, trata-se de critério cuja objetividade é máxima, estando, portanto, inserido no conceito de "menor preço".

Assim, deve-se fazer uma interpretação extensiva da ideia de "menor preço", para abranger casos que não estão expressos em sua letra, mas que nela se encontram incluídos, pois o alcance da norma é mais amplo do que indicam seus termos.

"X – *para julgamento e classificação das propostas, será adotado o critério de menor preço*, observados os prazos máximos para fornecimento, as especificações técnicas e parâmetros mínimos de desempenho e qualidade definidos no edital;

"(...)".

É como explana Maria Helena Diniz: "Não se acrescenta coisa alguma, mas se dá às palavras contidas no dispositivo normativo o seu significado".[8]

Logo, o termo "menor preço" deve ser interpretado como um critério em cuja objetividade é máxima e que visa a alcançar a proposta mais vantajosa ao interesse público.

A este propósito, ressalte-se que a melhor doutrina afirma que a nomenclatura "menor preço" não significa propriamente "o menor preço".

Explica-se: "Cumpre tomar atenção para o fato de que *nem sempre o preço nominalmente mais baixo é o menor preço*. Com efeito, uma vez que a lei *[8.666/1993]*, em diferentes passagens (art. 43, V, art. 44, *caput*, e art. 45), refere-se a 'critérios de avaliação', a 'fatores' interferentes com ela, de par com os 'tipos' de licitação, percebe-se que, paralelamente a estes, complementando-lhes a aplicação, podem ser previstos no edital critérios e fatores a serem sopesados para avaliação das propostas".[9]

Logo, a própria doutrina já deu interpretação ampliativa à expressão "menor preço", o que é plenamente cabível, haja vista a necessidade de aplicação concreta dos termos da legislação.

Aliás, também o Tribunal de Contas da União admite a possibilidade da ampliação do termo "menor preço" para abranger casos específicos de "maior desconto".

A este propósito, verifique-se trecho do Acórdão 2.731/2009:

8. Maria Helena Diniz, *Compêndio de Introdução à Ciência do Direito*, São Paulo, Saraiva, 2000, p. 393.

9. Celso Antônio Bandeira de Mello, *Curso de Direito Administrativo*, 27ª ed., cit., p. 602.

"*48.* Em vista disso, a despeito de o TCU admitir a adoção desse critério de julgamento, que ao final leva ao mesmo resultado da licitação do tipo menor preço, apenas o faz em situações bem específicas, quando o critério de seleção fundado no maior desconto for o único material e economicamente viável, em vista das circunstâncias fáticas do mercado (...).

"*49.* Contudo, em todas essas hipóteses, é conferido ao Estado a possibilidade de contratar o objeto desejado diretamente. *Aplica-se o 'maior desconto' tão somente como fórmula matemática para se chegar ao menor preço*" (Acórdão 2.731/2009, Plenário, Ministro Relator Marcos Bem-querer Costa).

O maior percentual de desconto é, então, utilizado como fórmula matemática para se chegar ao menor preço.

No caso de seleção de leiloeiros oficiais, a interpretação sistemática e ampliativa do termo "menor preço" diz respeito ao *maior percentual de repasse à Administração Pública* sobre a comissão de 5% auferida dos arrematantes dos bens leiloados.

É como diz Carlos Maximiliano:[10] "Deve o Direito ser interpretado inteligentemente, não de modo a que a ordem legal envolva um absurdo, prescreva inconveniências, vá ter a conclusões inconsistentes ou impossíveis".

Assim, os princípios basilares da hermenêutica assinalam que o intérprete não se deve prender à letra da lei, mas sim ao seu espírito.

Deve-se, pois, procurando a intenção que animou sua inserção na ordem jurídica, projetar os seus efeitos para hipóteses que nem ao menos poderiam ser imaginadas no momento de sua criação.

Isso por uma razão muito simples: o legislador pretende regular uma dada situação a partir de fatos que dele são conhecidos. Criada a regra de direito, ela se desprende da vontade do legislador e ganha vida própria. No entanto, a finalidade que animou sua criação se perpetua de modo indelével. Isso justifica e embasa a denominada interpretação teleológica.

Logo, uma situação fática não conhecida ou impraticável à época de criação de uma regra jurídica poderá ser por ela disciplinada, se for abarcada em seu espírito.

Imaginando hipótese inversa, mas que adota idêntica premissa, Black,[11] em sua obra sobre a interpretação das leis, enfatiza que:

"Uma lei deve ser interpretada em consonância com seu espírito e razão; as Cortes têm poder para declarar que um caso conformado à letra da lei não é por ela alcançado quando não esteja conformado ao espírito e à razão da lei e da plena intenção legislativa".

Assim, quando os legisladores arquitetaram a ideia do pregão ser compatível unicamente com o "menor preço" não haviam concebido a necessidade de seleção de leiloeiros pela Administração Pública.

Diante disto, para que se possa realizar uma interpretação inteligente do Direito, deve-se considerar que é ínsito ao termo "menor preço" a proposta mais vantajosa, desde que aliada a um critério de objetividade máxima, como é o apresentado no presente caso.

10. Carlos Maximiliano, *Hermenêutica e Aplicação do Direito*, 15ª ed., Rio de Janeiro, Forense, 1995, p. 103.

11. Henry Campbell Black, *Handbook on the Construction and Interpretation of the Laws*, St. Paul, Minn., West Publishing Co., 1896, p. 48.

Logo, plenamente cabível a utilização do pregão para aquisição de serviços de leiloeiros oficiais, de forma a prestigiar o princípio da isonomia e alcançar a proposta mais vantajosa para a Administração Pública.

ASSÉDIO MORAL NO SERVIÇO PÚBLICO

RAQUEL DIAS DA SILVEIRA

Mestre e Doutora em Direito, área de concentração Direito Administrativo, pela Universidade Federal de Minas Gerais.
Professora de Direito Administrativo na Faculdade Dom Bosco, Curitiba/PR.
Advogada

1. Introdução. 2. Evolução dos estudos sobre a violência psíquica no ambiente de trabalho. 3. Caracterização da vítima e do agressor. 4. Da psicologia para o direito: particularidades do assédio moral no ordenamento jurídico. 5. Legislações que já coibiram o assédio moral no serviço público. 6. Consequências do assédio moral. 7. Requisitos para reparação do dano no assédio moral. 8. Conclusão. 9. Referências.

1. Introdução

O exame do assédio moral no serviço público põe em relevo duas questões que se avultam, cada vez mais, nos nossos dias:

A primeira é que determinados temas em direito, sobretudo temas relacionados à dinâmica da vida dos indivíduos, não devem, nem podem, ser compreendidos senão de forma multidisciplinar. O direito não é uma ciência onipotente, capaz de solucionar, sozinho, os mais diversos conflitos de interesses na seara humana.

Ao contrário, a maioria dos conflitos gerados pelas características da sociedade hodierna, marcada pela corrosão dos vínculos sociais e dos valores coletivos, pela exacerbação do individualismo, pela instrumentalização do indivíduo e pela sua mutação de indivíduo para coisa que pode ser facilmente descartada ou substituída, depende inexoravelmente da conjugação das ciências humanas, como a psicologia, a sociologia, a antropologia; das ciências sociais aplicadas, a exemplo da administração e do direito; e, mesmo, das ciências da saúde, tal qual a medicina.

Isso ocorre porque a sociedade que se forma no final do século XX e início do século XXI, acompanhada de relativo progresso social e econômico, é marcada pela violência nas mais diversas áreas, entre elas, no trabalho, resultado de uma intensa competição que reforça sentimentos de hostilidade, inveja, ódio e indiferença entre os seres humanos.

A segunda premissa a se reconhecer é que essa mesma sociedade, paradoxalmente, no final do século passado e início deste século, passou a eleger, na constituição do Estado, princípios de conteúdo humanista e altruísta como a democracia, a cidadania, a solidariedade, a supremacia do interesse público sobre o privado, entre outros.

Nesse sentido, o paradigma do Estado Democrático de Direito transmuta a figura do servidor público como mera parcela da competência estatal, para individualizá-lo como ser humano e trabalhador, a quem se reconhecem direitos em virtude da prestação de um trabalho não eventual e, sim, profissional.

Nesse mesmo paradigma, o Direito Administrativo, em especial no que tange à função pública, sofre influxos de ordem natural e lógica de Direito do Trabalho, como também o Direito do Trabalho passa a reconhecer certa influência de normas de Direito Administrativo.[1] Isso ocorre pela constitucionalização tanto do Direito do Trabalho, como do Direito Administrativo.

Assim, o trabalho profissional, prestado pelo trabalhador da iniciativa privada ou pelo servidor público, seja este, regido por normas trabalhistas ou estatutárias, é, sem rebuço de dúvida, disciplinado, *a priori*, pela vasta gama de direitos sociais constitucionalmente eleitos, assim como por outros que o Estado brasileiro tenha reconhecido por força de tratados internacionais.

2. Evolução dos estudos sobre a violência psíquica no ambiente de trabalho

Desde a década de 1970, os países escandinavos preocupam-se em regular a proteção da saúde física e psíquica dos trabalhadores, de forma a erradicar toda e qualquer circunstância capaz de gerar, por consequência do ambiente de trabalho, problemas mentais.

Nesse contexto, Heinz Leymann, nascido na Alemanha, Doutor em psicologia do trabalho, ao assumir a cadeira de Professor na Universidade de Estocolmo, na Suécia, passou a dedicar-se à pesquisa sobre o ambiente de trabalho e saúde dos trabalhadores. Nos anos 1980, Leymann empreendeu estudos junto a diferentes grupos profissionais a fim de qualificar o que denomina de "psicoterror" (terror psicológico) ou "mobbing".

Segundo Leymann, *apud* Maria Ester de Freitas, Roberto Heloani e Margarida Barreto,[2] o "mobbing" refere-se a um processo no qual o indivíduo é selecionado como alvo e marcado para ser excluído, agredido, perseguido sem cessar por outro indivíduo ou grupo no ambiente de trabalho.

O "mobbing" pode advir de um colega, chefe hierárquico ou, mesmo, subordinado. Por isso, se fala, respectivamente, em "mobbing" horizontal, vertical descen-

1. Romeu Felipe Bacellar Filho fala que no Estado Democrático de Direito as esferas público e privado são tratadas como complementares e equiprimordiais (Romeu Felipe Bacellar Filho, *Direito Administrativo e o Novo Código Civil*, pp. 36-37).

2. Maria Ester de Freitas, Roberto Heloani e Margarida Barreto, *Assédio Moral no Trabalho*, p. 19.

dente e vertical ascendente. Por evidente, o mais comum é a violência moral partir do superior hierárquico. Porém, o "mobbing" horizontal e o "mobbing" vertical ascendente também podem ocorrer.

Maria Ester de Freitas, Roberto Heloani e Margarida Barreto[3] mostram que as pesquisas de Leymann concluíram que 55% das vítimas de "mobbing" eram do sexo feminino e 45%, do sexo masculino.

Nas mulheres, os comportamentos cruéis relacionam-se à maledicência, fofocas, injúrias, ridicularização da vítima em público e invenções sobre enfermidades e outras questões atinentes à sua vida privada. A violência moral visa intimidar, submeter, proibir a fala e controlar inclusive o uso do tempo pela vítima.

Os métodos agressivos direcionados aos homens correspondem à repressão, à designação de tarefas novas com aumento da possibilidade de erros ou de tarefas insignificantes inferiores à sua competência, humilhações, difamações quanto à virilidade, ameaças verbais e agressão no campo das convicções políticas ou religiosas.

Em 1998, na França, Marie-France Hirigoyen, psiquiatra, psicanalista e psicoterapeuta familiar, utilizou, pela primeira vez, o termo "assédio moral", para se referir a este tipo particular de violência psíquica que pode ocorrer não somente no cotidiano do trabalho, mas também nas famílias.

A autora diz que, embora o assédio no trabalho seja circunstância tão antiga quanto o próprio trabalho, somente nos anos 1990 foi identificado como fenômeno destruidor do ambiente, diminuindo a produtividade e favorecendo o absenteísmo por desgastes psicológicos provocados na vítima.[4]

A violência psicológica ou o assédio moral no trabalho conjuga o abuso de poder com a manipulação perversa que se instala de forma insidiosa. O assédio, conforme a autora,[5] nasce como uma atitude inofensiva e propaga-se traiçoeiramente. Isso porque, num primeiro momento, as pessoas não querem se mostrar ofendidas e ignoram as desavenças e os maus tratos. Os ataques se multiplicam, até que a vítima é posta em situação de inferioridade; volta para casa, toda noite, exausta, humilhada, deprimida e acuada.

Essa violência, por certo, não se confunde com a violência pontual, derivada de grosseria, nervosismo, mau humor a que estamos sujeitos no convívio social.

O assédio moral é, eminentemente, a violência psicológica que se repete no tempo e visa destruir psicologicamente o outro.

3. Caracterização da vítima e do agressor

Nas organizações, o assédio moral manifesta-se a partir da inveja que o poder da vítima causa no agressor.

Esse poder pode derivar do conhecimento, competência, beleza, juventude, dinheiro, formação intelectual, titulação acadêmica ou relacionamento social de que detém a vítima.

O poder da vítima pode ser real ou imaginário, mas o fato é que, se verdade ou ilusão, esse poder incomoda o agressor.

Por isso, contrariando o que pensa o senso comum e, mesmo, o que os agresso-

3. Ibid., p. 20.

4. Marie-France Hirigoyen, *Assédio Moral. A Violência Perversa no Cotidiano*, 12ª ed., p. 65.

5. Ibid., p. 66.

res tentam fazer crer, as vítimas, de início, como explica Marie-France Hirigoyen,[6] não são pessoas doentes ou frágeis.

"Pelo contrário, frequentemente o assédio se inicia quando a vítima reage ao autoritarismo de um chefe, ou se recusa a deixar-se subjugar. É sua capacidade de resistir à autoridade, apesar das pressões, que a leva a tornar-se alvo.

"O assédio torna-se possível porque vem precedido de uma desvalorização da vítima pelo perverso, que é aceita e até caucionada posteriormente pelo grupo."

Marie-France Hirigoyen[7] acaba por traçar um perfil da vítima: geralmente são empregados perfeccionistas, extremamente dedicados e que almejam ser impecáveis no trabalho. Essas características despertam a inveja ou o receio do agressor que começa a estigmatizar a pessoa no ambiente de trabalho. E, não raro, a vítima, pressionada ao auge, não consegue manter seu potencial de competência e passa a ficar desatenta, menos eficiente e incomodada com as críticas.

Desestabilizada emocionalmente, a vítima vai perdendo sua autoconfiança e o interesse pelo trabalho. Em alguns casos, ela pode transferir esse descontrole para os relacionamentos domésticos, isolando-se da família e dos amigos. Em casos mais graves, ela passa a ingerir drogas e a fazer uso principalmente de álcool.

Já o agressor, conforme a autora,[8] é sempre uma pessoa em crise que se utiliza de mecanismos perversos para defender-se.

São características comuns dos sujeitos ativos do assédio moral: narcisismo, megalomania, natureza egocêntrica, intolerância a críticas. De alguma forma, esse sujeito sente-se ameaçado pelo poder genuíno à vítima. Por essa razão, o agressor inicia contra ela uma série de ataques para desqualificá-la, desacreditá-la, induzi-la ao erro e isolá-la do grupo, valendo-se de manobras ardilosas e perversas, como a mentira, a deformação da linguagem, o sarcasmo, a derrisão e o desprezo. O agressor tem por hábito disseminar a desconfiança e o ciúme entre as pessoas, fornecendo-lhes causa de descontentamento, no intuito de dividir para melhor dominar.

Mediante essa lógica de abuso de poder, o agressor controla, oprime e deforma a pessoa da vítima. Se ela se rebela, sua agressividade e malignidade são ressaltadas.

Por isso, em alguns casos, pode haver uma verdadeira distorção entre quem é a vítima e quem é o agressor. Quando a violência se estabelece de forma subterrânea, por meios ardis, o agressor se disfarça sob uma máscara de ternura e bem-querer em relação à vítima, fazendo com que ela se apresente perante o grupo como sendo o agressor e vice-versa.[9]

Normalmente, o assédio dissemina-se em organizações onde impera falta de planejamento, metas constantemente elevadas, excesso de trabalho e quadro reduzido de trabalhadores. Some-se a isso existência de informações truncadas, falta de transparência na gestão, objetivos mal definidos pelos gestores, ausência de discussão do trabalho em equipe, falta de integração entre chefes e subordinados e preocupação permanente com a produção.[10]

6. Ibid., p. 69.
7. Ibid., p. 68.
8. Ibid., p. 139.
9. Ibid., p. 130.
10. Maria Ester de Freitas, Roberto Heloani e Margarida Barreto, *Assédio Moral no Trabalho*, pp. 54-55.

A cultura organizacional, se cultiva o emprego inseguro, relações insatisfatórias entre os trabalhadores e superiores hierárquicos e conflito e descontentamento permanente entre os membros da organização, favorece a ocorrência do assédio.

4. Da psicologia para o direito: particularidades do assédio moral no ordenamento jurídico

Marie-France Hirigoyen[11] define como assédio moral: "toda e qualquer conduta abusiva manifestando-se sobretudo por comportamentos, palavras, atos, gestos, escritos que possam trazer dano à personalidade, à dignidade ou à integridade física ou psíquica de uma pessoa, pôr em perigo seu emprego ou degradar o ambiente de trabalho".

Maria Ester de Freitas, Roberto Heloani e Margarida Barreto[12] conceituam o assédio moral como:

"conduta abusiva, intencional, frequente e repetida, que ocorre no ambiente de trabalho e que visa diminuir, humilhar, vexar, constranger, desqualificar e demolir psiquicamente um indivíduo ou um grupo, degradando as suas condições de trabalho, atingindo a sua dignidade e colocando em risco a sua integridade pessoal e profissional".

Os autores[13] apontam como elementos comuns às histórias de assédio moral a:

(1) *temporalidade*, pois há sempre um elemento que desencadeia e ancora o processo; a

(2) *intencionalidade*, uma vez que o assédio visa forçar o outro a desistir do emprego, mudar de setor, de empresa, sujeitar-se, calar-se, ser dominado; a

(3) *direcionalidade*, relativa ao subjetivismo da agressão, vastas vezes, acompanhada de expressões degradantes em relação à vítima, tais como "ele não presta", "traz prejuízos à organização", "desestabiliza o grupo", "incomoda", "é um mau exemplo para o coletivo", "seu comportamento dificulta o alcance de metas" etc.; a

(4) *repetitividade* e a *habitualidade*, as agressões ocorrem várias vezes durante a jornada; a

(5) *territorialidade*, fazendo com que a violência psíquica tenha lugar em práticas cotidianas e no domínio de tarefas; e

(6) *degradação deliberada das condições de trabalho*, a partir do instante em que o assédio moral expõe o coletivo ao risco, interferindo na saúde dos que pertencem ao mesmo ambiente de trabalho da vítima e do agressor.

Amauri Mascaro Nascimento[14] salienta que "o assédio moral é uma série de atos cuja tipificação não é definida em lei". De fato, a Consolidação das Leis do Trabalho – CLT não contêm uma só referência ao assédio moral. Aponta o autor que a diferença entre a simples agressão moral e o assédio moral está na reiteração da prática da conduta que caracteriza o assédio. O assédio seria um processo

11. Ibid., p. 65.

12. Maria Ester de Freitas, Roberto Heloani e Margarida Barreto, *Assédio Moral no Trabalho*, p. 37.

13. Ibid., p. 53.

14. Amauri Mascaro Nascimento, *Iniciação ao Direito do Trabalho*, 31ª ed., p. 136.

composto por sucessivos e reiterados atos de violência.

Importa salientar que, embora o assédio moral implique a série reiterada de danos morais ocasionados ao trabalhador no ambiente de trabalho, nem todo dano moral promovido no trabalho constitui-se em assédio moral. A repetição da agressão, a temporalidade e a frequência são indispensáveis para se comprovar o assédio.

Leymann, *apud* Maria Ester de Freitas, Roberto Heloani e Margarida Barreto,[15] falava que seriam necessários seis meses de violência para se considerar alguém vítima de assédio.

Segundo Barreto,[16] o maior tempo de duração da prática de assédio moral é justamente no serviço público, onde 60% das práticas perduram por mais de três anos. Na iniciativa privada, 80% dos casos de assédio têm duração menor, de seis meses a um ano, pois a empresa privada livra-se num espaço menor de tempo daqueles que lhe são inconvenientes, da mesma forma com que os indivíduos também com mais facilidade abrem mão de um emprego no setor privado que no serviço público.

5. Legislações que já coibiram o assédio moral no serviço público

Se a competência para legislar sobre normas de direito do trabalho é da União Federal, a competência para coibir o assédio moral no serviço público é comum da União, do Distrito Federal, dos Estados e dos Municípios. Nos termos do art. 18 da Constituição da República de 1988, todos os entes federados têm autonomia política e administrativa para se organizarem e, por conseguinte, disporem sobre servidores públicos.

O Município de Iracemópolis, no Estado de São Paulo, foi o primeiro a regular a matéria, mediante a Lei municipal n. 1.163/2000, proibindo o assédio moral no serviço público municipal. O parágrafo único do art. 1º desta lei definiu como assédio moral: "Todo tipo de ação, gesto ou palavra que atinja, pela repetição, a autoestima e a segurança de um indivíduo, fazendo-o duvidar de si e de sua competência, implicando em dano ao ambiente de trabalho, à evolução da carreira profissional ou à estabilidade do vínculo empregatício do funcionário, tais como: marcar tarefas com prazos impossíveis, passar alguém de uma área de responsabilidade para funções triviais; tomar crédito de ideias de outros; ignorar ou excluir um funcionário só se dirigindo a ele através de terceiros; sonegar informações de forma insistente; espalhar rumores maliciosos; criticar com persistência; subestimar esforços".

Seguindo o exemplo de Iracenópolis, outros municípios editaram suas próprias leis, reprimindo o assédio moral no serviço público, a exemplo de Guarulhos/SP (Lei n. 358/2001), Sidrolândia/MS (Lei n. 1.078/2001), Jaboticabal/SP (Lei n. 2.982/2001), São Paulo/SP (Lei n. 13.288/2002), Natal/RN (Lei n. 189/2002), Americana/SP (Lei n. 3.671/2002), Campinas/SP (Lei n. 11.409/2002), e São Gabriel do Oeste/MS (Lei n. 511/2003).

Sete municípios paranaenses possuem sua própria legislação que veda a prática de

15. Maria Ester de Freitas, Roberto Heloani e Margarida Barreto, *Assédio Moral no Trabalho*, p. 71.

16. Margarida S. Barreto, *Assédio Moral: a Violência Sutil. Análise Epidemiológica e Psicossocial no Trabalho*, Tese de Doutorado em Psicologia Social, PUC/SP.

assédio moral no serviço público. São eles: Cascavel-PR (Lei n. 3.243/2001), Maringá-PR (Lei Complementar n. 435/2002), Pinhais (Lei n. 573/2003), Foz do Iguaçu (Lei n. 3.152/2005), Londrina (Lei n. 9.897/2005), Campina Grande do Sul (Lei n. 23/2006), Fazenda Rio Grande (Lei n. 491/2007). Tramita na Câmara dos Vereadores de Curitiba Projeto de Lei de iniciativa do Vereador Tadeu Veneri, prevendo penalidades para o assédio moral no serviço público municipal.

No âmbito estadual, o Rio de Janeiro, desde agosto de 2002, por meio da Lei estadual n. 3.921, proíbe o assédio moral no serviço público da Administração direta, autárquica e fundacional.

O Estado de São Paulo, por meio da Lei estadual n. 12.250/2006, caracteriza o assédio moral como crime administrativo, obrigando o administrador público a refrear essa prática com punições ao agressor.

O Estado do Paraná não possui legislação sobre a matéria.

Onze projetos de lei, versando sobre a matéria, tramitam atualmente no Congresso Nacional.

Um deles, o Projeto de Lei n. 7.202/2010, de iniciativa dos Deputados Ricardo Berzoini, Pepe Vargas, Jô Moraes, Paulo Pereira da Silva e Roberto Santiago, pretende equiparar o assédio moral ao acidente de trabalho, situação em que a vítima teria não só direito à indenização por parte do empregador, mas também todos os benefícios do Regime Geral de Previdência Social.

6. Consequências do assédio moral

Na vítima, o assédio moral pode ocasionar um conjunto de distúrbios psicossomáticos e psicológicos, entre eles, cefaleia; transtornos digestivos e cardiovasculares; palpitações e tremores; insônia; fadiga; dores generalizadas; tonturas; falta de ar; irritabilidade; ansiedade; "*burnout*" (estresse por acúmulo de trabalho); crises de choro; sentimento de inutilidade e fracasso; dificuldade de concentração; fobias; obsessões; angústia; depressão; sentimento de culpa; aumento de peso ou emagrecimento exagerado; aumento da pressão arterial; redução da libido; abuso de álcool, tabaco e outras drogas; sentimento de vingança; e pensamento suicida.

Esses danos à saúde variam de indivíduo para indivíduo, sobretudo em relação ao sexo, podendo cumular-se ou não.

Nas organizações, inclusive no serviço público, o assédio moral traz como consequência, o absenteísmo (ausência no trabalho); queda de produtividade; diminuição da qualidade dos serviços; rotatividade de mão de obra e gastos com treinamento e qualificação do novo contratado; despesas com pagamento de indenizações decorrentes de processos judiciais por assédio moral; e deterioração da imagem da organização.

Os prejuízos do assédio moral também recaem sobre a sociedade em geral, como a perda da qualidade de vida; crises nos relacionamentos familiares; desemprego e custos sociais por enfermidades.

O Estado, no entanto, é o que mais sofre com os ônus do assédio moral. Provenha o assédio do Estado ou não é ele quem arca com os impactos ocasionados na saúde coletiva e na assistência e previdência social.

Robson Zanetti[17] mostra que, apesar da inexistência de estatísticas no Brasil,

17. Robson Zanetti, *Os Custos do Assédio Moral*, *http://www.psicologia.com.pt/artigos/*

estudos realizados nos Estados Unidos mostram que o custo do assédio moral para os empregadores foi estimado em mais de 4 bilhões de dólares, enquanto as despesas para tratamento de depressão chegam a 44 bilhões de dólares.

De 2006 a 2009, houve aumento significativo nos pagamentos de auxílios-doença acidentários para trabalhadores com transtornos mentais e comportamentais, o que inclui o assédio moral. A concessão do benefício saltou de 612 para 13.478, levando os técnicos do Ministério da Previdência a considerar a atualização da lista de doenças classificadas como acidente de trabalho e incluir o assédio moral, concedendo parecer favorável à aprovação do mencionado Projeto de Lei n. 7.202/2010.[18]

7. *Requisitos para reparação do dano no assédio moral*

É importante ressaltar que a despeito do lapso temporal apontado por Leymann e Barreto, o tempo pelo qual tenha perdurado a violência psíquica é irrelevante para se comprovar o assédio. Evidentemente, quanto menos tempo a violência psíquica durar, melhor; menos abalos na saúde do servidor e menor o ônus à sociedade em geral.

Por isso, mais relevante, a título de prova, que a prolongação da conduta agressora no tempo, é a comprovação da prática reiterada da conduta que canaliza a violência psíquica no servidor.

A jurisprudência tem afirmado como requisitos para indenização do servidor por motivo de assédio moral:

(1) *prova de conduta abusiva do agressor*; (

2) *reiteração dessa conduta*;

(3) *natureza psicológica do atentado à dignidade da pessoa como prova do dano*; e

(4) *finalidade de exclusão da vítima do serviço público.*[19]

Sobre a necessidade de prova da reiteração da conduta abusiva do agressor, recentemente, servidora da guarda municipal de Curitiba ingressou com ação, demonstrando que passou a ser vítima de grosserias e acusações constantes por parte de sua chefia, ficando sua saúde, a cada episódio, mais comprometida. Nos meses que antecederam a demanda, a servidora não pode mais fazer uso do computador, tendo a chefia designado substituto para sua função, sem nenhum aviso. Não bastasse, a superiora hierárquica da vítima organizou a disposição dos móveis, de modo que a servidora ficasse isolada entre armários da repartição, o que fez circular entre os colegas comentários de que ela estaria trabalhando em um "chiqueirinho". Um armário foi colocado na frente da servidora e outros dois nas laterais. A servidora era constantemente vítima de notícias jocosas e vexatórias entre os colegas, enquanto suas funções lhe eram subtraídas paulatinamente. Não satisfeita, sua chefe imediata decidiu colocá-la à disposição da Administração, o que representa manifesta humilhação nesse

ver_opiniao.php?codigo=AOP0169, acesso 23.8.2010.

18. *http://portalctb.org.br/site/index.php?option=com_content&view=article&id=10727*, acesso 23.8.2010.

19. É o que se depreende dos autos da Apelação Cível n. 586.986-3, julgada pela 1ª Câmara Cível do Tribunal de Justiça do Estado do Paraná, em 17.11.2009, Rel. Desembargador Ruy Cunha Sobrinho.

tipo de organização. Proposta a ação, o Município argumentou que a servidora era insubordinada e não se adaptava ao exercício de novas atribuições. Ao sentenciar, a magistrada de primeira instância decidiu pela improcedência do pedido, ao fundamento de que não restou comprovado o assédio moral. Inconformada, a servidora interpôs a Apelação Cível n. 639.823-0, 1ª Câmara Cível, j. 4.5.2010, perante o Tribunal de Justiça do Estado do Paraná. Em acórdão muito bem fundamentado, a Desembargadora Relatora Dulce Maria Cecconi votou pelo provimento do recurso, ressaltando:

"A prova do assédio moral tem particularidades que não podem ser olvidadas pelo julgador, quais sejam, o modo difuso e velado com que é conduzido contra a vítima, e a conivência e cumplicidade dos colegas quando é praticado pelo superior hierárquico.

"Com efeito, o assédio moral praticado pelo superior hierárquico com frequência influencia os demais colegas, que passam a isolar o assediado para proteger seu próprio emprego ou função, legitimando, com isso, a conduta ilícita do agressor.

"Disso não se conclui, porém, que o julgador está autorizado a perder a imparcialidade, pois esta é atributo inerente à jurisdição e garantia da justiça das decisões:

"'Essa natural dificuldade de demonstrar a existência do assédio, todavia, não pode redundar na condenação sem provas irrefutáveis, até porque o sistema jurídico preserva a personalidade de todas as pessoas, inclusive daquelas eventualmente acusadas de assédio' (Mário Gonçalves Jr., 'Prova do assédio em juízo: o dever de punir após o trânsito em julgado', *Síntese Jornal*, ano 7, n. 73/9).

"Surge, em razão disso, a necessidade do julgador aquilatar o conjunto probatório com sensibilidade, de modo a não perpetuar eventual injustiça que esteja sendo praticada contra a vítima ou, de outro lado, punir indevidamente aquele que esteja no exercício regular de suas funções."

No julgamento da Apelação Cível n. 927.966-9, a 3ª Câmara Cível do TJPR, j. 9.3.2010, reconheceu que servidora pública de escola municipal do Município de Curitiba estava sendo vítima de "mobbing" por parte da diretora da escola, que a desviou da função de educadora, passando a lhe atribuir tarefas triviais, como limpar e organizar armários da escola.

Aplica-se segundo a jurisprudência do TJPR[20] a responsabilidade objetiva do Estado no dever de indenizar em virtude de assédio moral perpetrado contra servidor público, sendo desnecessária a prova do dolo ou da culpa por parte do agressor.

Verifica-se, portanto, que a jurisprudência do TJPR[21] tem aplicado o art. 333, inciso I, do CPC, cabendo o ônus da prova da conduta abusiva reiterada do agressor (nexo de causalidade) e do dano de natureza psicológica, para fins de indenização por assédio moral, ao Autor.

O mais difícil em matéria de assédio moral no serviço público é, realmente,

20. É o que se decidiu nos autos da Apelação Cível n. 531.875-0, 1ª Câmara Cível, j. 19.5.2009, Rela. Desembargadora Vilma Régia Ramos de Rezende. Igualmente, é imprescindível a prova do nexo de causalidade, tendo em vista a responsabilidade objetiva do poder público em caso de assédio moral sofrido por servidor público, conforme se extrai do julgamento da Apelação Cível n. 391.745-1, 5ª Câmara Cível, j. 30.9.2008, Rel. Desembargador Rosene Arañão Cristo Pereira.

21. A propósito, confira-se o julgamento da Apelação Cível n. 667.527-4, 3ª Câmara Cível, j. 20.7.2010, Rel. Desembargador Dimas Ortêncio de Mello.

como disse a Desembargadora Dulce Maria Cecconi, essa prova.

Na verdade, a prova nos casos de assédio moral dá-se pelo depoimento de testemunhas; estes, na sua maioria, colegas de trabalho da vítima, que tenham presenciado as agressões reiteradas e o consequente dano psicológico.

Se mencionada prova já é pouco provável de se obter na iniciativa privada, dado o temor dos colegas de trabalho de perderem o emprego ou de serem expostos à mesma situação por que passou a vítima, o que se dirá no serviço público, onde os servidores têm muito mais apego e valorizam muito mais a conquista do cargo.

Há que se considerar que, ainda que as potenciais testemunhas já sejam servidores estáveis, o receio de perder o cargo, sobretudo quando o assédio provém do chefe imediato, mormente considerando a forma simplória com que é conduzida grande parte das avaliações de desempenho exclusivamente pelo superior hierárquico em todo o país, persiste.

Mesmo em se tratando de servidor público estatutário, e com mais razão ainda em se tratando de servidor regido pela legislação trabalhista, há que se aplicar, por inevitável, alguns princípios constitucionais, como a valorização social do trabalho, da dignidade humana da pessoa do servidor, a justiça, a igualdade material e a proteção jurídica do servidor.

Tal como ocorre na iniciativa privada, é de se reconhecer que a relação de trabalho no serviço público também se estabelece a partir de uma condição inicial de desvantagem entre servidor público e Estado.

No Direito do Trabalho, assim como no Direito da Função Pública, a igualdade não é ponto de partida, mas o fim último a ser alcançado pela ordem jurídica.

Como consequência, portanto, da aplicação dos princípios da dignidade da pessoa humana, da valorização social do trabalho prestado pelo servidor, da igualdade material e da proteção jurídica do servidor, deve-se sempre preferir, em caso de dúvida, a interpretação mais favorável ao servidor. Tendo em vista que a debilidade do servidor em relação ao Estado empregador é o pressuposto lógico da relação laboral, o assédio interpreta-se "*in dúbio, pro operario*".

Isso não quer dizer que, em caso de dúvida, ou de ausência de comprovação devida do dano ou do nexo de causalidade, deva o Judiciário considerar como perpetrada a agressão moral contra o servidor, cominando o dever de indenização ao Estado. Quer dizer que, em caso de dúvida, o magistrado deverá considerar todas as circunstâncias atinentes à relação laboral, tais como o comportamento do eventual agressor em relação aos seus colegas e a seus subordinados; a qualidade de vida dos demais componentes da equipe de trabalho em que se encontra inserida a vítima; o desempenho da equipe de trabalho da vítima e o desempenho individual de cada um de seus membros; os antecedentes do servidor, inclusive na iniciativa privada; a vida privada da vítima que poderá ser forte indicador da violência moral sofrida no ambiente de trabalho; a vida particular do agressor; entre outros indícios.

O fato é que a caracterização do assédio não poderá ficar a mercê do ônus da prova exclusivamente pelo servidor, considerando a tamanha dificuldade de produzi-la ou, mesmo, a impossibilidade em muitos casos.

Nos recentes julgados do Tribunal de Justiça do Estado do Paraná, o valor da indenização tem variado de R$ 10.000,00 a R$ 20.000,00. É importante salientar, entretanto, que esse valor não pode ser aleatoriamente fixado.

Na reparação do dano, o Judiciário deverá levar em consideração a remuneração da vítima, o tempo de duração do assédio, os impactos ocasionados na saúde mental do servidor e o custo para o efetivo tratamento.

Não se pode perder de vista que o objetivo da reparação no assédio moral é educativo, isto é, fazer com que o agressor não venha a repetir o ilícito contra outra vítima, razão pela qual o Estado, se uma vez condenado, não poderá se omitir em relação à ação de regresso contra o servidor responsável pelo dano, assegurando-lhe o contraditório e a ampla defesa.

8. Conclusão

Estudos mais recentes mostram que a melhor forma para se combater o assédio moral nas organizações é, sem sombra de dúvida, a prevenção, o que se dá por medidas socioeducativas que visam informar os trabalhadores sobre seus direitos, de forma que a agressão moral não perdure ao ponto de o dano tornar-se irreversível.

É preciso que a Administração Pública atue de forma precavida e preventiva, com o intuito de se evitarem danos, antecipando-os e antevendo-os, antes que a lesão ocorra.

A prevenção e a precaução impostas ao Estado decorrem da plena responsabilização da Administração Pública por atos lícitos e ilícitos derivados de ação ou omissão e que causem danos a terceiros (art. 37, § 6º, CR/1988).

Nas organizações privadas, a prevenção e a precaução de danos ocasionados aos trabalhadores no ambiente de trabalho realizam-se mediante a intervenção da chamada CIPA – Comissão Interna de Prevenção de Acidentes, composta por representantes do empregador, por ele designado, e por representantes dos trabalhadores, eleitos por escrutínio secreto.

No serviço público, mecanismo simples e eficaz de fiscalização dá-se com a própria diversificação dos instrumentos de avaliação de desempenho.

Recomenda-se incluir, como já se prevê no âmbito federal, a avaliação de desempenho global, a fim de auferir a produtividade, interligada com o grau de satisfação e com o nível de qualidade de vida de todos os servidores lotados em determinado órgão ou entidade. Sugere-se, ainda, como etapa da avaliação de desempenho anual, a realização de exames físicos e psicológicos periódicos de todos os servidores públicos, com encaminhamento dos resultados ao Ministério Público.

Por fim, reconhecidas a insuficiência e a fragilidade da posição do servidor perante o Estado seu empregador, é necessário o fortalecimento dos direitos sociais coletivos no âmbito do serviço público, corroborando a formação e a atuação dos sindicatos.

9. Referências

BACELLAR FILHO, Romeu Felipe. *Direito Administrativo e o Novo Código Civil*. Belo Horizonte, Fórum, 2007.

BARRETO, Margarida S. *Assédio Moral: a Violência Sutil. Análise Epidemiológica e Psicossocial no Trabalho*. São Paulo, Tese de Doutorado em Psicologia Social, Pontifícia Universidade Católica de São Paulo, 2005.

FREITAS, Maria Ester de; HELOANI, Roberto; e BARRETO, Margarida. *Assédio Moral no Trabalho*. São Paulo, Cengage Learning, 2008.

HIRIGOYEN, Marie-France. *Assédio Moral. A Violência Perversa no Cotidiano*. 12ª ed. Rio de Janeiro, Bertrand Brasil, 2010.

NASCIMENTO, Amauri Mascaro. *Iniciação ao Direito do Trabalho*. 31ª ed. São Paulo, LTr, 2005.

http://portalctb.org.br/site/index.php?option=com_content&view=article&id=10727. Acesso 23.8.2010.

http://www.psicologia.com.pt/artigos/ver_opiniao.php?codigo=AOP0169. Acesso 23.8.2010.

www.tjpr.gov.br. Acesso 23.8.2010.

GRÁFICA PAYM
Tel. (011) 4392-3344
paym@terra.com.br